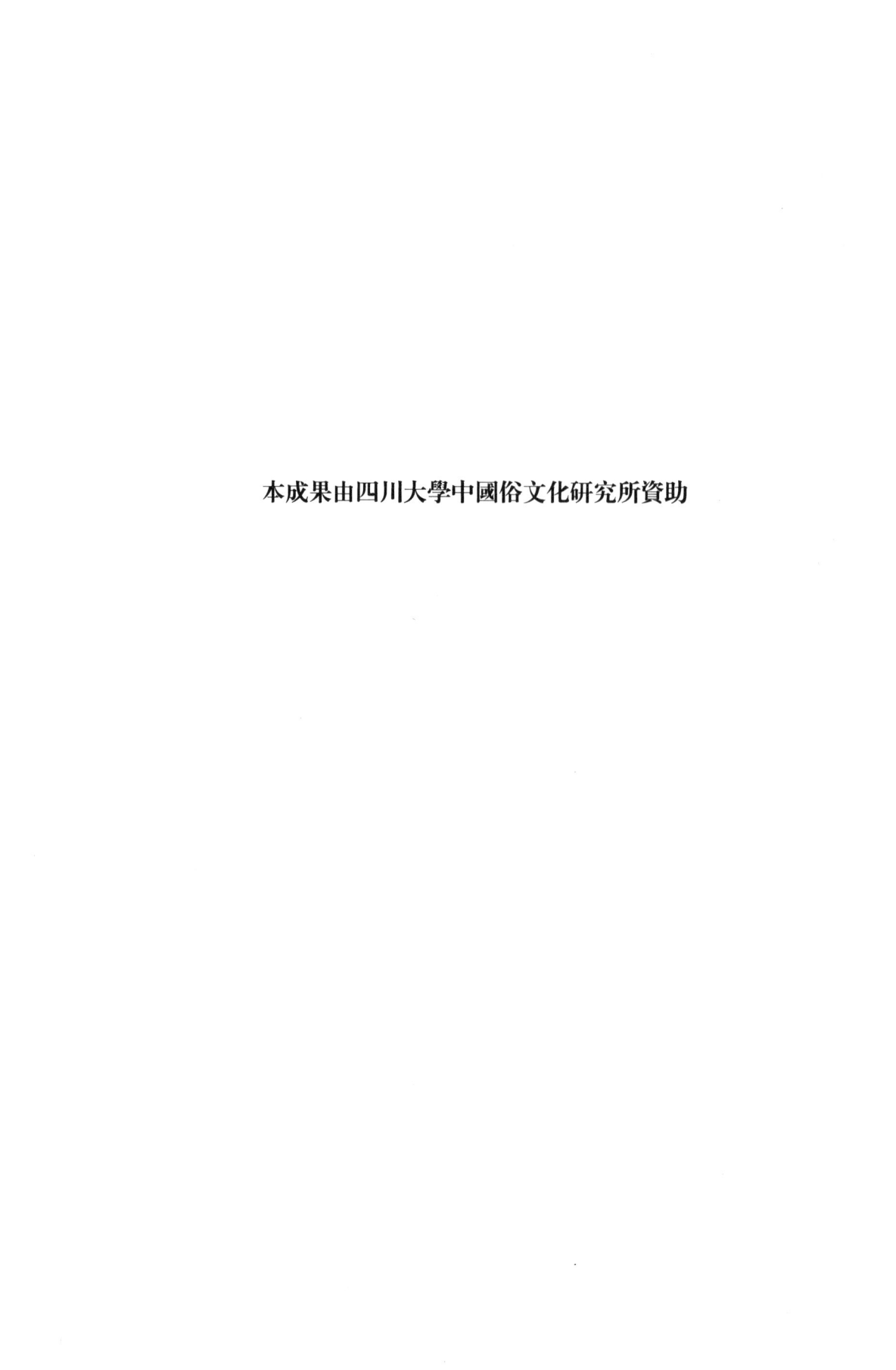

本成果由四川大學中國俗文化研究所資助

廟堂到禪林：
澹歸今釋及其詩歌研究

薛 涓 著

四川大學出版社
SICHUAN UNIVERSITY PRESS

項目策劃：毛張琳
責任編輯：毛張琳
責任校對：張宇琛
封面設計：墨創文化
責任印製：王　煒

圖書在版編目（CIP）數據

廟堂到禪林：澹歸今釋及其詩歌研究 / 薛涓著. —成都：四川大學出版社，2021.8
（中國俗文化研究大系 / 張弘主編. 俗文學與俗文獻研究叢書）
ISBN 978-7-5690-4981-7

Ⅰ. ①廟… Ⅱ. ①薛… Ⅲ. ①澹歸（1614-1680）—人物研究②澹歸（1614-1680）—詩歌研究 Ⅳ. ① B949.92 ② I207.22

中國版本圖書館 CIP 數據核字（2021）第 186683 號

書名	廟堂到禪林：澹歸今釋及其詩歌研究
	MIAOTANG DAO CHANLIN:DANGUI JINSHI JIQI SHIGE YANJIU
著　者	薛涓
出　版	四川大學出版社
地　址	成都市一環路南一段 24 號（610065）
發　行	四川大學出版社
書　號	ISBN 978-7-5690-4981-7
印前製作	四川勝翔數碼印務設計有限公司
印　刷	成都金龍印務有限責任公司
成品尺寸	170mm×240mm
插　頁	2
印　張	26
字　數	512 千字
版　次	2021 年 10 月第 1 版
印　次	2021 年 10 月第 1 次印刷
定　價	108.00 圓

◆版權所有◆侵權必究

◆ 讀者郵購本書，請與本社發行科聯繫。
　電話：(028)85408408/(028)85401670/
　(028)86408023　郵政編碼：610065
◆ 本社圖書如有印裝質量問題，請寄回出版社調換。
◆ 網址：http://press.scu.edu.cn

四川大學出版社
微信公衆號

總　序
項　楚

　　四川大學中國俗文化研究所，作爲教育部人文社會科學重點研究基地，已經走過了二十年的歷程。不忘初心，重新出發，是我們編輯這套叢書的目的。

　　俗文化是中國傳統文化的重要部分，與雅文化共同形成中國文化的兩翼。俗文化集中反映了中華民族獨特的思維模式、風俗習慣、宗教信仰、語言風格、審美趣味等，在構建民族精神、塑造國民心理方面，曾經起過並正在起著重要的作用。因此，俗文化研究不僅在認知傳統的中華民族文化方面具有重大的學術價值，而且在促進社會主義精神文明建設方面具有傳統雅文化研究不可替代的意義。不過，俗文化和雅文化一樣，都是極其廣泛的概念，猶如大海一樣，汪洋恣肆，浩渺無際，包羅萬象，我們的研究祇不過是在海邊飲一瓢水，略知其味而已。在本所成立之初，我們確立了三個研究方向：俗語言研究、俗文學研究、俗信仰研究，後來又增加了民族和民俗的研究。同時，我們也開展了相關領域的研究，如敦煌文化研究、佛教文化研究等。在歷史上，雅文化主要是士大夫階級的意識形態，俗文化則更多地代表了下層民眾的意識形態。它們是兩個對立的範疇，有各自的研究領域和研究路數，不過在實踐中，它們之間又是互相影響、互相滲透、互相轉化的。當我們的研究越來越深入的時候，我們就會發現它們在對立中的同一性。雖然它們看起來是那樣的不同，然而它們都是我們民族心理素質的深刻表現，都是我們民族性格的外化，都是我們民族的魂。

　　二十年來，本所的研究成果陸續問世，已經在學界產生了廣泛的影響。本套叢書收入的祇是本所最近五年來的部分研究成果，正如前面所説，是在俗文化研究大海中的一瓢水的奉獻。

序

　　四川大學中國俗文化研究所擬出版一批優秀的博士學位論文，我推薦薛涓的《廟堂到禪林：遺民僧澹歸今釋及其詩歌研究》，獲得批准。我爲她的學術成果能順利出版感到由衷高興，也爲她不逐時風的研究方法得到認可感到欣慰。

　　薛涓論文的研究對象"澹歸今釋"其實是比較冷僻的，有人以爲是"澹歸在今天的闡釋"，也有人以爲"澹歸"與"今釋"是兩個人。一篇博士學位論文只研究一位冷僻的詩僧，選題是不夠宏大的，文章在表達上也比較質樸，没什麼花哨的"理論"，所呈現的澹歸又不是追逐名利的"成功人士"，這也很難與一般讀者潛意識裏的閱讀傾向產生共鳴。這樣的選題與寫法，在求大、求新成爲一種學術時髦的今天，很容易被人認爲不合時宜。

　　但是，作爲導師，我却肯定並鼓勵她這樣去研究。我們這一學科，首要特點在於研究的對象是文學，而文學創作是私人的、感性的、安静的、緩緩流淌的，一旦陷入與時風並驅的急功近利泥潭，首先便失去了對這四項特徵親切體會的心境。同時，立足今人而求大求新，很容易瓦解歷史中文學家創作生涯邏輯自洽的私人性，並脱離其時代語境。這一學科的另一特點，是它作爲以分析、綜合、演繹爲根本方法的思維活動，屬於科學研究，它需要研究者理性、冷静，能够持久地反復論證，以求用豐富的材料、堅實的邏輯揭開歷史的真相。從這一角度説，學人最重要的是掌握可靠的論證方法，而不是在語言的新、結構的異、論題的熱、研究對象的大上孜孜以求。

　　薛涓的論文在研究"澹歸詩歌"這一總目標下，主要採用了兩種研究方法。一是文獻學方法，對澹歸今存著述如《徧行堂集》《嶺海焚餘》《澹歸和尚丹霞日記》的存佚、版本情況進行了考證，又對其未收入集中的佚文進行了輯校，這爲進一步研究澹歸生平、思想、詩歌狀況提供了當前最詳密可靠的材料基礎。二是文學的"知人論世"方法，在對澹歸的生平、交游、思想進行了條理清晰的考述後，進而落足於詳密的詩歌分析，以呈現其內容、風格及演變的狀況，最後又將澹歸置於明末清初的特殊語境中，考察他的詩歌創作、理論的影響與價值。這兩種方法是文學、文獻研究中最基本的，看似尋常，却最合歷史邏輯。她在實際操作中更是兢兢業業，一絲不苟，故而能得出一些超越前人的結論，推進了該領域的研究。即使對不研究此領域的學者而言，觀其書，也足可對澹歸其人其詩獲得一立體印象。這是她論文的成功之處。

正確的方法未必能產生令人愉悦的結論，却一定可以產生正確的結論。薛涓所運用的兩種方法從古至今使用者衆多，儘管本是真正的"金剛鑽"，但用得久了，在好新好異的一些人眼中反而成了"老古董"。能够在群目詫視中堅守這樣的老古董，是需要具備沉潛清冷的意志的。我看重她的這種意志，在急功近利之風席捲時，能够不爲之所動，甚至逆流而行，去追求學術的專純，更需要勇敢的品質、堅韌的精神，這就是科學的氣質。

在今天浮躁喧囂的氛圍中，能够像薛涓這樣静下心來，坐冷板凳、沉潛學術著實不易。我希望她將來能繼續保持這種心境，静静用功，久久發力，取得更多的學術成果，也希望學界能爲這樣的年輕人提供一個更好的成長環境。

謝　謙

2020年仲夏於四川大學江安花園

自 序

本書是筆者的博士學位論文，以明末清初遺民僧澹歸及其詩歌爲研究對象。之所以選取這個題目，最初是爲澹歸"集毀譽於一身"的後世評價所吸引。一位明末清初的遺民僧，何以在出家前後遭遇如此迥然兩端的評價，他究竟有怎樣的遭際，有著怎樣的心路歷程？對他大加讚賞和批評詈罵的人們，又各有怎樣的立場和出發點，評價的話語情境如何？正是此類疑問，帶著我以探索的精神，開啓了關於澹歸及其作品的研究歷程。

從生活的時代看，澹歸生於萬曆四十二年（1614），卒於康熙十九年（1680），六十七年的人生貫穿於明末清初這一改朝換代的動亂時期。在鼎革的特殊時空背景下，澹歸的生存狀態既是當時士人心態的折射與縮略，又具有鮮明的個體特徵。士人而僧人，僧人兼遺民，身份的複雜、思想行爲的特出，使其成爲在當時及後世皆頗具爭議的人物。人物評價影響作品研究，因其出家後廣泛交接，多有應酬之作，因此備受批評，其至今詩文尚未得到全面系統的研究。其實，澹歸詩文無論在思想內容、藝術手法還是後世影響上，都有不容小覷的價值。因此，本書嘗試客觀、動態地描述澹歸的行爲及心態，挖掘其詩歌的藝術性和文學價值。

鑒於澹歸文學、藝術的深厚造詣，思想的典型性和獨特性，身份的複雜性與多重性，對其進行深入系統的研究，從文學史、文化史方面看至少有以下幾個層面的意義。

第一，文學史價值。澹歸在明末文壇上名重一時，其詩、詞、書畫、時文制藝深得批評家青睞，著作繁富，他與當時文壇名將錢謙益、方以智、查繼佐、陸麗京、陳洪綬、龔鼎孳、王邦畿、沈暉日等多有詩文往來，故而討論明末清初的文學，澹歸實爲不能忽視的重要人物。其詩歌融"清廟"之雅與"蓮花落"之俗於一體，既有雅俗並舉的格調，又有志士的激憤與僧人的平和，既有基於悲憤的恢弘恣肆，又有博通儒道的奧博，極具細細勘辨的價值。同時，江浙至嶺南的生活經歷，使澹歸成爲貫通兩地詩歌的橋梁，爲兩地詩歌的交流發揮了不小的作用。

第二，地域史價值。澹歸作爲曹洞宗第三十五代傳人，在嶺南開闢丹霞山別傳寺，足跡廣佈嶺南，在嶺南生活十七年，對嶺南地區的風土人情、人文生態頗有認識與考察。同時，他深受嶺南士人群體愛戴，擁有廣泛的結交群體，參與當地方志的整理，對嶺南地區佛學、文學的發展都別有貢獻。

第三，南明歷史及政治史價值。澹歸在南明小朝廷中扮演著重要角色，他對當時形勢有著較爲清醒的認識，能夠從軍事方面提出切實可行的方針策略，不畏權貴，直言敢諫。後陷入險惡的政治鬥爭，幾近喪命。他又在瞿式耜、張同敞殉難後上書孔有德祈收骸骨，在當時廣被稱頌。通過對澹歸在南明朝廷活動和遭際的梳理，結合時人之評價態度，有助於進一步理解南明的政治、社會環境以及輿論風尚。

第四，明末清初士人心態的文化研究價值。明末清初，逃禪遺民眾多，澹歸是其中之一，但他亦有著獨特的文化品格和性格特色。他思想中特出的一部分使他備受爭議，毀譽交參。對澹歸評價視角及立場的研究有利於進一步認識明末清初士人的思想與心態。

第五，禁毀文化研究。作爲乾隆四十一年（1776）文字獄的主角，澹歸與同一詔書並舉之錢謙益、屈大均兩人在學術界所引起的廣泛熱議相比頗爲冷淡，同時，這場由已作古之高僧引起且牽連甚廣的文字獄在中國禁書史上並不多見。深入研究澹歸，將促進對中國禁毀文化研究的發展和完善。

雖然如此，本書的完成並不意味著澹歸研究的結束。鑒於個人研究中學力、時間的限制，仍有眾多問題未能完全解決。比如從更廣闊的文化史、文學史以及文學批評史角度考察澹歸及其詩歌的意義與價值；更多地發掘湮沒材料中隱含的事實；以澹歸爲出發點，橫向勾勒當時的文化脈絡等，都是需要繼續深入的角度。因此，本書的出版，只能說是相關研究的一個起點，絕不可能是終結。其中尚不免疏漏、紕繆之處，望方家予以指正。

目　錄

緒　論 ··· 1
第一章　時空節點中的士人樣貌：明清之際澹歸的生平與交游 ··· 21
　第一節　杭學特出：地域文化與文化品格的奠定 ············· 22
　第二節　坎坷仕宦：政治經歷與情感心態的形成 ············· 38
　第三節　出家嶺南：易代之際的抉擇 ························· 59
　第四節　請藏嘉禾：毀譽相參的自證 ························· 92
　小　結 ·· 109
第二章　多重身份下的人格雜糅：遺民僧澹歸的思想與心態 ··· 111
　第一節　法緣俗緣：由儒入釋的變與不變 ····················· 111
　第二節　闡儒擴釋：澹歸的儒釋匯通與以儒闡佛 ············ 128
　第三節　接物利生：澹歸的經世踐履思想 ····················· 150
　小　結 ·· 167
第三章　身份轉換與詩歌創作：從恢奇到奧博的風格轉移 ··· 168
　第一節　《遣興》組詩探究 ······································· 168
　第二節　《南韶雜詩》探究 ······································· 191
　第三節　從《遣興》到《南韶雜詩》之風格變遷 ············ 204
　小　結 ·· 207

第四章 複雜心曲與詩歌創作：理想失落與精神苦悶的出路尋求 ······ 209

- 第一節 酬唱贈答，經世擔當 ······ 209
- 第二節 詠物寫志，寄托懷抱 ······ 217
- 第三節 參禪論道，布施教化 ······ 227
- 第四節 澹歸詩歌的藝術特色 ······ 231
- 小　結 ······ 250

第五章 言論環境與詩歌理論：澹歸詩歌理論及時代觀照 ······ 251

- 第一節 澹歸詩歌批評的視野區分 ······ 251
- 第二節 澹歸對僧詩的闡發與地位的維護 ······ 278
- 第三節 澹歸詩歌批評的理論特點與價值 ······ 283
- 小　結 ······ 310

第六章 遺民生態與遺民接受：澹歸作品的評價與傳播 ······ 311

- 第一節 詩人而遺民：人文合一理念下澹歸詩歌之評價 ······ 311
- 第二節 詩人而志士：清初文化高壓下澹歸詩歌之遭遇 ······ 322
- 小　結 ······ 342

結　論 ······ 344

附　錄 ······ 347

- 附錄一 澹歸散佚詩文輯錄與探析 ······ 347
- 附錄二 吳天任《澹歸禪師年譜》補正 ······ 366
- 附錄三 澹歸著述及現存作品版本情況 ······ 385

參考文獻 ······ 392

後　記 ······ 405

緒　論

一、澹歸其人及著述

　　澹歸（1614—1680），浙江仁和人，俗姓金，名堡。幼名竣，童子試後更名爲堡，自字唐捐，後改字道隱，號衛公①。永曆四年（1650）於桂林茅坪庵出家，名性因，號茅坪衲僧，自稱跛阿師。永曆六年（1652）下東粵入天然函昰門下，名今釋，字澹歸，又字蔗餘，號甘蔗生、甘蔗種、冰還道人、借山等，晚年開廣東仁化丹霞山別傳寺，號舵石翁、舵盤三老、徧行道者、豆皮宗、隔角老人等②。

　　崇禎十三年（1640）中進士，次年任臨清知縣，官聲頗佳。因大旱不忍催科被上司參劾而罷官歸里，任職僅五月餘。弘光元年（1645）六月父喪，清軍於同月攻下杭州。澹歸偕原都督同知姚志卓起兵抗清復杭，勢孤而敗。同年，澹歸弃家奔依於浙東監國的魯王，旋覺魯王無大志，聞隆武帝立於福建，乃間道入閩陛見，以直言授禮科給事中。澹歸以喪服未除，僅受虛銜以聯絡江東義士，爲復明做準備，後因上疏觸怒鄭芝龍，頗遭忌恨。隆武帝恐其爲芝龍所害，遂准其解官終喪之請。當時浙江陷清，澹歸無處可歸，浪游湖南，避居辰、沅之間。永曆元年（1647），桂王自立廣西，號永曆。次年澹歸受瞿式耜薦赴肇慶行在，任禮科給事中。他直言敢諫，不避權奸，以"直臣"聲聞朝野。永曆內部黨争异常激烈，澹歸亦未能脱身。永曆四年被政敵所陷下錦衣衛獄，酷刑幾死，右足創攣。同年黜

---

①　澹歸和尚著，段曉華等點校：《一切字義相麗說》，《徧行堂集》（一），廣東旅游出版社，2008年，第50頁（注：全書引用《徧行堂集》文字皆爲此版本，後文再次出現同一版本時，僅標示册數、頁碼。引用他書亦類之，僅首次出現時標注完全信息）。

②　吴天任：《澹歸禪師年譜》，鉛印綫裝，1988年自印於香港，第1頁。

戍清浪衛，途遇清兵，押解者逃去，受瞿式耜之助留居桂林。澹歸拒絕瞿氏留任書記之請，寓居桂林城外茅坪庵，出家爲僧。桂林陷落，瞿式耜、張同敞殉難，澹歸不避死禍，作《上定南王》書乞收骸骨，書雖未到，二人骸骨已被義士楊藝收葬，但他遇事敢言、重情重義的氣概廣被稱頌。永曆六年（1652）入廣州雷峰寺天然函昰門下，法名今釋，字澹歸。康熙元年（1662）於廣東韶州韶關闢丹霞山別傳寺。康熙十三年（1674）奉天然之命任住持。康熙十九年（1680）八月九日，於浙江平湖陸世楷園中圓寂，世壽六十七，僧臘二十九。澹歸精研佛法，德高望隆，深受四方敬重，爲明末清初著名詩人、詞人、書畫家[①]。

澹歸生平著述繁富，《清代禁書總目》著錄的有《丹霞初集》《丹霞二集》《臨清來去集》《行都奏議》《粵中疏草》《梧州詩》《夢蝶庵詩》《徧行堂雜劇》《今釋四書義》《金堡時文》《明文百家粹》11種。其中除《今釋四書義》《梧州詩》的序文收錄在《徧行堂集》中外，其他已均不可見。冼玉清《廣東釋道著述考》輯錄《徧行堂集》《徧行堂續集》《菩薩戒疏隨見錄》《丹霞澹歸禪師語錄》等18種。但因屢遭禁毀滅裂，多已不可復見。據現存史料，其存世作品有《徧行堂集》正集和續集兩種，《嶺海焚餘》三卷，《丹霞日記》一冊。另有其他存於各類筆記史料及方志中的單篇作品。

澹歸現存作品中，詩歌占比較大。由現通行之段曉華等點校《徧行堂集》來看，作品正集四十四卷，詩歌十二卷，共1782首；續集十六卷，詩歌占四卷（最後一卷有20首詞作），共564首，比重居各文體之首。

本書主要依據段校本《徧行堂集》，參校《徧行堂集》原刊本進行糾誤；《嶺海焚餘》采用江蘇廣陵古籍刻印社出版之適園叢書本，另參其他可見作品。

[①] 參見吳天任：《澹歸禪師年譜》；王夫之：《永曆實錄》，上海古籍出版社，1996年，第521~529頁；邵廷采：《西南紀事2》卷七，香港新華書局，1990年，第12~14頁；溫睿臨：《晚明史料叢書 南疆逸史》（上），中華書局，1959年，第11頁；成鷲和尚著，曹旅寧、蔣文仙、楊權、仇江點校：《咸陟堂集》（一），廣東旅游出版社，2008年，第78~80頁；徐乾學：《丹霞澹歸今釋禪師塔銘》，徐自強《中國佛學文獻叢刊 中國歷代禪師傳記資料彙編》（中），全國圖書館文獻縮微複刊中心1994年，第639~641頁。

二、研究現狀與存在的問題

作爲明清鼎革之際身份特殊、聲名顯赫的人物，澹歸其人其文當時便引起廣泛關注，評價者衆多。後因乾隆四十年（1775）其著述遭"銷版、磨碑"等方式的禁毀①，大量著作在浩劫中毀滅，僅留吉光片羽於世。對澹歸的研究，自清初至民國末期，多集中在筆記史料、塔銘行狀、作品序跋中，側重於歷史記錄；20世紀以來，研究視野漸趨開闊，從版本整理到人物研究、思想考察、文學探討、藝術鑒賞等方面均有不少成果。因此，據研究特點的不同，本書將研究現狀分爲清代至民國初年、20世紀之後兩階段。

（一）清代至民國初：人物與作品品藻期

這一階段的研究大致可以乾隆朝文字獄案爲節點，分前後兩個時期。

文字獄之前，對澹歸的批評集中在其人與文兩端。因澹歸早有文名，著述衆多，交際廣泛，作品在當時廣爲傳布。此時，對其人與文大略有三種觀點。

第一種批評澹歸出家後的人品，進而批判其作品。就批判人群來看，主要集中於黃宗羲等以儒家價值觀爲導向的遺民士人中。對澹歸的批評集中在交接流俗、佞佛而喪失儒者本位兩端。對交接的批評，如全祖望《肇慶訪故宮》中諷刺澹歸在南明時作爲"五虎"之一，拉幫結派，爲人有疵；出家後，爲尚可喜作年譜，更使其人一無可取②。並在《天多老人墓石志》中錄楊秉紘言，以證明時人對澹歸名節不齒，據其交接尚可喜而徹底否定其人③。王夫之在《搔首問》中對澹歸出家後的行爲也頗爲失望，責其因營建佛寺、收養僧人而"不擇人而屈下之""與尚氏往還"④。此外，批評澹歸交接流俗，尤其是與權貴密切聯繫之行爲者衆多，由澹歸《答巢端明書》《答陳藹公文學》可知，巢鳴盛、陳僖等持節遺民皆曾直接

---

① 上海書店出版社編：《清代文字獄檔》，上海書店出版社，2011年，第143~169頁。
② 全祖望：《鮚埼亭詩集十卷》卷十，《清代詩文集彙編302》，上海古籍出版社，2010年，第304b頁。
③ 全祖望：《鮚埼亭集》卷十四，《清代詩文集彙編302》，第465b頁。
④ 王夫之《船山全書》編輯委員會編校：《船山全書》第12冊，岳麓書社，1996年，第635頁。

來信批評。另外，遺民對澹歸的不滿，還在於認爲他由儒入釋而喪失了本來面目。黃宗羲便在《文淵閣大學士文靖朱公墓志銘》中站在批判佛教的立場，痛斥澹歸身爲儒者，一朝遁入佛門，便全心皈依佛法，實屬無情①。

　　對澹歸的不滿直接影響到對他作品的評價，黃宗羲《謝莘野詩序》②、邵廷采《西南紀事》③因不滿澹歸結交流俗、權貴之行爲，針對澹歸此類文字，如"聖政詩""交游詩"等展開批評，其中不乏因個人恩怨而抱持成見④，評價態度顯然稱不上全面客觀。黃宗炎更在閱讀澹歸《語錄》時批評他一旦踏入佛門，竟忘儒者身份，開堂營建，爲佛門作語錄，成爲節義全失的呈堂供錄⑤。

　　第二種爲對澹歸人品文章的稱揚，主要出現在澹歸交好者的詩文中，以及爲澹歸所作詩文序跋、塔銘行狀中。他們對澹歸其人有深入的了解，情感深厚，是以對其所遭訾議深感不平，多有迴護；對其作品分析亦更細緻深入。他們對澹歸人品多作出家前後觀，稱贊他入世時爲儒家忠義楷模，出家後爲法門龍象。世間因不了解其爲人，僅憑外在行迹妄發議論，實屬荒唐。此説在樂説今辨《丹霞澹歸釋禪師行狀》⑥、《丹霞澹歸禪師語錄序》⑦、《徧行堂續集》序⑧以及成鷲《舵石翁傳》⑨、李復修《徧行堂續集叙》⑩、沈皡日《徧行堂續集》序⑪、阿字今無《徧行堂文集序》⑫、廖燕

---

① 黃宗羲著，平惠善校點：《黃宗羲全集》第10册，《南雷詩文集》（上），浙江古籍出版社，2012年，第631頁。
② 黃宗羲：《黃宗羲全集》第10册，第92頁。
③ 邵廷采：《西南紀事2》，第13b～14a頁。
④ 如黃宗羲因與朱天麟有故，而朱天麟與澹歸在永曆朝爲政敵，因此黃宗羲在爲朱天麟作墓志時大肆批評澹歸。對此，廖肇亨在《金堡之節義觀與歷史評價探析》中有所闡發，見《中國文哲研究通訊》1999年第4期，第107頁。
⑤ 陳垣：《清初僧諍記》，中華書局，1962年，第90頁。
⑥ 徐自强：《中國佛學文獻叢刊　中國歷代禪師傳記資料彙編》（中），第638～639頁。
⑦ 《徧行堂集》（一），第6頁。
⑧ 《徧行堂集》（四），叙第2頁。
⑨ （清）成鷲和尚著，曹旅寧、蔣文仙、楊權、仇江點校：《咸陟堂集》（二），第78～80頁。
⑩ 《徧行堂集》（四），叙第1頁。
⑪ 《徧行堂集》（四），叙第3～4頁。
⑫ 《徧行堂集》（四），叙第4頁。

《哭澹歸和尚文》①中皆有體現。

　　這一群體對澹歸作品有較詳細的評價，雖不免溢美之詞，但對各文體的特點提煉值得參考。其中較具代表性的如李復修《徧行堂集叙》②，沈皡日《徧行堂續集序》③，二者分別對澹歸作品思想、不同文體的風格及獨立一格的特色予以高度評價。而尤值得注意的是徐乾學《丹霞澹歸今釋禪師塔銘》，提出澹歸文章本於《莊子》，重視獨創，語言俗白近禪家機鋒，詩歌好用典，聲采絢偉等特點④，是非常的當精準的。

　　另有澹歸轉述時人對其作品的評價，如"孝山云'師詩非詩家流，然詩中少不得有此一種'"⑤。又記黄辛子等評價："辛子見予近刻，謂可配黄先生石齋。予愧謝不敢當。三山陳長卿云：'平生酷愛漆園、龍門、蘇子瞻、李卓吾，師殆兼四老之勝。'"⑥亦可見時人對澹歸詩文特色的評價。

　　第三種觀點多出於史料筆記，記錄評價澹歸出家前後行迹，稱他出家前任氣敢言，清操絕俗，但性格過於谿刻，不夠通達；出家後則失於檢飭，交接不慎，但仍承認其學古有識，才情過人。這些評價仍不失儒者話語模式，但較前兩種更客觀，具史筆特色。較有代表性的爲王夫之《金堡列傳》⑦、邵廷采《西南紀事》⑧、温睿臨《南疆逸史》⑨、查繼佐《魯春秋》⑩、徐鼒《小腆紀傳》⑪、李介《天香閣隨筆》⑫、盛楓《嘉禾徵獻錄》⑬等。其中王夫之的記載較爲精詳，描述澹歸讀書仕進，立身南明的具體情

---

① 廖燕：《廖燕全集》（上），上海古籍出版社，2005年，第163～164頁。
② 《徧行堂集》（一），叙第1～2頁。
③ 《徧行堂集》（四），序第3～4頁。
④ 徐自强：《中國佛學文獻叢刊　中國歷代禪師傳記資料彙編》（中），第639～641頁。
⑤ 《徧行堂集》（一），序第9頁。
⑥ 《徧行堂集》（四），第413頁。
⑦ 王夫之：《永曆實録》，第521～529頁。
⑧ 邵廷采：《西南紀事2》，第12頁。
⑨ 温睿臨：《晚明史料叢書　南疆逸史》（上），第11頁。
⑩ 查繼佐：《魯春秋》，孔昭明《臺灣文獻史料叢刊　第6輯106》，臺灣大通書局，1987年，第10頁。
⑪ 徐鼒：《小腆紀傳》，中華書局，1958年，第325～330頁。
⑫ 李介：《天香閣隨筆》，中華書局，1985年，第23頁。
⑬ 盛楓：《嘉禾徵獻録》，見桑兵主編《五編清代稿鈔本233》影印清鈔本，廣東人民出版社，2013年，第487頁。

景，情深語摯，字字見血，以至被認爲基於"明季門戶習氣"等有偏袒之嫌①。事實上，王夫之對永曆朝情況的記錄，因本身參與而可信度更高②。

從這三種觀點可見，與澹歸同時代的人最關注的是其立身與行迹，其次爲作品。具體而言，澹歸出家後行迹因評價者立場、價值觀、了解度的不同而有所差異，但其作品與才情却得到廣泛認可。此後直至近現代，對澹歸的批評多不出此時窠臼。後之貶斥者如乾隆云："其人本不足齒，而所著詩文中多悖謬字句，自應銷毀。"③陳垣《清初僧諍記》④、譚延闓《題澹歸和尚詩卷》⑤等都批判澹歸詩文"悖謬"，交接不嚴。褒揚者如沈維材代筆高綱所作《徧行堂集序》⑥、乾隆間羅天尺《丹霞歌題徧行堂集後》⑦以及諸多後世瞻仰之作⑧，多從其才華著眼予以追緬。

《徧行堂集》文字獄之後，有清一代澹歸的作品基本不可得見。然而，在他生活的嶺南及嘉禾等地，澹歸依然被崇奉懷念⑨。

清末民初，"鴛湖投詩"⑩"澹歸碗"⑪的傳説逐漸流傳。這些基於獨特時代需求出現的傳説，真實性雖受質疑，但昭示了澹歸形象正逐漸回歸到研究視野中。同時，陳融在《越秀集》中列有澹歸生平、詩歌相關評述，並引《顒園詩話》梳理《徧行堂集》的版本源流⑫，沉寂已久的澹歸再被發掘研究。

---

① 李慈銘撰，由雲龍輯：《越縵堂讀書記》，中華書局，1963年，第388頁。劉毓崧在王夫之《永曆實録跋》中認爲"堡爲僧後，品行益卑"，"而先生當日因道途隔絶，未之知也"（見《永曆實録》，第565頁）。
② 李慈銘撰，由雲龍輯：《越縵堂讀書記》，第388~389頁。
③ 《清代文字獄檔》（增訂本），上海書店出版社，2011年，第144頁。
④ 陳垣：《清初僧諍記》，第91頁。
⑤ 周秋光主編：《譚延闓集》（二），湖南人民出版社，2013年，第1052頁。
⑥ 沈維材：《樗莊詩文稿》文稿卷一序跋，《清代詩文集彙編285》，上海古籍出版社，2010年，第378b~379a頁。
⑦ 羅天尺：《癭暈山房詩删》卷四，《清代詩文集彙編260》，上海古籍出版社，2010年，第639頁。
⑧ 如陶越轉載錢塘吳允嘉《望丹霞詩》（見陶越《過庭紀餘》卷中，齊魯書社，1995年，第286頁）、陳甫《澹歸》詩等（見陳甫《小草堂詩詞録》，2006年，第97頁）。
⑨ 袁行雲：《清人詩集叙録》第1册，文化藝術出版社，1994年，第129~130頁。
⑩ 時希職：《曼殊筆記》，見《燕子龕隨筆》，廣益書局，1930年，第17頁。
⑪ 何烱璋修，譚鳳儀纂：《（民國）仁化縣志》卷七，《中國地方志集成　廣東府縣志輯9》，上海書店出版社，2013年，第564頁。
⑫ 陳融：《越秀集》"今釋條"，南華社刊，1987年。

（二）20 世紀以來：關注升溫到日趨完善

20 世紀後，對澹歸的考證研究逐漸升溫。因其作品及相關文獻在清朝文字獄中遭毀弃，最初的研究勢必從文獻整理開始，這也是 20 世紀前中期澹歸研究的重心所在。隨著文獻整理的完善及研究者認知的成熟，評價聲音較之前更爲客觀，成果漸趨豐富。

首先，文獻整理逐漸完善。20 世紀前中期對澹歸的研究集中在人物事迹考證及作品的相關梳理中，後經逐漸整理而日益豐富。

從澹歸生平及相關評價整理來看，陳垣《清初僧諍記》有基於現實需要的相關評價[1]，陳寅恪《柳如是別傳》第五章"復明運動"中注意到澹歸與錢謙益之交往，視澹歸爲"懷有中興之望"者[2]。年譜撰寫方面，有王漢章《澹歸大師年譜》[3]、麥默《澹歸大師事迹》[4]，容肇祖《徧行堂集殘本跋》中亦有簡略年譜。在此基礎上，吴天任編成《澹歸禪師年譜》。該書考辨其出家前後行狀，探究其身後文字獄之禍，是當前研究澹歸行誼考證最詳備的著作。但由於編纂時掌握的資料不夠完備，難免疏漏缺失，詳參本書附録。

交游考證方面，姜伯勤在《石濂大汕與澳門禪史——清初嶺南禪學史研究初篇》中考察澹歸與石濂大汕的關係，涉及澹歸與金公絢、方以智等人的交往，爲研究澹歸交游及思想提供了重要視角和資料。另設專章研究澹歸藏於澳門普濟禪院之《丹霞日記》，發覆這一珍稀資料，功德深厚[5]。後續有李舜臣、歐陽江琳《王夫之與金堡澹歸關係考論》[6]，廖銘德《澹歸今釋與韶州知府李復修關係考》[7]，廖銘德、張曉虎《澹歸與韶州知府

---

[1] 陳垣：《清初僧諍記》，第 91 頁。
[2] 陳寅恪：《柳如是別傳》（下），生活・讀書・新知三聯書店，2015 年，第 932 頁。
[3] 王漢章：《澹歸大師年譜》，天津人民圖書館館藏稿本。
[4] 麥默：《澹歸大師事迹》，廣東中山文獻館館藏稿本。
[5] 姜伯勤：《石濂大汕與澳門禪史——清初嶺南禪學史研究初篇》，學林出版社，1999 年。
[6] 李舜臣、歐陽江琳：《王夫之與金堡澹歸關係考論》，《船山學刊》2005 年第 1 期，第 32～36 頁。
[7] 廖銘德：《澹歸今釋與韶州知府李復修關係考》，《佛山科學技術學院學報》2013 年第 9 期，第 43～47 頁。

趙霖吉、馬元交往考》①，胡冰洋碩士學位論文《釋澹歸交游考》②，日本學者清水茂《澹歸和尚與藥地和尚》③等，考察澹歸交游群體脈絡。其中胡冰洋歸類提煉了澹歸交游群體，較他作詳備，但仍不足稱精詳。

針對澹歸文字獄案考察有揮之《焚書　毀骸　殺和尚——明戲曲作家金堡的悲劇命運》④、劉娟《澹歸作品遭禁毀考論》⑤、廖銘德《〈徧行堂集〉文字獄案考略》⑥、劉麗英《清代"金堡"獄案對韶關文化的影響》⑦等，辨析了文字獄起因、過程及影響，但僅認識到此案爲李璜發起說的謬誤，對案件實際發起者及案件的深層原因分析不夠透徹。

澹歸營建丹霞山別傳寺過程及意義考，有李明山《澹歸在丹霞山別傳寺營建發展中的重大貢獻——以〈徧行堂集〉爲視角》⑧、余志勇《論澹歸與丹霞山佛教禪宗文化旅游深度開發》⑨、李福標《澹歸禪師丹霞山建寺因緣考》⑩、潘承玉《清初明遺民詩人栖遲韶關丹霞山史事綜考》⑪等，或還原當時營建場景，或從當代文化價值著手考察，缺乏從澹歸立場分析營建丹霞的內在原因。

就作品整理而言，在20世紀，澹歸作品得到了較爲集中的發掘整理。1929年容肇祖撰《徧行堂集殘本跋》，揭櫫澹歸著述的整理工作，考訂澹歸詩集⑫。後朱希祖在《明季史料題跋》中收錄《康熙刻本徧行堂集跋》

---

① 廖銘德、張曉虎：《澹歸與韶州知府趙霖吉、馬元交往考》，《韶關學院學報》2014年第11期，第9~14頁。
② 胡冰洋：《釋澹歸交游考》，遼寧大學碩士學位論文，2013年。
③ 清水茂：《論澹歸的詞》，見《清水茂漢學論集》，中華書局，2003年，第138~150頁。
④ 揮之：《焚書　毀骸　殺和尚——明戲曲作家金堡的悲劇命運》，《藝海》2002年第4期，第57頁。
⑤ 劉娟：《澹歸作品遭禁毀考論》，《嶺南文史》2006年第4期，第49~53頁。
⑥ 廖銘德：《〈徧行堂集〉文字獄案考略》，《韶關學院學報》2010年第7期，第33~37頁。
⑦ 劉麗英：《清代"金堡"獄案對韶關文化的影響》，《嶺南文史》2012年第4期，第14~17頁。
⑧ 李明山：《澹歸在丹霞山別傳寺營建發展中的重大貢獻——以〈徧行堂集〉爲視角》，《韶關學院學報》2013年第3期，第5~11頁。
⑨ 余志勇：《論澹歸與丹霞山佛教禪宗文化旅游深度開發》，《韶關學院學報》2013年第7期，第111~115頁。
⑩ 李福標：《澹歸禪師丹霞山建寺因緣考》，《韶關學院學報》2016年第3期，第8~15頁。
⑪ 饒宗頤主編：《華學》第7輯，中山大學出版社，2004年，第305~318頁。
⑫ 容肇祖：《徧行堂集殘本跋》，《中山大學語言歷史研究所週刊》（第六冊）1929年第72期，第23~32頁。

《校本嶺海焚餘跋》①。謝國楨在《增訂晚明史籍考》中著錄《徧行堂集》四十八卷，梳理出海鹽朱氏傳鈔舊刻本、上海歷史文獻圖書館藏清康熙中刊本、清末上海國學扶輪社鉛印六卷本，並整理《重刻〈徧行堂集〉募資疏序》一文②，使澹歸著述及版本情況漸趨明朗。冼玉清在《談澹歸和尚》中詳闡澹歸生平及文字獄案，並梳理考證澹歸各種著作；汪宗衍撰《澹歸著作補談》專論《澹歸和尚日記》，補冼玉清未錄之憾③。後冼玉清《廣東釋道著述考》從文獻學角度詳盡搜定澹歸著作版本，原文收錄不同版本中的古今序跋，考訂精細，爲考證澹歸事迹提供了重要資料，並在按語中對其人予以較高評價④。

後吴天任《澹歸禪師年譜》附錄二《澹歸禪師遺著考略》及附錄三《澹歸禪師逸詩初輯》《澹歸禪師逸詩補遺》是對澹歸著作的另一有力整理，他從版本目錄學角度考察著作及刊刻年代，並據各家詩話詩輯錄出逸詩 23 首。但因吴天任創作年譜時尚未見到《徧行堂集》正集，對作品評價不夠深入，所錄逸詩有 10 首已出現在《徧行堂集》正集之中。

21 世紀以來，嶺南文化研究逐漸走上獨立自覺的階段。文化部門組織整理點校嶺南佛門著述，陸續出版《清初嶺南佛門史料叢刊》和《嶺南名寺志·古志系列》，其中段曉華點校澹歸《徧行堂集》⑤以及《丹霞山志》⑥的整理出版，爲澹歸研究提供了重要文獻資料。我國臺灣地區學者廖肇亨在《澹歸之文藝觀與詩詞創作析論——兼談集外佚文兩篇》⑦中增補《與辛巳同年》《金公贈言》兩篇佚文，並考澹歸出家前有《清淵集》一書。鄭丹的碩士學位論文《澹歸生平著述考論》⑧整理澹歸生平及著述。

---

① 朱希祖：《明季史料題跋》，遼寧教育出版社，1998 年，第 77~79 頁。
② 謝國楨：《增訂晚明史籍考》（下），北京出版社，2014 年，第 970~971 頁。
③ 姜伯勤：《石濂大汕與澳門禪史——清初嶺南禪學史研究初篇》，學林出版社，1999 年，第 474 頁。
④ 冼玉清：《廣東釋道著述考》，廣西師範大學出版社，2016 年，第 253~267 頁。
⑤ 《徧行堂集》，廣東旅游出版社，2008 年。其點校底本介紹爲：《前集》以《四庫禁毀書叢刊》本（據上海圖書館館藏有清乾隆五年刻本影印，49 卷，目錄 2 卷）爲底本，《續集》以香港佛教志蓮圖書館 1989 刊本（據宣統三年上海國學扶輪社排印本影印，16 卷）爲底本，並以廣東中山圖書館藏本（黄蔭普憶江南館藏本）進行參校。
⑥ 陳世英、陶煊等纂修，仇江、李福標點校：《丹霞山志》，廣東教育出版社，2015 年。
⑦ 廖肇亨：《澹歸之文藝觀與詩詞創作析論——兼談集外佚文兩篇》，見《天然之光——紀念函昰禪師誕辰四百周年學術研討會論文集》，中山大學出版社，2010 年，第 228~247 頁。
⑧ 鄭丹：《澹歸生平著述考論》，安徽大學碩士學位論文，2011 年。

此外，廖銘德《〈徧行堂集〉文字獄案考略》①後附錄澹歸相關著作及《徧行堂集》版本簡介以及現存狀況，又在《澹歸今釋與韶州知府李復修關係考》②中，以《徧行堂集》序言爲參照梳理集子的刊刻年代，意義重大。但由於清代文字獄等諸種原因，澹歸版本流傳錯雜，著作佚失衆多，各版本形態及説法各异，後期補充考證工作仍任重道遠。

其次，研究視野逐步開闊。在考證和整理澹歸作品的同時，與其相關的研究也逐漸增多，向文學、文化、思想等方面擴展。

文學方面，詞作研究備受關注。夏承燾《瞿髯論詞絶句》③、龍勛初《近三百年名家詞選》④、趙尊岳《明詞彙刊》⑤和嚴迪昌《清詞史》⑥共同開創了澹歸詞學研究面向。另有王楚文《明季僧人釋澹歸及其詞研究》⑦、日本學者清水茂《論澹歸的詞》⑧、李舜臣《釋澹歸與〈徧行堂詞〉》⑨、陳永正《澹歸詞略論》⑩、姚良《澹歸及其〈徧行堂詞〉研究》⑪等，共同推進了澹歸詞作研究。對澹歸詞源流、内涵、體制、意象、風格等多方面都有相關考察，相對完備。樊沁永的博士學位論文《晚明高僧〈四書〉詮釋研究》中有章節對澹歸《書義》中的《大學》予以解讀⑫。

詩歌研究尚未見深入系統的分析，僅在整體評論澹歸作品時稍稍提及。如冼玉清稱其"詩多禪語，亦明暢，但不如其文之揮灑自如"⑬。葉恭綽稱其"詩筆蒼老，亦足與顧、陳抗衡"⑭。李舜臣在《嶺外別傳——

---

① 廖銘德：《〈徧行堂集〉文字獄案考略》，《韶關學院學報》2010年第7期，第36~37頁。
② 廖銘德：《澹歸今釋與韶州知府李復修關係考——以〈徧行堂集·李復修序〉爲視點》，佛山科技學院學報2013年第5期，第43~47頁。
③ 夏承燾：《瞿髯論詞絶句》，中華書局，1979年，第53頁。
④ 龍勛初：《近三百年名家詞選》，上海古籍出版社，2014年，第13~15頁。
⑤ 趙尊岳：《明詞彙刊》，上海古籍出版社，2012年，第1942頁。
⑥ 嚴迪昌：《清詞史》，江蘇古籍出版社，1990年，第91~94頁。
⑦ 王楚文：《明季僧人釋澹歸及其詞研究》，臺灣華梵大學碩士學位論文，1992年。
⑧ 清水茂：《論澹歸的詞》，見《清水茂漢學論集》，第113~137頁。
⑨ 李舜臣：《釋澹歸與〈徧行堂詞〉》，《中國韻文學刊》2002年第2期，第95~101頁。
⑩ 陳永正：《澹歸詞略論》，《嶺南文史》2005年第1期，第45~51頁。
⑪ 姚良：《澹歸及其〈徧行堂詞〉研究》，西南大學碩士學位論文，2006年。
⑫ 樊沁永：《晚明高僧〈四書〉詮釋研究》，首都師範大學博士學位論文，2014年。
⑬ 冼玉清：《廣東釋道著述考》，第261頁。
⑭ 葉恭綽：《矩園餘墨》，遼寧教育出版社，1997年，第142頁。

清初嶺南詩僧羣研究》第六章中，以一節的篇幅介紹了澹歸詩歌的整體樣貌①：在詩體形式上，律詩最多，古體次之，絶句最少；在詩歌內容上，應酬詩占七成。李舜臣根據澹歸交游對象多爲遺民或有遺民傾向的文人、僧人，從民族氣節上肯定其應酬詩的價值。同時，他認識到澹歸詩作中最有價值的是"遣興""偶題""偶感"類，以及一些寫實之作。詩論方面，他提出澹歸主張"温柔敦厚"的詩教傳統，創作和論詩均受到佛學影響，又進一步指出其創作的"憤悱抗激"與詩歌主張之間存在抵牾。整體來説，文章對澹歸詩歌風貌把握得比較到位，但不夠全面，如對澹歸應酬詩的價值論析中，未認識到詩歌價值不僅在於民族氣節，更在於應酬詩中熔鑄的深厚蒼生關懷；對詩歌的藝術手法和風格特徵也未能詳細探討。寧夏江在《論澹歸的梅花詩》一文中分類整理了澹歸相關梅花詩詞，解讀不同地點、不同唱和對象之梅花詩中的思想内藴，分析詩詞的藝術手法、意境營造，豐富了澹歸的詩歌研究。

　　文藝理論研究方面，李福標《從〈徧行堂集〉看僧澹歸的詩文批評》②、廖肇亨《澹歸之文藝觀與詩詞創作析論》③兩文打開了澹歸文藝觀研究的局面。其中李福標發覆"徧行"精神，並分析此理念下的澹歸詩文批評特色，提出相關批評方法及價值；廖肇亨分析澹歸詩論旨要，提煉出"神韻""虛静"等詩歌理念，總結澹歸詩詞創作特色，認爲佛禪在其文藝觀及詩詞創作中始終扮演著無可取代的角色，將其定位爲明清之際最特出的詩僧之一。二人論述皆以佛學思想作爲澹歸詩論的指導和切入點，雖然角度新穎，但體現出一定程度的局限性，未能準確全面地爲澹歸詩論定位。事實上，佛禪僅是其立論的影響因素之一，澹歸對詩歌功能的界定、詩歌風格的倡導很難完全用佛禪影響概括。陳維恩《"似詩"與"自尋出路"——明末清初海雲詩僧的詩學理論及其對詩禪理論的發展》論及澹歸

---

① 李舜臣：《嶺外別傳——清初嶺南詩僧羣研究》，南方日報出版社，2017年，第233~239頁。
② 李福標：《從〈徧行堂集〉看僧澹歸的詩文批評》，《中國韻文學刊》2005年第1期，第23~28頁。
③ 廖肇亨：《澹歸之文藝觀與詩詞創作析論》，《武漢大學學報》2010年第6期，第697~704頁。

作爲海雲詩僧一分子對詩禪理論的貢獻，視角獨特。①

文化方面，多從澹歸書法入手。有王若楓、肖紅《論澹歸的書法藝術》②，鍾東《澹歸今釋》③，皮朝綱《澹歸今釋書畫美學思想的現代詮釋》④，榮思思《從今釋題跋看其書學思想》⑤ 等，多從澹歸書法造詣、特點及書學思想入論。張星在《〈徧行堂集〉醫學史料及醫學思想探究》一文中總結澹歸《徧行堂集》中廣博而豐富的醫學史料，稱其論病首重虛損、調攝重於服藥，開創了澹歸研究的文化面向。⑥

思想層面，近年來學界更自覺地從哲學層面研究澹歸，論者或持儒家節義標準爲澹歸辯解，稱他雖形跡可議，但在濫俗文字後存在強烈的民族思想，體現出執著的民族氣節。⑦ 或認爲澹歸之所以出家後脱出儒者標準，是因他體認佛教教義，實踐"菩薩徧行"的禪觀思想，以佛菩薩之心爲行爲標準，如何方耀《淡歸金堡出家前後的夷夏觀比較——兼論儒佛夷夏觀之异同》⑧，吴增禮、皮璐璐《澹歸與逃禪——"以佛菩薩之心爲心"》⑨，何子文《澹歸今釋"菩薩徧行"的禪觀思想及其實踐》⑩，鍾東

---

① 陳維恩：《"似詩"與"自尋出路"——明末清初海雲詩僧的詩學理論及其對詩禪理論的發展》，《中國文學研究》2016年第1期，第52~56頁。
② 王若楓、肖紅：《論澹歸的書法藝術》，《韶關學院學報》2011年第9期，第116~118頁。
③ 鍾東：《澹歸今釋》，嶺南美術出版社，2012年。
④ 皮朝綱：《澹歸今釋書畫美學思想的現代詮釋》，《西南民族大學學報》2013年第5期，第63~69頁。
⑤ 榮思思：《從今釋題跋看其書學思想》，南京藝術學院碩士學位論文，2015年。
⑥ 張星：《〈徧行堂集〉醫學史料及醫學思想探究》，《南京中醫藥大學學報》2015年第6期，第114~117頁。
⑦ 如潘承玉、吴承學：《和光同塵中的骯髒氣骨——澹歸〈徧行堂集〉的民族思想平議》，《南京師大學報》（社會科學版）2005年第3期，第120~125頁。曹廣濤、王東：《芻議澹歸今釋的民族氣節》，《韶關學院學報》2018年第4期，第7~11頁。姜伯勤：《澳門普濟禪院藏澹歸澹歸日記研究》，見《石濂大汕與澳門禪史——清初嶺南禪學史研究初篇》，第491~511頁。宋會群：《出世者的入世——讀〈徧行堂集〉有感三則》，《韶關學院學報》2013年第3期，第12~15頁。
⑧ 何方耀：《淡歸金堡出家前後的夷夏觀比較——兼論儒佛夷夏觀之异同》，《第二届珠澳文化論壇論文集》，社會科學文獻出版社，2011年，第116~130頁。
⑨ 吴增禮、皮璐璐：《澹歸與逃禪——"以佛菩薩之心爲心"》，《湖南大學學報》2012年第2期，第31~34頁。
⑩ 何子文：《澹歸今釋"菩薩徧行"的禪觀思想及其實踐》，《韶關學院學報》2016年第11期，第9~14頁。

《澹歸今釋》①等。或從明末清初佛教特色及澹歸個人對佛法的闡釋來解釋其行爲，如廖肇亨在《澹歸之節義觀與歷史評價探析》②中解讀明末清初嶺南佛教"以忠孝做佛事"的宗門教義，認爲澹歸遁入佛門而不忘世事是受這一教義的影響；孫國柱在《道是無情更有情——從明清之際澹歸〈熱心説〉談起》③中細析澹歸《熱心説》一文，認爲其"熱心"等同於佛菩薩之心，並從體用哲學出發，解釋澹歸踐行"熱心説"便是對佛學教義的體認，提出僅關注中國佛學的出世品格，而忽略其"出出世間"的會向是不全面的。或從個體生命情感出發，認爲澹歸言行體現出個體在世運中挣扎與糾葛的樣態，不能將個體出家前後截然分爲兩端，如李舜臣《法緣與俗緣的反復糾葛——澹歸逃禪考論》④。

由上可知，學界研究澹歸思想時多立足於對其行迹的解釋，立論或儒家或佛門，基本上是對人物所受訾議的回護，有强烈的個人情感色彩。其中能從個體情感心態出發分析其人情志，客觀體認個體的具體心態變化者並不多見，這便爲其思想研究留下了一處空白。但多種聲音交織的論説局面，體現出當下研究視野的開闊和視角的多樣，有助於研究逐漸走向客觀明晰。

21世紀以來，嶺南佛教文化漸得重視，澹歸研究也得以推進。中山大學中國古文獻研究所和韶關丹霞山別傳寺共同舉辦了四次有關嶺南佛教歷史的學術研討會，論文集《悲智傳響——海雲寺與別傳寺歷史文化研討會論文集》⑤、《天然之光——紀念函昰禪師誕辰四百周年學術研討會論文集》相繼問世⑥。2012年第四次研討會以澹歸及其《徧行堂集》爲主題，是對澹歸的集體性綜合研究，取得了可觀的學術規模效應。會議論文集

---

① 鍾東：《澹歸今釋——廣東歷代書家研究叢書》，嶺南美術出版社，2012年。
② 廖肇亨：《澹歸之節義觀與歷史評價探析》，《中研院文哲所通訊》1999年第4期，第95~116頁。
③ 孫國柱：《道是無情更有情——從明清之際澹歸〈熱心説〉談起》，《樓宇烈先生八秩頌壽文集》，九州出版社，2013年，第476~485頁。
④ 李舜臣：《法緣與俗緣的反復糾葛——澹歸逃禪考論》，《佛教研究》2006年第4期，第73~77頁。
⑤ 鍾東：《悲智傳響——海雲寺與別傳寺歷史文化研討會論文集》，中國海關出版社，2007年。
⑥ 楊權主編：《天然之光——紀念函昰禪師誕辰四百周年學術研討會論文集》，中山大學出版社，2010年。

《壁立千仞——紀念丹霞山別傳寺開山三百五十周年學術研討會論文集》已出版。① 這三本論文集收錄了諸多專家學者對嶺南曹洞宗三十四世天然函昰及其弟子的研究論文多篇，題材豐富，觀點多樣，涉及澹歸研究的多個面向。

工具書方面，謝正光《明遺民錄傳記索引》、李君明所編《明末清初廣東文人年表》等提供了研究澹歸相關資料的索引。謝國楨《南明史略》、蔡鴻升《清初嶺南佛門事略》、覃召文《嶺南禪文化》、梁永康《廣東佛教史》、趙園《明清之際士大夫研究》及其續編《制度・言論・心態》等著作也均有澹歸相關論說，啓發研究思路。

綜上，對澹歸的研究及評價，可總結爲縱向與橫向兩方面。縱向來看，從明末至今，受時代需求、輿論導向及價值觀等影響，研究呈現出側重點與評價聲音不同的特徵，帶有強烈的時代烙印。橫向來看，大略集中於兩個方面。其一爲人物研究，即對澹歸的人生遭際、人格節操、民族氣節、宗教情懷予以評價論述。基於不同的衡量標準與目的，呈現出毀譽參半、說法不一的狀況。其二是探究澹歸作品具備的文學、文化、思想價值，包括對其作品版本的梳理及文學創作、文學批評的關注，以及宗教、文化價值的發掘。

從縱向時間脉絡而言，清代至民國時期澹歸研究多見於筆記史料、塔銘行狀、作品序跋，以對澹歸事迹的記錄、評價爲主，兼涉作品風格分析。乾隆四十年澹歸著述被"銷版、磨碑"②，大量著作在這次浩劫中毀滅，清代研究較爲寂寥。20世紀以來，關注度逐漸升溫，研究視野漸趨開闊。從生平軌迹、交游群體、著述版本到文學文化研究、思想分析，皆有不同程度的涉獵。但由於人物及作品的長期湮沒，每一時代發掘資料有限，研究視角亦有局限性，仍有諸多可疑之處以待發覆。

（三）研究現狀態勢分析

梳理澹歸研究的學術史脉絡，可知澹歸已得到學界關注。研究方法多元，成果漸多，但同時存在諸多不足。具體體現在以下三個方面。

---

① 楊權、劉娟：《紀念別傳寺開山350周年學術研討會綜述》，《韶關學院學報》2013年第1期，第9~12頁。
② 《清代文字獄檔》，第143~169頁。

其一，基礎文獻研究的相對完善與整體不足。澹歸的基礎文獻研究包括對人物及著作相關資料的整理，但同時存在一些細節性錯誤與不足。首先，就澹歸生平來看，其家庭狀況，包括父母官職以及兄弟排行等情況均可進一步厘定；且通過對其文集乃至日記的挖掘細讀，可對他的行迹進一步補充細化，如青原山訪方以智的具體年份、沿途路綫、交游狀況，以及康熙十二年（1673）出嶺探視天然前的行程安排、日常交接等。進一步整理還原可使其生活樣貌更清楚地呈現在後人視野中。其次，著作版本方面依然存在疑惑與不清之處。就《徧行堂集》現存版本之間關係、版本刊刻時間及版本形態來看，依然衆説紛紜，需要進一步厘清。

其二，研究視野的開闊與局限並存。如文學研究集中於民族氣節表達突出的詞作，詩文則幾乎不曾關注；僅有兩篇論文涉足文學理論，皆從佛教對其影響的角度切入，忽視澹歸文論契合儒家觀念，處於主流詩論語境中的現實；人物思想研究多立足於儒、佛一端論説，且多帶主觀情緒爲人物形迹開脱。這些都是澹歸研究的局限，限制了全面理解人物的可能性。

其三，研究方法的動態與靜態割裂。作爲一位生活於鼎革之際的人物，澹歸經歷了滄桑莫測的世變，身份亦隨之發生改變。外在環境的變遷、交游群體的更替，勢必引起内在情感、觀念、旨趣的變化，使他的興趣點與關注點發生變化。這種變化亦體現在其思想、文學、文論等各個領域。同時，身份轉移之下，過往經歷與價值觀的浸染並不會隨身轉變戛然而止，而仍在以後的人生中潜移默化地產生影響。因此，對澹歸的研究，若將出家前後作爲截然兩段進行靜態論述，是不符合個體心態與情感歷程的。當下研究者只關注到澹歸身份變化這一改變，將其視爲動態過程，而忽視此後漫長的情感變化過程；同時，簡單地將澹歸出家後的行爲歸因於佛教教義的影響，或解釋爲儒家氣節的體現，都是一葉障目、刻舟求劍的靜態描述。這種動態與靜態割裂的研究，導致研究對象被簡單化，是很難讓澹歸從他自己的作品中活起來的。

以上對澹歸研究中存在問題的批評，在某種層面具有普遍性，當下提出或許只是吹毛求疵，企望一種理想狀態而已。眼高手低是撰寫批評文章者的通病，前人在研究中作出的成績自然不容忽視，並將在該領域的延展中繼續體現出價值。但此處提出的基礎、視角、方法等問題，是後來研究者應共同努力解決的。

三、確立題目與界定範圍

本書以詩文尤其是詩爲主體切入，呈現澹歸行迹、思想、文學等特色。本書題目第一個關鍵詞是"澹歸"，澹歸作爲明末清初這一特殊時期的代表性遺民、文人，是解讀時代的典型樣本之一。題目第二個關鍵詞是"詩歌"，它是澹歸文學作品的重要部分，具有特殊的文學、思想價值，但至今關注者寥寥，有待研究發掘。這兩個關鍵詞所具有的學術吸引力和研究的可操作性使筆者確立了選題。具體如下。

（一）澹歸與其時代的學術吸引力

澹歸所處的明末清初在中國歷史上較爲特殊。從政治角度說，其時時局混亂，而從思想、學術、文學角度說，這一時期又頗爲精彩。

明朝自萬曆後期以降，政治腐敗，經濟衰微，民變不斷。史科給事中戴士衡在奏疏中以"綱紀廢弛可慮，夷狄侵凌可慮，根本動搖可慮，武備疏略可慮，府庫匱竭可慮"[①]來描述當時的形勢，可謂極其貼切。對此危局，士大夫之有識者多方救國，却奸佞當道，有志難伸。首輔葉向高悲嘆："乃至今日，人情愈險愈危，議論愈紛愈競。聽其喧呶則不成世界，人且嘲爲苟容；欲稍加分別，則主上深居高拱，惟恐以權假借臣下。"[②]正可見其一斑。

朝政廢弛，使士人與朝廷疏離，現實的無奈使他們不斷向內心尋求超越，他們"逃禪"，倡"性靈"，倡"童心"，求"真"。展示出情態各異的士人面相。异族入主中原，更使大批士人的政治理想落空。他們痛心於國變遭際，承受著緊迫的文化危亡感。責任與道義感促使他們積極反思滅亡原因，尋求復興之道，將經世之學和修復儒學傳統作爲挽救之道，影響著清初的思想、學術。梁啓超說，順治元年（1644）到康熙二十年（1681）間，完全是前明遺老支配學界。從學術角度說，深入了解他們，對了解中國士人精神的歷史演變顯然頗具意義。

然而，這個群體數量龐大，要細緻深入地研究他們，必須尋找其中的

[①] 《明神宗實錄》，上海書店，1990年，第5724頁。
[②] 葉向高：《蒼霞續草》（卷十七）尺牘《與楊貫齋》，沈乃文：《明別集叢刊　第四輯63》，黃山書社，2016年，第303b頁。

代表性人物作爲樣本。澹歸作爲明末清初一位遁入佛門的士人，具有身份的多重性、行爲的爭議性、思想的獨特性等複雜特徵。出家前，他是秉持儒家理念、積極治世的士大夫；入釋後，他又全身投入佛門，將光大法門作爲志業，而不像部分士人僧服儒心，僅將佛門作爲避難所。這種獨特性使他在當時及後世的遺民建構中顯得扞格不入，備受爭議。因此以澹歸作爲樣本，研究這種爭議及背後的時代動因，顯然可以更準確地把握澹歸及同時代士人的精神世界。

同時，作爲這一時期的文化符號，澹歸具有不容小覷的研究價值。就文化史來講，其身份及思想樣態爲此際士人研究提供了參考。以之爲切入點，可更深入地了解南明歷史、政治形勢、清朝遺民生活環境、清代文字獄政策等具體的社會生態。從地域研究來看，澹歸對嶺南等地風土人情、人文生態有深入體認與發掘，並廣泛參與當地文化建設，其死後《徧行堂集》文字獄案爲地方文化建設帶來巨大創傷。從文學發展來看，其創作名重一時，文學批評處於文壇主流聲音之中，又有獨到見解；與當時浙江、嶺南文壇名將詩文往來，切磋交流，互相影響，對兩地文學交流融合起到橋梁作用。因此可以認定，澹歸是觀察明末清初文化文學生態的一個典型樣本。

（二）澹歸詩歌研究的可能性

研究澹歸會面臨三方面困難。第一，澹歸於詩、文、詞等方面著述甚多，對其作品進行全面研究可說是一項龐大工程。第二，遭文字獄影響，其著述因禁毀而散佚、訛謬者甚多，這又加深了研究難度。第三，從前人對澹歸已有研究來看，研究的精度、深度顯然還不夠，比不上同爲當時嶺南高僧的天然函昰、石濂大汕，亦比不上在乾隆禁毀令同一詔書中並舉的錢謙益、屈大均。從研究視域來看，對澹歸的研究始終停留在民族氣節層面，缺乏深入、動態的觀察與了解；文學研究方面集中於其詞作，詩、文、文學理論的研究相對匱乏。這些皆增加了深入研究的難度。

由於澹歸的研究從文學角度探討者尚少，而詩歌在其文學作品中數量較多、爭議較大、研究亦不充分，故定爲本書研究的核心部分。至於對澹歸生平、思想之考察，以及對其他文體乃至佛學語錄等的運用，皆圍繞此詩歌核心來呈現。

具體而言，本書側重分析澹歸詩歌創作、文學特色、思想情感的前後期變化，並以之爲人物研究的佐證。同時，借助文集中尺牘、傳記、序跋等的解讀，探究其交游群體、思想心態、文藝理論，對比其出家前所作《嶺海焚餘》，觀察他在特殊環境中思想的變與不變。詞作因當下研究中關注較多而不作研究重點，僅作參考論證資料。其他如《語錄》《菩薩戒疏隨見錄》等，因偏重於佛學研究，本書在使用時亦將其作爲研究材料擇取，但受内容及篇幅限制，不作專門研究。本書力圖以詩歌研究爲載體，以更加客觀的研究視角，進一步深入推進澹歸的全面研究。

四、思路展開與視角選擇

澹歸身份頗具爭議，耽於時代環境及個人原因，其思想心態有意無意地呈現得相當幽隱，這便導致其評價的不確定性；同時，澹歸文學研究挖掘不足，詩文領域尚存大量待考察空間。因此，當下可進一步挖掘的問題至少有如下幾點。

（一）澹歸思想的整體面貌與變化歷程之問題

鼎革之際，士人遭受了大致相同的家國之痛，產生了相對一致的心態和情緒。然在此共通性情感之下，個體又往往因自身個性、遭際、境況的不同而有迥异的選擇，這種特殊性很值得探究。澹歸之所以有與大多數士人相悖的選擇，必然與其獨特的生平遭際和性格特徵聯繫密切。因此，澹歸思想心態如何，易代之際有怎樣的變與不變，爲何民族氣節與和光同塵並存，都是需要深入探討的話題。

（二）澹歸的詩歌創作與詩歌批評之整體面貌問題

文學方面，澹歸現存文集中保存了大量詩文詞作品，而當前研究偏重於民族情感强烈的詞作，詩文則因多與清廷官員往來的應酬文字而歸於寂如，文學批評也僅淺略涉及。這種僅以民族情感强烈與否來評判文學作品價值的方式，對於評價文學作品是否全面可行，是否會因流於表面化而忽視作品內在的情感和藝術價值，澹歸詩歌創作與詩歌理論怎樣，有何特點，在當時文學環境中坐標位置如何，都是等待發掘的課題。

（三）澹歸身份界定及評價的標準探究

澹歸作爲明末清初遺民僧，身份一直存在較大爭議性和模糊性。士林對其評價褒貶不一，就連澹歸自己也對身份滿懷複雜的情感。滿腔故國情思却不能以遺民自居，欲向佛門尋求精神解脱但終難放下儒者情懷，這種複雜糾葛的情感的產生必然有其深刻的原因。從外在環境來說，社會輿論導向一定程度上影響個人的自我評價，但個體的自我意識又往往會對社會評價標準的客觀、正確性產生懷疑；從内在精神脉絡來看，沉澱在人物内心的傳統文化基因與民族情感會影響個體的價值觀，但面對具體生活現狀，往往又有對傳統固化模式的權衡與反思。因此，研究澹歸，需要深入挖掘其生前身後評價產生的話語情境，及他對此情境下評價系統的認可度。這就需弄清如下問題，即明末清初具體社會環境下，士論如何，有怎樣的輿論環境？遺民群體的認定和評價是否有固定的標準？處此話語環境下的澹歸是否認可當下標準？

整體來說，當下對澹歸的思想心態、文學研究、身份評價等方面都主要著眼於民族氣節，過於政治化。因此，從其不被重視的詩歌出發，進行客觀藝術分析與思想剖析，是全面解讀澹歸的重要切入點，也是本書需要解決的問題。

五、本書結構與研究方法

本書從"知人論世"的傳統觀念出發，綜合運用文獻考證法、詩文史互証法、考論結合法，以考察澹歸的生平、交游、思想、詩歌創作、詩歌批評，以及後世對他的接受情况，以期全面準確地認識人物及詩歌的整體面貌。現將研究思路簡述如下：

緒論通過對澹歸簡介、作品留存狀况的梳理，確定本書研究内容並劃定邊界。繼而通過研究現狀的梳理確定本書研究思路、方法，爲整體研究做好準備工作。

第一章是生平及交游研究。根據澹歸一生經歷，將其生平分爲杭州求學、明末仕宦、出家嶺南、請藏嘉禾四段，分别考察其遭際和交游狀况，勾勒出澹歸生活之文化環境的基本面貌，個人遭際及價值抉擇的深層原因，爲思想與文學研究做好鋪墊。

第二章是思想與心態研究。從法緣俗緣、闡儒擴釋、建功利生三個方面研究澹歸的思想心態，分析他在明清易代之際身份轉變後思想中的變與不變。研究時避免類型與標簽化，力争還原人物的真實心態，刻畫其内心的矛盾與挣扎、突圍與超越之狀，深入了解澹歸思想樣貌，爲全面把握其詩作情感基調奠基。

　　第三、四章是詩歌創作研究。在總體把握澹歸詩歌創作情況的前提下，擇取其出家初期所作《遣興》與晚年所作《南韶雜詩》兩組作品進行對比，總結其詩歌樣貌及前後期變化。同時關注其應酬詩、諷詠述志詩、參禪論道詩中蘊含的閑適之情、家國之感、一己懷抱及身份認同，以之觀照明末士子兼僧人複雜獨特的思想特徵。

　　第五章是詩歌理論研究。分析澹歸詩歌理論的基本觀點，對作家、創作、作品以及僧詩的批評，對比清初詩論狀況，總結其獨特身份下詩歌批評中的普遍性與超越性、繼承性與啓發性，以此分析他在清初詩歌批評史上的獨特地位。

　　第六章是歷代接受與再評研究。基於上文對其生平、思想、作品的分析，整理澹歸在同時及後世接受狀況。分別從其所受評價的言論環境、文字獄案發生的原因及影響兩方面展開，深入挖掘澹歸這一個體在當時文化環境中的生存樣貌，以此爲切入口，還原不同時空下的士論環境、政治生態，以此達到通過個體研究來豐富群體研究的目的。

　　結論部分，基於前文各章論證，從澹歸這一遺民僧的典型樣本出發，鳥瞰明清之際文壇生態整體樣貌，分析個體闡釋和還原對於文化、文學生態的重要價值。附錄三篇，從文獻角度彙總、鉤稽與澹歸相關的材料，爲澹歸研究提供綫索與資料，亦當是正文的有益補充。

第一章 時空節點中的士人樣貌：明清之際澹歸的生平與交游

　　澹歸出生於萬曆四十二年（1614）小除，卒於康熙十九年（1680）八月九日。六十七年的人生，完整經歷了明末清初這一改朝換代的動亂時期。澹歸少年讀書穎悟絶倫，備受推重。然而正待施展才華時，却突遭國破之厄。國變後弃家紓難，欲匡復明室，却因直言得罪權要，遭政敵迫害致殘，寄迹佛門，漂泊一生。

　　在明清之際的特殊時空背景下，澹歸是士人人生樣貌的折射與縮略。明末清初政治、文化等社會因素的影響，在澹歸身上都能見到痕迹。同時，作爲一個獨立的個體，澹歸在此種環境下的行迹抉擇，更是其獨特人格精神與價值的展示。根據生存時空的轉換，澹歸一生大致可劃分爲四個階段。一爲杭州家居及求學期，主要從其出生到崇禎十三年（1640）中進士，約二十七年。二爲明末仕宦期，從崇禎十四年（1641）到永曆四年（1650）出家爲止。其間，他於崇禎末任職臨清，甲申國變后奔走南明隆武、永曆朝，共約六年任職生活。三爲嶺南禪修期，從永曆六年（1652）入東粵雷峰天然門下，到康熙十六年（1677）丹霞退院，近十五年的嶺南佛門生涯。四爲康熙十七年（1678）出嶺請藏，到康熙十九年（1680）示寂當湖的嘉禾漂泊期。這四個時段的劃分，基本勾勒了澹歸一生的軌迹。隨著政治環境的改變，他在不同時期的交游群體、生活方式也都有相應改變。本章通過對澹歸四個階段生活狀態、交游群體的考察鈎稽，提煉出其不同時期生活狀况、生存環境及交游群體的特點，以及這些經歷對他的性格心態、出處行事乃至文學思想的影響，爲全面了解人物打下基礎。

第一節　杭學特出：地域文化與文化品格的奠定

嚴迪昌稱："自然環境和生存其中的人群的性格有一種潛深層、積漸久成的關係，是不應無視的客觀事實，故論詩者每有如'北人詩雋而永，其失在誇；南人詩婉而風，其失在靡。雖有善學者，不能盡山川風土之氣。蓋山川風土者，詩人性情之根柢也。得其雲霞則靈，得其泉脉則秀，得其岡陵則厚，得其林莽烟火則健'（《湖海集·古鐵齋詩序》）之類的闡釋。但是，社會的歷史教養作用在構成地域人文性格上較之自然環境的蒸育更見具體。"① 可見，地域文化，包括山水人文，對人有根深蒂固的影響，常在不經意間作爲一種文化烙印從人物氣質、性格及作品中流露出來。生長在杭州的澹歸，受當地學術、思想及文化影響的痕迹極爲明顯。因此，研究其人其文，必須從其生長的杭州文化説起。

杭州於晚唐逐漸繁盛，伴隨五代錢氏立國和後來的宋室南渡，漸趨確立了東南第一大都會的地位，並在文人書寫中成爲一種審美文學意象，深植士人心中；元、明時期，隨著政治中心的北移，杭州的地位有所衰落，但深厚的文化積澱使其在文化教育與科舉方面依然占據優勢地位，爲國中人才淵藪。明代杭州仍是可與南京、蘇州並立的區域中心。晚明，隨著城市經濟的進一步繁榮發展，士人個性思潮掀起，士商關係緊密，士人通過結社、講學等民間活動加強對政治的干預，使得文人薈萃的杭州成爲一個更加複雜多面的文化中心。此種文化環境下，杭人形成了自己的性格特質與思想好尚，並在澹歸身上得到體現。

一、杭人印迹

受地域文化熏染陶冶，身爲杭人的澹歸不可避免地濡染了杭州文化特質。這些溶於血脉中的文化特性，參與塑造了他的性格與氣質，構建了其胸襟風貌、人生遭際、文學樣態。具體而言，澹歸身上最突出的地域特性，表現在伉直易發與名士習氣兩端。

---

① 嚴迪昌：《清詩史》，人民文學出版社，2011年，第193頁。

(一) 伉直易發的性格特質

山水文化的浸養，文化交融的碰撞，形成了杭人獨特的地域文化性格。這在澹歸《杭之人說》中得到了詮釋。文稱：

> 使君與余皆杭人，杭之人遇事輒發，胸無留怒，然輕一發以博人之留怒，往往取禍，性既如是，不可猝禁，予一生多難坐是……天下之禍福要不可逃，人之瑕瑜亦不相掩。遇事輒發者，瑕也；胸無留怒者，瑜也。使人有留怒於胸中，則遇事必不輕發；然則以其不留之瑜成輕發之瑕，亦以輕發之瑕成不留之瑜。予未知瑕瑜之是非又安在也！若禍福果不可逃，天下之為君子者樂得而自遂。予因使君一笑各指其口，並寄問駿求，其舌尚在，請舉杭之風以被諸十五國，則十五國之風不皆正歟？雖然，世且大笑，以是禿頭沙門喜為蕩軼無撿制之言，汝一生多難，寧不坐是？是惟十五國之風不能靡然從杭之風，故使杭人得私有其風，揭蘇端明夢中湖上之榜。若杭之風早被於十五國，則此禿頭沙門未禿頭時，不致多難如是，亦使後之人各行金沙正道，無復高下邪曲之徑，如慈氏世界。今猶未也，即移風易俗之任，當有所歸。此固使君之事，當軸而用人者之責矣。①

文中將"杭風"與十五國風對舉，指出杭人有伉直易發的個性特徵，將一生多難歸因於"杭風"浸染，"遇事輒發，胸無留怒"。希望當道能移風易俗，敦行教化，使杭州移風易俗，行"金沙正道"。然而言辭之間不無身為杭人，具杭地特徵，有伉直個性的驕傲。並以蘇軾類比，為杭人口無遮攔的性格特徵找到文化旨歸，頗具自豪之情。

澹歸常用"粗直""直腸直口""口直性快""孤行直道"來自我形容，亦是杭人性格特徵的體現。即如上文所論，此種性格在金堡幼年便初露端倪，鄉試中便"五策談時政"，"直攻乘輿無諱"②。在崇禎及南明政權任職時，更體現在強烈的參與意識與不容人小過、對朝廷秩序執著的堅守上。甚至罷官家居期間也熱衷干預時事，"以伉直折勢要"，向巡按御史發舉杭州太守姚奇胤等為奸利之輩，獲杭人稱贊③。這在他出家後並沒發生

---

① 《徧行堂集》（一），第44頁。
② 王夫之：《永曆實錄》，第521頁。
③ 王夫之：《永曆實錄》，第522頁。

改變，他在給友人的信中稱："予性粗直，遇事輒發，以此失師友之懽，每一念及，即內愧。"① 可見這種性格一定程度上也對其出家後的生活造成了影響。

最能凸顯澹歸杭人性格的事件莫過於他針對雪樞真樸新修《曹溪通志》所發之諍，詳見本章第三節。除對《曹溪通志》的爭訟，澹歸還曾與曹洞之東苑禪系覺浪道盛產生爭執。澹歸初爲天然函昰法嗣，便因天然住廬山棲賢寺引發覺浪門人不滿而寫信給覺浪，替天然辯解。覺浪與澹歸法祖宗寶道獨一輩，得澹歸書後，以其越上不遜，致書斥責，澹歸不以爲然②。雖以上所列爭訟原因複雜，但其中一點必定是澹歸遇事輒發、不能容人之過的個性使然。正如其好友錢澄之在晚年反思二人個性時所說，二人皆好以透徹之見加犀利之筆，論事引繩批根，無所逃隱；論人不留餘地，"即不詆毀他人，人亦恨之指摘太盡"③。這正是澹歸所言之"杭之人"所具。事實上，這種杭人的性格特徵在其一生的立身行事中皆有重大影響，是其遭際的重要原因之一。

（二）率性尚雅的名士習氣

自宋代以來，士大夫生活情致日漸精緻，多關注日常生活及物件中蘊含的雅趣④。到明代，尤其是晚明，這種情懷被重視自我個性的士人進一步發掘擴大，形成一種近乎名士風流的時尚⑤。在這種時尚中，除了狂狷不羈、放浪形骸、追求不爲時俗約束的真性情外，還雅尚清賞、清玩，在日常生活中營造或尋找一種古雅的文化氣息和氛圍⑥。名士風流與習氣在江浙一帶自有源遠流長的傳統。明代，隨著個性張揚旗幟的樹立，人才薈萃的蘇杭早已成爲名士聚居的天堂。生長於此的澹歸亦難脫此種習氣的浸染，除狷狂的個性外，另一重要表現便是對清物的貪戀。其中最特出的爲其出家嶺南後，對梅花與荔枝流露出的特殊癖好。此中雖可能別有寄託，

---

① 《徧行堂集》（一），第135頁。
② 據成鷲《鉈石翁傳》稱："適聞博山嗣法嘖有煩言，師以書記上書於天界聞公，陳說我華首心印，親承面授，非皮履直裰之比。聞公得書，頗不快意，咸咎師以越俎，師不爲動。"
③ 錢澄之撰，彭君華校點：《田間文集》，第93頁。
④ 張蘊爽：《論宋人的"書齋意趣"和宋詩的書齋意象》，《文學遺產》2011年第5期，第65～73頁。
⑤ 吳承學、李光摩：《晚明心態與晚明習氣》，《文學遺產》1997年第6期，第65～75頁。
⑥ 吳承學、李光摩：《晚明心態與晚明習氣》，第67頁。

但名士習氣是其中最顯而易見的原因。這在本書第四章第二節詠物寫志中有具體闡釋，此處不贅。

此外，澹歸少年讀書生活亦流露出放誕不羈的名士氣息：

> 其實我在書館裏，只是一個頑皮，日間吵朋友說白話，晚間醉酒。除此外大批大判，看幾篇時文，便去睡覺。十五六歲前被父師管住，限了工課，依限納完，免打板子而已。十五六歲以後一手撒開，更不理帳。鄉會兩場四次，每次四個經題，次次忘却一個。連這舉人進士也是僥倖得來的，更說什麼工夫。①

與之相對應，王夫之亦評價他"微有酒過"②。這種醉酒痛批的習氣，是明末士人凸顯個性、任俠豪爽、猖狂躁動之氣的體現，是時代影響的產物，亦是澹歸性格的一大特點，參與塑造著他的餘生，也使其生命在時代的雕琢中顯示出別樣風采。姜伯勤認爲，澹歸這種性格中洋溢著對中世紀道學教條的叛逆精神、批判精神與人文關懷③。

杭州的地域特性與文化氛圍奠定了澹歸獨特的個性特徵，使他一生的出處形迹乃至創作中的文化烙印都有迹可循。可以說，杭州氛圍由外而內對澹歸滋養、作用，而澹歸則由內而外地呈現、表達杭州文化。他們之間互相勾連，豐富了彼此的內涵。

二、家庭環境

地域文化潤養了澹歸的性格與文學，而家庭氛圍與教化則給予他更直接的影響。澹歸出生於明末杭州一清寒的普通文人家庭④，因此，其祖上及父母資料均未在現存地方志中留下記錄，相關研究著作也未有能探尋其家世脉絡者，考查澹歸年譜及相關研究資料，大都到"父叔醇公，官文林

---

① 《徧行堂集》（一），第458頁。
② 《船山全書》第11冊，第521頁。
③ 姜伯勤：《石濂大汕與澳門禪史　清初嶺南禪學史研究初編》，第149~160頁，491~515頁。
④ 《徧行堂集》（四），第125頁，第140頁，第288頁。

郎右禮科給事中，母吳孺人"而止①。然而，關於澹歸父親的信息，通過其自述及其他傳記資料，尚可略加推測。

首先，澹歸父親叔醇公的"官職"當進一步明確。研究者據澹歸《告墓文》中"先給事"之稱，斷定金叔醇（當爲字，名無可考）曾任給事中，却忽略了其《告墓文》"告于敕贈文林郎禮科右給事中，先考叔醇府君，敕贈孺人，先妣吳氏之墓"中"敕贈"二字的含義。據《重編國語辭典》"敕贈"條："清代凡六品以下的官，其曾祖父母、祖父母、父母及妻子已去世而受朝廷封贈者，稱爲'敕贈'。"②澹歸雖任職崇禎及南明期間，其父母之官誥亦應爲朝廷封贈虛銜，並未實任其職。這從其《請覃恩應得誥命書》一文中亦可得到證明。他請朝廷對其父母進行封誥，稱曾"於隆武元年、二年兩遇覃恩，以拮据疆場，僅得一請，方候用寶而延津變起，誥軸遂失。察於往例，亦應補給"③。澹歸父母的封號當於這次請封後所賜。

其次，據《方子春先生傳》等文，可略推知金叔醇的個性。文中澹歸多次提到"先給事"，言語間略及金叔醇家境、性格、交往圈子。其一，金叔醇重視子弟教育。澹歸五歲時，便請方子春到家中坐館。其二，信守承諾，重視信譽。澹歸學制藝被方子春先生目爲奇材，主張更換更合適之塾師，金叔醇却因已約定在先而不允。其三，積極參加文會。澹歸稱："吳先生好奇，初會稱賞予文。先給事持所評示諸親串，皆大駭，先給事不悦；每會，必令錄數本遍質前輩，皆曰：'此師必誤汝子矣'。先給事益不悦。"知其交往廣泛，親串頗多，多與當地文壇名宿相會，共同研讀時文、應對科舉。其四，性格剛直不阿。澹歸在《戴西永長者六衺壽册序》中回憶：

> 余猶記趨庭時，承先給事訓："國家每三年十五國，登賢書者千人，即增千虎豹豺狼；及禮部奏名，賜進士三百人，又增三百夜叉羅

---

① 對澹歸之家世進行考述的文章現可見吳天任《澹歸禪師年譜》；鄭丹《金堡生平著述考論》，安徽大學 2011 年碩士學位論文；王楚文《明季僧人釋澹歸及其詞研究》，臺灣華梵大學東方人文思想研究所 2003 年碩士學位論文。

② 教育部重編国语辞典编委会编：《重编国语辞典》第 3 册，商务印书馆，1982 年，第 3722 頁。

③ 金堡：《嶺海焚餘》，周憲文《臺灣文獻史料叢刊第 5 輯 99》，大通書局，1987 年，第 40 頁。

刹。其居鄉也，父兄、子弟、宗親、賓友，以及僮僕，皆化而爲虎豹、豺狼、夜叉羅刹；其居官，則曹史獄卒、市駔游客又虎豹豺狼、夜叉羅刹之聚也。然世之取科第爲大官者，自以爲顯親揚名，破人之家，殘人之命，攫人之財，以上壽於其父母，其父母亦以爲吾子能尊我養我。汝誠念之：其所飲者非旨酒乎？蓋人血也；其所食非佳肴乎？蓋人肉也；其所衣者非文綉，蓋人皮也；其所居非輪奐，蓋人骨也。"余聞是言，如三百矛刺心。①

澹歸對於父親的教導所記甚少，但這一段關於爲官之訓，却使金叔醇的性格特徵得以凸顯。他痛恨爲官者榨取百姓，描摹貪官之言辭冷峻犀利，毫不留情，甚至可稱爲仇視。事實上，從上文可知，金叔醇並未放弃科舉，而是廣泛參與當地文社，研討時文。爲何却又如此痛恨科舉及第之輩？所爲與所作不啻自相矛盾，其中原因何在？這或許要回到明末具體的社會環境中去分析。

科舉作爲實現士人個體價值的重要途徑，已延續幾百年之久，明末士子亦很難找到除此之外的途徑來施展自我抱負。然而，當時官場黑暗，黨爭頻仍，上下疏離，廣受其害的底層士人很難對官僚系統建立信心。這也是明朝迅即滅亡的原因之一。澹歸轉述金叔醇這段話，正反映出晚明底層士人的一種心態，即既遵循中國士大夫傳統立身途徑，通過科舉途徑求取上升之道；又對晚明政治運作系統極爲不滿，懷持警惕與厭惡之情。既想以此實現人生價值，又欲與之保持距離。一定程度上體現出晚明士人群體對仕宦立身途徑的動搖與懷疑。正因爲此，商人地位在這一時期的儒學話語情境中得到相應提高②，而此時即親近或遁入佛門者亦不在少數③，是爲"儒門淡泊，收拾不住"的表現。

顯然，澹歸受到其父這種矛盾心態的影響。他參與科舉，求取官職，却並不以此爲念，隨時準備從官場脫離；爲官時勇於彈劾，不畏權貴，這種廣泛參奏的行爲與此種仇宦心理不無關係；同時極度廉潔自律，以蒼生爲懷、心繫百姓，無論處世出世皆以民生爲念，爲官時絕不灾年催租，出

---

① 《徧行堂集》（一），第119頁。
② 余英時：《士與中國文化》，上海人民出版社，1987年，第441頁。
③ 李瑄：《清初"僧而遺民"的基本類型》，《文藝評論》2013年第4期，第154～158頁。

家後殷切囑托當權者解民於倒懸。這些行爲，從其父親的言論可知由來有自，家教對澹歸言行心態的影響貫穿終生。

澹歸又在《自得篇序》中回憶："猶記兒時侍先子坐，見案頭《明心寶鑑》一冊，略能上口，輒心喜之，後得古人格言，每不釋手。"①《明心寶鑑》作爲一本勸道揚善的寶典，被金叔醇置於案頭，可見其修心自勵、明道向學之志。這也可視爲澹歸遁入佛門後全心皈依、勸化布道的原因之一。

最後，澹歸之父金叔醇生年不詳，但去世與葬辰可進一步確定。他卒於崇禎十七年（1644）小除②，葬於弘光乙酉年（1645）六月左右③。作爲杭州的一位下層文士，金叔醇積極參與文人會社，信守承諾，關注蒼生疾苦。其言傳身教，對澹歸產生了很大的影響。

對於澹歸兄弟輩，鄭丹在《金堡生平著述考論》中有相當詳細的考察，茲不贅述，然其中誤處當予以指出。文章據《請覃恩應得誥命疏》及《方子春先生傳》推測金堡有一兄一弟，因此其排行第二④。然而《存四欲還武林題三絕句》其二中澹歸自嘲稱："廣州不異杭州客，未做金三早出家。莫道我今非我昔，眼還近視面還麻。"⑤自稱"金三"，知其應在家中排行第三。其兄長一爲宗穎，另一不知名。且據"寡嫂幼弟"可知澹歸弃家抗清時兄已去世，但其"幼弟"幾人，亦不能確考。

澹歸娶方氏夫人，育有二子二女。長子世鎬及次子世鎮均早亡。長女金蓮嫁朱孔暉爲妻，爲人不端⑥，次女嫁程氏⑦。需要補充的是，澹歸晚年出嶺請藏後仍與家族有聯繫，其侄金孔儀爲二房第三支之長⑧，侄孫名金正漢⑨，澹歸時有書信予以教導。

總體來看，澹歸出生於晚明杭州一文人家庭，雖非名門望族，但在父

---

① 《徧行堂集》（一），第145頁。
② 《徧行堂集》（四），第443頁；《徧行堂集》（三），第191頁；溫睿臨：《晚明史料叢書·南疆逸史》（上），第201頁。
③ 金堡：《嶺海焚餘》中《請覃恩贏得誥命書》，第40頁。
④ 鄭丹：《金堡生平著述考論》，安徽大學2011年碩士學位論文。
⑤ 《徧行堂集》（三），第192頁。
⑥ 《徧行堂集》（四），第235頁。
⑦ 《徧行堂集》（四），第170頁。
⑧ 《徧行堂集》（四），第297頁。
⑨ 《徧行堂集》（四），第352頁。

輩的支持下亦能接受正統文化教育，結交杭州文章前輩，受到沾溉濡染。且所受家教對其仕宦心態產生不小影響，也影響了他一生的出處選擇。

三、求學交游

澹歸早慧，五歲從方子春學句讀，十歲學制藝，十七歲便通過童子試①。又在鄉試中一舉成名，乃至"天下擬之羅倫廷對"，足見澹歸當時在杭州聲名顯赫②。崇禎庚辰（1640）考中進士，廷試二甲第四十名③，知州臨清。至此，澹歸的求學生涯結束。這一時期的學習交接奠定了澹歸人生的基本格局，與其思想心態及一生行徑有密切關係，對他早期思想的形成有著不容忽視的影響。

具體來看，澹歸在杭州的交游人群主要爲其師長文友。在古代科舉制度下，除了授業塾師，科考的座主與門生之間亦存在利益糾葛，因此也以師徒之禮相交。同樣，除就學之同學，舉人及進士同年之間亦因關係非同一般而稱爲同學。科舉取士使得同年也極可能爲同僚，爲同一座師所取的士人極可能在政局中成爲一個利益共同體。因此，宋代以後，科考同年之間往往具有一種本能的親近。在澹歸的交往圈子中，同學、同年而終生交往者衆多，是澹歸交游群體的重要組成部分。

（一）塾師座主

第一，就澹歸從學之師來看，對其影響最大的當爲方子春。作爲開蒙導師，澹歸一生性情及文學發展皆深受其影響。關於方子春的記錄，遍查

---

① 《徧行堂集》（一），第 172 頁。
② 成鷲和尚：《咸陟堂集》（一），第 78 頁；陳世英修撰，釋古如增補，仇江、李福標點校：《嶺南古寺志叢刊　丹霞山志》，第 264 頁；王夫之：《船山全書》第 11 册，第 521 頁。
③ 朱保炯、謝沛霖：《近代中國史料叢刊續輯 785~790　明清進士題名錄索引 1-6》，臺灣文海出版社，1981 年，第 2616 頁（另據成鷲《咸陟堂集》卷六《舵石翁傳》，第 78 頁，錄公中進士二甲第九人，當以前者官方所錄爲準）。

方志，僅有澹歸《方子春先生傳》一文①，因此，生平事迹不詳。但就文中可知，他的激賞與鼓勵，對作文之法的見解與偏好，深遠地影響了澹歸文風。

當時杭州文壇至少同時存在兩種風格流派。一種爲澹歸父親參加的文會，方子春評價他們："老儒耳，此子且以文名世，不僅取科第。若信彼老儒，當白首死牖下耶！"②這些"老儒"的風格未在文中得以詳述，但據方子春語氣，當爲作文循規蹈矩，追尋正統，提倡復古模擬，以科考爲目標的風格流派。而另一派則爲方子春、吳先生等人所代表的"好奇"派，在制藝中講究"文必縛題，不爲題所縛"，追求"碎題使完，完題使碎；板題使活，活題使板。發昔人未發之理，造昔人未造之局，道昔人未道之言，初猶格格如生面人，數年以後，心手俱熟，自成一家"③。這些主張明顯受明末"性靈說"影響，反對因襲模仿，提倡獨造，凸顯自家性情面目。晚明公安派在東南，尤其是江浙地區，得到以錢謙益爲首的士人的青睞，響應者頗多，方子春當爲其中之一。澹歸入學伊始，便師從"高視闊步，能以跌宕之思發人才思"之方子春以及好奇之吳先生學習。方氏對澹歸詩文的奇特風格大加稱賞鼓勵，寄予厚望，奠定了他一生創作好奇的基礎。這種追求獨創、反對因襲的創作觀，成爲澹歸一生文學追求的目標。

第二，澹歸鄉試座師黃果齋。黃果齋生平不見於方志，僅據澹歸《客裏行呈舊座師黃果齋先生》可略推一二：

> 客裏携瓢值病中，廿年座主今重逢。一緇一素休分別，窮心窮狀還相同。我窮却是僧本分，理遺不須委宿命。公窮尚有窮支撑，飄泊天涯終不定。故鄉早不似他鄉，干戈無處尋乾净。一團冰雪伴樵漁，

---

① 《(民國)平湖縣志》金兆蕃序中有："兆蕃爲童子時，師張欣木先生，實爲顧訪溪先生弟子。爲言顧先生及方子春、賈芝房諸君子皆篤學敦行，遠晞清獻，兆蕃謹識之，不敢忘。"[季新益，柯培鼎纂：《(民國)平湖縣續志》，《復旦大學圖書館藏稀見方志叢刊10》，國家圖書館出版社，2010年，第296頁]而據潘衍桐《兩浙輶軒續錄》卷四十一所載孫蘭谷《平湖學派四先生詠仿薛文清汾五賢詠體》之《方子春先生坰》[潘衍桐《兩浙輶軒續錄》第11册，浙江古籍出版社，2014年，第3169頁]，可知此方子春爲平湖學派後勁，從學陸隴其，並非澹歸所言早在其十一二歲間（1625—1626）便去世之塾師方子春。

② 《徧行堂集》(四)，第125頁。
③ 《徧行堂集》(四)，第125頁。

從前熱鬧何消問……知公無意入宦海，已覺垂老甘長貧。飢來未免出門去，眼前山水空秋春。我雖出家未了道，見公喜後還酸辛。豈少荒山一畝地，丹崖綠水光粼粼。至今欲住不可住，那得不悲歌當哭於東西南北之覊人……請公稽首問空王，生生爲説無生話。①

澹歸鄉試中式於崇禎九年（1636），詩中稱"廿年座主今重逢"，二人當相見於1656年左右。此時澹歸已出家嶺南，黃果齋窮困潦倒，漂泊天涯，國變後無意出仕，固窮一生，爲氣節之士。又據王夫之《金堡列傳》，澹歸在鄉試時曾五策談時政，"直攻乘輿無諱……主者奇之，舉於鄉闈"②。"主者"便應爲黃果齋。從他對澹歸鄉試所作之文的大加稱賞，知其人亦爲熱心時政、提拔獎掖後進之輩。在他的獎掖下，澹歸一舉中式，名聲大振，令天下"擬之羅倫廷對"。這對澹歸的成長必然產生不可忽視的影響。澹歸在詩中回憶少年生活，今昔對比，流露出無盡的故國之悲與人生之痛，勸黃果齋向空門尋求精神解脱之道。雖不知黃果齋最後的去就選擇如何，但其忠貞志節對澹歸應有激勵之效。

第三，澹歸進士中式之房師薛所藴。薛所藴（1600—1667），字子展，號行塢，官至國子監司業。入清後任原官，後升任國子監祭酒，薦孫奇峰自代③。文壇上，薛所藴於明末清初詩文一道，被譽爲"海內風雅之宗"④，爲"中州三家"之一，又被推爲"中州詩壇冠"⑤。詩文創作兼容並包，涵彙古今⑥。詩歌主張"學杜"，關懷現實。同時反思明代文壇模擬弊病，救之以"真詩""性情""氣格""法度"，回歸"雅正"的風格取向⑦。這些主張很大程度上體現在澹歸的詩學思想中，影響在所難免。

然而，對薛所藴明亡後的行迹，澹歸或有微詞。在其《寄舊房師薛行

---

① 《徧行堂集》（二），第353~354頁。
② 《船山全書》第11册，第521頁。
③ 孔尚任總纂：《（康熙）平陽府志》（上）卷二十，山西古籍出版社，1998年，第376頁有傳。
④ 劉雲：《澹友軒文集序》，《四庫全書存目叢書·集部197》，齊魯書社，1997年，第11頁。
⑤ 方拱乾：《桴庵詩序》，《清代詩文集彙編14》，第642頁。
⑥ 錢謙益：《桴庵詩序》，《清代詩文集彙編14》，第643頁。
⑦ 吴楠楠：《明末清初詩人薛所藴研究》，南京師範大學碩士學位論文2017年。

埠宗伯》①《寄舊座主薛行埠宗伯》②詩文中，用語含蓄謹慎，交代自己開創丹霞的原因，並委婉稱賞薛所蘊退居行爲，語氣中流露出矜持客套之態，或不滿於薛所蘊先降於李自成，後歸順清朝的屢變行爲。

第四，在三者之外，對澹歸行爲及文章產生影響的還有黃道周。黃道周曾於崇禎三年（1630）典試浙江，在浙江士子中有較大影響。因此，當其途經杭州時，浙江籍門人在杭州洞霄宫建大滌書院留其講學，於崇禎五年（1632）秋冬時節，在書院講學數月③。此際，澹歸十九歲，正是少年就學之時。雖未見二人有交往文字存留，但從澹歸字裏行間對黃道周之文風學養人品的崇拜來看，其受黃道周之影響頗多，亦可稱黃道周爲其師從對象。如其《柬黃辛子》跋：

> 辛子見予近刻，謂可配黃先生石齋。予愧謝不敢當。三山陳長卿云："平生酷愛漆園、龍門、蘇子瞻、李卓吾，師殆兼四老之勝。"人豈不自知，要以束髮讀書，此四老故所好也。每于石齋翁作，即坐卧以之，近朱者赤，不無稍似。兩公論文具有高識，以爲偏則可，徑以爲謬則不可耳。④

"坐卧以之"四字足見澹歸對黃道周文章的酷愛。而對重視文品、人品一致的澹歸而言，對黃道周人品的高度認可是學習其文章的重要原因。事實上，澹歸與黃道周在朝廷中的爲人處世頗有相似之處。二人皆以道義擔當者自任，遇事敢言，不畏權貴，不避禍患，執著堅持自我，皆爲權貴所忌害。從性格到經歷，皆有相似之處，澹歸雖未曾名言黃道周對其爲人處世風格的影響，但處在晚明飄搖的政治環境下，作爲頗有正義感之儒者的代表，黃道周對澹歸的影響自不待言。澹歸又有《題黃石齋墨迹》，贊其"文章氣節爲百世師"⑤，並以知己口吻對黃道周文章、墨迹進行別樣品評，稱其文章並不像一些人所言"好奇習僻"，僅僅爲"平實家風"。這與其在《柬黃辛子》跋中所言"殘年奧博愧文明"中"奧博"之斷語類

---

① 《徧行堂集》（二），第167頁。
② 《徧行堂集》（三），第82頁。
③ 洪思等撰，侯真平、婁曾泉點校：《黃道周年譜 附傳記》，福建人民出版社，1999年，第12頁。
④ 《徧行堂集》（四），第413頁。
⑤ 《徧行堂集》（一），第418頁。

似，與"恢奇"相對，即重在思想的深入和内容的廣博，但已然不是好奇了。

(二) 同學友生

除師承之外，從澹歸求學時期同學友生的品節出處亦可見出其性格形成之環境。明清鼎革之際，與澹歸同學與同年者大都經歷了出處、生死抉擇，有相似的人生經歷與情感體驗，具情感共通性。這種共學的經歷一定程度上爲出處兩途的士人交往提供了緩衝的空間，使不至於就此斷裂。但整體來看，群體中選擇相似的人有著更緊密的情感聯繫。

澹歸的同學明確而集中地出現於上文所引之《客裏行呈舊座師黄果齋先生》中：

> 當湖花發桃李枝，盡在翩翩年少時。如今老病死俱到，相與從頭一數之。沈生久死應休説（行遠），項生爲官櫓已折（毓槐）。徐生不肯事王侯，骨髓皮毛冷成鐵（之瑞）。馮生説道足閑居，明州近日多兵革（夢舒）。顧生新榜試新硎，郾陽萬里無消息（涑初）。魯生寒灰聞欲然，隨例人才薦之出（桌）。金生剩得配軍頭，祖師門外腰埋雪。達者眉頭且不伸，況於隱者如鳩拙。從來未報老師恩，也憐涴盡門生轍。①

該詩提及沈行遠、項毓槐、徐之瑞、馮夢舒、顧涑初、魯桌等。明末，這些人大多年輕有爲，爲官一方，有所建樹②。在遭逢國難之後，出處大异，有已離世者，有折官者，有隱居者，有應試者，有死灰復燃想要出仕者。

其中徐之瑞字横秋，澹歸晚年有《舊同門徐横秋孝廉先至精嚴，予自當湖歸，喜此邂逅有贈》③，回顧三十年前二人情形，如今經歷家國巨變的二人一隱一僧，難免有滄海桑田、人生如夢之感。詩贊徐之瑞安於清貧苦守志節。對於徐之瑞，稱揚者衆多，朱彝尊稱其"熟精《文選》，五言

---

① 《徧行堂集》(二)，第353~354頁。
② 馬如龍、楊鼐等纂修，李鐸等增修：《(康熙)杭州府志4》卷之二十四《選舉(中)鄉試》，康熙三十三年李鐸增刻本；而《(雍正)浙江通志》"崇禎九年丙子科"中則録有馮夢舒、顧涑初、魯桌三人，然未録入金堡［李衛修，沈翼機纂《(雍正)浙江通志》卷一百四十一《選舉》，清文淵閣四庫全書本］。
③ 《徧行堂集》(四)，第383頁。

古致紛敷，近體效韓冬郎，極其綺靡"①，《杭州府志》載其"與祝淵、陸培、汪溉定交，願生死不相易。培死，之瑞乃與汪溉約處窮山中，不至城市"②，《兩浙輶軒錄補遺》亦借黃宗羲之評價對其備加推重③。從這三則材料可知，澹歸對於徐之瑞"骨髓皮毛冷成鐵"的評價言之不虛，其寧死不仕、抱道守節之志令人感佩。

同時，與徐之瑞共稱四先生的汪溉④、萬泰⑤、巢鳴盛⑥三人皆與澹歸有往來，且萬泰、巢鳴盛與澹歸同爲浙江丙子舉人，亦可稱同學。四人在當時均以大節聞名於世，爲世人所稱揚。巢鳴盛曾對澹歸入僧後交接不慎行爲予以批評，或許亦是以同年的身份加以規勸。澹歸對此反應激烈，反復作文辯解，闡述自己之所以如此的苦心。

同籍好友兼進士同年中，趙繼鼎不得不提。趙繼鼎，字止安，武進人。性格耿直，頗具治理才能。明亡後不仕，以坐館行醫爲生⑦。二人在早年入學時相識，一見如故，成爲至交。澹歸極推重其人⑧。澹歸出家後，兩子世鎬、世鎮一度皆要隨其出家，趙繼鼎阻攔並收養澹歸長子世鎬，撫育教導，直至考中秀才⑨。這種誠摯的感念與愧疚流露於澹歸詩作中，有"無故老兄添一累，有緣稚子足三春"⑩之語。又曾贈趙繼鼎兒子禮物，稱："千萬勿拒我，拒即落俗諦矣。一葛一硯寄郎君，硯非甚佳，然有吾銘在，儼若扇，爲易一金者作體面。"⑪並在趙繼鼎失館後爲之作

---

① 朱彝尊著，姚祖恩編，黃君坦校點：《静志居詩話》，人民文學出版社，2006年，第580頁。

② 鄭澐修、邵晋涵纂：《(乾隆)杭州府志》，乾隆刻本，卷九十五隱逸第13b頁。

③ 潘衍桐：《兩浙輶軒錄補遺》卷一，《歷代地方詩文總集彙編160》，國家圖書館出版社，2016年，第464~465頁。

④ 于琨修，陳玉璂纂：《(康熙)常州府志》卷之二十四人物，《中國地方志集成 江蘇府縣志輯36》，鳳凰出版社，2008年，第555b~556a頁。

⑤ 曹秉仁修，萬經纂：《(雍正)寧波府志》，乾隆六年補刻本影印，卷二十八隱逸第12a~12b頁有傳。澹歸有《次韻別萬履安》《次韻答履安》三首［《徧行堂集》（二），第393頁，第464頁］。

⑥ 司能任修，屠本仁纂：《(嘉慶)嘉興縣志》卷二十五有傳，《中國地方志集成·善本方志集·第1編59》，鳳凰出版社，2014年，第139b頁。

⑦ 黃之雋編纂，趙弘恩監修：《(乾隆)江南通志4》卷一百四十二"人物志"上有傳，廣陵書社，2010年，第2341頁。

⑧ 《徧行堂集》（二），第462頁。

⑨ 金武祥撰，謝永芳校點：《粟香隨筆》（下），鳳凰出版社，2017年，第1037頁。

⑩ 《徧行堂集》（二），第452頁。

⑪ 《徧行堂集》（二），第191頁。

歌唱窮①。

另有同學李長苞，竹西松江人，前丙子舉人②。澹歸有《喜李竹西孝廉遠訪話舊》③，又爲之作《李竹西詩序》，記錄二人四十年後相見情景，李長苞雖身遭世變，抱節避世，却能將養獨得之樂，爲善獨之君子④。此外，可考澹歸同學有柴夢霍，其人生平不詳，據《柴夢霍遠寄長牋，此孤山舊同學也，感其雅尚，題此奉詶》⑤詩，知爲澹歸當年在杭州孤山求學時同學，遭遇國變后欲出嶺相尋，再續當年同學情誼。

雖未見明確文字佐證，然澹歸在杭州相識，除讀書所交師友，應也包括廣泛參與文社時所交文友。原因有四：其一，其父廣泛參加會社，必定對澹歸產生一定影響，且會社中人常將後代引薦給會社前輩⑥；其二，澹歸自己在詩文觀中异常重視友生交往帶來的砥礪切磋⑦；其三，澹歸與同時期主持登樓社的陸圻頗有交情，陸圻曾在晚年奔赴嶺南，投奔澹歸⑧；其四，澹歸在詩文中常提及"舊同社"之説⑨。但在當前關於會社的考察中，極少見到澹歸的信息。其中原因，或因他家世平凡，無財力承擔會社之費，並非會社之主要人物。如其詩文中提到的舊時同社也均生平難考⑩；或因澹歸身後遭文字獄案，名字爲記錄者删去，皆不可具考。

由上可知，澹歸早年同學多爲耿介高潔、抱道持節之輩。從中既可找到澹歸個性心態形成的外部環境原因，也從側面反映出他本身志節亦非凡俗，是以能得此等高節友人青睞。

若説杭州師友同學的耿介孤高砥礪了澹歸的志節情操，則庚辰中進士後的交游群體則是其家國情感的共鳴對象。進士及第後，澹歸曾短暫游學京師，結交四海名流，詩文唱和，綵筆競技，結識同年方以智、趙繼鼎、

---

① 《徧行堂集》（二），第351頁。
② 鄒祗謨：《倚聲初集》，清順治十七年（1660）刻本，卷四"韻辨一"第15a頁。
③ 《徧行堂集》（四），第376頁。
④ 《徧行堂集》（四），第64頁。
⑤ 《徧行堂集》（三），第5頁。
⑥ 《徧行堂集》（四），第125頁。
⑦ 《徧行堂集》（一），第168頁。
⑧ 然而金堡此際與陸圻已經相識，在陸圻投奔澹歸之後的信中，澹歸有"吾兩人一別二十年，復相見於嶺表，皆餘生也"云云［《徧行堂集》（二），第272頁］。
⑨ 《徧行堂集》（二），第462頁，第399頁。
⑩ 澹歸詩文中可考之"同社"有鈕松隱、陸聲遠、范文逸三人，但三人均無傳留存［分別見《徧行堂集》（二），第399頁；《徧行堂集》（二），第462頁；《徧行堂集》（一），第413頁］。

陳台孫、周亮工、沈捷、盧長華等人。且在京師游學亦不廢結社,與伍鐵山等人交往①。這段意氣風發、少年才俊的交游,因國變而遭受斷崖式裂變。前後境遇的變化,理想抱負的載體瞬間坍塌,使這一群體有著更多共同的悲痛。在與此時老友交往時,澹歸常借回憶進行今昔對比,抒發亡國之痛,如《海幢行答伍鐵山》:

> 猶記京師無恙日,四海名流如一室。淋漓綵筆共酬歌,雄捷逢君皆屏迹。金輪忽暗扶桑枝,地北天南奔走遲。劍樹刀山袵席過,空勞鬼國數相知。當年醉客埋荒草,剩得頭皮鬢已絲。嗚呼伍君世人爭欲殺,徼幸蒼蒼存落拓。也似金生獄底未成燐,萬里青山一布衲。判隔餘生信渺茫,何緣豪氣看如昨。欲言無語指胸前,五嶽橫排都倒踏。七十老翁何所求,一雙白眼隨浮漚。詩筒酒碗堪驅使,未遣清狂萬斛愁。喜君雖老無老態,我雖未老身先壞。算來老在病之先,病漢比君還老在。便教同作老商量,合短離長時不再。君今又欲歸山中,我念匡廬錦繡峰。揮手莫開兒女口,雲山截斷水千重。不論何日能相見,手把君詩見君面。墨花湧出牡丹臺,金色芙蓉成一片。世間出世總休心,那得龜毛縫閃電。爲君更續海幢行,兩地孤心寫不成。月落寒山鐘磬晚,海潮音向白雲生。②

追念京師當年生活,回憶四海名流齊聚一堂、競騁才情的酣暢場面,然文筆突然一轉,朝廷"金輪忽暗"地淪陷。這種轉折既凸顯了明亡之災降臨之突然,又體現出面對厄難時士子心中所經歷的強烈震撼。詩中所言伍鐵山名瑞隆,東粵著名詩人③。澹歸出家嶺南,與其往來頻繁。二人追思緬懷當年情景,感嘆當下凄凉餘生,因有共同的傷感,易於產生強烈的情感共鳴,常互相慰勉鼓勵。

對過往的緬懷,在澹歸爲同年盧長華所作《長安夢説爲盧長華少參贈别》中亦有深情回憶:

> 廿四年前,長安道上,走馬看花,世界遷訛,惘然一夢。難道世界遷訛是夢,世界不遷訛便不是夢麽?曩語曹秋岳云:譬如人做了一

---

① 周亮工:《讀畫録》,西泠印社,2008年,第74頁。
② 《徧行堂集》(二),第353頁。
③ 陳田:《明詩紀事6》,上海古籍出版社,1993年,第3393頁。

個夢，醒了時曉得是個夢，却說不得不曾有這個夢。難道做夢的是夢、說夢的便不是夢麽？廿四年前，長安道上，長華與澹歸同做一夢。正當廿四年，海幢寺裏、濠畔街頭，長華見了澹歸，澹歸見了長華，長華要說夢裏沒有澹歸也説不得，澹歸要説夢裏沒有長華也説不得。廿四年後，長華不見澹歸，澹歸不見長華，長華要討夢裏澹歸也討不得，澹歸要討夢裏長華也討不得。所以長華道："我今年已六十，你已五十，此後料難相見，却請寫出這段相見因緣，如日後長長相見。"①

盧長華即盧世揚，明崇禎庚辰進士，後授户部主事。② 明末清初，遺民慣以夢來形容此際經歷，大約是鼎革之痛來得突然，士子們很難接受這一現實。二十四年後與同學相見，恍如隔世，今昔對比，分不清如今與過去哪一個更像夢境，這無疑是當時士子們心中的共同之痛。

他如《贈別沈大匡》③中回顧多年後與庚辰進士沈捷、周亮工、趙繼鼎、祁熊佳等舊友相見的歡喜與無奈，四人在喪亂後各有不同選擇，又有各自不同的神態及性格，但再次相聚，仿佛又短暫回到過往。酣暢劇談之後分別時互相慰勉鼓勵，更有對彼此創傷的哀憐同情。

對澹歸而言，庚辰進士及第時是其人生中理想抱負最飽滿之時，也是他一生中最輝煌的回憶。因此回憶起來，更能體現家國之變使其喪失理想施展場域的痛楚。

概而言之，澹歸的求學之路較爲順暢。家庭對教育的重視，文化繁榮的杭州皆爲其早年求學提供了良好的學習環境，爲他一生文學風格、人品個性的養成奠定了基礎。與此同時，澹歸在求學過程中的交游群體亦對其產生了較大影響。師友的人品性格無不潛移默化地對其產生影響，而他結交的同學友人多爲才德俱佳之輩，或爲官清廉、惠及一方；或持節抱道以終，孤忠清直；或於詩畫書法造詣頗高，一時名流。通過對澹歸生活環境及交游群體的梳理，可知他才情性格不落俗套、高標自持、孤介曠遠的個性特徵有其形成的外部環境。

---

① 《徧行堂集》（一），第36頁。
② 七十一修，郝廷松纂：《（乾隆）扶溝縣志》卷之十一，清乾隆二十七年（1762）刻，第38a~38b頁。
③ 《徧行堂集》（二），第351頁。

第二節　坎坷仕宦：政治經歷與情感心態的形成

　　經歷了嘉靖晚期以來的政治混亂，崇禎政局已風雨飄搖。萬曆以降，政局混亂，社會動盪，士人在政治腐敗中備受摧折，心態發生變化。晚明心學的興起乃至流弊，皆可視爲士人對傳統儒家外王理想的遠離，進而轉向對內在的建設與探索。因此，晚明士子狂放不羈的名士風範，一定程度上是內在痛苦的發泄，是對傳統價值觀在現實中屢屢碰壁的逃避與憤懣。作爲出生於此一時期的士人，除科舉外，施展抱負別無他途。他們自幼接受傳統文化浸染，追尋科舉取士的既有途徑，期待通過治國理政來實現人生價值；同時又受晚明個性思潮與名士習氣熏陶，有著高標自持、放浪不羈的狷狂。在黨爭激烈的形勢下，受明末會社、清議干政的影響，士人勇於參與政治鬥爭，分門立派，把持朝政。士風競躁，士論"啍啍"，呈現出浮躁而熱衷於門户之爭的狀態①。然而，明代並未有過多時間供這種風氣延續下去，國破之後，衆多士子從夢一樣的人生中醒來，面臨家國淪喪、异族入主的現實，人生有了巨大轉變。

　　出生於萬曆末年的澹歸，恰好是此一時代士人的典型。晚明生態中培養出來的士人文化性格、個體心態在當時政治現實中的選擇，乃至遭遇打擊和摧殘後的心態轉變，都可通過澹歸這一個體的遭際和經歷得以呈現。

一、任職崇禎朝

　　澹歸於崇禎十四年（1641）末到崇禎十五年（1642）初，任職臨清五

---

① 趙園：《明末清初士大夫研究》，北京大學出版社，2014年，第3~10頁。

第一章　時空節點中的士人樣貌：明清之際澹歸的生平與交游 | 39

個月①。此時明朝風雨飄搖，天災人禍，內憂外患。臨清更是一幅亂世景象，民不聊生，地方豪強與災民群起爲盜，租税日繁②。澹歸雖出任臨清僅五個月，但王夫之《金堡列傳》所記他在任時招撫盜賊與對抗劉澤清兩件大事中③，"擿發奸猾，安撫流離，士民欣戴之"，展示出卓越的治理才能，凸顯了其不畏豪強、清正廉直、以民爲念、深得民心的特徵。雖兩事在澹歸自述及史傳記録中均未見到，但根據當時環境，應有一定可信度，原因如下。

首先，澹歸出任臨清前一年，山東已"民相聚爲寇"，朝廷派遣劉澤清剿捕民寇④。因此，在澹歸上任時，有招撫盜賊的現實需求。爲寇者皆爲饑荒中無以自立之百姓，作爲臨清知州，澹歸能體恤百姓疾苦，"兵荒災疫，誓不催科"，有"士民欣戴"的群衆基礎。百姓被迫爲盜，他不以武力鎮壓，而是"肩輿從數胥吏，扣其壘"，以仁愛之心，隻身前往，"慷慨爲陳大義"⑤，這種無畏精神與教化道義正是災民心中正義官員的形象。因此，盜賊感念而歸順，重建對地方官的信心，進而"解散歸農"的可能性較大。因此，招撫盜賊事件有其現實需要及可能性。

其次，澹歸任職臨清時，劉澤清亦在山東⑥。劉澤清有縱略臨清之事實⑦，臨清百姓必然視其爲仇寇，因此聽説澹歸被圍便群起而助之。就澹歸個性而言，亦很可能與劉澤清發生對抗。他秉性剛烈，遇事則發，不畏

---

①　澹歸在崇禎朝任職的具體時間不可考。但據其追憶與吳雲軿初識情景，稱"辛巳與雲軿相見於臨清，雲軿以詩來，爲初相識。"[《徧行堂集》（一），第437頁］及回顧與趙駿求的相識："崇禎辛巳官臨清，駿求翁分司磚廠。"[《徧行堂集》（一），第44頁] 可知澹歸考中進士的第二年即辛巳年已到臨清。吳天任《澹歸禪師年譜》稱："進士入館學習，例須三年。公十三年春入館；據《永曆實録》，十五年已任臨清知州，實未足三年。豈當時以寇患已深，州縣殘破，故提早外選，以撫輯歟？"此處仍存此疑問。又王夫之《金堡列傳》記其崇禎十五年臨清任職時折劉澤清事，知崇禎十五年澹歸依然在任。又澹歸有"臣六年進士，五月知州，三載林泉"《嶺海焚餘》第6頁《辭禮科給事中疏》）及"選授臨清州知州，兵荒災疫，誓不催科，居官五月，投劾而歸"《嶺海焚餘》第26頁《再上魯藩啓》）的自述，知其在任僅五月。吳天任《澹歸禪師年譜》中據《永曆實録》推測，"大抵春間出任，迄秋當已離去"。可能因吳先生未能見澹歸《書兩吳公傳誌後》一文而有誤。
②　萬斯同：《明史1》，上海古籍出版社，2008年，第297頁。
③　王夫之：《船山全書》第11册，第521~522頁。
④　張廷玉：《明史·劉澤清傳》，中華書局，1974年，第7006頁。
⑤　王夫之：《船山全書》第11册，第521頁。
⑥　張廷玉：《明史·劉澤清傳》，中華書局，1974年，第7007頁。
⑦　張廷玉：《明史·劉澤清傳》，第7007頁。

權貴，易與人牴牾①。劉澤清坐鎮山東，凶狠凌霸，妄貪軍功，搜掠百姓，殘害大臣②。澹歸作爲以民爲念、剛直不阿的地方官，對劉澤清"抗言責之"亦頗符其性情。劉澤清曾對參奏他的劉宗周、韓如愈等人銜恨報復，心胸狹窄，必也會對鎮守之地地方官員的責備懷恨在心，"乃假新制以屬吏禮折堡"。然這段經歷在澹歸文字中不曾見到，大略如王夫之所言，"堡恥以撫盜功自見，遂不叙"。

澹歸臨清去職的原因，王夫之稱因上官畏劉澤清而對其掣肘，澹歸知志不得行，移疾歸里③。而在自述中，澹歸皆稱辭官原因爲灾年不願催科。事實上，二者之所以表述不一，或一爲去官之公開原因，一爲去職之本質原因。澹歸在《再上魯藩啓》中自述去官因，必然不能將去官之詳細經過及背後原因再展開叙述，因此僅稱不願催科；王夫之作爲澹歸好友，極可能從澹歸處了解詳情。然而，澹歸不願荒年催科，必出自本心。即便出家後，他依然將百姓備受催科禍擾之事記挂心上，如《曲江何明府壽序》描述理想宰官形象稱：

> 古之君子出宰百里，未有不家視其邑、子視其民者。後漸不然，下視上如寇讐，上視下如草芥，至於今極矣。民極於困，吏極於殘，此今之君子所宜用心也。心在撫字，法在催科；心在教化，法在刑罰。逆之無以自存，順之無以存民。或爲之説曰：催科不擾，即以催科存撫字，刑罰不苛，即以刑罰存教化。雖行乎不得已之途，而德比於義盡仁至，此亦古之君子所爲擊節也。④

視宰邑爲家，視百姓爲子，是澹歸心中州牧應當具備的情懷。文中官員在催科之法與教化之情間的不得已之狀，或爲自身當年處境的真實寫照。在兩者之間，他提出一折中辦法，即"催科不擾，即以催科存撫字，刑罰不苛，即以刑罰存教化"，在力所能及的範圍内爲百姓求得一點寬限。又《與丘貞臣明府》中：

> 但願吾兄居官不忘爲民父母之意，於催科、刑罰中寬得一兩分，

---

① 《徧行堂集》（一），第44頁。
② 張廷玉：《明史·劉澤清傳》，第7006~7008頁。
③ 王夫之：《船山全書》第11册，第521頁。
④ 《徧行堂集》（四），第23頁。

第一章 時空節點中的士人樣貌：明清之際澹歸的生平與交游 | 41

則民便受真撫字、實教化之惠。孟子不云乎："民之憔悴於虐政，未有甚於此時者也。"若有聖賢心胸，亦應具豪杰作用，決不拆獨木橋、坐冷板凳，做自了漢而已。①

諄諄叮囑友人爲官要與民休息，緩於催科，寬於刑罰，使百姓"受真撫字、實教化之惠"，可謂愛民之心始終拳拳。澹歸又屢在詩中痛心於百姓在天灾人禍折磨下的無能爲力，《孟夏》等詩②既是對亂世蒼生生活現狀的記錄、對戰亂的痛斥，又是對百姓的無限憐憫。

澹歸在臨清任職五個月，展示出非凡的政治才能與鋒芒畢露、不畏權貴的性格特徵。從末世任職的體驗中，澹歸對崇禎朝也有了較爲清醒的認識。其在《李灌溪侍御碧幢集序》中評價説：

烈皇帝天質英明，然詳於細，疏於大，察遠而遺近，每爲在旁之奸巧中而不自覺。當其譴斥稍過，群臣悉袖手，爲不終日之計，逃責於局外，徼幸於事後……弘光繼統，不仇讐是尋，而修門户之怨……當崇禎之末，士大夫如患風痺，陌路君上，草芥民間。流於今尤劇。③

既指出崇禎的性格缺陷，又認識到在此環境下，群臣難以施展才華，以致出現君臣疏離、上下陌路的政治困境。這既是明末狀況的真實寫照，又是對明亡原因的反思。又《書高虞部行狀後》：

嗚呼，予讀高氏兩世行狀，而嘆世主之不可爲也。先帝以英敏有爲之才，值人心大壞，至於身殉宗社，有群臣負朕之言，殆於死不瞑目，上訴彼蒼。……當崇禎之初，先帝不信内臣，而桂工一案陰爲内臣所顛倒。崇禎之末，先帝不信外廷，而寶坻一案，顯爲外廷所阻撓。勢成孤立，無可如何，不然，以先帝之明，稍知大殿、寢宫各有分責，豈致此悮？其所以悮者，在旁之委罪浸潤已深，而法司之讒詞推波而助之瀾耳。……嗚呼！予既嘆世主之不可爲，而益見人臣之不足爲也。士大夫獻身成信，生殺無逃，知人則哲，惟帝難之。而死權

---

① 《徧行堂集》（四），第 272 頁。
② 《徧行堂集》（四），第 321 頁。
③ 《徧行堂集》（四），第 73 頁。

死利之徒，蝟毛而起。即高氏兩世未據要津，非與宵小有不解之怨，特以孤立行一意，不屑委曲將迎，而一則罪生於分外，一則功屈於分内，奈何以不訾之軀，逐無涯之知，而爲衆射之的乎？此達觀之士所爲脱屣功名，而無求於世歟？①

雖將矛頭指向宵小對朝廷之蒙蔽、對大臣的摧折，客觀上亦是對晚明政治的批判。批評崇禎内外責不分，過於倚重内臣，導致宦官專權，士人處處受制，稍有良知者皆脱離政治，栖隱林泉，造成朝廷無人的局面。

又在《書姜貞毅輓章後》中，通過對姜埰死不忘君恩，堅持葬身戍所宣州的表彰，批評末世君臣間情感的澆薄②：

予亦嘗致疑於末世君臣之薄也。士大夫可殺耳，解衣就獄，與盜賊惡人同其鍛鍊，久而牽復，氣焰逾張。賢人君子不能誓死丘園，使朝廷知有不可辱之節。故凌侮日加，勢位日驕，道義日詘。先生以戍卒，終囚於時勢，然一官七尺，視之既輕，並不借晋宋南轅以規名爵，則鶴舉龍騰，故有灰蚓唾蠅不能仰睇者。嗚呼！觀於先生待其君之厚，則後之爲人君者待其臣不可以或薄也。漢高帝曰：吾能尊顯之。斯語也，恐非大賢以上所宜受，然則士大夫所以自待，又當何如耶？③

表彰姜埰待君之厚的同時，批判君待臣的涼薄，寒心於朝廷將言官作爲盜賊惡人一樣羞辱對待，捍衛士大夫可殺而不可辱的尊嚴。澹歸對崇禎不能信任且優待大臣的批評，極有可能與其永曆朝經歷密切關係，留待後話。

對明代朝廷君臣關係的失望，使澹歸甚至對康熙優待大臣有所稱賞。在《贈周大司馬終制得請北歸序》中說："公君臣際遇之盛，亦豈末世士大夫所能幾及於萬一哉！"論康熙之所以不奪情於周大司馬，是因有"太后之猶逮養"，"心膂股肱，視如一體，孝治之隆，方將推之四海而準，其

---

① 《徧行堂集》（四），第218頁。
② 馮桂芬：《（同治）蘇州府志》卷一百十二有傳，《中國地方志集成·江蘇府縣志集9》，鳳凰出版社，2008年，第806頁。
③ 《徧行堂集》（四），第216頁。

重違公請，不奪公之情，宜也"①。此處雖可能是對朝廷允許周氏歸養的開解，但言辭之間不無與"末世士大夫"遭際對比之意。澹歸對康熙的稱賞之詞，雖不見得發自本心，但确出於對明末君臣關係的痛心。明末君臣之間的淡漠澆離，是士人群體普遍的情感傷痕。這不唯體現在崇禎帝殉國之際對群臣的指控，亦表現在遺民群體追懷故國時往往懷念開國之君。如澹歸在獄中"大呼二祖列宗"，便是對明初國勢的懷念，對末世君主心冷的體現。

崇禎時的出仕使澹歸體驗到官場冷暖。孤高清直之個性碰壁於權要，高標之理想折翅於混亂政局。他認識到腐敗的亂象中很難實現政治寄托，初步產生了遠離政治的心態。因此"居官五月，投劾而歸。廷臣交薦，蒙先皇帝起用，不赴。既而聖安御極，奸臣竊柄，自以麋鹿之姿終於山野"②，此後的三年鄉居生活當是此心態的寫照。然而，澹歸終未曾放棄對當世的關懷和責任感。鄉居期間，他"亦以伉直折勢要"③，時刻以道義自任，發摘奸利④。甚至在崇禎十七年（1644），經吏部尚書鄭三俊薦再次赴京任職，後因京城陷落中途返鄉⑤。面對南京淪陷、杭州失守的殘酷現實，士人的責任感驅使他毅然而起，為恢復家園河山奔走。

二、奔赴南明

弘光元年（1645）五月清兵攻陷南京。六月，澹歸父親剛下葬，杭州即陷落。閏六月，澹歸潛結鄉勇，隨姚志卓起兵抗清⑥。

北京、南京政權的相繼覆亡，使明政權在一年之内迅速土崩瓦解，家園爲异族占領。面對突如其來的變化，深受華夷大防文化浸染的澹歸等士子很難接受此種結局，民族情結在接踵而至的厄難中受到激發，"再見漢官威儀"成爲他們在特殊時期的强烈心聲。此種情懷激勵他們奮起反抗，寄希望於通過南明政權漸圖復興，是以澹歸在杭州舉兵失敗後立即奔赴南

---

① 《徧行堂集》（一），第83頁。
② 金堡：《嶺海焚餘》，第26頁。
③ 王夫之：《船山全書》第11册，第522頁。
④ 王夫之：《船山全書》第11册，第564～565頁。對此，劉毓崧《永曆實録》跋中對澹歸有批判，認爲并非如此，與姚奇允實爲舊怨。
⑤ 徐鼒：《小腆紀傳》卷三十三列傳第二十六，第333頁。
⑥ 金堡：《嶺海焚餘》，第26頁。

明。然而，南明的政治場域帶給士子們更深的失望，使他們的心態與情感遭遇另一種傷害。

（一）隆武朝的失落

弘光政權覆滅後，東南地區先後成立了浙東紹興魯王朱以海政權和福州唐王朱聿鍵政權。澹歸起兵復杭失敗后，同姚志卓奔赴浙東，姚志卓受封仁武伯，澹歸授職方員外郎。但見魯王胸無大志，不願受任，間關走福州，入唐王隆武政權①。

弘光元年（1645）到隆武二年（1646）八月，澹歸任職隆武朝，頗受唐王重視。先後除兵科給事中、泉州知府、禮科給事中兼職方員外郎，澹歸以喪服未終而辭，僅爲聯絡江上義師方便，請敕印經略三吴，後因監軍鄭遵謙而不得已受職方副郎虚銜②。澹歸勇於進言，先後上《中興大計疏》《請決策出閩疏》《論停刑疏》等，爲唐王恢復大略出謀劃策，並身赴險地，任職監軍，斡旋於魯王、唐王政權之間。然而，澹歸的恢復計劃却損害了鄭芝龍等挾帝謀私之權臣的利益，再加上不斷彈劾"上下酣嬉，奔競營私之風"的朝中諸臣，在朝中境况日危。他認識到朝廷形勢艱危，唐王政權在鄭芝龍的把控下不可能有所作爲，遂上書請終喪。唐王聽從大學士曾櫻保全澹歸的建議，聽其辭任。澹歸八月辭朝，上《陛辭忠告疏》，極言朝局之危，出關之迫。辭朝後十餘日，隆武遇難③。浙、閩之亡，盡如澹歸所言。

任職隆武朝是澹歸爲宦生涯中君臣最爲相得的時期。唐王對其才能人品的賞識和信任給了澹歸直言的機會和平臺，燃起他施展才能實現復明大業的希望，因此他盡心盡力謀劃建議，不畏艱險奔赴險境。然而，僅有朝廷的賞識於澹歸的光復夢想並無太大實效，處處受制於人的皇帝心有餘而力不足，連自身行迹尚不能自主，遑論實施出關征伐大策，只能似一顆棋子般任人擺布。這段經歷使澹歸更深刻地體會到了晚明的潰腐，因此避居

---

① 李寄《西施山戲占》記魯王監國情狀："魯國君臣燕雀娛，共言膽事全無。越王自愛看歌舞，不信西施肯獻吴。"而徐鼒《小腆紀傳》卷三記唐王稱："上（唐王）少遭患難，慨然以復讎雪耻爲務，布衣蔬食，不御酒肉。"由二者對比可見，澹歸之所以弃魯政權而奔赴唐王政權，確有其判斷根據。相比魯王的王孫習氣，唐王朱聿鍵的表現頗符當時士人對中興君主的期待。

② 見《嶺海焚餘》卷上《論馬士英不當復職疏》《爲鄭遵謙頌功疏》《一上魯藩啓》《再上魯藩啓》等。

③ 顧誠：《南明史》，第308頁。

辰沅山期間接觸佛經，遂有所嚮往。然而，終究對"漢官威儀"心懷期待，在終制後便即刻奔赴永曆政權，再圖恢復。

(二) 永曆朝的創傷

澹歸在永曆朝任職最久，入朝時間當在永曆二年（1648）十一月①，至永曆四年（1650）五月被流放清浪衛，將近兩年。澹歸入朝時，朝廷內部便已互為水火。永曆帝受制於各擁立勢力團體，軍閥之間皆為一己私利而挾帝自重，黨爭較晚明更加激烈。吳楚兩黨把持朝政，不入兩黨者皆為局外人，難以走進政權核心②。吳楚黨爭是地方軍閥勢力較量在朝廷的呈現。鬥爭以李成棟反正為界，反正前為大學士瞿式耜、何騰蛟等與黔南軍閥陳邦傅之間的矛盾，反正後是李成棟與隨駕諸臣之間的矛盾。何騰蛟去世後，瞿式耜與反正諸臣聯結，共同對付陳邦傅等軍閥集團。朝廷軟弱無能，朝堂儼然成為軍閥爭權奪利之地。雖然舉著抗清復明的大旗，但大勢已去，人心渙散，朝政黑暗腐敗。小朝廷飄搖於西南一隅，苟安一時。

此種境況下，澹歸經瞿式耜推薦入朝，按瞿式耜要求將《時政八失疏》給劉湘客等過目定奪，聽任劉氏削去李成棟之名，僅彈劾陳邦傅、馬吉翔、龐天壽，一入朝便捲入楚黨。且其入朝所上《時政八失疏》直抵權要，不啻在"群臣率苟容無敢昌言者"的朝廷中丟入一顆炸彈，"舉朝驚愕，詆毀狂躁"③。使其上下失歡，備受孤立。此時，唯袁彭年、丁時魁相推重，因此澹歸越發向楚黨靠攏。實際上，澹歸從一入朝發現此種情形便有後悔之意。方以智《與金道隱給諫》中說："年足既抵行在，與弟書云：不聽良言，遂沉苦海，後又從瞿相國函中寄語，勸智勿入，極感知己至愛。"④ 寫信給友人阻止其再涉此局，而自身已騎虎難下。

澹歸在永曆朝奏論極多。僅從現存《嶺海焚餘》部分來看，上至朝廷用人行事之誤，下至官員因緣為利，進諫範圍極廣；從孫可望封王違制到堵胤錫舉止有傷國體，彈劾人員極多⑤。"立言作事，多循資格，拘禮法，

---

① 金堡：《嶺海焚餘》，第85頁。《請處分第一疏》稱"臣於前年十一月見朝"，疏作於庚辰詔獄之中，故推其入朝時間當為戊子十一月。
② 錢澄之著，諸偉奇等輯校：《錢澄之全集之七》，第58頁；王夫之：《章靈賦》，《薑齋文集校注》，湘潭大學出版社，2013年，第223頁均有記錄。
③ 王夫之：《船山全書》第11冊，第523頁。
④ 方以智著，張永義校注：《浮山文集》卷八嶺外稿中，華夏出版社，2017年，第286頁。
⑤ 吳天任：《澹歸禪師年譜》，第47頁。

不能權衡時勢，以濟艱難。"① 尤其對堵胤錫之牽制，頗留後人口實，認為這加快了明朝的滅亡②，朝中衆聲怨恨，被彈劾者更是欲殺之而後快。然因肇慶尚在李元胤等楚黨勢力範圍內，澹歸得以暫時無恙。

南明形勢日下，永曆四年正月清軍攻陷南雄、韶州。永曆帝不顧瞿式耜、李元胤、澹歸等勸阻，棄肇慶奔梧州，命陳邦傅統兵入衛。李元胤留守肇慶，瞿式耜留守桂林③，使政敵有了可乘之機。二月，朱天麟與陳邦傅聯合諸人合疏奏"五虎"把持朝政、裁抑恩紀、罔上行私等十大罪，加之兩宮久已不滿"五虎"，遂除袁彭年外皆下入錦衣獄拷訊。在政敵肆意的報復下，澹歸被刑最重，據王夫之《金堡列傳》："齦血冲脅脊，幾死者數四。"④

澹歸入獄後，瞿式耜亢疏申理，廷外諸將如曹志建、焦璉、胡一清、楊國棟、馬進忠、王進才、馬寶等交疏申救⑤，庶吉士錢澄之、行人王夫之等多方活動，嚴起恒亦奮力營救，加上高必正入朝請求，終得減死謫戍。就營救者身份來看，支持澹歸者並非僅楚黨關涉人員，更多為兩黨之外者。這說明澹歸行朝雖彈劾衆多，但其直言不諱、不顧個人生死為朝廷計的剛直秉性亦為衆人敬服；同時可見在南明腐敗黑暗政局中，依然存在一批正義之士，以復明理想為支撐，為朝廷安危考慮。然而，澹歸的遭遇却使諸多正義者心寒⑥。

此次下獄對澹歸打擊極大，他在獄中受刑最重，落得左足創攣，心靈備受摧折。永曆帝不明是非、忠奸不辨，朝中大臣勾心鬥角、結黨營私，使澹歸對南明朝廷有了更加清醒的認識。就此，澹歸心中救亡熱情漸滅，出世之思愈重。此際心態所受之影響在《遣興》組詩等作品中有集中體現，本書第四章將詳細闡釋。

在復明祚、存國體理想之驅使下，澹歸入朝便上疏討論朝廷失誤，對

---

① 吳天任：《澹歸禪師年譜》，第47頁。
② 吳天任：《澹歸禪師年譜》，第55頁。
③ 《西南紀事》卷七録有金堡上疏稱："東西將士，恃乘輿威靈，效死守戰，上一動，人心搖，兩會城亦必難保，且國家更有何地可適？邦傅非社稷臣，破亡之餘，不可恃；舍此而西，則依賊望，後必悔之。"此疏不見於《嶺海焚餘》，然後來之情狀，悉如疏中所言。
④ 王夫之：《船山全書》第11冊，第526~527頁。
⑤ 王夫之：《船山全書》第11冊，第527頁。
⑥ 羅正鈞纂：《船山師友記》，岳麓書社，1982年，第48頁。

永曆政權寄托厚望。所論亦多出自正直性情之激發，欲爲明朝恢復摘奸除惡，其心可嘉。但他缺乏變通，不容人小過的剛直性格既易得罪於人，又易爲人所用。因此，伉直不畏權貴的澹歸入朝便爲楚黨的得力幹將，被稱爲五虎之"虎牙"①，客觀上加劇了黨派之間的鬥争②。永曆朝的任職經歷作爲澹歸政治生涯的終結，使其對政治徹底心冷，遂憤然出世。

三、仕宦交游

澹歸任職時交游活動因史料缺失而難以詳悉。崇禎朝、隆武朝任職時間短，資料匱乏；永曆朝則因史料記載豐富、任職時間長且黨争糾葛分明而可考者較多。大致而言，澹歸爲官期間的交游按照性質劃分，可歸爲政治需求的交游群體、政治抱負相投而結交的群體兩類。當然，二者不乏重合之處，但前者强調交往的非自願性，後者則强調情感的契合。

崇禎朝的交游可考者僅有吴雲耕、趙駿求、董平子三人，其中吴雲耕曾任開城令③，趙駿求曾任永曆朝少司馬④，董平子不可具考⑤。三人因澹歸出家後仍有往來而得以記録，其他俱不可考。

（一）隆武朝的交游

澹歸隆武朝的交游可知甚少，或因其居朝不到一年，在外監軍近八個月之故。其中可知者有協同起義之姚志卓、將領鄭遵謙，二人皆爲抗清義士。姚志卓後與錢謙益聯絡，受錢、柳二人資助起兵收復崇明島，遇難

---

① 温睿臨：《晚明史料叢書 南疆逸史》（上），第201頁。
② 據錢澄之《端州雜詩 又十一首》見《藏山閣集》詩存卷十行朝集："給事趨朝袖草雄，更生筆削果虛公。金吾奉主宜無過（謂馬吉翔），中尉從龍信有功（謂龐天壽）。多難未須增水火，一隅底用判西東（時有粵東西之别）。向來本觸元勳忌，豈謂元勳志與同（金堡入朝，草上十款，李與龐馬皆在所論。劉湘客削去李、龐，封上其八。公子元胤、總憲、袁彭年、吏垣丁時魁等漸與金合，五人之黨自此始矣）。"（錢澄之著，湯華泉校點：《藏山閣集》，黄山書社，2004年，第255頁）又《所知録》卷上"永曆紀年"稱："初，金堡赴行在將有建白，過桂林以示留守；留守令至肇慶，湘客酌之。疏參八款，李成棟、陳邦傅、龐天壽、馬吉翔皆在所參，湘客削去其二，去李而用陳、去龐而用馬。"知金堡上疏彈劾亦有李成棟，被劉湘客斟酌後拿下，後得李成棟稱賞，成爲黨派中人（錢澄之著，諸偉奇等輯校：《錢澄之全集之七》，黄山書社，2006年，第87頁）。
③ 《徧行堂集》（一），第437頁。
④ 《徧行堂集》（一），第44頁。
⑤ 《徧行堂集》（四），第440頁。

身亡①。

　　此外值得一提的是隆武二年（1646）澹歸在錢塘江爲鄭遵謙監軍時，與故友查繼佐的交往，以及就此流傳的一個傳說。據《查繼佐年譜》"丁酉先生五十七歲"條載：

> 初先生有事小疊，道隱以公務來自閩中，弈罷而別，各賦弈罷詩。時廣南方岳嚴絜庵欲晤澹歸不可得，密訪於先生，先生唯唯："俟澹歸過我寓，以事款之，公徐徐來，無不可者。"翼日，澹歸至，先生請弈，方半局而絜庵踵門，澹歸覺，踰垣避去，賦半弈詩索和。先生嘆曰："前後兩和，隔越十二年，只幾往復，嗟，莫問黑白也。"②

　　澹歸於隆武二年正月十八日至錢塘江監軍③，據《查繼佐年譜》④，是年查繼佐亦在爲鄭遵謙軍出謀劃策，因此二人有對弈的機會。關於澹歸避免與嚴絜庵相見一事，後人常用來稱贊澹歸，他已在《答沈仲方文學》中予以辯解，詳見本書第六章。

　　此時，查繼佐與澹歸以抗清爲共同目標，肩負復明使命。十二年後再次相見於廣州雷峰寺，抗清失敗，一切成爲過往，情緒亦相當複雜。二人唱和中的故國情懷和身世之感只有局中人才能明白⑤。

　　此外，澹歸在朝中受同學黃澍反正牽連一事值得一提。黃澍，字仲霖，徽州人，丙子舉浙闈，丁丑登進士。歷任河南開封推官、湖廣御史、左良玉監軍等職。弘光朝入朝論馬士英十大罪⑥，後以徽州故御史降清，並獻徽州城⑦。

　　黃澍降清後，復與南明通信，稱有反正之意，然并未歸附。澹歸因力保黃澍可用，爲馬士英等借機誣陷，污以奸細罪名⑧。又通過魯王向鄭遵

---

① 錢謙益：《錢牧齋全集 8》，上海古籍出版社，2003 年，第 955～966 頁。
② 沈起、陳敬璋撰，汪茂和點校：《查繼佐年譜》，中華書局，1992 年，第 48～49 頁。
③ 金堡：《嶺海焚餘》卷上《繳敕印疏》，第 14 頁。
④ 沈起、陳敬璋撰，汪茂和點校：《查繼佐年譜》，第 42 頁。
⑤ 《徧行堂集》（二），第 463 頁。
⑥ 計六奇：《明季南略》，中華書局，1984 年，第 48～58 頁。
⑦ 計六奇：《明季南略》，第 273 頁。關於黃澍之降清與金聲之死義，當時著錄甚多，說法不一，皆不齒於黃澍借金聲之故人之信任而反間。
⑧ 金堡：《中興大計疏》，《嶺海焚餘》第 2 頁。

謙施壓，令其審訊澹歸，並暗使方國安將之殺害。澹歸就此向魯王解釋：

> 比見鎮臣方國安、王之仁斥職爲叛逆，指職爲奸細；職以抗節孤臣，弃一家、出九死，以奉王室，心迹洞然，可以不辨。顧謂職以百口保黃澍，招引入浙，上煩殿下令旨，俾遵謙緝解法司究問。夫黃澍降虜，天下共知，職仗義之人，豈爲不義者左袒哉？先是，皇上登極之後，賜澍手敕，赦其前罪，令立功自贖；此豁達之度，顛倒群材之大略也。澍拜敕即拜兩疏，願挈上江以歸本朝，並合胡騰蛟、通劉弘起，規取中原，冀澍前應。此亦用間之際，招來反側之大機也。時群議持疑，職適論列封疆數事，謂李祐賊將，當陣生擒李懇，不特違君相之命，且拂將士之心而用之。今澍自來投款，無用多疑。澍既不至閩、又不至浙，我之所費，僅一敕書耳。而聖諭亦謂"黃澍已失身虜中，果爲虜用，何難明目張膽，豈必定爲細作。今日之過，朕與爾分之"。此職拜疏所謂陛下信澍固當用，疑澍更當用。此是兵機，非衆人所解者。夫兵不厭詐，使澍稍懷猶豫，則一紙詔書適足以發狡虜之猜忌；黃澍不爲屠肆，即爲俘囚矣。箝棗畫龜，所以殺野利天都之具，職豈遂真保澍之人哉？①

從這段文字中未可見黃澍反正之真假，但可知澹歸擔保黃澍可用的原因可能有如下兩點。其一，隆武帝的招撫。澹歸《中興大計疏》在十月，而黃澍降清在九月下旬。因此，澹歸上疏後，隆武帝便如澹歸所說，"賜澍手敕，赦其前罪，令立功自贖"，以期恢復徽州。其二，招攬反間人才，以圖恢復。"亦用間之際，招來反側之大機也"，澹歸希望黃澍能反正，成爲恢復明代江山之助，且認爲即使黃澍不來，對南明朝亦無甚損失，而黃澍則可能見疑於清朝，可謂兩全。此外，澹歸欲黃澍來歸還應有另外兩個原因。首先，澹歸想要以黃澍來制衡馬士英等在朝勢力。黃澍、馬士英二人在弘光朝已勢如水火，黃澍若來，必能減弱鄭芝龍、馬士英等對隆武帝的挾制。澹歸極有可能欣賞黃澍"笏擊馬士英背"的無畏精神，予以舉薦②。其次，澹歸與黃澍同爲崇禎朝浙江丙子舉人，是故交。但最終黃澍

---

① 金堡：《再上魯藩啓》，《嶺海焚餘》第27頁。
② 計六奇：《明季南略》，第48頁。

未能如其所願，此事亦使澹歸爲人詬病①。後澹歸雖爲其師兄石鑑今䛥住歸宗寺而致書黃澍，請其關照，但語氣亦頗淡薄②。

（二）永曆朝的交游

相對而言，澹歸於永曆朝任職期間的交游較爲清晰，基本圍繞以桂林留守瞿式耜爲中心的士人群體。具體而言，包括瞿式耜、張同敞、方以智以及同在朝中共事的袁彭年、蒙正發、劉湘客、丁時魁等，以及後來游於瞿式耜幕中的錢澄之、王夫之。大致來說，此際所交多爲能以恢復大計爲目標且頗具才華者。交游對象間除同僚之誼，更有知遇之情、相惜之意和救命之恩。

1. 知遇之情：與瞿式耜的交游

瞿式耜對澹歸而言，有知遇之恩與救助之義。瞿式耜，江蘇常熟人，永曆朝任吏部右侍郎、東閣大學士兼掌吏部事③。澹歸永曆二年（1648）戊子九月至桂林，與瞿式耜一見如故，盤桓月餘，其間同游虞帝祠④。後經瞿式耜薦至肇慶行在，拜兵科給事中。澹歸在永曆朝與瞿式耜"每事關白，居然一體"⑤。因此，當其被誣下獄，瞿式耜連疏申救，甚至不惜以辭官相逼⑥。澹歸戍守途中流落桂林，又爲瞿式耜收留。桂林陷落，瞿式

---

① 王夫之：《船山全書》第12册，第635頁。評價稱："金道隱與曹溶、黃澍同榜交善，溶、澍降，道隱猶曰：'此以以得當以報本朝。'溶既沉溺膴仕，澍爲間諜，屠徽州，殺金正希。人以此笑道隱，不恤也。此又護友而失當者。喜怒不任意氣，達情容物而裁之以正，難已。"王夫之對澹歸性格缺陷的分析不無道理，但不夠全面。澹歸除對友人的回護，不乏更深遠的家國天下考慮。

② 《徧行堂集》（二），第192頁。

③ 瞿式耜爲永曆政權舉賢薦能，澹歸《祭明故死節桂林伯督師大學士瞿公稼軒文》中有"入朝者無不得公薦表以爲重"之言（《徧行堂集》（一），第221頁）。

④ 瞿式耜：《瞿式耜集》，上海古籍出版社，1981年，第217頁。按《戊子十月既望，新興焦侯邀游虞帝祠，金黃門首唱佳韻，依韻和之》，此時澹歸當未赴肇慶行在，但瞿式耜已稱之爲"金黃門堡"，當非永曆朝所授，或爲以隆武朝舊職稱之。

⑤ 錢澄之著，諸偉奇等輯校：《錢澄之全集之七》，第87頁。

⑥ 瞿式耜：《瞿式耜集》第145～147頁，現存《救劉湘客等五臣疏》《再救五臣疏》《三救五臣疏》。據楊鳳苞《秋室集》卷二文（清光緒十一年陸心源刻本）稱："稼軒手評金道隱《嶺海焚餘》，擊節嘆賞。及五虎之敗也，七疏申救，又具密揭封進呈桂王太后。其祖護至矣，然不必爲稼軒諱也。"然澹歸《嶺海焚餘》未知最早刻於何年，但因其中收錄澹歸梧州獄中所上疏，當在詔獄後之事。澹歸有《存四索余諫垣舊草簡寄》："也知結習未全忘，剩得三垣舊諫章。灑血有聲供鸑鷟，藏身無迹愧羚羊。徑投白馬真非正，莫受黃州寄不祥。君欲看時頻後取，看吾何似昔年狂。"其中"三垣""諫垣舊草"當即爲《嶺海焚餘》，《清代禁毀叢書目錄》有載。但澹歸等未曾說過《嶺海焚餘》之稱，瞿式耜所見是否稱《嶺海焚餘》，待考。

耜、張同敞慷慨就義，澹歸爲二人作《上定南書》乞收骸骨①。

二人關係，與其説是朝堂中因門户習氣而成的"一體"，毋寧説是志同道合的相知。瞿式耜崇禎朝任户科給事中，便直言敢諫、不畏權貴。其與澹歸皆個性耿直，不容宵小，難以苟且；且他們皆有一心爲國、復明室的共同願望，因此能一見如故，抵掌論心。澹歸一生感激瞿氏知遇之恩，瞿式耜被拘期間，所作詩稿皆送於居茅坪之澹歸②，澹歸皆予唱和③。並在瞿氏遇難後慷慨上書、大義凛然，雖書未送達，但千古高情已爲時人稱賞。後澹歸又有許多作品懷念瞿式耜，如《憶稼老》：

> 吟肩一拍笑俱新，心醉何妨指柱親。此外風濤渾不問，就中心眼亦生嗔。撒開錐子休尋地，燒却皮囊莫靠人。爲念老臣推案日，偶然枯坐忽沾巾。④

該詩回憶當年與瞿式耜詩歌唱和，受到的詩文指點及共同經歷的朝堂風雲，滿懷哀悼懷念之情。

2. 相惜之意：與王夫之、方以智的交游

三人交游大致基於才華的相惜、遭遇的互憫，體現爲道義相助和學術創作層面的互相切磋啓發。

澹歸與王夫之交游有迹可考者始於永曆四年（1650）庚寅二月，王夫之經瞿式耜薦，起就行人司行人⑤。此時澹歸已入錦衣衛獄，王夫之等積極上疏營救，反得政敵排擠，後無奈辭官，前去看望獄中受重創的澹歸，得贈詩一首：

> 挑燈説鬼亦無聊，飽食長眠未易消。雲壓江心天渾噩，虱居豕背地寬饒。禍來只有膠投漆，疾在生憎蝶與儵。剩得狂朋爭一笑，虚舟虚谷儘逍遥。（金衛公堡詔獄後足折，卧舟中。余往省之，書此見示。

---

① 瞿式耜與澹歸的交游唱和，在胡冰洋碩士學位論文《釋澹歸交游考》第13~18頁有具體整理，此處不贅。
② 《徧行堂集》（一）《書拘幽詩卷後》，第448頁。
③ 吴征鰲修，黄泌、曹馴纂：《（光緒）臨桂縣志》卷十五，《中國地方志集成·廣西府縣志輯30》，鳳凰出版社，2014年，第38頁。
④ 《徧行堂集》（二），第472頁。
⑤ 王之春撰，汪茂和點校：《王夫之年譜》，中華書局，1989年，第42頁。

時余拜疏忤群小怒，亦將謝病入山矣。)①

向好友述說詔獄帶來的心傷。王夫之也因入朝便見澹歸遭際，感慨令"志士解體"②，對永曆朝失望，心冷歸山。

澹歸與方以智爲同榜進士，相識於京師。但因身世、名氣、地域皆不相同，且方以智當時憂心於其父方孔炤之下獄，無心交際，因此不曾深交③，二人在桂林瞿式耜幕中方有深入接觸。方以智因不滿永曆朝權奸當道，始終與朝廷若即若離④，隱於山林或游於瞿式耜幕中。澹歸戊子九月至桂林，方以智亦於是冬至桂林，同游虞帝祠⑤。庚寅秋，澹歸赴清浪衛，途中流落桂林，與方以智、錢澄之等皆爲桂林瞿式耜座上賓⑥。

三人因共同理想相遇於永曆朝政治場域中，同遭現實摧折與打擊，離朝之後走向各自的坎坷餘生。

首先，三人在人品、才華上相互欣賞。王夫之對澹歸人品、才學的推崇，集中體現於《金堡列傳》，其以飽滿的推重之情記錄澹歸出家前事迹，激賞其性格、才學⑦，《夕堂永日緒論外編》等文又盛推其文學才能⑧，此外也有對澹歸詩作滿懷熱情的唱和，有《讀甘蔗生遣興詩次韻而和之七十六首》，在詩序中親密地稱澹歸爲"者跛漢"，並爲音書隔斷不能寄詩給澹歸而感到"凄絕"⑨。在次韻詩中表達對澹歸痛苦憤懑情感的理解與同情，同時抒發自己的惆悵與鬱結，又以達觀自信之情安慰好友，從中可見王夫之的深情。另有《沁園春》四闋，稱爲澹歸《沁園春·骷髏圖》七首反其意之作⑩，亦是以達觀自信慰勉好友的消極與失落。

澹歸對方以智在畫作、哲學、科學等方面的成就倍加稱賞，有《題藥

---

① 羅正鈞：《船山師友記》，第48頁。
② 王夫之：《船山全書》第11冊，第527頁。
③ 方以智著，張永義校注：《浮山文集》前編卷八嶺外稿《又答衛公》，第265頁。
④ 《瞿忠宣公集》卷八桂林詩（清道光刻本）《再次前韻》評價方以智"寄迹行都仕隱間"（瞿式耜：《瞿忠宣公集》，見沈乃文主編《明別集叢刊》影印本第五輯第57冊，第463頁）。
⑤ 任道斌：《方以智年譜》，安徽教育出版社，1983年，153~154頁。
⑥ 任道斌：《方以智年譜》，第167頁；錢澄之著，諸偉奇等輯校：《錢澄之全集之七》，123~124頁。
⑦ 王夫之：《船山全書》第11冊，第527頁。
⑧ 王夫之：《船山全書》第15冊，第851頁。
⑨ 王夫之：《船山遺書》第七卷，北京出版社，1999年，第4481頁。
⑩ 王夫之：《船山全書》第15冊，730頁。

地大師畫》《題藥地大師畫册》《書青原長老論畫後》《題藥地和尚手迹後》等，稱方以智畫作"上下五百年，縱橫一萬里，無有與之匹者"①，"妙絕時人"②，又對方以智在老莊哲學上的領悟嘆賞不已，"未讀《炮莊》，不免將南華夾生吃却也"③，贊其"先覺先知，同歸極果；多材多藝，獨運靈機"④。方以智亦頗推重澹歸的才情識見，將《藥地炮莊》寄給澹歸，請其斧正，並錄入澹歸見解以見重視⑤。澹歸亦常將作品寄方以智請教，切磋學習⑥。

其次，三人在文學創作上切磋砥礪，相互影響。王夫之詞作可能受澹歸影響。龍沐勛稱"船山在桂林和金堡相識后，就喜愛填詞"⑦，將王夫之的作詞淵源歸結爲澹歸的影響。而澹歸回憶自己作詞緣起時稱："庚寅梧州詔獄中作詞數闋，方密之見而稱之，後絕不作，至庚戌復作。"⑧承認方氏的稱贊燃起了他作詞的興趣。若據龍沐勛所言，王夫之在桂林和澹歸相識後就喜愛填詞，則當爲王夫之解職、澹歸戍守流落桂林，二人同在桂林瞿式耜幕中之時。此時方以智同在，三人很可能一起切磋詞藝。這一切磋留下了南明遺民詞壇兩顆燦爛的明星，翻開了清詞史上不凡的一頁⑨。

最後，三人作爲明遺民，有互憫的情懷和救助之義。退出南明朝廷後，三人行踪各异。王夫之避居湖南，方以智與澹歸出家爲僧，三人時有往來，互相關懷照應。

王夫之在南明朝不遺餘力地救助獄中的澹歸，又在唱和《遣興》等詩作時極盡同情慰勉與激勵之誼，雖對澹歸出家後交接權貴、營建廟宇之事

---

① 《徧行堂集》（一），第458頁。
② 《徧行堂集》（一），第458頁。
③ 《徧行堂集》（二），第127頁。
④ 《徧行堂集》（三），第325頁。
⑤ 方以智：《藥地炮莊》，華夏出版社，2011年，第219頁。
⑥ 《徧行堂集》（二）《與藥地和尚》，第127頁；方以智《藥地炮莊》卷三"子貢反以告孔子條"後附："澹歸曰：'老子言禮與儀，爲類孔子之禮，不與儀類。'"《藥地炮莊》卷四外篇"且夫屬（音燭）其性乎仁義者"後附："澹歸曰：'孟言仁與義對，孔言仁不與義對者也。'"（方以智：《藥地炮莊》，華夏出版社，2011年，第250頁。）
⑦ 龍勛初：《龍榆生詞學論文集》，上海古籍出版社，1997年，第410頁。
⑧ 《徧行堂集》（一），序第9頁。
⑨ 嚴迪昌：《清詞史》，江蘇古籍出版社，1999年，第103頁。書中稱"王夫之的《薑齋詞》與今釋澹歸的《徧行堂詞》堪稱清初南明遺民詞的'雙璧'"。

頗有意見①，但總體來說對澹歸滿懷摯友之情，這也使得王夫之被後人指責②。澹歸去世後，王夫之作《尉遲杯·聞丹霞謝世遥爲一哭》，表達對好友的痛惜哀悼。

澹歸與方以智同年進士，年齡相近，遭遇相似。因此在桂林一相遇，方以智便將他視爲知己，傾訴其此前蒙受的冤屈③。方以智清楚地看到永曆朝局勢的不可扭轉，勸説澹歸不要入朝。澹歸在入朝了解情況後，給方以智回信表示後悔，多次告誡其不要赴詔，甚至在給瞿式耜的信中亦請轉告。兩個頗具才情者相互保護、惺惺相惜，是以方以智感動地稱"極感知己至愛"④。

"出處相同，遭遇相同，晚年又都各自主持一個山寺"⑤的澹歸與方以智出家爲僧後仍保持書信往來⑥，澹歸曾親自造訪青原山，作《青原山贈藥地禪師》《寄題浮山報親庵》以及《青原》絶句七首。方以智"粤案"發生後，澹歸給供職於尚可喜幕中的好友金公絢寫信，請其調出案子相關資料。查閱後回信請金公絢盡量幫方以智斡旋，請求若不能脱罪也望從輕處理，爲免好友受苦而盡一己之力⑦。方以智去世後，澹歸作《風流子·輓藥地和尚》痛加哀悼，爲方以智之死大鳴不平⑧。

三人建立在同情與欣賞基礎上的交游，無疑是遺民交往的典型。三位杰出士人的交往，生動地展示出明末遺民的遭際、情感與心態。

3. 救助之情：與錢澄之的交游

澹歸在南明的交游中，錢澄之是值得關注的人⑨。隆武朝二人已爲同

---

① 參王夫之《搔首問》，見《船山全書》第 12 册，第 635 頁。
② 李舜臣、歐陽江琳：《王夫之與金堡澹歸關係考論》，《船山學刊》2005 年第 1 期，第 32~36 頁。其中對王夫之與澹歸之間關係進行較爲細緻的辨析，此處從略。
③ 方以智：《又答衛公》，《浮山文集》第 264 頁。
④ 方以智：《浮山文集》，第 286 頁。
⑤ 清水茂著，蔡毅譯：《清水茂漢學論集》，138~150 頁。
⑥ 《徧行堂集》（二），第 127 頁。
⑦ 《徧行堂集》（二）《與公絢兄》其九，第 195 頁。
⑧ 《徧行堂集》（三），第 325 頁。清水茂《澹歸和尚與藥地和尚》有對澹歸哀悼方以智詞的分析；姜伯勤亦論及澹歸與方以智的關係，但不夠全面（姜伯勤：《石濂大汕與澳門禪史　清初嶺南禪學史研究初編》，學林出版社，1999 年，第 153~155 頁）；《釋澹歸交游考》對方以智、澹歸的往來進行了梳理，然缺乏深入分析，故此處稍贅（胡冰洋：《釋澹歸交游考》，遼寧大學 2013 年碩士學位論文）。
⑨ 諸偉奇：《錢澄之與〈錢澄之全集〉的編纂》，見徐成志、江小角主編：《桐城派與明清學術文化》，安徽大學出版社，2008 年，第 514~516 頁。

僚，但如錢澄之所言："閩立國僅一年，某以乙酉冬十月始到行在。既補外吏，不悉朝事；又終日奉檄驅驅，無因得閱邸鈔。茲編凡福州年月以前事，皆得諸聞者也。"① 因所司之職不同，兼皆長期外任，交往機會寥寥，或僅互相聞説。二人正式交往於永曆朝。錢澄之與澹歸先後於永曆二年十月、十一月奔赴行在。在參與朝廷政事的過程中，二人逐步了解，情感亦逐漸加深。二人的交往在錢澄之詩文中有較為詳細的記録。

對澹歸而言，錢澄之不僅在"梧州獄"營救自己時發揮了重要作用，更有記録史料之功，其詩文的史筆特色使自己在南明的遭際得以留存。同時，同為南明遺老的二人惺惺相惜，在晚年依然是彼此情感的慰藉。

首先，錢澄之在永曆朝極力參與營救澹歸。澹歸被政敵陷害入獄後，瞿式耜、嚴起恒等重臣積極營救，錢澄之發揮了至關重要的作用。他先勸嚴起恒不計前嫌，以朝臣"大體"為重，跪於沙濱營救澹歸②；又在高必正入朝後被澹歸政敵誤導利用，欲把申救"五虎"的嚴起恒罷免、治"五虎"等把持誤國之罪時及時點撥開導，使高必正醒悟，挽回局勢，解除澹歸等人的詔獄之灾③。同時更能精准把握永曆帝的心態，抓住機會上《請寬金給事疏》為澹歸辯白④，澹歸以此改戍清浪衛。後雖遭兵阻未赴，但這次改戍對身負重傷幾致斃命的澹歸而言相當重要。

因這篇奏疏，錢澄之得罪於澹歸政敵，澹歸同黨亦不滿於其僅為澹歸一人辯白⑤，然而錢澄之依然十分高興，作《為金道隱給諫請改戍得允》，記此時歡欣情狀⑥。從錢澄之《初度日，承袁特丘、金道隱枉詩見贈，用韻奉答》知，庚寅（1650）四月二十九日錢澄之生日時，澹歸為其做壽詩相賀⑦。經歷了詔獄之灾，澹歸對錢澄之生死相救之感激自不待言，二人交情也在這場患難中得到了升華。

其次，除患難之際的救助，錢澄之詩文中記録了澹歸入仕永曆朝的處境和心態，具有重要價值。在錢澄之筆下，澹歸生活的窮困窘迫、遭際的

---

① 錢澄之著，諸偉奇等輯校：《錢澄之全集之七》，第11頁。
② 錢澄之著，諸偉奇等輯校：《錢澄之全集之七》，第121頁。
③ 錢澄之著，諸偉奇等輯校：《錢澄之全集之七》，第122~123頁。
④ 錢澄之：《藏山閣集·文存》卷一，黃山書社，2006年，第362~364頁。
⑤ 錢澄之著，諸偉奇等輯校：《錢澄之全集之七》，第123頁。
⑥ 錢澄之：《藏山閣集·詩存》卷十二，第300頁。
⑦ 錢澄之：《藏山閣集·詩存》卷十二，第296頁。

淒慘、內心的痛苦掙扎都有相關呈現。

先是録其窮困窘迫之狀。澹歸本身即爲貧士，行朝清直以至潦倒，貧不能請客，常混迹劉湘客席上，爲錢澄之戲謔嘲笑①。錢澄之在《梧州雜詩》《空船行》中，記録獄吏不能索得賄賂，便強行將澹歸賴以存身的破船奪走之事。行人董雲驤與秀才姚湘苦守舟中，欲抵死爲澹歸留下容身之地，終亦不濟②。

又記其所遭炎涼。澹歸出獄後，因身被重創，無處安身，寄居於同難蒙正發舟中。蒙正發心中嫌弃，私下將舟賣人，借此驅趕澹歸。錢澄之仗義救助，傾囊買下此舟供澹歸養病。在《吴廷尉鑒在傳》中③，錢澄之將蒙正發見利忘義、不顧同僚生死的嘴臉形諸筆端，進一步描述了澹歸遭遇之凄涼。錢澄之之子又在《錢公飲光府君年譜》中補充説：「道隱獨棲數日，曰：'以予故，令蒙君無色，予不安。'另買一舟移焉。」④澹歸自有其寬容與爲人考慮的心胸。

再記其矛盾掙扎。澹歸戍守途中流落桂林，被瞿式耜收留，錢澄之亦因病告假入桂，二人同依瞿氏，又有一段相處機會。錢澄之記澹歸此時情況：「道隱寄居茅坪庵，其中表姚孟峽稱道隱身有僧帽，搜之果得。然道隱亦日與同集留守坐間。」⑤可知澹歸此時已有出家之意。澹歸亦回憶道：「當日錦衣獄底，發菩提心，以編藉荷戈，不克自便，惟衲衣僧帽闌入國士筵。瞿公曰：'吾甚不欲道隱作此，今飲酒食肉而蒙比丘之服，故近於妖也。'予爲之凛然。」⑥可見此時他在出家與否之間尚存掙扎。金吾獄中精神與身體的雙重戕害固然使他對南明朝廷心冷，將一腔悲憤銷向空門，但作爲儒士，幾十年的熏陶很難讓他放下復明的使命，依然難捨入世情懷，出入於瞿式耜席上。此時，澹歸與遺民僧中的一部分人類似，僅以佛門爲精神和現實的避難地，僧服儒心，飲酒食肉，尚未從心理上皈依。

最後，晚年的情感慰藉與關照。澹歸與錢澄之退出南明朝廷後，一入

---

① 錢澄之撰，彭君華校點：《田間文集》，黃山書社，1998年，第91頁。
② 錢澄之《梧州雜詩》記載：「凄凉金給諫，破舫聽人争（金堡被逮，僅存破舫，爲緹騎牽去）！」又作《空船行》詳細描述（錢澄之：《藏山閣集·詩存》卷十二，第298頁）。
③ 錢澄之：《藏山閣集·文存》卷五，第420頁。
④ 钱扬禄：《錢公飲光府君年譜》，《錢澄之全集之七》，第200～201頁。
⑤ 钱扬禄：《錢公飲光府君年譜》，《錢澄之全集之七》，第202頁。
⑥ 《徧行堂集》（一），第86頁。

佛門，和光同塵；一返故里，結廬著書。但兩人於南明朝結下了深厚情誼，此後二人交往不斷①。

康熙十八年（1679）澹歸赴嘉禾請藏，挂褡半塘聖壽寺②。諸友前來相訪，錢澄之亦在其中，並作《半塘寺晤澹歸禪師率作》抒發見到故友後的無限感慨③。這喚起了澹歸的回憶，使其再次展現在老友面前好戲謔的習氣。《酬桐城錢飲光田間集見懷原韻》中有"未能食菜還如虎，但解吟詩可是僧"句，並於詩後跋中稱是報"三十年前張天師請客之謔"④，以"不能吃菜老虎"揶揄錢澄之因不能茹素而放弃出家⑤。這既是對南明宴游生活的回憶，更是感念當年詔獄之灾中的生死救助。錢澄之在得到澹歸此詩後，回應詩中戲謔，以人已不懼此虎，因其"面有菜色"知其出家來調侃澹歸；又專門作《與澹歸禪師書》反思二人在與人交往及行文中好戲謔之行爲，指出兩人皆好以透徹之見加犀利之筆，論事引繩批根，無所逃隱；論人不留餘地，即便不詆毁他人，人亦恨之指摘太盡，此種任性與修道不符⑥。錢澄之對二人騁才使能惹禍端的反思，既是對過往經歷的反思，亦是對當時政治環境的警惕，提醒澹歸身爲遺民應謹言慎行。

同時，澹歸請藏到吳門，欲爲他募净室使之歸老於此者衆多⑦，錢澄之也積極參與籌劃，作《吳門爲澹歸大師募净室疏》⑧，期待澹歸隱居吳門以終老，護念之情始終如一。

全祖望在《題所知録》中詆病錢澄之《所知録》，認爲其並不似黄宗

---

① 錢澄之歷經艱辛出嶺返鄉，途中遇澹歸門生沈聲多過嶺相尋，作詩相寄，望澹歸早返故里，免流落他鄉，徒負相思。壬辰（1652）秋冬，澹歸奉天然之命渡嶺行乞，寫信給錢氏叙述出家情形，期望出嶺後相聚。錢氏有《澹歸江上過，寄訊，云爲碗頭僧八月矣。頃從廬山來，期余長於聚首，忻慨成詩》相和。

② 《與丹霞樂説辯和尚》其九有："藏舡發後十許日即過吳門，度夏於半塘壽聖寺。"《徧行堂集》（四），第235頁。《與徐健庵太史》："寓迹半塘遂踰五月，重荷護持稠疊，感不去心。"《徧行堂集》（四），第259頁。

③ 錢澄之：《錢澄之全集五》《田間詩集》，478頁。

④ 《徧行堂集》（四），第395頁。

⑤ 《徧行堂集》（四），第395頁。

⑥ 錢澄之撰，彭君華校點：《田間文集》，第93頁。

⑦ 《徧行堂集》（四）《與曹秋嶽侍郎》，257～258頁；《徧行堂集》（四）《雲間徐鹿公苕溪潘霞山欲爲予謀習静地題此奉柬》，316頁；《徧行堂集》（四）《與魯謙庵太守》，267～268頁；《徧行堂集》（四）《柬魯謙庵太守》，第416頁中多次提到徐乾學等爲其營建净室之説，亦可見澹歸此時在士林中影響頗大，備受士人尊敬。

⑧ 錢澄之撰，彭君華校點：《田間文集》，第514頁。

義所贊之可信，而對"五虎"有所偏私，進而分析這種偏私緣於澹歸等人替錢澄之謀取職位，錢澄之因熱衷於職位而私淑五人①。

事實上，錢澄之評論"五虎"時稱：

> 初，式耘屢疏請開經筵，薦詹事劉湘客爲講官。至是，乃加副都兼銜，與詹事黃奇遇同直進講。然彭年、時魁等每有建議，必决於湘客而後行。彭年所恃者，正紀綱、慎名器；其實，祇爭體統、重資格而已。湘客好言典制；然所習者，皆先朝陋規也。湘客，本諸生；由薦舉起家，受知於留守。初以編修兼御史，繼以詹事兼副都御史，亦隨彭年等以資格繩人，人益不服。丁時魁頗招權，剛狠有氣習；同輩亦不善其所爲。蒙正發惟依附諸公，聽其指使。獨金堡素負清直，遇事敢言；然性溪刻、不近人情，筆鋒甚銳，人頗憚之。袁彭年先朝給諫，有名譽；既降北，物情大減。及總憲，核資俸、清冒濫，不少寬假；怨者尤衆。又每自恃有同謀反正功，嘗爭論上前，語不遜。②

錢澄之獨對澹歸下以"清直"之論，側面反映了對澹歸品格的敬重。且錢澄之詩文中不乏對澹歸的批評。如澹歸入朝爲楚黨所用，加劇了朝廷的黨爭③；《端州雜詩》十四首中認爲澹歸等以祖制無異姓王爲由，阻止封孫可望爲王之事過於拘泥，認爲此時朝廷需要借此籠絡軍閥以爲其所用④。錢澄之評價澹歸时不隱功過，不存隱匿之偏私，反是全祖望對錢澄之、澹歸等頗存偏見。

整體而言，錢澄之作爲澹歸南明同僚，同爲遺民的摯友，對其人生參與及影響比王夫之更多。錢氏文字中對澹歸遭際的細節化描述、對其人品節操的標榜以及個性缺陷的點評，使澹歸的人物形象更加丰滿，爲後人進一步了解澹歸提供了珍貴的資料。錢澄之是澹歸交游群體中極應重視的人物。

澹歸退居朝堂後，仍與被稱爲同黨的"五虎"有往來。其中劉湘客與澹歸先後下東粵入雷峰天然和尚門下，劉湘客去世後，澹歸有《次韻思圓

---

① 全祖望：《全祖望集彙校集注》（中），上海古籍出版社，2000年，第1335~1336頁。
② 錢澄之著，諸偉奇等輯校：《錢澄之全集之七》，第95頁。
③ 錢澄之著，湯華泉校點：《藏山閣集·詩存》卷十行朝集《端州雜詩　又十一首》，第255頁。
④ 錢澄之著，諸偉奇等輯校：《錢澄之全集之七》，第93~94頁。

後公遺詩（有跋）》相悼①。袁彭年與澹歸往來更多，曾引薦並陪同澹歸入天然門下，後又歸家置產，欲招澹歸同住。澹歸爲之作《刻袁特丘總憲軼詩序》②，並在其去世後作《悼袁特丘》（四首），又在《留別漢翀》其三中稱："予勸袁特丘出家學道，後歸公安，遽殁，意常黯然念之。"③澹歸與蒙正發亦有書信往來，但交往不多④。

整體來看，明末的政治場域爲澹歸提供了一個個性、節操、情感、心態得以呈現的文化背景。崇禎十三年（1640）考中進士後，他懷著極高的政治抱負與人生期許，滿懷自信與熱情走向朝廷。任職山東臨清時，期待在那裏施展才華，惠及一方。然而，等待他的是腐敗的政治現實與個人高標的理想之間難以調和的矛盾，因此任職五月便罷官歸里。國變後，南明朝廷黨爭如沉重的泥潭，他身陷其中，寸步難行。澹歸性格剛直，嫉惡如仇，不容人小過，遇事便發，這使他在任職時屢屢受挫，且易爲人利用。顧誠在《南明史》中評價黃道周、劉宗周，認爲他們皆非棟梁之材，稱但凡以道義自任者，大多"守正"而不能達變，敢於犯顏直諫而闇於事理；律己雖嚴而於世無補⑤。此種評價放在澹歸身上亦可。明末腐敗的政治環境給予澹歸沉重的打擊，加上國變遭際，使其從内心產生遠離政治、究心參禪的願望。

任職時的交游圈子，較爲立體地從側面展示出澹歸人品及價值取向。所交者多爲志節之士，能以國家命運爲擔當，同時才藝卓絶，能互相激發砥礪。由此可見澹歸自身人品的高潔。

第三節　出家嶺南：易代之際的抉擇

明清更替之際，逃禪之風盛行，大量士人湧入佛門，成爲中國文化史

---

① 《徧行堂集》（二）《次韻思圓後公遺詩（有跋）》，第387頁。
② 《徧行堂集》（一），第152頁。
③ 《徧行堂集》（三），第14頁。
④ 澹歸集子中有《與蒙聖功給事》《姚以式來見，其扇頭別離難長歌爲舊同官蒙聖功所贈，以式亦以和篇相示，感而題此，兼寄聖功》《喜得蒙聖功書却寄》等，多爲對往事的回憶與慨嘆，未見二人情感之深厚。
⑤ 顧誠：《南明史》，第66~76頁。

上一種特殊的景觀。對這一獨特的圖景，時人多有關注①。至於逃禪盛行的原因、逃禪者的目的，諸家有更細緻的解説。黄宗羲認爲："近年以來，士之志節者多逃之釋氏，蓋强者銷其耿耿，弱者泥水自避而已。"②將逃禪的目的歸結爲精神皈依和避禍自保兩種。

　　就明代政治環境和思想變遷來看，明清之際士人逃禪有其特殊的原因。大致來説，有客觀環境及個體主觀原因兩種。明中後期政治腐敗，集權統治失控，士大夫從正統儒學的向心力中分散出來，所謂"儒門淡薄，收拾不住，皆歸釋氏"③。心學的盛行爲士大夫提供了走向自我的精神理路，王學異端進一步推動心學向禪宗靠攏，禪悦大興，爲士人明末逃禪做好了思想準備和文化認可④。同時，清初統治者佞佛及相對寬鬆的佛教政策，爲遺民遁入空門提供了催化劑⑤。就逃禪者來説，主要目的有二。一則避禍全節。清初遁入佛門者多爲抗清義士，如歸莊、閻爾梅等人，爲避禍全身，逃入佛門，以求東山再起；另有不願仕清、不願爲清朝臣民者，在"薙發令"等逼迫下也紛紛選擇披緇，借佛門來保全志節⑥。二則精神安頓。天崩地裂之際，面對國破家亡的政治現實和回天乏力的無奈，伴隨异族入主中原、夷夏大防價值體系的崩潰，遺民的滿腔悲憤和抗拒無處消解，只有遁入空門以消除内心"耿耿"。

　　遺民逃禪原因各异，總之是拒仕清朝的一種表態⑦，是歷史轉變時期士大夫既保存自身性命又忠於前朝的一種無奈選擇。具體到澹歸，黎元寬在《募興栖賢寺序》中轉述説："而他日澹歸亦語余曰：'吾初披緇起憤，久而知其可樂，又久而知其無窮。'"⑧可知其中亦有一段複雜坎坷的情感

---

① 邵廷采稱："明之季年，故臣莊士往往避於浮屠，以貞厥志，非是則有出而仕矣。僧之中多遺民，自明季始也。"（邵廷采：《〈明遺民所知傳〉序》，邵廷采著、祝鴻杰校點：《思復堂文集》卷三，浙江古籍出版社，1987年，第212頁）歸莊亦説："二十餘年來，天下奇偉磊落之士，節義感慨之士，往往托於空門，亦有家居而髡緇，豈真樂從於异教哉？不得已也。"（歸莊：《歸莊集》，上海古籍出版社，1984年，第191頁）
② 黄宗羲：《七怪》，《南雷詩文集》（上），《黄宗羲全集》第10册，第631~634頁。
③ 陳善：《捫虱新話》（一），中華書局，1985年，第23頁。
④ 夏金華：《明末封建士大夫逃禪原因初探》，《學術月刊》1998年第2期，第69~74頁。
⑤ 周叔迦編著：《清代佛教史料輯稿》，臺北新文豐出版公司，2000年，第74頁。
⑥ 暴鴻昌：《明季清初遺民逃禪現象論析》，《江漢論壇》1992年第3期，第59~62頁。
⑦ 夏金華：《明末士大夫逃禪原因初探》，第69~74頁。
⑧ 黎元寬：《進賢堂稿》卷二十六，《四庫禁毁書叢刊　集部146》，北京出版社，第592b頁。

歷程。

一、憤而出家

作爲明末清初由儒入釋的南明官員，澹歸的出家在當時具有典型意義。上文提到，澹歸在南明朝遭遇精神與心靈的雙重打擊，心志備受戕害。朝廷的黑暗腐敗、復明希望的破滅、受刑瀕死的體驗、身體的殘疾都讓這位滿懷熱忱的志士心冷。澹歸將其出家動機簡單歸結爲"憤然"，這種憤然至少由以下四個原因共同促成。

（一）爐灰死盡志初降：腐朽不堪的明末政權

永曆立國，尤其在金聲桓、李成棟反正後，江西、兩廣復歸南明版圖，湖廣、安徽的許多地方也迅速回應，一時間復明運動風起雲湧，聲勢可觀。不少遺民的復國熱情被激發而昂揚起來。但是，擁兵軍閥各懷私心，互不相容，永曆朝缺乏威權，不能有效地部署軍政。僅一年，金聲桓、李成棟相繼兵敗身死，中興希望破滅，永曆朝復陷風雨飄搖中。永曆五年（1650），永曆帝在清軍的追逼下不遑寧處，只好投靠張獻忠舊部孫可望，避難雲南。朝臣明白大勢已去，無可爲矣。

經歷了隆武、永曆政權的衰敗，目睹南明政治腐敗、朝廷軟弱、朝臣營私的現狀，澹歸已然對朝廷不再懷抱希望。因此，當其流落桂林，瞿式耜欲留任爲書記時，拒絕稱："朝廷罪人，安可私佐相公。且時事已去，非敢愛死。"①

時事已去，當時人皆心知。瞿式耜在家書中亦擔憂稱："崇禎而後，成甚朝廷，成何天下？以一隅之正統而亦位置多官，其宰相不過抵一庶僚，其部堂不過抵一雜職耳，所謂存禮之餼羊也。爭得世界轉，則此官雖小亦尊，爭不轉時，官越大罪越重。拚一死以酬國恩，以報祖宗在天之靈，餘何計焉？昔之爲宰相者，安邦致治，定國匡王，威輯九邊，澤敷四海，天下之大也，而密勿運籌，如堂視庭。今以一隅疆土，又當空匱詘乏之時，乃欲行恢復中原之事，雖真有才智之士，亦將束手，況庸劣無能如予者乎？"② 王夫之在《金堡列傳》中更是具體地揭露了原因："是時兩粵

---

① 邵廷采：《西南紀事2》，第13b頁。
② 瞿式耜：《瞿忠宣公集》，沈乃文主編：《明別集叢刊第五輯57》，第463頁。

畫嶺而守，兵老糧匱，諸將遷延苟安。大學士嚴起恒與公謀劃，謂國事日蹙，諸將益懈，唯有上親征鼓勵之一策耳。索還扈衛空虛，請開例以兩殿中書、鴻臚、上林諸冗官，許矜士納貲，立御營庫；得十萬金，可募丁壯五六千人從駕，安奉兩宮於内地，而上歷諸營，相機策勵，事猶可為。公力贊之。乃改刑部侍郎劉遠生為兵部，督理戎政，公則還理兵科。將漸施行，馬吉翔陽喜從之，而陰使夏國祥撓亂之。不一月，御營將貯五萬金，國祥皆以兩宮旨作宮中別用，事遂不就。"① 可見除少數理想主義者外，掌握實權的軍閥大都僅關注眼前的個人利益，絕少真正以復明為目的。真正想為朝廷做事的人處處受阻，不得伸展，正所謂"雖真有才智之士，亦將束手"。

不僅朝堂人心敗壞，權奸持政，無心復明，軍隊將士之人心亦日漸渙散，不思恢復。《小腆紀傳》載張同敞領兵時所感將士變化："同敞健瘦而髯，有膽氣……每督戰，輒躍馬為諸將先。或敗奔，則危坐不去，諸將復還，戰取勝還。自全州遇庶吉士錢秉鐙於灘江，悲歌痛飲，自誓必死……曰：無可為矣！往時兵敗，吾不去，將士去而復回，取勝者有之。昨兵敗，踣我而去矣。士心如此，不死何為？"② 從士氣頹敗中感受到大勢已去，事不可為。

同時，朝廷所作所為亦令"志士解體"。王夫之在永曆朝廷鬥爭勢如水火時三次上疏營救澹歸等"五虎"，並彈劾王化澄奸黨誤國，反被政敵攻擊誣陷，幾至下獄，乃至激憤嘔血，移疾桂林依瞿式耜，逐漸對朝廷失去信心，輾轉回到湖南。後孫可望挾持永曆帝入滇黔，兩次以君命令其赴召，終不肯前往③。忠君愛國如王夫之，也終究不再對陷入奸人挾制的永曆朝抱有希望。

堵胤錫死後，嚴起恒被殺，瞿式耜亦殉難於桂林。南明節節敗退，永曆帝四處逃亡，又被陳邦傅等挾制歸孫可望，政治局勢每況愈下。南明已在腐朽衰敗中失去凝聚力，無法重振士民信心。即使一心報國、執著堅守的錢澄之，亦在兵荒馬亂中與永曆帝分開，只能"爐灰死盡志初降，夜半

---

① 王夫之：《船山全書》第 11 册，第 526 頁。
② 徐鼒：《小腆紀傳》卷三十三列傳第二十六，第 333 頁。
③ 王夫之：《章靈賦》，《薑齋文集校注》，第 223 頁。

第一章　時空節點中的士人樣貌：明清之際澹歸的生平與交游 | 63

披衣禮法幢"①了。

　　此種情勢下，大多數人的家國理想都被冰冷的現實粉碎，士民就何去何從開始挣扎與抉擇。對澹歸等曾起兵反清且任職南明的士子而言，單從政治處境上講，不投降清廷，很難找到除出家外的其他生存途徑。而清廷對明遺民的遁入佛門有著較爲寬容的態度，諸多士人紛紛皈依②。因此澹歸的出家，一定程度上是政治情勢所迫。

　　（二）選佛場中及第郎：明末士大夫佞佛影響

　　除政治環境所迫，澹歸出家亦有其思想準備。對於澹歸的佛緣，成鷲在《舵石翁傳》中將其追溯至幼年，稱："嘗與群兒戲逐入僧舍，案有梵帙，取觀之，乃《維摩詰經》，一覽至不二門，恍如故物，洞悉其義。未卒讀，逐群兒去，自是心目常有所憶不能忘。"③然澹歸自稱："予少不信有佛法，歲丁亥，在辰陽讀《楞嚴》《圓覺》諸大乘經，始知慚愧，遂發出世之念。"④成鷲或爲增加澹歸與佛教的因緣而存在一定程度的杜撰，然而澹歸生長在明末清初的杭州，禪悦之風、王學影響及性靈色彩濃鬱的杭學氛圍，必然使其受到佛禪文化的熏染。黃宗羲便曾批評明末杭州的讀書社佞佛之風盛行，稱"徒爲釋氏之所網羅"⑤。在此種文化氛圍下，澹歸二十三歲鄉試中式時已有訪僧得偈的記錄。《酬任厥迪》詩後跋中稱："予丙子歲謁雪關闇和尚於妙行堂，贈余偈有'乘時更拔空王幟，選佛場中及第郎'語，殆先識也。"⑥可見其對佛教的接觸早已有之。此外，澹歸相信因果輪迴⑦，相信親人之間的感應⑧。

---

① 錢澄之著，湯華泉校點：《行脚詩》，《藏山閣集·詩存》卷一四，第337頁。
② 如瞿式耜、張同敞在獄中不肯接受孔有德的勸降，孔有德便説服瞿張二人落髮歸僧。夏燮《明通鑒》卷五："明留守大學士瞿式耜，總督兵部侍郎張同敞就刑於桂林。式耜、同敞久在繫中，求死不獲，孔有德數遣人諭降，不從；勸之薙髮爲僧，亦不從。"（夏燮：《明通鑒》，中華書局，1959年，第3714頁）方以智被俘後亦因不能屈服，清軍准許其出家。"……脅之以刃，誘之以袍帽，（密之）皆不答。蛟麟乃延之坐，禮之其恭，因請出家，許之。故隨之至梧。"（任道斌：《方以智年譜》，第172頁）
③ 成鷲和尚：《咸陟堂集》（一），第78頁。
④ 《徧行堂集》（一），第109頁。
⑤ 黃宗羲：《黃宗羲全集》第10册，第440頁。
⑥ 《徧行堂集》（三），第68頁。
⑦ 《徧行堂集》（三），第191~192頁。
⑧ 《徧行堂集》（一），第331頁。

隆武二年八月澹歸辭官，他憤懣愁苦，自稱"無路之人金堡"①，偶然借閱的佛經却爲他提供了一種排解愁悶的方法。澹歸回憶此段經歷："自流寓辰陽，閱《維摩》《圓覺》《楞嚴》諸經，始知慚愧。謂佛法高妙如此，何敢不知而妄加謗毁？便超然有出世之意。"②《維摩詰經》注重解決人生疑惑，破除虚妄偏執，達到身、心、靈的自在解脱。對此時的澹歸而言，爲其沉鬱憤懣、焦灼痛苦的内心注入了一股清流，使他暫時從俗世紛擾中解脱，仿佛看到了通往另一個精神世界的大門。

因此，晚明杭州的禪悦氛圍，避居辰、沅近兩年的愁苦憤懣，以及佛經帶來的心靈慰藉，都讓澹歸對佛教產生了嚮往，爲出家做好了心理準備。然而此時他並未能斷捨離，轉身投入佛門，依然對復明心懷期望。"以狂心未歇"③，聞"江楚兩粤復明冠帶"，才一服闋便"以全髮赴行在，見永曆帝於端州"④。"正言敢諫，不避權貴……舉朝屏息"⑤地熱心投入爲永曆朝出謀劃策、彈劾權奸的政治場。

（三）骸骼驚心痛未苏：身心創傷與理想的幻滅

若説避居辰、沅時的讀經經歷爲澹歸提供了出家的思想準備，永曆四年的政治迫害則是其出家的直接原因。此次澹歸遭受的禍難各家均有記載，合而觀之更能見刑獄之殘酷⑥。受馬吉翔等人"特別關照"，獄吏不僅殘忍地使用東廠舊刑，還對澹歸加重刑拷，甚至宫中亦有密旨令殺之。上下聯合迫害，刑獄手段殘酷，"幾死者數四"。生死煉獄中，悲苦無告的澹歸唯有向佛發願來求得生還。後來澹歸稱此時所作《梧州詩》爲其"出

---

① 王夫之：《船山全書》第11册，第522頁。
② 《徧行堂集》（四），第280頁。
③ 《徧行堂集》（四），第280頁。
④ 成鷲和尚：《咸陟堂集》（一），第79頁。
⑤ 成鷲和尚：《咸陟堂集》（一），第79頁。
⑥ 王夫之《永曆實録》："馬吉翔嗾使其黨以生棒撲之，諸刑皆備，而堡刑尤酷，瀕血沖脅脊，幾死者數四。"温睿臨《南疆逸史》："都督張鳴鳳受密旨，將因是殺堡。乃於古廟中陳刑具，用廠衛故事，嚴刑鞫之。拷掠摻酷，堡大呼二祖列宗。餘皆祈哀，招賕以數十萬計，盡以充餉。"[温睿臨：《晚明史料叢書　南疆逸史》（上），第203頁]邵廷采《西南紀事》："下堡等錦衣獄，杖八十。堡創特甚，碎磁甌出血復甦。"（邵廷采：《西南紀事2》，第13b頁）

家公據"①，並屢屢提及受刑時向佛法尋求解脫的情狀②。

多次酷刑折辱和政治理想的摧折，促使澹歸反思其抉擇的正確性，從而對其毀家紓難、寄托整個人生理想與信念，甚至不惜捨弃自我生命去努力扶持的南明朝廷產生懷疑。全力奔赴的信仰值不值得他捨弃一切，捨弃一切能否挽回朝廷頹敗的局勢？這場刑獄之灾，無疑爲澹歸的政治熱情兜頭澆上一盆冰水，他開始冷靜地思考自己的人生去就。在後來的回憶中，澹歸亦多次提到"金吾獄"，詩、詞、文中皆可見到，直言金吾獄對其出家的影響③，每每憶及，心情便無比複雜④。

總之，梧州的牢獄之灾及嚴刑詢拷，成爲澹歸皈依佛門的直接助力。從排佛到閱諸經知愧，再到金吾痛棒後發願信佛，與其説是佛法大義的感染與召唤，毋寧説是生平遭遇的無奈之必然。在痛苦無法排解之時，尋找一種超越現實存在的精神空間去避難，爲痛苦注入一支緩釋劑，所謂"我非念《法華》，何以慰风穴"⑤，這也正是宗教存在與興盛的理由吧。蒼梧獄中生還後，澹歸已生出家之意，再加上右足創攣，遂絕意世事⑥。

（四）悵惘湖州未敢歸：回不去的故鄉

就澹歸而言，出家或另有一極爲現實的原因即生計問題。首先，從經濟條件上講，他家世貧寒，並無田産可供其生活⑦。澹歸在《負心説贈虞

---

① 《徧行堂集》（一），第 109 頁。
② 澹歸在《送鄭野臣之桂林序》中説"念當日錦衣獄底，發菩提心"；《負心説贈虞紹遠》："受盗賊惡人極刑，倘萬一有生，即以殘骸供三寶耳。"［分别見《徧行堂集》（一），第 85 頁；《徧行堂集》（四），第 10 頁］成鷲也在《舵石翁传》中描述："拷掠備至，自分必死，瞠目反觀如何絕命。以正氣凜然，內心無愧，故受酷刑而不斃。"［成鷲和尚：《咸陟堂集》（一），第 79 頁］
③ 蒼梧獄的重創與打擊，使澹歸對塵世對故明的諸多幻想，對一己之壯志抱負，皆在重戕中遭遇斫喪，諸心歇下，欲向佛門尋求解脱［分别見《徧行堂集》（一），第 109 頁、439 頁；《徧行堂集》（四），第 334 頁、330 頁、376 頁、329 頁、429 頁；《徧行堂集》（二），第 266 頁；《徧行堂集》（三），第 128 頁］。
④ "蒼梧"獄成为澹歸"榖鍊"之地屢被談及［分别見《徧行堂集》（四），第 334 頁；《徧行堂集》（三），第 296 頁、119 頁；《徧行堂集》（三），第 293 頁］。
⑤ 《徧行堂集》（二），第 323 頁。
⑥ 王夫之《永曆實錄》："(堡)留客桂林，瞿式耜館之。堡左足創攣，須杖而行，遂絕意世事。故喜讀《莊子》，及是稍習浮屠書，衣衲衣。桂林陷，遂與通政使印司奇祝髮爲僧去。"（王夫之：《船山全書》第 11 册，第 527 頁）
⑦ 從其爲其子所作詩"汝當感汝貧，汝貧汝之福。我若有田園，汝已罹桎梏"可知［《徧行堂集》（二），第 320 頁］。

紹遠》中交代得更清楚："道隱故寒士，丙子登賢書，即丐公公車之資於立蒸，庚辰成進士，京邸百費，復取給焉。既筮仕，不能脂膏自潤，居鄉亦不問家人產，於是所貸積千餘金……故鄉無一椽，田無一畝，無本領爲商，無力傭工，則還俗亦未能償……後之攬者，或有感於國破家亡，死心學道，無兩全之勢而有獨屈之情如此也。"① 可見此時即便歸鄉，生計亦是一大難題。

其次，就情感來講，澹歸亦無顏面對親朋。考中進士後，家人曾以此爲榮，整個家族後輩子弟開始有習氣。澹歸回憶稱："予先世敦尚素樸，自予一輩，始見浮薄。予不幸讀書成進士，群從子弟趾高氣揚，習貴介之習，然家皆貧。予宦復不終，漸還其初。"② 當時成爲進士，對世代貧寒者來說，背負著整個家族的厚重期待。然而澹歸却弃家舉義，"弃祖宗墳墓，弃兄弟，弃妻子，間關故國，一無所成，而受盜賊惡人極刑"③，終落得終生殘疾。此時，以清朝罪人身份回鄉，何以面對族人後輩，會給家人帶來何種困擾？另外，澹歸更無顏面對爲綢繆科考的虞立蒸、虞季憲等虞氏家族。虞氏爲其妻之外母家，親緣關係不算近，却出於情誼，極力資助澹歸科考之費。澹歸不僅未能還上巨額債務，反而使"屬有私憾於二家者，稱道隱舉兵，誣季憲助餉。季憲幾死獄户，事雖白，而家已破"④。落得如此下場，澹歸對虞氏的愧疚自不待言。

綜上，從澹歸出家原因的分析考察可見，明遺民大量湧入佛門，既由改朝換代之際的大環境决定，又與個人心態、遭際、境況息息相關。通過對遺民個體情况的深入剖析，可以體察遺民群體的心境變化，是研究一代士人心態的重要途徑。

二、修行嶺南

永曆四年（1650）八月澹歸出家於桂林茅坪庵⑤，法名性因，桂林陷

---

① 《徧行堂集》（四），第 10 頁。
② 《徧行堂集》（四），第 140 頁。
③ 《徧行堂集》（四），第 10 頁。
④ 《徧行堂集》（四），第 10 頁。
⑤ 《徧行堂集》（二），第 160 頁。《上定南王》中請收瞿式耜、張同敞骸骨時稱已出家四閲月。二人於時年閏十一月十七殉難，知其出家時間當爲八月（瞿果行：《瞿式耜年譜》，齊魯書社，1987 年，第 174 頁）

第一章　時空節點中的士人樣貌：明清之際澹歸的生平與交游 | 67

落後於茅坪庵披剃。次年因茅坪庵遭兵，無以糊口，遂携佛像、磬魚、鐘鼓赴莫氏館。永曆六年（1652）從桂林下佛山，爲舊友袁特丘相迎，是年四月陪其下東粤參雷峰天然和尚。從永曆六年（1652）入雷峰到康熙十七年（1678）出嶺請藏，澹歸在嶺南渡過了近三十個春秋，人生的一半時間皆傾注在此。此間，澹歸對儒釋道的體認與選擇，對自我價值實現途徑的重新建構，對思想創傷的處理與安頓，對過往歷史和民族觀的超越，對當時遺民價值體系的反思與突圍，都隨時間演變發生了變化。這種變化通過其修行過程、言行交接等得以具體呈現。

（一）參證佛法，澌洗前塵

澹歸對佛法的參證與體認是一個漫長的過程，從"初披緇起憤"到"久而知其可樂，又久而知其無窮"①，歷經艱難的磨礪與澌洗。

澹歸最初參證佛法，是欲借佛法尋求精神解脱。用其勸導朋友信奉皈依時的話説，欲"自得受用三昧"②，即借參證佛法來忘情世俗，擺脱俗世的紛擾與苦悶，獲得身心自在。因此其對佛法的修證與體認帶有較强主動性。然而受過往學問修養、價值觀念的束縛，澹歸的佛緣鍛造極其艱難。他在給陸圻的信中稱："吾輩出家學道，比尋常人稍易，却比尋常人倍難，以其識義理則修行近，多知見則執礙深耳。"③

然而，澹歸的決心與血氣使他對參證佛法有著堅執的態度。充當碗頭僧行粗役近八個月，"隆冬龜手，不廢服勤，器有釁缺，典衣償之"④，究心佛法，與一時政治避難遁入者迥异。受菩薩戒後出嶺行乞，四處化緣奔走，輾轉嘉禾、江西、廣東各地，充任天然書記近十年。這些磨礪對一直浸染在儒家思想氛圍中的澹歸而言極爲不易，需不斷挣扎於個人固有價值觀中。蜕變初期，澹歸始終未能灑然，正如阿字今無在《徧行堂文集序》中所言："大抵老臣只是勞臣志士勤於王家，宣力匪躬，道或難行，則消熱而濯，心安而氣和，此其載道之資本合符同轍，然未有能頓忘時命，實證空花，游祖師室，據最上乘，此固天有以開之天有以成之也。"⑤ 内在

---

① 《進賢堂稿》卷二十六，《四庫禁毁書叢刊　集部146》，北京出版社，第592b頁。
② 《徧行堂集》（二），第280頁。
③ 《徧行堂集》（二），第274頁。
④ 成鷲和尚：《咸陟堂集》，第79頁。
⑤ 《徧行堂集》（一），序第4頁。

佛法的體悟很難打破澹歸對往事的執著，因此他轉向借世俗的磨練來尋找參證的途徑，這便有了丹霞別傳寺的營建。

（二）營建丹霞，得個入處

永曆十五年（1661）十月，李永茂、充茂兄弟將仁化丹霞山捨予澹歸，澹歸次年三月入山闢別傳寺。此後五年"前後創造，胼手胝足，運水搬柴，躪州過郡，送往迎來，人事輳輯，五官並用"①，爲營建費盡苦心。且因修造所需，他開始廣泛交接，與地方官員送往迎來，化緣托鉢。

對營建丹霞，澹歸有明確的目的。首先是將營建作爲修行悟道的途徑。如成鷲在《舵石翁傳》中稱："澹歸嘗語人曰：'吾於丹霞，得個入處。'"② 即將丹霞營建作爲修行方式，以此磨練身心。通過交接去除我執，體悟佛法、踐行徧行菩薩道精神，最終獲得精神解脫門徑。在修行過程中，澹歸將佛門普度衆生觀與儒家士人責任感結合，夷夏觀、名節觀的標準都有一定程度的變化，"日進月化"，不能再以"道隱"求"澹歸"③。其間，澹歸在修證途中刻苦自勵，向天然匯報心迹："今釋近來頗有脂韋之誚，每自謂當家化主應有此一副面皮，然舊時習氣往往發不及覺，惟當痛自檢責，不敢貽和上之憂也。"④ 時時檢視内心動向，流露出對佛門向上一路的渴望。營建丹霞的奔波忙碌似乎也確使澹歸得到了一些精神上的解脱，他在《與黎似仲孝廉》（其一）中説："弟爲丹霞道場奔走七年，皮骨俱盡，不生退息，蓋爲諦信得及，既以此爲自受用三昧，亦欲以此勸，請同好同入此莊嚴福慧法門也。"⑤ 在給友人的信中又稱："弟於世出世間，吞過幾許辛酸苦汁，今雖爲丹霞所累，亦比世累稍輕，即此便覺佛恩之難報耳。"⑥ 這或便是澹歸一心所求的"入處"。

今無在《徧行堂文集序》中總結他通過營建丹霞獲得悟道途徑的過程説："澹歸方開丹霞，自此以往，營道抗志，綢繆迹密，涼燠頻移，靡或有間。一真之境備於日用，冲融敏妙從胸襟中流出，拈掇無疑，遂能大破

---

① 成鷲和尚：《咸陟堂集》（一），第79頁。
② 成鷲和尚著：《咸陟堂集》（一），第79頁。
③ 《徧行堂集》（一），序第4頁。
④ 《徧行堂集》（二），第93~94頁。
⑤ 《徧行堂集》（二），第280頁。
⑥ 《徧行堂集》（四），274頁。

町畦，忘乾坤之新故，剗文義之萌芽，理事無軋，巨細必陳。"① 直言營造丹霞對悟破的重要影響。艱難的歷練修行後，澹歸終於在一次大病後勘破，得天然印可，賦予大法。

澹歸營建丹霞的另一目的是對個人價值實現途徑的尋求，第三章建功觀中將有具體闡述。

(三) 編修方志，補偏救弊

澹歸在嶺南，除修行佛法外，值得一提的還有對地方文化建設的參與，並以此補偏救弊，以正史實。主要體現爲對《元功垂範》以及地方志的編修訂正。康熙十一年（1672）澹歸爲平南王尚可喜整理編次《元功垂範》，對其中的明代朝廷及將士稱謂進行糾正，在《上平南尚王》中極力爭取南明朝廷的合法性地位，反對以"僞""賊"等字眼冠於明代朝廷官兵名稱之前②。尚可喜表態稱："明不稱僞，此千古不易之大義；李自成、定國稱賊，亦千古不易之大義。"③ 澹歸並不滿意這樣的回復，繼續寫信給金公絢，區別李定國、孫可望二人的歷史定位，處處可見對南明是非的關注④。其又在《題所上平南啓後》中表達了未能完全改正的遺恨：

> 平南尚王屬爲料理年譜，乃有此書，亦且救得一半。江北不知有弘光，江南不知有永曆，蓋其所不見著，聞之蔑如也。習鑿齒當晉室，以昭烈宗室，承漢正統，魏受漢禪，猶爲僭竊，可稱眼正。若以明室遺民置隆、永於若存若亡，而不知吳三桂身爲統領，滅雲南、弑永曆父子之爲不義，烏乎可？烏乎可？⑤

以故國遺民自處的態度於文中表達得相當明確，對未能爲弘光、永曆正名，不能將吳三桂之不義載入史册耿耿於懷。澹歸在回憶時亦相當自豪上書請改這件事，在《升初以幅綾索書所上平南王啓》中説：

> 直道斯民在，空言亦可存。何人操史筆，不意到王門。內外無殊

---

① 《徧行堂集》（一），序第 4 頁。
② 《徧行堂集》（二），第 161 頁。
③ 《徧行堂集》（二），第 195 頁。
④ 《徧行堂集》（二），第 195 頁。
⑤ 《徧行堂集》（四），第 203 頁。

體,興亡共一尊。吳綾閒索字,字裏立乾坤。①

將上書改正明代稱號之事上升到存"直道"、立"乾坤"的高度,自豪之狀已不待言。又在《題所上平南書後》中稱:

> 此亦卑之無甚高論,然人或相顧不言,則言之者或指目爲高論矣。書既上,平南極稱有理,遂發原稿改正,蓋人心之所同然,無一人能爲不同者謂之至平至易。陸子升初見而愛之,持幅綾屬予手書。陸子特賞其平易,非謂其奇且難也。識陸子此意,天下國家可均,爵祿可辭,白刃可蹈。元是著衣吃飯事,元極中庸,何不可能之有?若別有一不可能之中庸,却早落往索隱行怪一流去也。②

雖自稱"卑之無甚高論",却又認爲若人人皆能賞其平易,則"天下國家可均,爵祿可辭,白刃可蹈",其中期許可謂極大。

除此之外,澹歸還積極與當道合作參與地方志的編修訂正。他受地方官馬元委托編修《韶州府志》③,應鹿應瑞之請作《仁化縣志》④,並辨別批評《曲江縣志》發凡正誤⑤,爲雪樵所編《曹溪通志》作辨證及折衷⑥。可見澹歸對於地方文化有較爲深入的了解,表現出編修史書的卓越才能。此外,對新修《曹溪通志》發起爭訟,是澹歸此時另一重要活動。

(四)維護洞宗,爭訟權僧

明末至清初,以天童、三峰爲代表的法門之爭開始後,僧爭活動便此伏彼起。而在佛法相對盛行的東南,僧爭活動更爲激烈。陳垣《清初僧爭記》將清初東南法門紛爭總結爲臨濟與曹洞之爭、天童派之爭、新舊勢力之爭三部分。事實上,就臨濟、曹洞兩家而言,在陳垣列舉的三個典型爭訟之外,更有其他爭訟存在,曹洞宗法嗣澹歸針對臨濟宗雪樵真樸新修

---

① 《徧行堂集》(四),第349頁。
② 《徧行堂集》(四),第185頁。
③ 《徧行堂集》(二),第231~232頁。
④ 陳鴻修,劉鳳輝纂:《(同治)仁化縣志8卷》,清光緒九年刻本,第12a頁。"案鄭志云鹿應瑞重修邑志,未竟而卒,以本序並李序考之,當是方成書。十五年遭楊賊之燹,故其志不存也。"澹歸有《仁化縣志凡例》,可知是爲其所請[《徧行堂集》(二),第79頁]。
⑤ 《徧行堂集》(二)《曲江縣志發凡同異》,第71~73頁。
⑥ 《徧行堂集》(二)《曹溪通志新舊凡例折衷》,第33頁;《曹溪新舊通志辨證》,第48頁。

第一章　時空節點中的士人樣貌：明清之際澹歸的生平與交游　71

《曹溪通志》之争亦是其中一例。當事二人均爲由明入清之遺民僧，争訟過程中流露出微妙的法門情感，其原因也複雜多端，值得探究。

新修《曹溪通志》爲雪櫃真樸住曹溪南華寺時，受時任韶州知府馬元之托，在憨山德清所撰舊本《曹溪通志》的基礎上重修而成，於康熙十一年刊刻①。按照澹歸説法："志成，頗有嘩者。予在仙城時，馬公持新本囑予別撰，予再辭不獲。"②澹歸住仙城時間爲康熙十一年（1672）秋，客於古龍藏精舍③。由此可知，争訟於此年便已開始。澹歸又在制止覺熏欲反擊雪櫃行爲時説："吾往歸宗，不欲留滯。"④可知至少在康熙十二年（1673），澹歸前往歸宗侍天然函昰之疾前，争訟依然在持續。

澹歸所争此次《曹溪通志》編纂者雪櫃真樸，福建漳州人，俗姓徐，舉人。明亡後拒仕新朝，祝髮爲僧，入木陳道忞門下，名真樸。順治間道忞北上，雪櫃因時任書記而得以隨從，隨侍記録、編次道忞《北游集》⑤。南還後先住福建太平寺，康熙初往惠州，弘法於準提閣，後入住曹溪南華寺⑥。

對雪櫃其人，全祖望與陳垣皆有較高評價⑦。前者稱雪櫃不願隨木陳道忞入京，後者稱其雖然入京心中亦頗不然，二者皆冠之以高節遺民僧之譽。事實上，時人在介紹雪櫃真樸時，對其入京的態度與後來的全、陳二

---

① 冼玉清：《廣東釋道著述考》，第215頁。
② 《徧行堂集》（二），第48頁。
③ 《徧行堂集》（一），第43頁。
④ 《徧行堂集》（二），第154頁。
⑤ 冼玉清：《廣東釋道著述考》，第133頁，214頁。
⑥ 釋超永纂：《五燈全書》卷第七十四山翁忞嗣法"韶州曹谿雪櫃真樸禪師"條。藏經書院版《續藏經141》，新文豐出版公司，1988年，第530a頁。
⑦ 《鮚埼亭詩集》卷八《太白山中吊二公子》跋中稱："時道忞之徒不欲隨行者，二公子之外，尚有沙門雪櫃，名真樸，亦高節。"（全祖望：《鮚埼亭詩集》卷八，《清代詩文集彙編302》，上海古籍出版社，2010年，第290b~291a頁）陳垣也在《清初僧諍記》中稱："然其（木陳道忞）弟子中不以應召爲然者，亦大有人在，《續甬上詩》五十，錢聖月光綉《人太白山贈西照、雪櫃兩師》詩，注云：'時兩師隨弘覺老人應召，歸自都下，非其志也。'"（陳垣：《清初僧諍記》，第72頁）

氏並不一致①。雪櫨並没刻意避讳其隨師北上應召之事，其入住曹溪南華寺，也是因尚可喜等人延請其師木陳道忞，道忞受詔入京不能入住遂由其門下代替②。因此，"歸自都下，非其志也"的説法可能存在一定程度的偏私。

澹歸與雪櫨的交往，有迹可考者始於康熙五年（1666），澹歸爲營建丹霞托鉢惠州，住錫準提閣，行化時多由雪櫨作陪③，諸化主亦多爲與雪櫨交好者，如嚴潔吾、葉挺英等。澹歸在離開惠州時曾作《留別雪櫨禪師》二首：

瑞開閣上此重臨，水淺蓬萊草自深。不分大聲諧里耳，便勞孤掌結同心。虛舟帶月還前浦，密竹圍烟蕩遠岑。識得楊岐來路正，一般屋漏兩知音。

老大鬚眉映雪霜，遠峰仍舊對虛堂。淺機莫構雲門峻，深夏徒沾別甑香。寶座更高風愈冷，衲衣雖厚路還長。五湖不少扁舟興，越水吳山約未忘。④

同爲遺民僧，二人惺惺相惜。澹歸感激雪櫨在自己化緣時的接待和幫助，表示他們雖分别爲曹洞、臨濟法嗣，却有共同的隱逸之志與不仕新朝的氣節，在家國情感層面頗爲投契。即便如此，在雪櫨重修《曹溪通志》時偷梁换柱、篡改曹溪南華寺主持門户後，澹歸大爲憤怒，毫不留情地予以批駁指斥。

---

① 馬元在《重修曹溪通志序》中説："蓋雪公爲石齋黄先生里人，木陳和尚高座。木和尚詔入對，因事納忠，多所啓沃，觀其語録，可佐史材。雪公時在紀室，天下事洞若觀火。"（《重修曹溪通志》序，第23~24頁）則知雪櫨並未如全祖望所言不隨木陳入京，且馬元對雪櫨入京之行頗為推重。若説馬元爲清朝官員，評價雪櫨難以從遺民氣節入手，則陳恭尹亦以此來恭維雪櫨，則知入朝之事對雪櫨而言，並不觸其忌諱。陳恭尹《立秋日送雪櫨和尚開法曹溪》稱："濟上家風得大機，白雲高坐見人稀。絶無人處千花繞，欲有行時一葉飛。溪水生香迎桂棹，嶺猿隨衆候山扉。宫中賜出袈裟也，禮向西來舊祖衣。"認爲雪櫨作爲木陳嗣法而受朝廷恩寵，是一件值得驕傲之事，故以此來稱揚雪櫨（陳恭尹著，郭壞忠校：《獨漉堂集》，中山大學出版社，1988年，第152頁）。

② 木陳道忞：《布水臺集》卷四，《禪門逸書初編10》，臺北明文書局，1981年，第34頁。

③ 澹歸《瑞開閣上月邑皎然，念坡公從合江樓入棲禪寺，登逍遥堂，閑情野韻，了不可得。因憶十三日茶集如入室罷，鍾鶴與葉功遠、潔吾、劉淨庵、翟憲申、苗載陽、步送至第一橋，談笑久之，諸子凝立，予與雪老過景賢祠下始歸。此亦一種風致。好天良夜，恨不與放脚曳杖，消此曠懷耳》，此處"雪老"即雪櫨真樸［《徧行堂集》（三），第63頁］。

④ 《徧行堂集》（三），第62頁。

澹歸對雪櫨重修之《曹溪通志》意見頗多，主要見於二端，即篡改余靖《法堂碑記》之諍，以及"繼席宗匠"一條中添加明之後主持之諍。

首先，雪櫨篡改余靖《法堂碑記》是澹歸此次爭訟的導火索與主要抨擊目標。按照澹歸的説法，雪櫨重修《曹溪通志》時，擅自篡改《曹溪通志》所收錄《法堂碑記》一文。該文爲北宋余靖所撰，文中羅列曹溪自六祖大鑒之後主持南華寺者青原行思、石頭希遷等，即爲曹洞宗法系。而雪櫨却將青原行思改爲南嶽懷讓，石頭希遷改爲馬祖道一，即臨濟宗法系。事關兩家門户，且曹溪作爲禪宗發源地，有其不同凡響的意義，自然引起澹歸等曹洞宗人士不滿，因此，澹歸對雪櫨展開了抨擊與批駁。在强調"人""文"一致文學觀的澹歸看來，其文既不實，其人便更可鄙。

最初，澹歸雖痛恨雪櫨的篡改行爲，視之爲法門恥辱，但耽於前之法門諍訟帶來的禍患，並不願由此再掀兩門鬥爭。因此勸説法弟樂説與侍者覺熏，謹以此爲戒便可，不欲與之較短長①。事實上，澹歸雖勸説他人不計較，並稱自己也不願説破，但其不容人過的性格却決定了他很難做到付之一笑。因此，澹歸自稱本著"拾遺""刊謬"的目的，使門人以之爲戒，不願挑起事端，但同時又本著"何妨明白"的宗旨，不願"徒博忠厚之名"②，針對此事大撰文章，在《徧行堂集》中反復譴責雪櫨的篡改行爲，爲此專門作《記雪櫨改余襄公法堂碑事》③《五燈是非兩遣説》④兩文。又在《徧行堂集》中專撰一章對雪櫨所修《曹溪通志》⑤進行摘發勘誤，作《曹溪通志新舊凡例折中》⑥及《曹溪新舊通志辨證（五十六則）》⑦。文中對新舊志中出現的謬誤辨證勘誤，多的當可取，但矛頭直指雪櫨，諷刺挖苦之意隨處可見⑧。

大致而言，澹歸對雪櫨真樸的抨擊集中於如下三端。其一，指責雪櫨篡改《曹溪通志》包藏禍心，蓄意挑起爭端，再續臨濟、曹洞兩家諍訟，

---

① 《徧行堂集》（二），第124頁，第153~154頁。
② 《徧行堂集》（二），第48頁。
③ 《徧行堂集》（二），第48頁。
④ 《徧行堂集》（一），第79頁。
⑤ 《徧行堂集》（二），第33~61頁。
⑥ 《徧行堂集》（二），第33~36頁。
⑦ 《徧行堂集》（二），第48~58頁。
⑧ 《徧行堂集》（二），第34頁，第51頁，第55頁，第59~61頁。

實爲法門罪人。其二，批判以費隱通容爲代表的臨濟子孫混亂世系，改天皇爲南嶽下一支，抹殺雲門十七代機緣，批判臨濟宗之專橫。其三，指出雪櫳等如此橫私、狂悖，能"以外道兵奴之法抑青原"，篡改臨濟、曹洞開山者位次先後，不外乎因有"極灼天之勢，擅遍地之胤"。言下之意，雪櫳之師木陳道忞受召入京爲清朝新貴，雪櫳亦仗勢而爲。可見，澹歸借雪櫳改動《曹溪通志》事件所做文章，既是爲曹洞宗爭地位，更是對佛門中借朝廷勢力進行門户壓制行爲的强烈不滿。

觀余靖《韶州曹溪寶林山南華禪寺重修法堂記》，確如澹歸所言，文稱："初大鑒以諸佛大法眼藏傳清源思，思傳石頭遷，如是展轉相傳，至今長老緣師爲十世矣。"① 然今可見劉學禮道光十六年重刊之《重修曹溪通志》，此處並未如澹歸所言進行改動，原文如下：

> 初大鑒以諸佛大法眼藏傳青原思，思傳石頭希遷，遷傳天皇悟，悟傳龍潭信，信傳德山鑒，鑒傳雪峰存，存傳雲門偃，偃傳香林遠，遠傳智門祚，祚傳僅長老緣師爲十世矣。②

僅將曹洞宗世次羅列得更加詳細而已，並未如澹歸所言篡改名姓。原因當即劉學禮在《重刊曹谿通志跋》中所言："訪之再三，於友人處得家藏舊本，雖中多剥蝕，幸卷帙尚完。借録成抄，重加校對，補殘正僞，然後開雕。"③ 已被"補殘正僞"，加工修改。對照澹歸《曹溪新舊通志辨證》的 56 條辨證，皆的確中肯，則此處所指斥必不爲虛。

其次，繼席宗匠之諍。除痛恨雪櫳篡改余襄公《法堂碑記》，澹歸還對其增補"繼席宗匠"一條時，補入明代以後宗匠頗有意見。因此在《曹溪通志新舊凡例折衷》中借憨山德清之口稱："今時稱住持，非古之傳佛心宗，代佛揚化者，蓋所謂應官長、供士客耳。"④ 不承認明代以後由官府選派住持的宗門傳心地位。這一觀點，澹歸亦多次撰文表述。除在《曹溪通志新舊凡例折衷》中反復述説，又在《繼席宗匠總論》⑤《繼席宗匠

---

① 余靖：《武溪集》，劉野編：《欽定四庫全書薈要》，吉林人民出版社，2005 年，第 77~79 頁。
② 《重修曹溪通志》，第 316 頁。
③ 《重修曹溪通志》，第 70~71 頁。
④ 《徧行堂集》（二），第 34~35 頁。
⑤ 《徧行堂集》（二），第 43~44 頁。

後論》①中予以更深刻的批判。在這些材料中，澹歸贊同雪櫝加入"繼席宗匠"這一條目，然而對此條目之編排却頗有意見。其一，指斥雪櫝收錄歷代繼席宗匠不全，僅羅列宋元以來有語錄存世者十五人，使諸多無語錄傳世的高僧大德湮沒不傳。其二，指出分"繼席""提綱"二目，單列法語於傳記之外，既顯冗雜，又不合規矩。其三，反對雪櫝增補明以後主持曹溪者名錄，改憨山德清《舊志》中以"都綱"指代的做法。澹歸認爲自明設都綱，受部劄府帖任免以來，住持之道大亂極壞。古今住持已不可同日而語，不配再稱主持。

針對這些問題，澹歸有如下建議：其一，將佛法提綱併入繼席宗匠，博查《五燈會元》諸師、法語，各作一小傳載入，既使法道光揚，又使綱目簡要；其二，"繼席宗匠"所錄，應起自普遂，到七十一代終。其七十二代之後，按《舊志》書"都綱"於其下，沿續憨山德清正名取義、春秋心法之意。由此二端可見澹歸爲佛門弘法的擔當。

澹歸對"繼席宗匠"的反復述說，實際上是表達對雪櫝的不滿。如在痛恨不列無語錄傳世者時，提及語錄被後人篡改強奪，便列舉雪櫝篡改《曹溪通志》之實；反對增補明以後主持時情緒激烈、大發議論，其時雪櫝亦名列其中，當是對雪櫝的針對性抨擊。

因此，無論是針對雪櫝篡改余靖《韶州曹溪寶林山南華禪寺重修法堂記》，還是反對在繼席宗匠中加入明以後主持名錄，澹歸所作皆是對政權等世俗權力干涉佛門的反抗，而現實的矛頭直指雪櫝之師——由遺民而新貴的木陳道忞。這種反抗既可視爲對佛門的維護，又可看作身爲遺民的澹歸對清政權的排斥，顯示出此次争訟背後的複雜。

在以上諍訟文章中，澹歸始終以寬容不屑的姿態評價雪櫝行徑，將自己塑造成一不願挑起法門事端者的形象，設置"客"之形象痛罵批判對象，自己則予以寬解回答。但語詞間對雪櫝激烈冷峻且犀利尖刻的評價，却暴露了其不能息事寧人的一貫脾性。

總體而言，澹歸在嶺南的佛門修爲，雖具體活動不可全考，但其思想和心態變化從這一過程中可略窺一二。要之，以首次出嶺行乞爲界，其心迹發生了第一次階進式變化，促使他從原本隱於佛門的願望中走出，向街

---

① 《徧行堂集》（二），第44~45頁。

頭鬧市托鉢化緣；後著手營建丹霞，費盡苦心，希望從丹霞的營建中尋個"入處"①。同時，敢於維護法門秩序，爭訟佛門新貴。這一階段，澹歸在佛法的領悟上有了一定程度的進步，在大乘菩薩悲愿及徧行精神的影響下，其夷夏觀、名節觀等都有一定的改變。然而，由於個性及環境等因素，法緣之影響與改造對澹歸而言並不徹底。晚年，他對過往的行爲有所反思與追悔，多次表達營建丹霞的不得已，在出嶺請藏完畢後拒絕結交官員，回歸遺民隊伍。這種態度無疑是其俗緣未了的表現，是民族情結難以泯滅的明證。這些情感心態的變化，同樣體現在交游活動中。

三、嶺南交游

澹歸在嶺南的交游有資料可考，呈現出交游人員衆多、交游群體複雜、交游活動頻繁等特徵。大體而言，交往群體主要有佛門師友、遺老故交、當道護法以及後學文士。這四種群體時有重合，但大致體現出澹歸交往對象的特點。且隨時間推移，交游群體亦有相應變化，以營建丹霞爲節點，在時間軸中呈現出不同特徵。從永曆六年（1652）入天然門下到康熙元年（1662）入丹霞營建別傳寺，澹歸這十年的交往對象主要爲佛門師友及遺老故交，是作爲遺民僧的選擇，也是國變之初遺民們共同的心態體現。營建丹霞後，澹歸全身投入，以徧行菩薩道精神行走世間，廣泛結交官員權貴。澹歸此時交游群體的變化特徵，更能展示其心態變易的不同橫截面。

（一）佛門師友

澹歸下廣州參天然函昰，開始其參化嶺南的佛門生活後，接觸最多的便是佛門師友。其中天然函昰作爲接引導師，無疑對他有重大影響。

天然少年穎悟，慷慨任氣，關心時政，結交俊杰，中舉后被薦爲"名孝廉"。進京應試途中入廬山歸宗寺空隱道獨門下。歸廣州後開法光孝寺，歷主華首、海幢、丹霞諸刹法席②。

國變之後，諸遺民紛紛披剃於天然門下，澹歸亦由永曆朝同隸黨籍者

---

① 成鷲和尚：《咸陟堂集》（一），第79頁。
② 天然函昰：《瞎堂詩集》，前言第3頁。

第一章　時空節點中的士人樣貌：明清之際澹歸的生平與交游 ｜ 77

袁彭年陪同入雷峰天然門下爲僧①。這與天然本人個性密切相關。他雖早在國變前已出家，但其濃鬱的民族情結、以忠孝作佛事的佛法旨趣、深厚的文學造詣對遺民具有強大的吸引力，儼然明末清初遺民僧人的領袖。

首先，天然因有濃厚的愛國情結而對遺民有高度的情感認同。鼎革之際，其詩中隨處可見對故國淪喪的悲傷悵惘與追懷②。如其《秋興》中"新亭泪盡江山在，故國歌殘禾黍哀"③，《子規》中"已知宫闕生芳草，猶抱愁心泣夕陽"④。此外，他與抗清義士往來頻繁，屢屢哀悼遇難義士。如南京陷落哀悼死節舊友黃端伯，徽州陷落悼念殉義忠臣金聲，廣州被攻破痛哭壯烈犧牲之梁朝鐘、霍子衡父子⑤。陳邦彦、陳子壯、張家玉等反清事敗殉國，慘烈悲壯，天然更是痛徹肝腸地表示："秩宗首義車先裂，文苑連營陣亦亡。萬古江山皆易主，一朝簪紱自從王。"⑥正因有共通的情感基礎，鼎革之際大批極富民族氣節、不願爲清所用的明代志士紛紛投其門下，尋求情感慰藉與精神解脱。

其次，天然有深厚的佛門修養、豐盈的文士特質，能以才華吸引文人士大夫。他飽學精思，先得孔、孟精義，壯歲由儒入佛，深究經、律、論，以禪宗爲綱領，融通各宗學說，又以參究心得撰《首楞嚴直指》十卷，《楞伽心印》四卷以及《金剛正法眼》《般若心經論》等禪宗要典。因此，無論對佛理還是處世之道，皆能以深厚學養闡揚開示，如其《酬謝鄴門貽梅影詩》：

月下開門送一枝，滿床珠玉不勝思。休傷歲暮難爲折，惱亂春愁是此時。只有孤迹投客意，何曾香氣惹人知。疏斜自向山溪早，銀燭成簾影每遲。⑦

以梅自喻，以梅與影之關系寓托人生迷覺大義，含攝人生如夢幻泡影

---

① 天然函昰：《瞎堂詩集》，第 75 頁。《悼袁特丘中丞四首》有引稱："特丘丁亥見予於廣州小持船，一晤便如宿好。嗣予徙訶林，入雷峰。音問未嘗少間，每相見輒多勉勵。"可見澹歸入天然門下緣於此。
② 天然函昰：《瞎堂詩集》，第 102 頁。
③ 天然函昰：《瞎堂詩集》，《秋興八首》其一，第 172 頁。
④ 天然函昰：《瞎堂詩集》，第 133 頁。
⑤ 天然函昰：《瞎堂詩集》，第 57 頁。
⑥ 天然函昰：《瞎堂詩集》，《廣州三首》其一，第 118 頁。
⑦ 天然函昰：《瞎堂詩集》，第 173 頁。

之佛理。身爲遺民，富貴功名雖已成幻影，但人生却不可草率對待。天然以佛法大義相接引，以節義相砥礪，雖爲方外之人，却仍執忠孝節義教誨門下弟子，這無疑對遺民有獨特吸引力。

另外，天然法系參禪而不廢吟詠，形成嶺南最大的海雲詩僧團體。澹歸在《王説作詩集序》中深情地説："雷峰（函昰）雖提持祖道，然不廢詩，士之能詩者多至焉。"① 據《海雲禪藻集》，除著名的海雲"十今"，另還有六十多位詩僧相與唱酬，並開創出詩禪結合的"似詩"理論，爲佛門作詩尋找合法性地位。

總之，天然函昰兼容文士和禪師雙重文化優勢，以詩僧導師之姿冠於諸人，是由明入清文士與禪師完美結合的代表。他以詩吸引、培養僧人，既振興了佛法，亦在詩國里留下了不可磨滅的足迹，對清初嶺南佛教史、詩歌史影響至鉅。因此，澹歸等此際入天然門下，是選擇的必然。據《粤東遺民錄》，投入天然門下的有南明尚書劉遠生、高丘伯、侯柱，都憲袁彭年，憲副何運亮，給諫金堡，中丞劉湘客，邑人屈大均、王邦畿、潘楳元等②。另有一些不願仕清而隱居在家的修行者亦接受天然開導教化，有衆多俗家弟子，如詩壇名士屈大均、陳子壯、黎遂球等明遺民及士大夫。弟子中著名的十位"今"字輩徒弟，天然命他們分別在廣州海幢寺、番禺海雲寺、鼎湖慶雲寺、潮州開元寺、丹霞山别傳寺、福州長慶寺、廬山歸宗寺、栖賢寺、净成寺住持發展法系。教化之深，影響之大，爲廣東佛教史所罕見。

澹歸由袁特丘引薦入雷峰，天然作《袁特丘送澹歸入山》③相迎，鼓勵澹歸從佛法的修證中尋到解脱山河之悲的途徑。然二人初識，詩中情感淡然，天然的接待只可謂"本分"。澹歸耿耿於過往，天然便遣其滌碗厨下，借勞役磨練心性，予以鍛造。在八個多月的勞作中，澹歸以勤懇篤實的向學之心獲其印可，施之菩薩戒。後澹歸充當天然書記多年，但師資並

---

① 《徧行堂集》（一），第174頁。
② 陳伯陶纂，謝創志整理：《勝朝粤東遺民錄　宋東莞遺民錄》，東印印刷有限公司，2003年，第250～251頁。
③ 天然函昰：《瞎堂詩集》，第109頁。

不算契合，意見常存分歧。① 至1658年，長期切磋爭論的二人才有了進一步了解。天然在《戊戌小除示澹書記》中說："愛爾性忱摯，懼爾性疏稿。我歸自棲賢，晤別猶草草。載庵一月談，投機恨不蚤。"② 流露出深入了解後的相見恨晚之意，二人的親密從此之後日漸增長。

天然對澹歸在佛法上的接引極為重要，他不斷驅使澹歸通過力役、化緣、結交、營建等途徑磨礪心性，悟入法門。澹歸也以誠懇的心態、堅定的願力篤行天然教化。以為天然營建法席為目標，為丹霞別傳寺落成盡心盡力。在修煉過程中，時時向天然匯報心態動向、丹霞營建進程，並勤於關注天然的身體狀況。其《徧行堂集》及續集中給天然的書信多達四十七封，可見二人關係之親密。諸種努力，使天然印可了這位飽經患難的遺民僧，收其為第四法嗣，並在澹歸去世後悲痛不已，連作數詩哀悼，既為痛喪愛徒與知音而悲傷，又為法門少一龍象而惋惜。③

嶺南佛門修行期間，澹歸與同門諸子交往頻繁，書信往來最多者為海幢首座阿字今無、繼任澹歸主持丹霞之樂說今辯等。通過澹歸書信可知，他與法兄弟之間情感密切，患難與共，互相照應，常真誠傾訴心中苦痛，不啻為佛門知己。同時在詩文技藝上相互切磋砥礪，共同進步④。

佛門同學中，頗值得玩味的是與屈大均的交往。同為天然門下弟子，二人集子中竟無一字提及對方；作為當時兩個聲名顯赫的文化名人，生活

---

① 天然函昰：《瞎堂詩集》，天然入匡山後，澹歸與止言久久未至，天然多次作詩催之，有《到歸宗，恨止言、澹歸未至》《寄侯月鷺兼促止言、澹歸諸子回山》《寄止言、澹歸》等，但二人並未即刻回去，只遣一位侍者回去，並請天然下山，天然慍而作《促諸禪還山，而漸侍者獨返，且有期予下山之約，怪而示之》，並作《對雪示諸子》開導眾人，稱："萬里溪無色，千峰影到欄。莫將銀世界，空佔月明看。開眼皆憐白，何人不畏寒。群公知此意，無復悔衣單。"澹歸亦曾作《宗門不必開戒說》《宗門不必開戒說二》與天然商討宗門戒律的必要與否。

② 天然函昰：《瞎堂詩集》卷三，第14頁。

③ 天然函昰：《瞎堂詩集》卷六，《哭澹歸》二首："人生莫不死，既死安可傷。形役一百年，終歸無何鄉。況已六十七，詎足論短長。所痛法運衰，死者皆賢良。法眼在一時，歲月多荒唐。波旬入人心，善觀其向方。""狂者中以名，猖者與世忘。忘世非佳士，狗名豈道望。名反以利終，蔽林雜蘭芳。斯人向予言，相對生悲凉。已矣無真人，少壯猶茫茫。掩戶坐晨夕，泪血沾巾裳。"又卷十七《哭澹歸釋子二首》《澹歸靈骨入塔》。詩中蘊含深厚的悲傷之情與對澹歸品行個性的稱贊。

④ 此處與阿字的交往在胡冰洋《釋澹歸交游考》及鄭丹《金堡生平著述考》中皆有介紹，此處不贅。樂說今辯繼任丹霞，並在澹歸去世後撰寫《丹霞澹歸禪師行狀》，情深語執，足見交情深厚。另外寧夏江《澹歸與海雲"八今"的交誼》中亦詳細梳理了澹歸與同門之間的情感與詩歌唱和（《韶關學院學報》2018年第10期，第5~9頁）。

軌迹中存在諸多交接點，但二人對彼此失聲，令人驚奇。

考二人生平軌迹，重合處頗多。第一，兩人皆參加抗清復明鬥爭，先後入永曆朝①。此時即互不來往，也有機會彼此相聞。第二，二人同在庚寅（1650）出家，先後入天然門下，天然入匡廬時二人皆往，並曾侍華首道獨於東莞簧溪②。第三，二人共同參與憨山德清《夢游集》的刊刻③。此時兩人都在道獨身邊，且同爲《夢游集》刊刻出力，不可能不相過往。第四，澹歸在嶺南廣泛結交地方名賢，與屈大均齊名者皆有文字交流，且二人有衆多共同朋友如曹溶、錢澄之、朱彝尊等，但無一字提及對方，據二人行迹及個性，原因應有如下三點。

首先，屈大均與海雲寺僧有過節和恩怨。屈大均文集無一字提及海雲。鄔慶時在《屈大均年譜》中認爲：「先生故海雲一巨子，後因海雲太觸時忌，而先生亦嘗侍空隱獨和尚於海幢，故多言海幢而不言海雲也。」④事實上，屈大均不提及海雲的原因遠非如此。

屈大均先入天然門下，後游南京，又入覺浪道盛之門。轉益多師在佛門中本也常見，但當時海雲與覺浪兩支禪系關係頗爲微妙。覺浪所在天界系是曹洞宗壽昌法系的東苑支，海雲系爲曹洞宗壽昌法系的博山支，兩系同出一源。覺浪是晦臺元鏡的弟子，函昰之師道獨是無異元來的弟子，而元來、元鏡均是曹洞宗第二十六世壽昌慧經（字無明）的弟子。也就意味著覺浪與函昰是法叔侄關係。⑤而屈大均入覺浪門下後，欲執此關係與天然爲同輩，從而得罪海雲，以此不相往來。潘耒在《屈翁山復石濂書跋》中對此有所披露：

> （屈大均）既以天然爲師，轉而師覺浪，欲與天然爲雁行。天然諸法嗣不與，乃推獎石濂，認爲同門，以壓阿字、澹歸，皆出私意；甚至代石濂作書，以觸犯本師，何倒行逆施至是！⑥

---

① 鄔慶時：《屈大均年譜》，廣東人民出版社，2006 年，第 35 頁。
② 鄔慶時：《屈大均年譜》，第 38～39 頁，第 41 頁，第 43～44 頁。
③ 鄔慶時：《屈大均年譜》，第 45～46 頁。
④ 鄔慶時：《屈大均年譜》，第 39 頁。
⑤ 楊權：《論屈大均與佛門的關係》，《深圳大學學報》2009 年第 4 期，第 118 頁。
⑥ 潘耒：《救狂砭語》，見《瓜蒂庵工藏明清掌故叢刊》，上海古籍出版社，1983 年，第 204～205 頁。

第一章　時空節點中的士人樣貌：明清之際澹歸的生平與交游 | 81

天界與海雲間的關係本就緊張，天然歸隱匡山時，覺浪嗣法頗有煩言。① 因此，屈大均離海雲而入覺浪，結怨於海雲，斷絶一切關係，彼此諱莫如深。如永曆七年（1653）天然入廬山時屈大均也曾前往，但並未見於記録，似乎與天然毫不相關；天然在永曆九年（1655）遣阿字探望流放到東北的法弟函可，次年屈大均亦出關探訪，二人却毫无交集，這種彼此失聲便顯得意味深長。

其次，屈大均對於佛法的態度與澹歸等人有極大分歧。就皈依佛門的目的來看，屈大均因參加陳子壯等人的抗清起義，於廣州陷落後走投無路而遁入佛門，却拒絶著僧帽，始終保持爲儒的習慣，可謂典型的有所托而逃。後形勢稍轉，即迫不及待地脱離佛門歸儒。② 澹歸因爲家國之痛與政治失意，想要從佛法中得到精神解脱。二人對佛法的態度本就不同。屈大均一邊借開堂説法結交士人，一邊在弃佛還俗後大力排佛，極盡對佛門的詆毁。③ 而澹歸則痛恨有所托而逃者不能堅定於自己的選擇，修證佛法，反對人"者邊那邊"。屈大均的做法正觸其忌，兩人觀點勢同水火。

最後，二人早年在永曆朝亦有舊怨。屈大均入朝受王化澄推薦，而澹歸在永曆朝與王化澄水火不容，互爲政敵④。因此，二人此後相見，内心恐亦有嫌隙。再加上佛門糾葛，雖同爲嶺南著名詩僧，但二人並無來往。

(二) 遺老故交

生活於嶺南的遺老故交是澹歸出家初期除佛門師友外的主要交接群體，如"五虎"中的袁彭年、劉湘客，及其他不願仕清而隱居、在家修行之居士或天然俗家弟子，如張安國、徐仲遠等。另有"邑中遺老，如李覺斯、洪穆霽、簡知遇、陳調軰俱與唱和"⑤。這一時期的交游群體及成員之個性，皆可反映澹歸出家初期的心態與志趣。

以澹歸長居之篁溪群體爲例，遺老故交群體遍布廣泛。如助其創裁庵、謀三年閉關計的張安國、徐仲遠。張安國號康之，原爲張家玉麾下别

---

① 成鷲和尚：《咸陟堂集》(一)，第79頁。
② 屈大均：《歸儒説》，《屈大均全集》第三册《翁山文外》卷五，人民文學出版社，1996年，第123頁。
③ 屈大均：《翁山文外》卷五，第123頁。
④ 徐鼒：《小腆紀傳》卷三十二列傳第二十五，中華書局，1958年，第327頁。
⑤ 陳顯：《越秀集》，南華社刊，"今釋"條，第8頁。

將，張家玉死後率其部下三萬人居東莞、新安間，永曆時爲都督同知①。國變後入天然門下，法名今醒，字夢回②。徐仲遠即萬曆重臣徐兆魁次子，字彭齡，恩貢生③。徐兆魁爲官善解民憂，仗義疏財，精通經術，正直忠厚，與閹黨作鬥爭。作爲名臣之後，徐仲遠明亡後隱於筐溪之南池，力耕筆種，耕讀謀生。後因康熙初年廣東占地構兵，其南池被霸占毀弃，憂憤成疾而亡。澹歸作《祭徐仲遠文》表達其既不能在世事中相助，又不能以佛法安頓其不平的愧疚④。

張安國、徐仲遠與澹歸交情頗好，先是爲澹歸謀三年閉關隱居之輆庵。建成後澹歸無比欣喜，作《輆庵》十二首⑤。居此與張康之、徐仲遠等遺老過從，澹歸感到惬意喜悅，他在《祭徐仲遠文》中回憶這段光陰："仲遠少予二歲，予兩人交好僅十二年，筐溪一片地，風晨月夕，果熟花香，客至主閑，論文道古，三生之話，四事之供，予兩人爲密。"⑥徐、張對澹歸極其熱情，關懷備至⑦。澹歸嗜食荔枝，二人盡力滿足，乃至其離開輆庵後還遣人饋送，相親厚之情貌可見一斑⑧。澹歸也驕傲地稱："芥庵有柚堂，夢回（張康之）別業三廉樹下，仲遠宅南池，皆予啖荔支處。"⑨澹歸嗜種梅花，二人隨澹歸四處尋梅，送梅，甚至夜半秉燭栽梅⑩。於澹歸而言，這不僅是對其嗜好的滿足，更是良友的體貼、同好的雅趣。居此期間，澹歸寫下大量詠梅花、荔枝的詩文，趣味與雅致並重，字裏行間透露出喜悅。這段時光對澹歸而言，是其國變後少有的惬意之時，種梅品荔，談文論道，徐、張二人爲澹歸帶來可貴的精神慰藉。

此外爲惠州等地遺老居士群體。嶺南修行期間，澹歸曾兩次托鉢行化

---

① 汪宗衍：《明末天然和尚年譜》，《新編中國名人年譜集成》第20輯，臺灣商務印書館，1986年，第49頁。
② 陳世英：《嶺南古寺志叢刊　丹霞山志》，第83頁。
③ 汪宗衍：《明末天然和尚年譜》，第49頁。
④ 《徧行堂集》（一），第222頁。
⑤ 《徧行堂集》（二），第390頁。
⑥ 《徧行堂集》（一），第222頁。
⑦ 《徧行堂集》（三），第202頁。
⑧ 《徧行堂集》（二），第295頁。
⑨ 《徧行堂集》（三），第318頁。
⑩ 《徧行堂集》（三），第206頁。

惠州，挂褡西湖準提閣。永曆十二年（1658）首次隨華首空隱禪師同往①，康熙五年（1666）因營建丹霞之需再次托鉢於此，留存大量與惠州士人的往來文字。尤其第二次托鉢惠州期間，遺民士人竟相迎送，詩書酬唱繁多，後彙編爲《鵝城唱和集》。澹歸對惠州士人的熱情感激地稱："諸公既出錢又出詩，詩眼、錢眼被禿頭沙門一串穿。"②

由《徧行堂集》詩文可知，澹歸此時往來酬唱群體中，以士人姚子尊、姚子蓉、姚子莊兄弟，以及著名遺民葉維陽、葉挺英等葉氏家族爲代表，另有翟祖佑、駱鳴雷、黎傳人、任厥迪、劉胤初、彭鐘鶴等國變而未出仕者。

首先頗值一提的爲姚氏兄弟。其中姚子尊號雪庵，出華首門，禮道獨、函昰爲在家居士。常往來於華首、雷峰、海幢諸寺，法緣深厚③。爲人識見超群，機敏果決，佛學造詣高妙④。澹歸托鉢惠州，姚雪庵給予大力支持，積極爲創建丹霞別傳寺捐贈僧田⑤。澹歸返歸丹霞，殷情邀請姚雪庵入丹霞度歲，以再敘情誼⑥。

大概在康熙八年（1669）姚雪庵遭逢變故⑦。事故緣由澹歸諱莫如深，但從信中可知，此前姚雪庵曾北上⑧，澹歸亦曾托其帶信給程可則⑨。緊接著便遭罹橫禍，乃至需其子自縊以代父死。時姚雪庵方在病中，不久便去世⑩。去世後，澹歸在給其弟姚子蓉的信中說："雪庵沒後，聞兄獨

---

① 孫能寬等修，葉適等纂：《（雍正）歸善縣志》卷十九，《中國地方志集成　廣東府縣志輯16》影印本，上海書店出版社，2013年，第284頁。
② 《徧行堂集》（一），第196頁。
③ 《徧行堂集》（一），第12頁。
④ 《徧行堂集》（一），第177頁。
⑤ 《徧行堂集》（一），第12頁。
⑥ 《徧行堂集》（三），第69頁。
⑦ 從澹歸"未三年，值其家多故，不克繼"可推知，姚家遭變當爲澹歸丙午化緣惠州後的己酉年（1669）《與姚雪庵文學》其二："近知有意外之費，恐涉艱難，亦不敢遣人走訊，前約但俟吾兄方便而已。今年往廬陵，匆匆還山，亦只了得老人慶生事。"澹歸己酉爲天然六十慶生化緣廬陵，赴青原山訪方以智。《與黎博庵學憲》其四："會木歸，得手誨，如暫侍燕笑。更讀《免詩》，欣玩無已。此詩出，而世之爲詩者皆可以自免矣。比來伏承道體勝常，以慰思仰。今釋近奉天老人，未敢爲丹霞弛擔。五月度嶺托鉢於贛、吉二府，蓋是無聊之極。非不欲走謁函丈，然於二十日內圖了吉安一鉢，便溯流上十八灘，結贛州之緣。九月初還山爲天老人料理六裘慶生事，搯指巡紋，奔走不迭。咫尺修阻，抑又萬不得已之情也。明歲當過江南爲丹霞請藏，泊舟章門，俟吾兄罄一日夕之談耳。"時間大致吻合。
⑧ 《徧行堂集》（三），第289頁。
⑨ 《徧行堂集》（二），第184頁。
⑩ 《徧行堂集》（三），第293頁。

肩債負，此累良深，而更有同氣索逋之苦。世風囂薄，家庭尚爾，何怪路人。"① 可知姚雪庵去世後變故尚未解除，其弟尚在"索逋"的糾葛中生存。姚雪庵北上之後何以有如此嚴重後果，諸書均未見錄，結合其素來之政治態度，不能不令人往反清一事聯想。或正因此，諸人在文字中對事故原因避而不談。

姚子蓉（1618—?），姚雪庵之弟，在澹歸集中又被稱爲媒長、梅長、水真。崇禎末舉文學司務②，明亡后不仕，筑山莊隱於姚坑清醒泉旁，居家事佛，建有華嚴庵。③ 又常與澹歸、今無及海幢寺諸高僧交往，持齋修行，詩文唱和④，時有恢復之志。康熙五年六月，澹歸托鉢惠州，作《送媒長游吳越》，詩後跋稱："于德晦刺歜，其兄方外訪之，筑室此山，築人遂名曰'問政'，時媒長亦訪其弟六康守石埭也。"⑤ 姚子蓉與澹歸見面後便離開惠州，於康熙七年（1668）才回海幢，在海幢寺過完除夕返惠州。⑥ 次年，其兄姚雪庵遭故，姚子蓉獨肩持家，潛心向佛，隱居姚坑，與清醒泉爲伴。

姚子莊號六康，明崇禎六年（1633）舉人，明末清初嶺南著名詩人。⑦ 順治十五年（1658）舉副貢，康熙五年授任石埭知縣，在任十二年，政績卓著，深得石埭民衆愛戴，纂修《石埭縣志》，著有《簡齋詩》《行路吟》《鶴陰詩選》《西湖草》等，今已不存。⑧ 爲諸生時於嶺南交游

---

① 《徧行堂集》（二），第191頁。
② 章壽彭修，陸飛纂：《（乾隆）歸善縣志18卷》，清乾隆四十八年刊本，卷之十選舉第2b頁。
③ 劉溎年、張聯桂修，鄧掄斌、陳新銓纂：《光緒惠州府志》卷二十八，《中國地方志集成 廣東府縣志輯15》影印本，上海書店出版社，2013年，第573a頁。
④ 今無和尚：《今無和尚集》，廣東旅游出版社，2017年，第219、280、452頁。分別有《復姚梅長》《姚梅長行樂贊》《送姚梅長游江左兼寄弟六康》等。
⑤ 《徧行堂集》（二），第81頁。
⑥ 今無和尚：《今無和尚集》，第466頁。有《姚梅長陵陽江左游三年，戊申除夕始還海幢度歲，后乃歸豐湖，喜從望外，因賦五十六字，可知他于康熙五年出游陵陽江左地，兼訪剛任石埭縣令的姚子莊。實際上姚子蓉此行到石埭停留的時間不長，留下很多疑點。三年在外訪友，很可能有聯絡抗清、圖謀恢復的意圖。
⑦ 天然函昰：《瞎堂詩集》，第127頁。《戲柬姚六康》一詩中有"舊時文社曾稱長"句，可見其曾爲詩社社長。
⑧ 劉權之修，張士範纂：《（乾隆）池州府志58卷》卷第三十八，《中國地方志集成 安徽府縣志集63》，鳳凰出版社，2010年，第545a頁。

甚廣，不僅廣結文友，還與天然、今無、澹歸等往來。①任職石埭期間，與遺民群體往來頻繁。他廣泛接待拒斥清朝與抱持復明期待的遺民如陳子升、方文等的拜訪②，並與沈壽明、錢澄之、方中發、潘江等詩文唱和。聯繫到他的兩位兄長的行迹，即便未有聯絡地下反清者的證據，亦足以證明他對明遺民群體的同情與支持。

此外，明朝官宦世家的葉氏後人亦爲澹歸此際交游中的一種典型。

葉維陽（1612—1688），字必泰，號許山，原籍廣東海豐，遷居惠州府城。崇禎十五年（1642）歲貢，曾任廣西桂林府同知。明亡後隱居兼園不復出仕，居家修行，寄情山水，静觀時變，與文化名流陳子升、陳恭尹等詩文唱和。③葉維陽熱心鄉梓文化公益，邑人募壯士守城拒寇、修築加固平湖堤等，皆捐巨資以爲倡率；又組織詩社參加文事活動，資助出版《陳巌野先生集》，參與校讎《蘇文忠公寓惠録》並親爲作序，時人稱爲"抱德而隱於禪者"。澹歸首次托鉢惠州，受其熱情款待④。

葉維城（1621—1683），字猶龍，明太保葉夢熊之孫。因葉夢熊有功於明而受蔭世襲，爲堂上僉書管事，都指揮同知⑤。國變後隱於西湖泌園，與嶺南屈大均、陳恭尹、梁佩蘭、陳子升等詩文唱和，聯絡走動，圖謀恢復。曾出資贖買被遺民視爲民族氣節代表的緑綺琴，澹歸過惠州時得見，作《緑綺臺歌》歌頌抱琴殉國志士鄺露，抒發悲憤民族情感。詩作慷

---

① 天然和尚：《瞎堂詩集》，目録分别有《戲柬姚六康》《寄姚石埭六康》《寄姚六康》等題。而在釋今無也有《壽姚六康明府》《與姚六康明府》等題。澹歸的《徧行堂集》中也有《與姚六康明府》。

② 陳田：《明詩紀事》辛籤卷十一（清陳氏聽詩齋刻本）録其《石埭訪姚六康明府》（陳田輯撰：《明詩紀事》，上海古籍出版社，1993年，第3068頁）。方文《嵞山集》再續集卷一（清康熙二十八年王槩刻本）《石埭訪姚六康明府》；方文《嵞山集》再續集卷二：《重至石埭姚六康明府》（《清代詩文集彙編38》，上海古籍出版社，2012年，第580頁，601頁）。

③ 陳恭尹著，陳荆鴻箋釋，陳永正補訂，李永新點校：《嶺南文庫 陳恭尹詩箋校》（上），廣東人民出版社，2016年，第266頁，第228頁。

④ 《徧行堂集》（二），第416頁。澹歸與葉氏早年便相識，《惠州訪葉許山》中有"十年華首事，珍重念如初"，也可見葉維陽出華首門，居家修佛。海幢寺住持釋今無的《光宣台集》也有《壽葉許山》（見《今無和尚集》第485頁），可證其與佛門結緣深契。康熙五年，澹歸托鉢惠州，葉維陽延澹歸入門，禮爲上賓，在兼園中詩書酬唱，澹歸爲作《兼園記》。《徧行堂集》中亦紀録了他們的多年交往和友情，有《葉許山召集兼園》《惠州訪問葉許山》《與葉許山中翰（二則書信）》《柬許山》《許山過庵共話》《秀水還惠陽兼寄葉許山》《酬許山》等題。

⑤ 孫能寬等修，葉適等纂：《（雍正）歸善縣志》卷五，第102b頁。

慨激昂,悲涼哽咽①。

葉挺英(1614—1683),爲葉夢熊曾孫,字昌裕,號潔吾。崇禎中補邑博士弟子,明亡後隱居。後從準提閣住持雪櫺禪師出家,法號元枠,字石新。著有《餘夢集》《雲水殘言》等。②工書畫,尤善畫佛像。澹歸有《如來藏歌爲葉潔吾畫佛贈》等稱贊其畫作,並望葉挺英入丹霞修佛。③

澹歸行化惠州,葉挺英相伴左右,與駱鳴雷、翟祖佑④、劉胤初⑤、彭鐘鶴⑥、龔章⑦、嚴對揚⑧、任恭先⑨、黎紹芳⑩、張岬等遺老及不樂仕進之輩游回龍寺、嘉佑寺,或相聚準提閣談文説道,抒發各自内心塊壘。澹歸離開惠州時,諸人紛紛寫詩送别,葉維陽有《準提閣送澹師還山》⑪,葉挺英有《送澹師還丹霞》⑫,張珥有《送澹師還丹霞》⑬等,並刊刻《鵝城唱和詩》。

從以上所舉篁溪及惠州結交的遺民群體可知,無論作爲懷抱恢復之志者,還是爲前朝功臣後代而隱居者,皆有共同的情感傷痛與民族悲憤。家國創傷使他們互相同情憐惜,樂於往來。澹歸惠州托鉢之行,爲此地遺老提供了發泄内心痛苦悲憤的機會,他們以學佛的名義集聚於這一情感共通體,借詩文唱和傾吐心聲,尋求精神慰藉。與懷抱磊落不平之意,隱藏反清復明情志者交往的密切、情志的和諧,是澹歸此際遺民情結濃厚的明證。陳寅恪將澹歸稱爲"志於復明者",謝國楨等人亦認爲澹歸、天然一系可能在廬山、廣東一帶通過佛門從事秘密地下抗清活動。

---

① 《徧行堂集》(二),第352頁。
② 劉溎年、張聯桂修,鄧掄斌、陳新銓纂:《(光緒)惠州府志》卷四十四,第825b~826a頁。
③ 《徧行堂集》(二)《如來藏歌爲葉潔吾畫佛贈》,第372頁。
④ 孫能寬等修,葉適等纂:《(雍正)歸善縣志》卷十七"文學"條有傳,第261頁。
⑤ 陳伯陶纂,謝創志整理:《宋東莞遺民録 勝朝粵東遺民録》,第195~196頁。
⑥ 陳伯陶纂,謝創志整理:《宋東莞遺民録 勝朝粵東遺民録》,第197頁。
⑦ 孫能寬等修,葉適等纂:《(雍正)歸善縣志》卷五"順治十七年庚子科",第95b頁。
⑧ 孫能寬等修,葉適等纂:《(雍正)歸善縣志》卷五,第95b頁。
⑨ 孫能寬等修,葉適等纂:《(雍正)歸善縣志》卷十七"孝友"條有傳,第275a。
⑩ 孫能寬等修,葉適等纂:《(雍正)歸善縣志》卷五"順治十七年庚子科"有傳,第96a頁。
⑪ 孫能寬等修,葉適等纂:《準提閣送澹師還山》,《(雍正)歸善縣志》卷之二十,第335a頁。
⑫ 孫能寬等修,葉適等纂:《送澹師還丹霞》,《(雍正)歸善縣志》卷之二十,第336b頁。
⑬ 孫能寬等修,葉適等纂:《送澹師還丹霞》,《(雍正)歸善縣志》卷之二十,第335b頁。

(三) 當道護法

澹歸開創丹霞山別傳寺，因營建需要，大量結交當道，以至爲時人及後人詆毀誹謗。考澹歸此際結交之在位者，當爲尚可喜幕僚及嶺南各地方官員兩個主要群體。與前者的交接是澹歸招致詰責的主要原因。然若摒除成見，理清澹歸結交在位者的原因，考察交游人物個性品格，便能清晰看出澹歸此時的生存狀態及思想狀況。

首先，澹歸結交尚可喜幕下人物可確考者有金光、黃蔚，二人分別爲尚可喜幕僚、記室。金光（1609—1676），原名漢綵，字公絢，號留須子，浙江義烏人，元末著名學者金涓十世孫。崇禎七年（1634）游歷時被尚可喜召入內府，屢次出逃均被抓回。尚可喜愛其才，摘其腳筋却更禮遇有加。金光隨尚可喜入關征戰、出謀劃策，被尚可喜視爲左右手。康熙十三年（1674）捉叛黨有功，得授鴻臚寺卿。康熙十五年（1676）尚之信謀逆，逼金光投降，金光寧死不屈，被尚之信殺害①。

當時，佛門欲結交金光而因緣尚可喜者不在少數，石濂大汕等皆爲其輩②。澹歸與金光的交往，雖出於建丹霞山別傳寺的需要，然亦不乏彼此情志的契合與人品的稱許。

就營建丹霞來說，金光確實給予澹歸相當多的照顧。澹歸稱："住山伊始，繼廩供僧，造寺未成，捐財勸衆，曾講一家之好，兼行四事之檀。"③且康熙四年（1665）沙汰令下，澹歸彷徨無措時及時送稻百石，給予有力支持與幫助④，並爲澹歸《徧行堂集》之刊刻捐金相助⑤。

金光的鼎力相助與其和淡歸的互相稱賞密不可分。國變前，澹歸已爲金光之祖金涓的《青村集》作序。早在澹歸隱辰陽山中時，金光已對其"姓字入耳"，且"意氣早相親，藏之中心，不見齒及"。兩人相見於羊城，一見如故。⑥從澹歸文中可見，他與金光交厚有以下幾個原因：第一，稱

---

① 王廷曾纂修：《（康熙）義烏縣志 20 卷》卷之十三，《復旦大學圖書館藏稀見方志叢刊 16》，國家圖書館出版社，2010 年，第 493 頁。
② 繆荃孫：《藝風堂文續集》卷二，《清代詩文集彙編 756》，上海古籍出版社，2010 年，第 583 頁。
③ 《徧行堂集》（四），第 111 頁。
④ 《徧行堂集》（二），第 194 頁。
⑤ 《徧行堂集》（四），第 362 頁。
⑥ 《徧行堂集》（二），第 355 頁。

許其過人的才能謀略。澹歸贊其"聰穎過人,於天文、地理、奇門陣法、律曆、醫藥、外內丹術,一見洞曉,然不竟其學,謂猶之乎借路"。"二十餘年,諸大戰守、大政令,無不預",並能以計縛寇,不費兵力①。才華出眾,能謀善斷,使尚可喜不可離其須臾。第二,仰慕其不俗的品德操行。金光有不甘屈人之志,因此初被尚可喜召入府中便多次逃跑,直至殘疾才斷絕此念。他在尚可喜征伐之中,營救無數百姓。因此,澹歸稱其"廓達負不羈才","雖恢奇跌蕩,然一本經術,切於事情以行仁義,故所至愛惜諸士大夫遺族,於民不妄誅,求喜完人室家,凡以事至軍前者,必委折求所以生全。諸將建議殺掠,必痛折,雖賈怨不恤"②。《(康熙)義烏縣志》亦載:"粵東之破,光方就館,王下令誅抗師者,光招令入館中,盈其舍,活無算。"③可見金光富於仁愛,與澹歸愛民惜民觀不謀而合,是以對其推崇有加。第三,二人深厚的情誼。金光與澹歸有同宗之誼,又同病相憐,俱受跛足之苦。金光賞識對澹歸的才情,常關懷至微,送被褥到澹歸寓所④,捨宅院為僧舍⑤,使澹歸感激不已。金光被害後,澹歸多次追懷哀悼,傷痛不已。可見二人情感真摯深厚,非泛泛之交。

另外,澹歸亦結交尚可喜幕下黃端四。黃氏名蔚,號端四⑥,南京人,入尚可喜幕下⑦,護惜生靈,救民水火。澹歸稱:

> 海上之變,周與李為劇,愚無知之泯有揭竿而起、鼓楫而應之者,其報聞在香山、小欖間,主兵者勃然欲殲之,俾無遺類,下令曰:"大兵所至,凡遇鄉民,殺無赦。"當是時,平南掌記有黃子端四者,見之環柱而走曰:"此數十萬人命存亡所繫,奈何?"顧自念,未易以口舌爭,為益其令曰:"大兵所至,凡遇鄉民抵敵,殺無赦。"師既旋,無上鄉民首功者,主兵者責諸將疏縱狀,諸將以令對,則知為黃子所為。黃子義正詞和,不懾不詭,主兵者心折而氣平,無以難也。黃子歸,始告之太夫人曰:"兒誠不惜以一身易數十萬人命,幸

---

① 《徧行堂集》(一),第341頁。
② 《徧行堂集》(一),第341頁。
③ 王廷曾纂修:《(康熙)義烏縣志20卷》卷之十三,第492頁。
④ 《徧行堂集》(二),第465頁。
⑤ 《徧行堂集》(二),第361頁。
⑥ 陳世英:《丹霞山志》,第79頁。
⑦ 《徧行堂集》(一),第124頁。

第一章　時空節點中的士人樣貌：明清之際澹歸的生平與交游 | 89

而得免，以無貽堂上憂，豈可謂神明負人耶？"遷海之役，以三十里爲界，守東莞者立墩臺於山，引繩而畫之以自便。黄子持不可曰："山形直，海形曲，以曲從從直，則三十里内不應遷而遷者無慮數十村，此即數萬人安危所繫也。"卒格之不行。①

澹歸在給黄端四的信中常鼓勵他護念衆生："《隱權説》中，具述二種功德，弟所相期不淺。粤東民困已極，吾兄於簿書中時出救人手眼，豈非世界之大幸耶。"② 後尚可喜之子反兵，黄端四歸鄉，澹歸作文相送，寬慰他世事難料，能歸鄉奉親也是人生幸事③。

此外，澹歸與嶺南各地方官多有交往，此中情感最深厚的當屬雄州太守陸世楷。陸氏字英一，又字孝山，明兵部侍郎陸長庚曾孫，清宣州推官陸濬睿之子，清代著名學者陸奎勛之父，出身平湖名門。順治三年（1646）拔貢，歷任山西平陽府通判、山東登州府同知。順治十三年（1656）任南雄太守④。二人於康熙元年（1662）相識於南雄，至康熙十九年（1680）澹歸終老陸氏南園，交情達十八年之久。

二人結識於化緣，關係却絶非單純的僧人與施主所能概括。澹歸集子中提到陸氏字號者有兩百多處，收錄書信五十多通，從中可大致觀察交往情狀⑤。澹歸與陸世楷的深情厚誼，源於共同的信仰，互相稱許的操守與

---

① 《徧行堂集》（一），第 20 頁。
② 《徧行堂集》（四），第 262 頁。
③ 《徧行堂集》（二），第 350 頁。
④ 嵆曾筠：《（雍正）浙江通志》卷一百六十七"名宦"陸世楷條，《中國地方志集成　省志輯　浙江 6》，鳳凰出版社，2010 年，第 2943 頁。
⑤ 《徧行堂集》及其續集中明確以陸孝山爲題的作品有《從天而下説爲陸孝山太守初度》、《嶺外初集序》、《送陸孝山太守持服歸當湖序》、《丹霞四浙客序》、《甲辰唱和集序》、《重游丹霞詩序》、《孝山太守祝壽疏》兩篇、《陸孝山真贊》、《與南雄陸太守孝山》信共五十則、《送陸孝山補官序》（原文缺），詩歌《孝山招游芙蓉山》、《代石栗賦謝孝山》、《答孝山》、《讀孝山游丹霞古體》、《孝山重游丹霞》七首、《孝山招集聽雨軒》、《將還丹霞留别孝山》、《次韻孝山》、《酬孝山》四首、《閏甲辰集寄孝山》、《憑孝山歸寄文園》、《和孝山寄懷梅花》、《答孝山詢近作》、《梅關重别孝山》、《邂逅陸雄州孝山》、《南雄留别孝山》、《孝山過訪海幢》、《茶集古種玉亭》、《再次孝山韻》、《用韻酬孝山》、《韶石舟次訪孝山》、《和孝山西河曉霧》、《孝山招集行署》兩首、《孝山來游丹霞》二十首、《酬孝山梅花詩》十二首、《月下寄懷孝山》、《茶集孝山行署》、《九日庚嶺柬孝山融穀》、《和孝山華林開戒》、《晤孝山於見峰灘》兩首、《惜别圖》兩首、《孝山分惠荔枝》、《將之五羊别孝山》、《之匡廬留别孝山》、《寄懷孝山》兩首、《至龍護柬孝山》、《孝山茶集》、《孝山四十初度》、《還丹霞留别孝山》、《孝山茶集即事》、《慰孝山病目》、《孝山自當湖來會》、《孝山過訪半塘》、《感時寄懷孝山》等。並爲其父陸濬睿作《寄壽陸未庵太翁》《爲陸未庵太翁禮懺疏》《八聲甘州·輓陸未庵太翁》等，並在《語録》中多次提到孝山。

品格，以及詩文才情的互賞與切磋。

　　第一，陸世楷崇信佛法。澹歸營建丹霞之初托鉢行化南雄，與之相識，提出請其爲丹霞護法。陸孝山果斷承應，並信守承諾爲丹霞營建護法十三年，直至離任南雄。此間，禮天然爲在家弟子，法名今亘字悟石①，並屢有落髮之意②。陸世楷對佛法的崇信爲二人交往的前提。

　　第二，二人推重彼此的個性人品。陸孝山爲人平和，"澹泊寧静，一介不苟"③，恰與"性粗直，遇事輒發"的澹歸相反，使澹歸對這温文爾雅、寧静澹泊的謙謙君子心生仰慕。陸世楷在任期間解民懸憂，平冤除惡，智拒不合之役，造福一方④，與澹歸理念如出一轍，澹歸内心的喜悦與尊敬自不待言。

　　第三，詩文切磋與互賞是兩人情志契合的又一重要原因。《（乾隆）平湖縣志》載："（陸世楷）爲人孝友樂易，喜著述，詩格直追開寶。有《越吟》《秋吟》《晋吟》《齊吟》《嶺外》《思陽》等集。"⑤朱彝尊評價道："公於詩，歸風合雅，不墮叫囂之習，文格醇正。"⑥澹歸對陸世楷推崇有加，在爲其《嶺外初集》作序時贊其"渾雄清逸，博麗醇深，名流勝場，無一不有，然而獨棄正宗，力驅浮習，則孝山詩學推蕩廓清，又有救時之功，可重也"⑦。可見陸世楷文學造詣之深。陸世楷也服膺澹歸才情，"公事之暇，輒杖笠入山，與澹公爲蓮社之游，唱和甚多"⑧，協同其妹夫沈皞日與澹歸往來唱和頻繁，有《丹霞四浙客集》《甲辰唱和集》等。這段詩歌酬唱時光亦是澹歸人生中不多的樂事之一，常有追懷之作。另外，受陸世楷指點，澹歸發揚作詞天分，開始著力於詞，後成爲明末清初"詞壇雙璧"之一⑨。而陸世楷、沈皞日等與澹歸的往來切磋，又爲清初浙西詞派的發展奠定了基礎。

---

① 陳世英：《丹霞山志》，第77頁。
② 《徧行堂集》（二），第223頁。
③ 陳世英：《丹霞山志》，第77頁。
④ 朱彝尊：《曝書亭集》卷第七十八，《清代詩文集彙編116》，第578~579頁。
⑤ 高國楹修，沈光曾纂：《（乾隆）平湖縣志10卷》卷之七，《中國地方志集成·善本方志集》，鳳凰出版社，2014年，第516b~517a頁。
⑥ 朱彝尊：《曝書亭集》卷第七十八，第579a頁。
⑦ 《徧行堂集》（一），第136頁。
⑧ 陳世英：《丹霞山志》，第77頁。
⑨ 嚴迪昌：《清詞史》，第103頁。

第一章　時空節點中的士人樣貌：明清之際澹歸的生平與交游 | 91

　　第四，同爲浙江客居嶺南的文人，二人惺惺相惜於彼此的不得志。澹歸對陸世楷任雄州太守十九年而不得遷的失落了然於胸，也常向陸吐露自己的失意與不得已。澹歸生病，陸世楷送其家鄉風味解饞①；陸世楷患眼疾，澹歸多方打聽藥方，並戲以詩解頤②，相互關愛之狀令人感動。澹歸請藏嘉禾，陸世楷聽聞即刻驅舟前往，雖家中事務繁忙當日便返，也要忙裏偷閑、及時相見③。澹歸晚年病重，托身於陸氏家中，二人交情非同尋常。

　　除陸孝山外，澹歸還與劉秉權④、劉焕之⑤、于藻⑥、史庸庵⑦、曾旅庵⑧、李復修⑨、馬元⑩及此間歷任韶州地方官員結交。總體看來，澹歸與官員的交往雖起於化緣，但更多地基於人品，很難以"不擇人而下之"來概括⑪。仔細考察，其結交的官員普遍具有以下特點：其一，勤政愛民，精於吏治，惠及一方；其二，爲人磊落，品行超詣，一定程度同情遺民；其三，才華過人，於詩文等頗有造詣；其四，重地方教育，注重地方文獻的刊刻與保存。可見澹歸和他人的交往多建立在意氣相投、人品相許的基礎上，體現出交接上的不落時俗。然在當時，這種不落俗套的交接標準在遺民群體中顯得另類，頗易受士論責難。

---

①　《徧行堂集》（二），第 219 頁。
②　《徧行堂集》（二），第 214 頁。
③　《徧行堂集》（四），第 348 頁。
④　戴肇辰修，史澄纂：《（光緒）廣州府志》卷一百八，《中國地方志集成　廣東府縣志集 2》，上海書店出版社，2010 年，第 778b 頁。
⑤　何紹基：《（光緒）重修安徽通志》卷二百五十八人物義行有傳，臺北華文書局，1967 影印本，第 16~17 頁。
⑥　曾國藩修，劉繹纂：《（光緒）江西通志》原卷一百三十"官績錄"第 35b~36a 頁有傳，《續修四庫全書·史部·地理類 659》，上海古籍出版社，2012 年，第 285 頁。
⑦　阮元修，陳昌齊纂：《（道光）廣東通志》卷二百五十九宦績錄二十九，清道光二年刻本，第 4a~4b 頁。
⑧　彭際盛修，胡宗元纂：《（光緒）吉水縣志》卷之三十五有傳，《中國地方志集成·江西府縣志輯 65》，鳳凰出版社，2013 年，第 423b 頁。
⑨　李培祐修，張豫塏纂：《（光緒）保定府志》保定府志卷五十五有傳，《中國地方志集成·河北府縣志輯 31》，上海書店出版社，2013 年，第 256 頁。
⑩　葛韻芬修，江峰青纂：《（民國）重修婺源縣志》卷十三，《中國地方志集成　江西府縣志輯 27》"官師　縣職""知縣"條載，馬元，字子貞，遼東甯遠籍北直隸真定府人。由恩貢順治五年任，催科有法，宿逋皆清，十年行取陸山東賓州知州（鳳凰出版社，2013 年，第 266b 頁）。
⑪　王夫之：《船山全書》，《搔首問》，第 635 頁。

另外，作爲嶺南頗有名氣的詩僧，澹歸積極鼓勵當地文學後進，經常提攜他人，對嶺南文士廖燕的關照可謂佳話。廖燕與澹歸之間，可考之相見僅一次，但澹歸對廖燕文章的稱賞、遭際的同情却充分體現了對後進的獎掖與提拔。這使得廖燕因此聞名文壇，爲時人所識。①

隨著對佛法的深入了解，通過行腳化緣等方式的參證，澹歸的思想行爲都有一系列改變，這些變化展示出澹歸悟道過程的艱辛。整體來看，以營建丹霞爲界，澹歸的出家生活可以割分爲前後兩期。前一時期的修爲體現爲對内在的療創，向佛法尋求參證之途，交往群體相對封閉，集中在佛門内部與遺民群體間；營建丹霞，參與地方文化建設，是澹歸試圖通過對俗世的參與從而悟道的嘗試。因此通過廣泛交際等方式擴大佛法的當世影響，以佛門建樹實現個體價值，並借此種價值感的獲得實現精神解脱。

第四節　請藏嘉禾：毁譽相參的自證

康熙十七年（1678）正月，澹歸於南韶撿拾戰死者白骨，作《南韶雜詩》四十一首，記錄三藩之亂下民不聊生的狀况。後於四月十二日正式從丹霞退院，啓程赴嘉興請藏。此時澹歸的準備已相對充分，作《請藏乞路費偈》，刊刻籌賣《徧行堂集》備置路費，並寫信給天然老人免其擔心。②八月至嘉興，爲請藏經奔波於故交舊友之間。次年四月四日藏經全部發回，澹歸完成使命，漂泊在嘉禾各地，直至康熙十九年（1680）八月九日示寂於當湖陸世楷南園。

嘉禾請藏爲澹歸晚年的活動，在以此爲主要目標的兩年中，其思想行爲處於總結反思和嘗試修正期。這使他的立身、交接途徑與嶺南期間有所不同，有向出家初期之遺民群體回歸的迹象，但仔細考察，受佛法浸染已久的澹歸此時又有不同於一般遺民的情感樣貌。

---

① 廖燕：《廖燕全集》（上），上海古籍出版社，2005年，第163~164頁。
② 澹歸寫信給天然稱："和尚慮路塗梗阻，或致流落故鄉，今釋以爲每念不忘處乃是故鄉，若和尚之粤，與今釋之浙，正他鄉耳。"［《徧行堂集》（四），第227頁］天然的擔心大概有兩端，一則恐其流落故鄉沾染俗諦。澹歸居住吴門時，便曾受"俗家眷屬所擾"，而未出家時債主虞紹遠又持借條相尋，都是居此難免的糾葛。二則或擔心其人身安全。聯繫王夫之因曾舉兵抗清而遭清軍搜捕之事，有相似經歷的澹歸或亦有此不預。

一、請藏目的

澹歸請藏目的在其文集中並不明朗，通過他與好友的書信以及請藏期間的活動，可大略總結出如下幾點。

（一）自足與自證

首先，澹歸向來有請藏心願。出嶺請藏是他建造丹霞計劃的一部分，在康熙七年（1668）所作《丹霞未了之緣說》中，便有"以其徧一切處，法身能生，報化佛寶，故藏經不可不置"①的決心。《與姚媒長主政》（其三）中稱："弟去秋有出嶺請藏之行，適老人赴歸宗，復爲山中兄弟所留。去則決去，尚俟他年。"②此時丹霞初創完畢，天然住丹霞，澹歸以爲可出嶺了此心願，却因天然赴歸宗而擱淺③。

其次，澹歸有脫却丹霞別傳寺牽拘的欲望。營建丹霞不僅使澹歸飽受當家之苦，還爲他帶來數不清的批評訾議。出嶺請藏既是澹歸脫去丹霞之累的途徑，又是借以自證的方式。澹歸稱："老僧本不欲住丹霞，其放下面皮，收回苦誓，蓋爲法門大計。今山中局面稍稍清楚，更得新堂頭擔荷，老僧死可瞑目矣。藏經之請，既是願力所存，又關係因果不小，前路無多，風火相逼，豈敢偷安而不行乎？"④又在給劉焕之的信中談及："弟不住丹霞，正爲遨游之計，若無丹霞而遂不入嶺，抑何視住處太重而自視太輕耶……若此身不遽死，更覓得少許典籍，携向三重茅下，煨折脚鐺子以畢餘生。"⑤剖白營建丹霞目的並非自覓住處。這種自証在錢澄之爲其募净室疏中得以體現，文曰：

澹歸和尚傳心印於洞上，建法幢於嶺表，功行甫畢，撒手東還，一鉢隨身，寸絲不掛。且然行脚，寧無歸隱之思；正好住山，誰是安禪之處？而師也逍遥委運，去住隨緣。諒開堂而領衆，非其志矣；若

---

① 《徧行堂集》（一），第63頁。
② 《徧行堂集》（二），第191頁。天然赴歸宗在1671年，澹歸此年便已有請藏計劃。並在《與藥地和尚》（其二）中説："明年有請藏之舉，或可相見。"［《徧行堂集》（二），第127頁］澹歸與方以智的第一封信作於1669年，第二封信當作於1670年，亦可曲證其1671年的請藏計劃。
③ 《徧行堂集》（二），第285頁。
④ 《徧行堂集》（四），第245頁。
⑤ 《徧行堂集》（四），第277頁。

把茅以蓋頂，豈不願乎？數畝之園，三間之宅，率門徒以種菜，分佛火以讀書。折脚鐺邊，罨飯過日；爛繩床側，破衲遮寒。似此檀那，在居士頗易爲願力；惟兹澹薄，於和尚正愜其本懷。自昔吳門號稱佛窟，丹崖翠壑，是處付與高僧；剩水殘山，何難存此耆舊？樂善者各出只手，知師者諒有同心。①

稱澹歸雖於嶺南建寺，但"功行甫畢，撒手東還"，不居功，不爲己，且"開堂而領衆，非其志矣"，如今"寸絲不挂""逍遥委運"，願意"把茅屋頂"隱逸終老。這也從側面證明澹歸在言論環境中處於劣勢。隱居終老是清初士林對遺民群體的願景性安排，認爲這才是一位遺民應當具備的姿態。澹歸晚年也以此自期，因此未能全脱語境的他有自證必要。

最後，澹歸向來有山水之趣，借請藏游山玩水拜訪故友，亦爲其心願之一。久耽丹霞之累的他，常借佛家話頭自嘲爲拉磨的驢子，期待"但願麥子磨完，驢子不死，更向青原山裏飽吃自在水草"②，"何處有潔净水草，打得幾個好滚也，頃即前去，隨路游戲，討飯吃過"③。

(二) 爲歸老記

澹歸在嘉禾請藏完畢後，寓居吳門、半塘等地，有"發藏經入嶺後，更圖一休息之地"④的目的，試圖往依好友，歸老吳門。

其一，曹溶、徐乾學等欲爲其謀净室於吳門。藏經之事尚未結束，曹溶便已籌劃爲澹歸謀净室歸老。澹歸寫信推辭："吾兄近來拮据艱難之際，弟豈不知。若以一身便安而致護法費累，非道人之心。幸且置之，弟料理藏經乃是正意，倘得完成，去住亦尚未定，自可從容斟酌。"⑤ 己未四月藏經發回後，澹歸往居半塘，錢澄之、徐乾學與魯謙齋⑥，乃至雲間徐鹿公、苕溪潘霞山⑦等都有爲澹歸募净室的打算。徐乾學《丹霞澹歸今釋禪師塔銘》中稱："方欲與諸同志爲覓一蒲團地，止師以佚其老，師不辭而

---

① 錢澄之撰，彭君華校點：《田間文集》卷二十七雜文，第 514 頁。
② 《徧行堂集》(二)，第 127 頁。
③ 《徧行堂集》(四)，第 266 頁。
④ 《徧行堂集》(四)，第 294 頁。
⑤ 《徧行堂集》(四)，第 257~258 頁。
⑥ 《徧行堂集》(四)，第 267~268 頁，第 416 頁。其中提到徐乾學爲其營建净室之説："聞有以健庵緣引仰干爲結茅計，頃有黄山之約，特請注銷。"
⑦ 《徧行堂集》(四)，第 316 頁。

去，已而遷化於當湖。"① 錢澄之也爲澹歸老歸吴門作《吴門爲澹歸大師募净室疏》②，勸衆人爲其留居吴門伸出援手。是年秋，澹歸爲俗家眷屬驅逼③，突然離開吴門，謀净室養老之説遂不了了之。

其二，楞嚴之請。澹歸有《張孟高、同葵日以楞嚴一席見推，承其知心許以辭免，題此志謝》，可知他曾辭謝楞嚴法席的推舉。在《與丹霞樂説辯和尚》（其八）中提到辭謝原因："下江叢林，風氣不堪著眼，楞嚴有請住之舉，已力辭之，並以相聞。"④ 又在《與塵异但大師》（其三）中説："辭楞嚴之請，蓋以老病偷安，詳思之未爲至當。蓋般若流通之地，近來内僧外護，視爲奇貨，已大壞，不可救矣。"⑤ 因此間叢林風氣的敗壞而拒絶，却又爲没能救得叢林風氣而不安，是其徧行菩薩道精神的體現。

其三，黄山之約。黄山之約由曹溶等新安諸人聯絡推薦，吴綺作文相邀⑥。好游名山的澹歸對此亦充滿渴望，在《新安諸公請住黄山，柬秋岳、瀛山》中稱："黄山何意解招魂，病不知亡老不存。"並跋中稱"華亭、平湖頗欲置予於湖泖間，今乃與船子、朱涇長别矣"⑦，因此他寫信給魯謙庵，辭謝募建净室之謀，稱"頃受黄山之請，現成院子，不費經營"⑧；又給陳階六寫信："今將赴黄山之請，聊以遮眼，若此緣不就，則淮揚一帶，皆吾風塵中之一塵也。或徑來作月餘盤桓，亦未可知，但以口腹累人，更莫預生厭倦。"⑨ 並做好了入住時的路綫規劃："意欲從太平游黄山，從徽州過浙東，游天台、雁宕，未知此病得愈，能遂此願否。若兩著都不成，則蘇州欠我三擔乾柴，不妨索此一項冷債也。"⑩ 不難看出，澹歸對入住黄山滿懷期待，但同時又留下餘地應對變數。然黄山之行終究

---

① 徐自强：《中國佛學文獻叢刊 中國歷代禪師傳記資料彙編》（中），第639～641頁。
② 錢澄之撰，彭君華校點：《田間文集》卷二十七雜文，第514頁。
③ 《徧行堂集》（四），第234～235頁。
④ 《徧行堂集》（四），第234頁。
⑤ 《徧行堂集》（四），第240頁。
⑥ 吴綺：《請澹歸大師住黄山啓》，《林蕙集》卷二，《清代詩文集彙編68》，上海古籍出版社，2010年，第37b～38a頁。
⑦ 《徧行堂集》（四），第414頁。
⑧ 《徧行堂集》（四），第267頁。
⑨ 《徧行堂集》（四），第256頁。
⑩ 《徧行堂集》（四），第289頁。

未成，澹歸《與黃伯和內翰》中記錄辭掉原因：

> 昨承黃山之招，遂有率爾之興，蓋以公函鄭重，不暇致詳。比聞八水禪師在彼住持，八師為一方知識，匡徒領眾，歷有年所，諸護法別請今釋而晏然受之，是驅除八師而攘其院也。日來諸方頗有新舊住持爭一院子，鬥爭不休，為世間有識所笑，今釋恥之，豈宜身蹈覆轍，以違素志？謹再拜辭謝。惟道兄知我愛我以德，即為鼎致貴鄉諸護法，立止此舉，以安愚分，真護念菩薩矣。至今釋衰病日深，飲食不進，行且溘先朝露，有孚負托盛心。即八師不住，亦請另延名宿，無使佳山水、勝道場遂致凌替，以重今釋之愆。言出肝鬲，千萬照鑒不宣。①

黃伯和，名士塤，高堨人，浙石門籍②。澹歸入住黃山應緣於黃伯和等人的推薦。然在黃山尚有主持的情況下相延，實為不妥，是以澹歸在了解之後堅決謝絕。

然而澹歸的黃山情結並未放下，通過閱覽友人的《黃山記游》與《黃山志》來彌補未能親臨黃山的缺憾③，可見對名山的嚮往是他終其一生未能歇下的癖好。

其四，觀音山之約。辭去黃山之請後不久，澹歸又收到觀音山之約。《南園口號》其十跋中記錄：

> 右拋竹杖左拋籃，烈火乾柴一草庵。無冢可埋雲外鶴，有湯能煮蘭中蠱。自家著落自家諳。（初辭黃山詣吳門，復有觀音山之約。侍者不欲就，然往往以沒著落為嫌。吃粥吃飯不是著落，痾矢痾尿不是著落，乃向一個庵子討處分耶？）④

此處所言觀音山，當為江蘇虎丘支硎山⑤，因侍者不願而止。澹歸批評侍者之言，頗見其佛法修為的高度，以平常生活為修行之所，是禪宗重

---

① 《徧行堂集》（四），第258~259頁。
② 何應松修，方崇鼎纂：《（道光）休寧縣志》卷之十二有傳，《中國地方志集成・安徽府縣志集52》，鳳凰出版社，2010年，第276頁。
③ 《徧行堂集》（四）《鮑聲來以黃山游紀相示》，第338頁。
④ 《徧行堂集》（四），第338頁。
⑤ 孫鳴庵纂輯：《（康熙）吳縣志》卷之十"山"清康熙三十年刻本，第6a頁。

要的修行旨趣。

其五，歸老匡廬。澹歸曾因身體原因，一度欲歸隱廬岳，老死叢林。在《與徐健庵太史》中稱："衰年善病，脚氣方劇，瘧鬼復侵，精血愈耗，鬲噎漸作，顧此贏累，知不可久。已決意還廬山，歸死於叢林師友之手，藏骨普同，不更占檀那寸土矣。"① 澹歸曾與沈尚廬相約同游廬山，沈尚廬因故中輟，澹歸亦因入夏不便行打消此念②。在給天然和尚的信中有"許逸老爲料理結茅之地"，應是天然來信中提及爲澹歸歸隱廬山打算。但澹歸要求"不要我修造"，稱"怕見木匠之病，近來又發也"③。可見澹歸營建丹霞之後，再也不願因建構累心累名。

廬山之行未成，澹歸頗感遺憾，臨終前在《與廬山諸位大師》中稱："匡山歸老，未有結茅之資，兼欲少致内外典章，緣皆艱阻，一病淹纏，遂致不起，便不欲以後事累吾師友，今已乾净斬截，與伊結果矣。"④

此外澹歸還有歸隱林屋等地的計劃⑤。從澹歸請藏結束後對晚年生活的規劃來看，其人品在當地應得到了較高認可，是以得到多方延請；而澹歸始終不廢隱逸游歷、終老名山的夢想。雖最後未能得償所願便走完了這飽受爭議、辛苦掙扎的一生，但他性格的閃光點與缺陷、心態的堅守與掙扎却留給後人無限的思考空間。

（三）未知心事

澹歸請藏結束後，往還於嘉興、當湖、平湖、雲間、吴門、半塘，而以半塘、平湖兩地流連最久⑥。除爲歸老計外，仿佛有更爲隱秘的目的。在給好友劉焕之的信中説："弟借榻半塘，蓋有一兩椿心事未了，不可與悠悠者言之，立在十字街頭，尚未遇一個半個也。"⑦ 此心事極爲隱晦曖昧，不可輕與人言。且"立在十字街頭，尚未遇一個半個也"，又似在尋找可言之人。此中謎團實未易解。廖燕在《哭澹歸和尚文》中稱："師臨

---

① 《徧行堂集》（四），第259頁。
② 《徧行堂集》（四），第286頁。
③ 《徧行堂集》（四），第228頁。
④ 《徧行堂集》（四），第232頁。
⑤ 《徧行堂集》（四）《賀天士自丹陽來訪》，第398頁。
⑥ 《徧行堂集》（四），第259頁。《與徐健庵太史》："寄迹半塘，遂逾五月。"又《越秀集》云："杖策平湖，流連最久。"
⑦ 《徧行堂集》（四），第277頁。

別遺燕以書，欲同出嶺表，別有所圖。燕亦欲一覽中原山川與異聞壯觀，天下幽眇玄幻、可感可悟之事，以敵胸中奇偉，因大肆其筆墨，以成一代之文。會以事不果行。"① 不知"別有所圖"所指何事，廖文亦有吞吐遮掩之狀。後代研究者如陳寅恪、謝國楨、何宗美等皆將澹歸歸爲"有志於反清者"，結合此時語境，或澹歸便以化緣爲掩護，尋找有能力並堅定反清之人進行串聯？抑或此前的丹霞營建穿州撞府皆是幌子？當下無法做確切判斷，只能存疑。

二、嘉禾活動

嘉禾期間，澹歸以請藏爲主要目的，同時爲歸老打算，兼有不可爲"悠悠者言"的心事。這些目的下，澹歸行走於各地，與故交舊友聯繫，除籌措藏經所需資金、選擇歸老之地，還廣泛結識當地名流志士、文學後進，與他們詩文唱和、題跋追懷。在這一群體中，澹歸的往日記憶、故國情思被再度燃起，留下大量氣骨之作。從此時的活動中，可管窺澹歸晚年心境與生存狀態。

（一）請得藏經

澹歸在入嘉禾之後，即爲請藏經忙碌奔走，給樂說的信中記錄了籌措經歷："八月廿三日至嘉興，九月廿三日往平湖。孝山窮極，無由踐約。坐七十日，同人相助，得五十金，湊上路費，所餘以一百零七兩請得正藏矣。續藏尚須四十金，送回盤費亦須四十金，正在料理不徹也。"② 可見請藏之事亦艱難曲折。陸世楷早在康熙十二年（1673）已約定相助五十金，並令譚方蘧募於嘉興③，結果却因閑居在家窮困不能履約。澹歸輾轉周折，托鉢化緣，直至次年四月四日藏經才全部發回，終於了結一番心願。

（二）文學活動

中國古代詩歌的興、觀、群、怨功能賦予了詩文交往的工具性特質。澹歸請藏嘉禾期間，在曹溶、錢澄之、徐乾學等老友帶動引薦下，廣識天

---

① 廖燕：《廖燕全集》（上），第163~164頁。
② 《徧行堂集》（四），第234頁。
③ 《澹歸和尚丹霞日記》"十一月廿四日"條，澳門普濟禪院藏稿本。

第一章　時空節點中的士人樣貌：明清之際澹歸的生平與交游 | 99

下英才，與當地文壇宿老及青年才俊往來，文學活動頻繁。總體來説有以下幾種表現。

首先，唱和甚多。嘉禾之地距澹歸故鄉頗近，故交甚多。居此期間，少年時的故交多前來拜訪或投書相問，澹歸亦有大量詩書回應。據前文分析，杭州嘉興等地多遺民志士，與澹歸唱和之故交新友亦多爲此。因此，此際唱和作品主旨大略有三。一則追懷舊日情誼，感慨身世遭際。如《贈蕭瑞郊》跋載："瑞郊與予相識在癸未，一聞過此，亟來相見，歡喜之狀溢於眉端。瑞郊年已八十一矣，精健异常，可喜也。筧橋姜程亦予故人，亡已久矣。"① 另有《答朱望子送别詩小序》②《舊同門徐横秋孝廉先至精嚴予白當湖歸喜此邂逅有贈》③ 等二則標舉友人氣節，爲之揚名，如《姚均裳詩集序》④ 贊三十六年前故交亂世獨立，隱居自守，與天地山水往來之志。三則自我剖白，感傷身世。如《答王梅符居士》，表白出家學道的初衷及毁謗者的荒謬。⑤ 故交新知，往來甚衆，作品繁多，以至有人欲爲澹歸刻此時詩。⑥

其次，大量創作人物傳記、序跋、題畫等作品，表彰地方節烈之士及抱持高節者。如《贈吴孝廉含文》跋中贊其爲民請命，持守氣節："雲間糧差不均，大爲民累。含文挺身力請，積病始蘇。令先公殉難留都，含文没齒不赴公車。"⑦ 又《兩淮運使李玄白墓表》稱揚李忠純在萬曆間黨争中的君子氣概⑧；《米忠毅公傳》激賞南明殉國節烈志士⑨；《單質生詩序》爲遭地方官迫害的遺民鳴不平，批評清初遺民政策，追懷先朝⑩；《樹德堂詩集序》中盛贊以一人之力爲天地留元氣者⑪，不一而足。此間對忠孝節烈的大力表彰，既可看作澹歸内心壘坷不平之氣的發泄，顯示其民族氣

---

① 《徧行堂集》(四)，第169頁。
② 《徧行堂集》(四)，第79頁。
③ 《徧行堂集》(四)，第383頁。
④ 《徧行堂集》(四)，第77頁。
⑤ 《徧行堂集》(四)，第288頁。
⑥ 《徧行堂集》(四)，第440頁。
⑦ 《徧行堂集》(四)，第409頁。
⑧ 《徧行堂集》(四)，第105頁。
⑨ 《徧行堂集》(四)，第134頁。
⑩ 《徧行堂集》(四)，第85頁。
⑪ 《徧行堂集》(四)，第74頁。

節；也可看作澹歸以文字存史實，留天地間元氣的遺民情懷。

　　同時，大量題跋文字表明了澹歸的詩文觀。澹歸幼年便已文名大盛，此際又是得道高僧，文人名士紛紛請他題跋點評，以資流傳，這也成了澹歸詩文觀的主要載體。其詩文理論將在第五章具體展開，此處不贅。

　　但澹歸題跋的另一重要意義卻不容忽視，即對當時文學團體的記錄。如其《澹廬道雅題詞》中所記當湖"澹廬七子"①，在別處尚未見到。所記七子，國變後抱節自守，避居吟詠。因不求名於世，在當時已少為人知，方志中更難覓影踪。澹歸以題詞形式使這一文學群體得以保存，為文化、文學史留存一綫可循之迹，正可謂"不容光處長辭照，點與孤燈發隱淪"②。

三、嘉禾交游

　　請藏嘉禾期間，澹歸心態較之前又有較大變化，這體現在交游群體結構的改變中。穿州撞府，托鉢乞討，對被儒家浸染已久的澹歸而言，不啻一種艱難的修為途徑。他試圖通過營建丹霞，脫卻塵世之累，獲得精神解脫。然而他也知道，這一途徑甚為艱險，稍不注意便會誤入歧途。因此在《丹陽三賀小傳》後跋中說："當家化主，日在紅塵裏，與世諦打成一片，尤易墮落，非真實發菩薩願，而托之入廛垂手，此所謂閻羅未請先投到者，豈不危耶。"③晚年，澹歸對穿州撞府行為有深刻的檢視，認為托鉢化緣無益人心，只能壞人心術，並逐漸停止化緣之途。在給天然和尚信中說：

> 若乃擁堂頭之虛名，自救不了，又置之不足道矣。人心泮散，於今已極。向來相從穿州撞府者，既不束以叢林規繩，亦徒長其世間知見。忽然放出一副冷面孔，豎起兩個光拳頭，非其境界，無足怪者，然早已拼定此著，故胸中亦自翛然也。④

　　從切身體會中認識到穿州撞府修煉途徑的不足，因此決意收手。丹霞

---

① 《徧行堂集》（四），第184頁。
② 《徧行堂集》（四）《次韻答俞聖復謝澹廬道雅題詞》，第433頁。
③ 《徧行堂集》（一），第331頁。
④ 《徧行堂集》（四），第227頁。

也因此窮困①,乃至需"分雷峰之油相濟"。在聽到丹霞衆僧促新主持樂說今辯下山化緣時,更是極力反對,苦口婆心勸說:

> 丹霞向來門風做壞,務以豐足爲安,不知此間真正叢林,稀粥盞飯,一日出三五次坡,坐六炷八炷香,客來,最盛六椀菜,待客僧尤簡略,亦未聞有驕縱不守規矩者。惟丹霞僧不肯出坡,不肯坐香,不肯睡長連單,不肯奉行堂頭約束。其最可恨者,只要善知識出門化緣,自己安坐吃用,且乘正經人不在,便以私滅公,驅除异己,爲做房頭散十方張本。此皆今釋起手引壞,後來稍欲掃除,争奈老病,挣扎不來,所以負疚法門,退謝師席。惟吾弟力追先德之風,長作個住山翁,到飯碗不繼時,何妨散衆?若有不肖敗類,説澹歸當日在山上親自化緣如何若何,立刻趕下山;不守規矩,立刻趕下山。總教人議論,者個新長老不如老長老,澹歸長老有因緣,吾弟只站定脚跟不動,五年十年,門風成就,追配古人,足以挽末俗之奔競,救今釋之愆尤。其感激何可言盡耶?且丹霞積習未變,堂頭下山久,必乘機竊柄,以恢復舊日污染,到得吾弟歸山整頓,又傷鋒犯手不少矣。化緣一路,易壞學人心術。即如今釋十餘年穿州撞府,隨從諸人並無半個長進者。今釋不怨不尤,自艾自悔,蓋實實見其誤人。然當年發意,本爲老人,身爲弟子,身爲當家,猶可稍解。吾弟已居方丈職,當教人不可更蹈今釋覆轍也。②

陳說托鉢弊病,痛心丹霞現狀,要求樂說下狠心整頓丹霞,端正叢林風氣。並將自己的托鉢歸因於其師天然發意,爲盡人弟子職責,以此開解。

隨後,澹歸身體力行地拒絕人事應酬。在信中教樂說拒絕文字之請曰:

> 制臺書到山,只合令職事僧具一禀摺云:"澹歸和尚於戊午年六月出嶺請藏,至今未回,誠恐遲誤,理合報明。"則一了百當矣。今

---

① 《徧行堂集》(四),第447~449頁。詩餘中《滿江紅》十二首中有《早禾無收》《無油》《無豆》《無藥》《中秋無餅》《寒夏無衣》《無筆墨》《晚禾無半》《納糧無辦》等,當皆爲澹歸停止化緣之後的生活狀況。
② 《徧行堂集》(四),第236頁。

相尋於數千里之外，往返動踰半載，豈不勞而無功。今釋自去年得病，愈久愈深坐而待盡，不作則孤一峰遠來之意，作則不減生龜脫殼之苦也……今釋本非安靜之人，拈弄筆墨亦性之所喜。然病入膏肓，形神俱脫，一步難行，萬念俱冷。漸登前來，已是一場狼藉，所以再四丁寧，勿復相通，吾弟乃視如通套之談耳？[1]

澹歸對千里相尋的文字之請不勝厭煩，請樂說"勿復相通"。這種行爲更切實地體現在嘉禾請藏期間，爲籌得藏經經費，澹歸依然需要化緣，但亦力避穿州撞府，結識權貴，多行走於故交好友處。而在請得藏經後便一改往日面目，如《與丹霞樂說辯和尚》稱：

藏舩發後十許日，即過吳門，度夏於半塘壽聖寺。惟乞米耳，此外不開因緣之口，不投一刺於貴人之門也。[2]

不僅不開化緣之口，在友人爲其張羅引薦時亦一概辭謝。他對隱士徐鹿公解釋自己營建丹霞穿州撞府而現在不再結交的原因：

每一晤言，見兄相爲之念過切，正恐弟行時空囊羞澀耳。道人行履不但隨緣，亦須循理。弟向在粵東，創造丹霞，穿州撞府，身充化主，蓋是義所當爲。今孑然一身，相從衲僧數輩，片衣口食，秖合安分，若分外奔競即是義不當爲。今承貴鄉諸護法見愛，二時粥飯並無闕乏，素心之交朝夕往來，卒歲有約，既可踐矣。明正扁舟話別，賓主無厭，便是結緣不淺，豈可更有憂懸耶。至於太守公處，切勿再令玉峰片言相及，大抵當塗下交，古來所少，盛德至道，猶或難之。弟雖衰庸，亦有自循之理。所謂見非吾所避，不見非吾所求也。弟或無力，不能徑入匡廬，到處浪游，討得飯吃，足過一生。況望七之年，前程無幾，寧復區區。兄意氣如雲，恐弟以寂寞之嗟，作然諾之咎。此乃世間俠客所尚，彼此責成若吾儕。道人旅泊三界直是逢場作戲，必不墮此見也。幸諒其真率，寬懷聽之，切祝切祝，諸不縷縷。[3]

強調此前穿州撞府的目的在於營建丹霞，並不爲己，是以丹霞完成便

---

[1]《徧行堂集》（四），第236頁。
[2]《徧行堂集》（四），第235頁。
[3]《徧行堂集》（四），第291頁。

歇手，謝絕徐鹿公擔心其空囊而歸，爲之推薦當道的好意。

在當道主動下交時，澹歸亦婉言拒絕。僑居吳門期間，魯謙庵太守主動結交，並與徐乾學等爲其謀淨室歸老，澹歸辭謝：

> 寓錫貴治，而未敢晉謁，蓋不欲以物外閑僧煩邦君之酬應也。農山侍御傳語下交雅意，亦復逡巡，未敢遽前。向苦脚氣，近患脾疾，衰羸極矣，宰官多冗，不欲以龍鐘之狀候見公府，爲世間傳笑，此亦懶拙自便而已。復聞有以緣册奉干者，益爲傍皇裹足。此册健庵太史欲拉吳門同好相留住靜，弟決計去吳門，即囑首事之友，置此册無事甲中，乃於此地不相謀而相潰，殊乖本念。頃受黄山之請，現成院子，不費經營，豈可復借健庵之重言，作結茅之妄語，騙違因錯果之緣，造欺已欺人之罪。伏請道翁一筆勾却，永斷葛藤，始爲相愛相成，是我真心護法耳。①

澹歸稱之所以不去晉謁拜見，一則內外有別，不願增加當道者應酬，二則自己身體極差，以龍鐘病態見官長恐爲世間傳笑。對比此前營建丹霞期間的行爲，於此更像借口。當聽説爲其募建淨室的緣册已送至太守處，更不欲前往相見，並請將此事一筆勾銷。

不相見，不化緣，不求取，是澹歸請得藏經之後的狀況。"藏願既完，即放出舊日迂板面孔，不似做化主之圓融，以此到處落落難合，却以此自喜也。"② 此種"自喜"很難説不是解脱之後的愉悦，返歸本願的自在。雖然這種態度使其極窮，以至端午"無錢買角黍，一行人遂不解糭"③，但內心是坦然而從容的。從晚年對當道態度的陡然轉變中，可見他對應酬的反思與厭倦。

總體上看，澹歸晚年的反思一定程度上是對丹霞僧衆濡染化緣習氣的失望與擔心，還有對自身境況的反思與懺悔。因此，請藏嘉禾之際，特別是請藏結束後，往來者多爲故交好友與遺民群體，以及文學上頗有造詣者。吳天任梳理澹歸年譜後稱："請藏緣畢，所與游談之友好，常見於詩文中者，約計有陸孝山、陸亦樵、周青士、徐健庵、朱公是、龔硯石、姚

---

① 《徧行堂集》（四），第267頁。
② 《徧行堂集》（四），第239頁。
③ 《徧行堂集》（四），第338頁。

彥昭、張如三、王大席、路蘇生、濮澹軒、徐充伯、錢飲光、張會留、陸筠修、汪周士、李竹西、李至西、王寅旭、汪子倬、汪魏美、沈尚盧、魏友讓、顧輝六、吳孟擧、吳可黃、徐用王、夏來雍、林天友、袁重其、高澹游、陸話山、俞鹿林、徐子慶、周賀谷、汪晉賢、張穎堅、悦可上人、證十禪友。"① 考察這些人之生平及與澹歸關係，大致可將交往群體定位爲故交好友、文人雅士、隱居高士三類。三者間有交集，但從交往群體的變化可見澹歸此間心態變化，即逐漸摒弃當道，向遺老群體和文學隊伍回歸。

（一）故交好友

身爲杭州人，澹歸在嘉禾地區故交頗多。陸世楷、曹溶、錢澄之等皆爲澹歸早年好友，徐乾學亦在早年赴嶺南時前往珠江造訪澹歸。澹歸此次出嶺請藏，亦與此輩聯係最多，其中與曹溶的交往值得一提。作爲仕清貳臣，曹溶身份遭際頗具代表性。通過對二人交往的考察，可窺澹歸對出仕清廷故友的態度。

曹溶（1613—1685），浙江秀水（今嘉興）人。明崇禎十年（1637）進士，考授御史。明亡事李自成政權，降清後歷任河南道御史、順天督學、太常寺少卿、户部侍郎、廣東布政使等職。因與陳之遴"同年相善"，坐"黨陳"降爲山西陽和道，補山西按察副使，備兵大同。裁缺歸鄉後薦舉博學鴻詞試不應，薦修《明史》亦不赴，終老林泉。任職期間屢次上疏建言，於官制、屯田、鹽法、錢法規制頗有見地，並積極修造地方工事，護衛一方。② 同時肆力於文章，家富藏書，工詩、詞。詩與龔鼎孳齊名，世稱"龔曹"，詞爲浙西詞派先河。著有《静惕堂詩詞集》等，精於小簡，有《静惕堂尺牘》，時稱江東獨步。③

曹溶與澹歸爲鄉試同年，當早已相識。國變後各自選擇不同，再次相見，經歷與遭際各異的二人既有故友的深情，又有因身份而生的微妙心理。是遺民僧與貳臣相處的典型。

---

① 吳天任：《澹歸禪師年譜》，第126~127頁。
② 中國文史出版社編：《二十五史 卷15 清史稿》（下），中國文史出版社，2003年，第2347頁。
③ 李衛修，沈翼機纂：《（雍正）浙江通志280卷》第6册卷一百七十九，臺北華文書局，1967年，第2993b頁。

早在順治十三年（1656）出任廣東布政使期間，曹溶便與澹歸聯絡，此後數年書信往還，音信不絕。通信初澹歸有《寄曹秋岳方伯》，以"黃蕉丹荔隨時熟，白石清泉不見猜"開誠布公地表態歡迎故友，並不因其仕清而有所猜忌。曹溶得書作《得澹公書二首》，慨嘆澹歸南明遭際，稱贊其氣節風骨，同時隱隱流露出自身對前朝的悔恨與愧疚①。

曹溶在嶺南期間與澹歸往來頻繁，情感密切，常與同年萬泰一起造訪澹歸。② 有相似經歷與遭際的人在一起，更能理解彼此内心的傷痛。澹歸《題册贈范文逸》中提及："憶曹秋岳曾云：'我與師猶是三十年前人。'傷哉！"③ 又在《長安夢說爲盧長華少參贈別》中回憶："曩語曹秋岳云：'譬如人做了一個夢，醒了時曉得是個夢，却說不得不曾有這個夢。'"④ 可見二人常感慨鼎革帶來的痛楚，抒發國變的感傷。

曹溶仕途坎坷，常有消極歸隱之志，澹歸多次開解勸導，如《慰秋岳》云：

> 不妨執政三遭已，若到除書九轉難。（秋岳頗好玄門，借用白傅忠州事。）去國無詞山獨老，窮民有淚海俱寬。端州石少歸舟駛，沉水香疏半臂寒。遮莫野僧潭上月，年年只自倚闌干。⑤

勸其以憂患中的百姓爲念，勿輕言歸隱，並借"端硯"典故贊其清廉，暗合曹溶愛好端硯之癖，體現兩人的互相了解與熟稔。

曹溶離開廣東時澹歸有詩送別，回憶二人在嶺南的相處時光，同時爲故人"跌宕才名易，升平氣數艱"鳴不平⑥。曹溶至山西爲官，澹歸寄書問候，曹溶在《答澹公》中吐露内心痛苦，傾訴遭際，表思念與挂懷。

澹歸到嘉禾請藏，曹溶欣喜地作《喜澹公自粤東至六首》相迎。澹歸亦高興地說："許多歡喜重相見，又向春風識歲寒。"⑦ 請藏期間，曹溶數

---

① 曹溶：《靜惕堂詩集》卷十九，《清代詩文集彙編45》，上海古籍出版社，2010年，第361b頁。
② 《徧行堂集》（三），第463頁。
③ 《徧行堂集》（一），第413頁。
④ 《徧行堂集》（一），第36頁。
⑤ 《徧行堂集》（二），第465頁。
⑥ 《徧行堂集》（二），第393頁。
⑦ 《徧行堂集》（四），第372頁。

次過訪①，甚爲相得。藏經尚未完成，便爲澹歸籌劃净室歸老②；又推薦他入住黄山。澹歸感激道："好友相携丘壑深，聞聲見色總知心。"③

從二人詩書唱和應答中，可見他們的情感互動大略集中在唏噓感慨彼此身世遭際，互相安慰鼎革帶來的傷痛，關懷體貼彼此生活狀態幾端。

作爲貳臣，曹溶的仕途實際並不順暢，由明入清後，在滿漢微妙關係中處於被懷疑、受壓制的境地，其經世才能難以施展。再加上仕清帶來的愧悔，後半生多生活在壓抑悲憤中，期待被理解。同樣經歷了鼎革，且以僧人身份遠離朝廷的澹歸對曹溶的接受給了曹溶極大的心理安慰。而在澹歸的觀念中，百姓的安樂高於個人的名利，他並不反對有才華者以濟世救民與實現自身價值爲目的出仕。在當時苛刻的遺民輿論環境中，曹溶能有澹歸這樣既具有共同的家國情懷，又能理解其選擇與處境的朋友，是難能可貴的。

除曹溶外，前來造訪和書信往來者頗多，如李竹西④、姚均裳⑤、陳階六⑥、徐充伯⑦、吴可黄⑧、程唐侯⑨、顧介石⑩等，多爲澹歸四十年前好友，且在國變後大都選擇歸隱。另有好友陸世楷、徐乾學等相訪話舊，再叙當年情誼和世事遭際。

(二) 文人雅士

除請藏之外，詩文結交爲澹歸此時另一重要活動。尤其居吴門、雲間期間，唱酬詩頗多，鈕南六一度欲刻其吴門詩。⑪另《徧行堂續集》中録此時諸多詩文序跋，爲澹歸此際文學活動留下了綫索。澹歸游走於嘉興、

---

① 曹溶有《同天友、超然陪澹公飯興福庵，用超然將字韻三首》(曹溶：《静惕堂詩集》卷二十四《清代詩文集彙編 45》，第 402b~403a 頁。)，澹歸有《次韻秋岳邂逅澹軒過半塘共飯》《秋岳有興福茶集詩，用張超然將字韻次答》[《徧行堂集》(四)，第 356 頁]。
② 《徧行堂集》(四)《與曹秋岳侍郎》，第 257 頁。
③ 《徧行堂集》(四)，第 414 頁。
④ 《徧行堂集》(四)《李竹西詩序》，第 64 頁。
⑤ 《徧行堂集》(四)《姚均裳詩序》，第 77 頁。
⑥ 《徧行堂集》(四)《答陳階六參藩》，第 256 頁。
⑦ 《徧行堂集》(四)《武林徐充伯過訪壽聖，話四十年重見之緣，且出舊時墨迹相示》，第 394 頁。
⑧ 《徧行堂集》(四)《訪吴可黄於語溪》，第 390 頁。
⑨ 《徧行堂集》(四)《程唐侯自武林來訪告歸却贈》，第 381 頁。
⑩ 《徧行堂集》(四)《訪顧介石不值却寄》，第 409 頁。
⑪ 《徧行堂集》(四)，第 440 頁。

當湖、平湖、雲間、吳門、半塘期間，與地方名人碩彥往來頻繁，諸多文學名宿紛紛請澹歸爲其詩文集作序，如濮澹軒、吳孟舉、沈友聖、唐潔庵、王農山等。澹歸亦積極爲文壇表彰才俊，既大力稱頌文苑名士，又不廢對後進的推重闡揚。

以濮澹軒爲例，濮氏名淙，桐城人，於吳地賣絲爲生，耽詩好友，爲人不俗，在嶺南影響頗大。① 澹歸早已聽聞其名，云："詞家老手，聞有桐豁濮澹軒。過吳門始見之，年七十八矣，俊邁猶四十許歲也。"② 並極推重濮氏性格豪邁俊爽，廣交天下，不屑與市中小兒爭利，僅取糊口之費。③ 且認爲僅詩序難以表達對濮澹軒傳奇人生的記錄，"我昨爲翁作詩序，意有欲行手不住"，又滿懷熱愛地作《梅涇老叟歌答贈濮澹軒》，歷叙濮澹軒自幼之奇特遭際，表相見恨晚之意，可視爲濮澹軒生平傳記。濮澹軒亦有爲澹歸所作之詩，是以澹歸稱："翁爲我歌我亦歌，依然窮鬼連詩魔。"④ 二人往來頻繁，時常在澹歸屋中共飯⑤，可見雖相識不久但情感親密。

澹歸又與宋詩派代表人物吳孟舉交往頻繁。吳孟舉名之振，石門人，被稱爲康熙間石門詩人之最。其《黃葉村莊詩集》被稱寢食宋人，得宋人神韻。有《宋詩鈔》一百六十卷，爲首部宋詩選集，奠定了清代宋詩派研究的基礎。其人居鄉樂善好施，多有義舉⑥，當時已頗有影響力。澹歸《吳孟舉詩集序》盛贊其才識："孟舉之識，不爲今人所誘，亦不爲古人所凌，其量不爲近之時地所囿，亦不爲推而前却而後之時地所動，是故寄意於毫素，不憚唐以上，不輕宋以下，不襲衣冠於經史，不降格於里巷，不腐落於秋實，不剪綴於春華，斷然自見。"⑦ 此種落落獨立、不唯古人、不落時俗的品質正爲澹歸所倡，因此二人一見如故。澹歸游吳孟舉黃葉村後，有《黃葉村莊茶集呈孟舉》，贊美吳孟舉營建之園林。並在吳氏贈送

---

① 沈南疑：《檇李詩繫》卷二十六，《歷代地方詩文總集彙編188》，國家圖書館出版社，2016年，第327頁。
② 《徧行堂集》（四），第75頁。
③ 《徧行堂集》（四），第75頁。
④ 《徧行堂集》（四），第333頁。
⑤ 《徧行堂集》（四），第356頁。
⑥ 阮元：《兩浙輶軒録》卷五，《歷代地方詩文總集彙編152》，國家圖書館出版社，2016年，第637頁。
⑦ 《徧行堂集》（四），第68頁。

《宋詩鈔》後感謝稱："紛紛耳貴三唐體，別眼誰將兩宋看。"① 盛贊他獨具"別眼"，發揚宋詩。澹歸非常珍視這本詩鈔，去世之際鄭重送於師兄阿字和尚，請其收藏閱覽。②

此外，澹歸還與李灌溪、李如穀、王農山、沈友聖、沈雪峰、黃辛子、張超然等文學名士往來，爲之詩文序跋；另學界後進如金子弢、俞鹿床、沈客子等也紛紛來訪，得澹歸贈序，受到推許鼓勵。

（三）隱居高士

此間，澹歸過從多持節隱逸之輩，廣泛訪求高節遺老，互訪往來，以見澹歸對此輩的心許與情感親近，及向遺民隊伍靠攏的願望。

澹歸與隱士的交往首先表現爲對隱逸志節的旌揚。如在《唐潔庵八袠壽序》中稱："世當減劫，物少兼福，先生傷心於易代之事，歲當貢，棄不就。於是閉功名之門，終身於貧士，而僅得此壽，則予見夫世之有功名者之多不壽也。"③《李微京六十壽序》中稱："予游檇李，檇李人爲言李先生微京，蓋學仙，云微京天才英絕，擅場藝苑，抗節不仕⋯⋯教子弄孫，不事王侯，其所交皆牆東辟世，或逃於空谷而不返者，則隱君子耳。"④ 又《王雲外詩序》："先生古之逸民，能文善畫，膏肓丘壑，痼疾烟霞，若將終焉。然當兵燄日熾，則聞風聲而思特起，條上便宜，慷慨奮發，卒不見用，浩然而歸。未幾，北天柱折，痛憤成疾且死，屬寅旭以皇明處士表其墓石，蓋有烈士風。其詩不走平熟，磊砢英多，則荊卿之歌，高漸離之筑，如從燕市遺音，九山海水欲立，亦詩之俠也。"⑤ 對遭亂而"閉功名之門""抗節不仕""有烈士風"者大加稱贊。

此外，澹歸對歸隱而依然心憂天下者極力稱賞，如《李灌溪侍御碧幢集序》中稱贊其隱居而時刻心憂天下蒼生，爲乾坤留正氣的情懷。這與澹歸的價值觀若合符契，是以得到他的極力推重。⑥

大致而言，澹歸與隱逸群體互相欣賞，並最終在這一群體中覓得歸屬

---

① 《徧行堂集》（四），第390頁。
② 《徧行堂集》（四），第231頁。
③ 《徧行堂集》（四），第31頁。
④ 《徧行堂集》（四），第28頁。
⑤ 《徧行堂集》（四），第73頁。
⑥ 《徧行堂集》（四），第73頁。

感。然而，此群體中也不乏因其爲僧時交接權貴而詰責詬病者。流寓吳門期間，著名遺民巢端明便曾寫信相質，使澹歸頗爲介懷，作《答巢端明孝廉》回應其指斥，後再作《楚詞四章贈巢孝廉端明》來辯白心迹，試圖洗雪對其名節之指斥。

總體來看，對澹歸而言，請藏既是其營建丹霞心願的一部分，又是對營建丹霞別傳全無私心的自證，更是其一瓢一笠，浪迹名山大川夢想的努力。請得藏經後，澹歸漂泊此間，在嘉禾故交好友的幫助下爲歸老計。曾有入黃山、歸廬山、駐錫此間等打算，然計劃未行，便在好友陸世楷東園去世。

流寓嘉禾期間，澹歸與地方文章名將、隱士高人往來，詩文活動頻繁，並大量撰文表旌忠孝節烈義士，推行教化，然不交接當道，清苦度日。此外，行迹亦頗有隱晦處，似有意隱瞞，不能具知。

澹歸晚年行爲表現爲向遺民標準的回歸，然若單純以遺民群體標準來定義其晚年行迹，又過於簡單。澹歸本就頗爲鄙視奔競與鑽營行爲，托鉢營建是其對佛法修證途徑的嘗試與實驗，對營建丹霞抱有實現人生價值與精神解脫的雙重期許。然而澹歸晚年對化緣行爲的痛恨，宣告了這個實驗的失敗。遵從內心聲音，回歸遺民隊伍，是澹歸晚年的情感抉擇。

小　結

作爲明末文化環境中出身於中下層的士人，澹歸身上既有作爲士子的普遍特徵，又有明顯的時代特徵及地方文化烙印。教育的薰陶，杭州地區晚明心學、性靈思潮的餘緒，社團參與政治的熱忱，皆對其產生了極大影響。政治上，澹歸抱持經濟才能，對自己期許甚高，想要一展抱負，拯世救民；同時，受晚明士論推許的直諫、死諫精神鼓舞，其形成以正道自許，守正而疏於變達，抗顏直諫而闊於事理，律己嚴苛且不容人小過的性格。文學上，澹歸提倡獨創與反映真自我，反對因襲模仿苟同時俗。個性上崇尚豪俠，仗義敢爲，濡染江南名士習氣，狷狂不羈。這些性格特徵很大程度上決定了澹歸一生的命運。遭逢國變而失却施展才華場域的精神苦悶，南明朝廷摧折與政治迫害留下的身體殘疾，弃家奔赴國難留下的愧疚與無奈，都讓其一生難以釋懷。

出家後，他試圖通過佛法的參證和領悟來尋求精神解脫的門徑，因此積極參與佛門事務，托鉢化緣，營建丹霞，乃至開堂講法。浮沉於佛法世法之間，嶺南的佛門生活是其尋找精神依托與人生價值的途徑。嘉禾請藏是澹歸晚年思想行爲的集中體現。從行爲到交往群體，乃至詩文風格都呈現一定程度的變化。通過對以前行迹的反思，澹歸最終得出化緣"壞人心術""並無半點長進"的結論。隨即歇心，避免與當道結交，以隱名山終老爲念。

總體而言，澹歸作爲此一時期由儒入釋之遺民僧，一定程度上體現出這一群體的共同特徵，但同時又有個人的性格特點。作爲遺民，他缺少王夫之一樣的堅守與樂觀，因此將苦悶寄托於佛門；作爲僧人，他缺乏像天然一樣的佛法修爲與不著世相，掙扎於儒佛之間。然而，他的仗義執言、不避禍患、堅守正義，爲朋友、爲故國捨身取義的無畏精神令人贊嘆，濃厚的民族氣節值得稱許。在決定將佛法作爲修證途徑時，他全身心投入佛門之中，不懼世議，堅守本心。更重要的是，他將真儒精神與徧行菩薩道精神結合，雖出世而不與萬物交疏，時刻挂懷民生，捨却自身名節爲蒼生計。可以説，正是澹歸性格中的缺陷和閃光點，使他成了一個真實而不同尋常的人。

第二章 多重身份下的人格雜糅：遺民僧澹歸的思想與心態

作爲明末清初由遺民而僧人的個例，澹歸的思想與心態典型而複雜。在他身上，既有此時遺民僧共同的家國情懷，又有自身遭際及個性心態下的獨特之處。

整體而言，澹歸一生以南明永曆朝"梧州獄"爲界，情感與心態發生了較大變化。從身份上看，他從一個純粹的、具有擔當意識的明代官員轉變爲佛徒；就思想上來說，從一貫秉持的儒家進取精神走向佛教的空無；從心態上講，從前朝道義自任之士淪落到新朝處處謹慎之遺老。然而，身份的轉變僅僅意味著外在的變化，是在當時特殊環境下的選擇，其內在的精神變化是一個長期而漸進的過程，且在這一過程中，有些思想隨時況世況而逐漸變化，有些却始終未曾改變。本章從澹歸思想在法緣與俗緣之下的挣扎，對儒、佛兩家教義的對比和融合，借佛門施展抱負的建功利生觀等角度來展示他矛盾複雜的心態。

第一節　法緣俗緣：由儒入釋的變與不變

永曆五年（1651）澹歸退出南明朝廷，隨即遁入佛門，完成由儒入釋的身份轉變。之後的歲月，他就生活在對人生意義的重新建構和對過往傷痛的緩慢消解中。他將向佛作爲獲得精神解脱的途徑，真參實究，通過托鉢化緣等方式去除我執。三十年的佛門生涯使他對佛法有了更深入的體悟，成爲得道高僧。然而，浸潤他三十餘年的儒家大義對其有根深蒂固的影響，即便已得法悟道，骨子中諸如名節觀、夷夏觀、隱逸觀以及對當世秩序的維護並未在根本上發生變化。這是他遺民而僧人身份的獨特思想與心態，更是亂世佛門獨有的文化風景。

一、名節觀

廖肇亨認為，集毀譽褒貶兩端於一身，最具爭議性的逃禪遺民莫過於澹歸今釋①。在澹歸身上，"名節"一詞始終是爭議的焦點，目前學界關注最多的莫過於對其志節的探討。事實上，毀譽褒貶是來自外界的評價，是對澹歸的接受性解讀，其標準亦隨時代及個人而變化，難以統一。而澹歸自身如何看待名節，前後觀念有何變化，變化原因何在，受外界言論影響幾何，尚需從其自身言行出發予以解讀。

事實上，身份轉變與佛法浸染、現實環境規限下的拯溺之志乃至遺民語境中的名節批評，都對澹歸的名節觀產生了一定影響。因此，以出家為節點來觀察其名節觀前後變化脈絡，進而分析促其名節觀變化的因素，當是較為科學的。

（一）出家前的名節觀

出家前的澹歸對名節極為重視。從其《嶺海焚餘》中的部分奏章便可見他對名節的耿耿。列舉如下：

> 臣雖一介，志存名節。憶當筮仕之初，見先臣黃道周論楊嗣昌，根本已壞，節目何施。臣讀其言，每為嘆服。（《再請終制疏》）②

> 君子卷石以避不肖之名，小人必攘臂而爭不肖之利。則國家污隆，人才消長，分於是矣。臣雖愚陋，亦當為一身愛此名節，為言路守此紀綱。豈容混迹披垣，復為忠臣孝子所笑。（《終請守制疏》）③

> 臣性至戇，遇事即發，不能一刻待；臣性至躁，意有不快，如在沸湯焦火之中，不能一朝居；臣性至絜，不受人一語輕薄，辱臣品行，如撻之市朝，摘臣心膽，不能一日苟活。臣為吾騶所污衊而靦顏署印，豈復有人理哉？凡人苦欲為官，下者求利，中亦求名。臣半生

---

① 廖肇亨：《金堡之節義觀與歷史評價探析》，《中研院文哲研究通訊》，1999年第4期，第95～116頁。
② 金堡：《嶺海焚餘》，第17頁。
③ 金堡：《嶺海焚餘》，第22頁。

第二章 多重身份下的人格雜糅：遺民僧澹歸的思想與心態

自愛，仿佛中人。五載無家，孑然塊處。衣服飲食，皆故人所周恤，而掌印以來，工食紙劄，多方稱貸，極窮之官，爲印所累，極熱之印，遇臣而冷，有何可戀，必欲踞之？吾驫以小人之心度君子之腹，妄意此中或可啜汁，旁猜元汁恨不分甘。聽之可羞，言之可鄙。吾驫死不出内閣，臣生不入兵科。人品不同，行藏各異。(《再辭印務疏》)①

位無尊卑，不謀而合哉。夫犬馬猶知故主，匹夫匹婦尚矜名節。乃有累朝元老，漏盡鐘鳴，而獨拜虜廷，深相結納。……於腥風膻雨中，極膏腴清華之秩，爲堵閑壟斷之謀。(《獎忠討逆疏》)②

言辭激烈，以噴湧的氣勢展示其光風霽月、磊落剛直的個性，大有粉身碎骨全不惜，要留清白在人間的架勢，屢屢剖白自己"志存名節""矜名節""半生自愛，仿佛中人"。

事實上，澹歸也確實嚴於律己。立身朝廷，不務營求，"工食紙劄，多方稱貸"，可謂窮極；王夫之《金堡列傳》記載，澹歸從隆武政權出來後，爲避清而躲入辰沅山中，斷然拒絕當道戴國士慕名之請，自稱"無路之人金堡"，展示其斷不可屈之志；永曆朝入詔獄，仿楊漣、左光斗獄故事，"諸刑並施，公刑尤獨酷，大呼二祖列宗，齦血冲脊脊，幾死者數四，碎磁甌出血復蘇"，雖極刑而不屈③。謝國楨評價永曆朝黨爭時説："在這兩黨之中，要算金堡最有名節，他不顧一切，敢於發言。"④ 而之所以能毫無顧忌地指摘時弊，抨擊奸黨，上疏屢陳恢復大計⑤，前提便是其自身言行標準的整潔修飭，沒有把柄。

可以看出，出家前澹歸以道義自任，不僅用名節觀來要求自己，還以此來規整他人，多方參劾大臣，不畏權貴，置生死於度外，心繫朝廷安危，極具儒家用世勸世情懷。因此，史家稱這一時期的澹歸"大節多有可觀"，無可挑剔。甚至他的出家抉擇也多受生存環境下對名譽節操珍視心態的影響。

---

① 金堡：《嶺海焚餘》，第63頁。
② 金堡：《嶺海焚餘》，第7頁。
③ 王夫之：《船山全書》第11册，第527頁。
④ 謝國楨：《明清之際黨社運動考》，遼寧教育出版社，1998，第78頁。
⑤ 徐鼒：《小腆紀年附考》(下)第十六卷，中華書局，1957，第602頁。

（二）出家後之名節觀

出家後，澹歸欲通過對佛法的參證尋找精神解脱途徑，因此著力於佛法體悟，身體力行於佛門修爲。長期以來對佛法的理解與涵攝，使其思想逐漸發生了一定的變化。

初入佛門，澹歸懷著家國悲憤，抱持前朝留下的身心創傷，寄迹佛門，想借佛門靜地療傷。參雷峰天然函昰門下之初，澹歸的交接對象多爲遺民，極少與新貴往來。雖皈依佛門，却仍不能盡脱儒者習氣，投奔天然函昰亦與其由儒轉釋的身份及"以忠孝做佛事"的行禪方式相關。因習氣難除，在相當長的時間内澹歸並未悟道。

營建丹霞是澹歸尋找佛法"入處"之途，又是他實現個人價值之徑。因此"側足戎馬間，屢瀕危殆，經營五載，寺甫成"①。營建所費皆靠化緣得來，而穿州撞府的結交恰是對門墻峻巨者去除我執的極大挑戰。於澹歸而言，唯一可以吸引或回報施主的便是其盛名下的才情，因此文字上的送往迎來必不可少。此間澹歸最爲人指責的，除佞佛化緣外，是與尚可喜的交往。《元功垂範》的編次與尚可喜死後所作《上尚將軍》是批評者指摘澹歸諂媚尚可喜父子的罪證。佞佛化緣、交接權貴，在當時乃至後世看來，都是作爲遺民無可辯白的失節。而澹歸自身亦有一番激烈的挣扎，這從他對結交平南王的抗拒，對遺民批評的感傷中可以窺見。

首先，對編修《元功垂範》一事，澹歸給三個人的信中有所提及。在給天然的信中説："頃爲平南相延，有筆墨之役。筆墨非道人事，然一生落在筆墨中。意復以此不魑不魅之局，置此不魑不魅之人，又且聽諸造物。"② 在給陸世楷的信中稱："官書雖已効勞，遣人諭指欲設絳帳以待，然金道隱猶可賣，澹歸却不可賣也。"③《與栖賢石鑑覬和尚》其十五中有："初秋赴平南之招，吃官飯做官書，十月還山，雖千波競湧，而一塵不染也。"④ 又在十年十月還山示衆時説："往往來來，成得個什麽事？道隱賣身賣得去七分，澹歸賣身賣不去七分，者邊三分搭在那邊，那邊三分

---

① 徐自强：《中國佛學文獻叢刊　中國歷代禪師傳記資料彙編》（中），第639~641頁。
② 《徧行堂集》（二），第104頁。
③ 《徧行堂集》（二），第226頁。
④ 《徧行堂集》（二），第118頁。

搭在者邊。"① 從以上四則材料可知，其一，澹歸對此事非常介懷，知道會陷自己於尷尬境界，却無可奈何；其二，他拒絕尚可喜留住的邀請，稱"澹歸不可賣"，是守持志節的表態；其三，在與友人信中表白稱，雖然去爲官書效勞，但内心却一塵不染，了無挂礙；其四，將赴召看作自己習氣未盡的表現，有一定程度的自責。

可見澹歸雖表現出不甚挂懷之意，然實際亦自知不妥，因此在給金公絢的信中要求："此書前列撰人姓氏，只借重尹瀾老。蓋於冠蓋一堂之中，忽出一破衲頭、爛蒲團，恐不相稱，非有他意。若須與王説明，吾兄先爲一道此意。"② 前後對照，可見其爲平南王作年譜的不情願。

吴天任在《澹歸禪師年譜》中質疑此事稱："此確爲禪師污點，但難道有其不得已之處？"③ 其不情不愿却不得已爲之的原因從其《上尚將軍》中亦可見一斑。澹歸説："況今釋空門三世，結宇長城；倦翮半枝，移蔭廣廈者也。"④ 尚可喜崇信佛法，曾延請澹歸師祖空隱道獨，又與其師天然函昰有所往來，澹歸自然難以避免與之往來酬應。平南王去世後，澹歸給師兄阿字的信中流露出爲難之意："平南致祭，非貧人所及，今遣監寺行禮，既已後時，又不親往，幸吾兄善爲吾解也。"⑤ 由此可見其作《上平南親王》哀悼尚可喜的身不由己，且可推知作《代壽平南尚王》《壽平南尚王》的情非得已。

其次，澹歸對遺民批評頗爲介意，多辯解與自傷之作。當時，批評澹歸的人已不少，著名遺民陳㒒⑥、巢鳴勝⑦等皆曾寫信質問，澹歸亦有回信辯解，稱其所作所爲符合出世間宗旨，反對以儒家標準來規框佛家行爲，並常有自勵之句如"我不凌風逼霄漢，腳跟豈受眼光饒"⑧ 等，展示出爲佛法大義而堅持自我的無畏。然而，澹歸這種不屈多表現在口頭上，作品中大量自白感傷之作却暴露了他對此事的介懷。如其爲修怨者所發之

---

① 《徧行堂集》(三)，第371頁。
② 《徧行堂集》(二)，第195頁。
③ 吴天任：《澹歸禪師年譜》，第92頁。
④ 《徧行堂集》(四)，第251頁。
⑤ 《徧行堂集》(四)，第230頁。
⑥ 《徧行堂集》(二)，第294頁。
⑦ 《徧行堂集》(四)，第281頁。
⑧ 《徧行堂集》(三)，第128頁。

《偶題》三首①：

　　熱瞞人自堪從宧，冷抝僧俱説住山。只可老隨無肉瘦，不須死逐采薇頑。半癡半點乾坤窄，全假全真夢覺閑。直得雙瞳寒似雪，插天峰在白雲間。

　　甘泉底見爲爭汲，櫟社枝長只忌才。未得負嵎原是虎，不教入水更成龍。設身處地容人錯，反古於今及此灾。會讀陰符休刺股，十輪一劍舌中來。

　　十年筆舌誰藏怒，此日干戈我未驚。雀到冬俱投作蛤，鳩當春莫想爲鷹。緇衣懶不蒙黃甲，青瑣污休釘白丁。海在屍邊錫在手，可知綫脚斷風筝。（偶爲修怨者發，噫！古佛過去久矣。）

感慨世人評判方式狹隘，不能設身處地地思考自己所處環境的艱難，唯有妄加之議；同時流露出境遇之傷，遭遇不偶之痛，悽悽之態，足見外來評價對其心態造成的影響。

另在《四書義》中作《西子蒙不潔》篇，借西施所遭評價自謂："西子蒙不潔，豈西子之所本有哉！妒西子者，以蒙不潔爲快，愛西子者，亦以蒙不潔爲諱，不知西子者，遂以蒙不潔爲常，西子從此無怨詞矣。夫人情尚嚴，則掩鼻而過之，亡足怪者。使有人焉，稍一通善善之懷，以爲此故昔日之西子也，蒙不潔者非西子所本有，則西子非蒙不潔者所本無，奈何以本無弃其本有哉？"借以描繪當時不同關係下人們對他的迥异態度。並將論調指向"人嚴於西子，天寬於惡人，蓋善善欲其長，惡惡欲其短者，天之道也"②，傷感於當時嚴苛的士議③。

到了晚年，澹歸更對當年穿州撞府等有損志節之事有一定反思。在給師友的信中均提到"化緣一路，最易壞人心術"④，並就此斂迹，拒絕再結交化緣。在《答自破監院》中數落稱："無穀可糶，無緣可化，叢林澹薄，不足爲恥，惟逼得堂頭下山行乞，爲可恥耳⋯⋯新和尚主張法席，不

---

① 《徧行堂集》（三），第84頁。
② 《徧行堂集》（二），第29～30頁。
③ 趙園：《明清士大夫研究：作爲一種現象的遺民》，北京師範大學出版社，2014年，第85頁。
④ 《徧行堂集》（四），第236頁。

得望其措處錢糧,須知老僧所爲,是在老和尚座下做當家,做弟子事。萬勿顛倒欺心,將善知識做個化主看待。"① 又在《與栖賢角子蚓和尚》説:"十一來,却又硬差排作丹霞化主,天下無不散底筵席。不可離了丹霞,常將一條繩子吊住也。仔細思量,澹歸是銅板刊定一名化主,除却化主,更無絲毫用處,向來頗亦甘心。然老了病了,亦須討個長假。"②

此外,又常在故交好友信中訴説自身當年的無奈:

> 弟衰病之餘,料理丹霞,任勞任怨,勢不能支,得樂説晨夕相對,稍有生人之樂,出世拈香,聊以結老人付授公案,自顧初心,每每失笑,夢幻之影,且復聽之耳。③

稱開堂説法等皆非其初心所願,僅爲完成天然之命。初心具體何指,當即僅望通過隱居避世及佛法安頓内心難以排遣之憂慮。

晚年請藏嘉禾,故友前來相訪時,面對持節友人,澹歸亦流露出内心的無奈和蒼凉。如其《高公武公有過訪》所述:

> 纔説家書抵萬金,可憐佛法欠人情。故鄉有一知誰是,客路多歧各自行。仁義道中君擅德,聖賢籍上我除名。爲言山頂閑田地,浩劫抛荒苦未耕。④

對故鄉的牽掛,對名節不終的傷感,身世遭際的無奈,皆流淌其中。

最後,澹歸去世之際臨終偈中對一生尷尬處境的回顧,最能窺見他的心迹:

> 入俗入僧,幾番下火,如今兩脚捎空,仍舊一場懡㦬。莫把是非來辨我,刀刀只斫無花果。⑤

蔡鴻生《清初嶺南佛門事略》中解讀此臨終偈稱:"'一場懡㦬'來自宋代《碧岩録》的一場禪宗公案,'懡㦬'是梵文 mura 的音譯,意爲'羞愧'……'無花果'似非實指,也許只是'果'的泛稱,另有寓意。所謂'刀刀只砍',即斷,'斷果'也就是斷除生死苦惱的果報。……這位

---

① 《徧行堂集》(四),第249~250頁。
② 《徧行堂集》(四),第237~238頁。
③ 《徧行堂集》(四),第231頁。
④ 《徧行堂集》(四),第48頁。
⑤ 《徧行堂集》(四),第171頁。

六十七歲的老和尚，在臨終之際，回顧自己出入於僧俗兩界，游移於是非之間，愧從中來，倒是相當符合他的矛盾性格的。"①

蔡鴻生對澹歸臨終心態的把握相當準確。"刀刀只斫無花果"與上文的"莫把是非來辨我"聯繫起來，則更像是對後人毋妄批評的囑托。"花"更類似於對高節令名的追求，"果"則更像是對現世秩序的建構與安頓。澹歸捨棄對浮名的追求，轉而借助佛門來實施切實有利蒼生之事，本身便像無花之果。而後人對其是非功過的判斷，則只會是對"無花果"的砍斫。這更像是澹歸對後人的請求，讓後人不要妄加評價。這種要求放在臨終遺言中，更能說明澹歸對身後之名的重視，他清楚自己即將受到爭議，力圖從輿論的中心避去，因此留下"莫把是非來辨我"的遺言，但事實上依然反復被後人評價。

總之，澹歸的名節觀在一生不同時期有些許表達上的變化，却終其一生也未曾放下對個人名節的關注與珍視。畢竟在有著品藻人物傳統的國度，個人名節在極大程度上是價值與品行的具體呈現。出家前，他極愛惜羽毛，剛烈亢直，不受人一言之污。除上文所列《嶺海焚餘》中受政敵污衊時之激烈反應，還可通過其津津樂道於崇禎朝為官時，因不願災年催科遭免官之事②，以及對上書平南請改明之稱號的得意中窺得一斑③。出家後，懷著潛心修道尋得精神解脫途徑的目的，澹歸嘗試擺脫對個人名節的執著，認爲"故君子有一念欲名之心，即有一念違仁之失，有一念違仁之失，即有終身畔道之愆。則求君子者，即至於不處富貴，不去貧賤而猶未可也"④。他穿州撞府，托鉢化緣，忍辱負重，放下士人尊嚴，毋寧說是對自己名節觀的刻意撕破，對我執的著意去除。

事實上澹歸的內在從未放下對名節的建構，因爲這是其人格價值期許的一部分。他以血性漢子自許，避免做自了漢；糾結於平南王相延，亦頗享受別人基於其高行令節的尊重與稱賞，渴望獲得價值認可⑤。

然而，澹歸雖重視名節，却極力摒弃浮名與虛名。如對於收瞿式耜、

---

① 蔡鴻生：《清初嶺南佛門事略》，廣東高等教育出版社，1997年，第63頁。
② 金堡：《嶺海焚餘》，第26頁。
③ 《徧行堂集》（四）卷八《題所上平南書後》，第185頁；卷九《題所上平南啟後》第203頁。
④ 《徧行堂集》（二），第10頁。
⑤ 《徧行堂集》（四），第185頁。

張同敞骸骨之事實①，對不欲與嚴絜庵交往，糾正逾墻而走的傳説列入"逸民録"②，均予以嚴肅的澄清，絶不濫邀虚名。

由此可見，澹歸作爲一位具有君子人格的遺民僧，非常重視自我志節。但後因環境限制及自身理想建構的需要，名節觀標準較之前有所放寬。這種爲當時及後世詬病的嘗試，也是澹歸對輿論環境的嘗試性突圍，雖然晚年向遺民隊伍的靠攏與回歸展示了他最終未能完全超脱，但認識到當時輿論環境中名節標準存在問題，已屬可貴。

二、隱逸觀

作爲遺民僧的澹歸，其隱逸觀較爲特出，呈現前後矛盾的狀況。一方面，他有中國士人普遍的隱逸情結，欲歸隱名山大川，瀟灑度過餘生。在政治受挫後，更産生強烈的避世隱居願望；另一方面，強烈的現世擔當意識與責任感使其無法完全避世，即便出家爲僧，也時刻不忘現世關懷，時刻以"吾民"爲念。這使得其作品中出現兩種不同的聲音，前者出於對山水理想的嚮往，發抒隱居願望，傾慕隱居節士；後者在經世熱情驅使下，對求名之隱逸避世不滿，批評袖手高卧、無關世化之行。兩者交織，是澹歸乃至諸多士人心中無法突破的困境。

澹歸素有隱逸情結，多次表示想要在丹霞營建完畢後便瓢笠隱居，歸老名山。而在出家初期之《遣興》組詩中，更有政治受挫後想要歸隱的情志描寫，這種情結在傳統士人作品中並不少見。而澹歸作爲遺民僧，基於用世熱情對隱逸的批判，則值得仔細探究。

首先，澹歸對"隱"有自己的標準，認爲必須是有仕進機遇而弃之不就，發自內心隱居，而非借隱逸以求令名者，或出仕而能退隱者。他在《韶州府志義例》中稱：

> 充隱之名爲賢士所薄，若樂昌之蘇太初，三聘不出，翁源之黃器先，壯歲即歸，彼皆有仕進之地而確乎不拔，斯足稱也。今取爲隱者鵠，餘亦從同。③

---

① 《徧行堂集》（四），第126頁。
② 《徧行堂集》（四），第285頁。
③ 《徧行堂集》（二），第64頁。

將捨棄仕進機會作爲歸隱者的擇取標準。在《書吏隱傳後》對"隱"有進一步說明，稱：

> 此節士也，何以稱吏隱？爲吏不先具隱心，則必爲灰中蚓、唾中蠅矣。吏有三不要：不要錢，不要官，不要命，雖天子不能抑其強項。隱亦有三不要也。先不要官，踰垣閉門而自貴；次不要錢，草衣木食而自甘；終不要命，封刀飲酖而自盡。隱有平世，有亂世，隱平世而無三不要，必爲充隱，隱亂世無此三不要，必化松而成桐矣。然則曾君稱吏隱，斯其所以爲節士歟？雖然亦有隱而激者，君以不激而爲不隨，其德足以勝之也。其攝威遠，仁以解株連之網，禮以化鬩牆之爭，仗義起兵，不蹈白刃之禍，辭官歸里，不縻危邦之爵。吏既隱矣，不吏之節亦隱，謂之隱德，豈復恃其三不要以與一世爭名者哉？①

看淡官位、錢財、生死，雖然爲官，亦稱得上"隱"。若無此"隱德"，居平世則爲冒名，爲"充隱"，居亂世則有不終節之可能。即便隱居，亦難以稱爲真正隱者。總之，澹歸痛心於爲名而隱的現象，更重視隱者之德行而非出處的外在表象。

此外，對什麼情況下可以歸隱，澹歸亦有闡述。《汪鎛石隱君七十初度序》云：

> 然而事不可爲，心不可已，身不可弃，亦以就爲隱云爾。知其不可爲而不去，去而不早，不可謂智，則以去爲隱；側身懷古，類於觀望無其事，使人疑之，畏其疑，並其平生而弃之，不可謂勇，即以去就之間爲隱。②

只有到了"事不可爲"的地步，方可轉身隱去，這段話更像是澹歸對自身遭際的感嘆。

其次，澹歸具有較強的經世熱情，超越對出處、名節等的關注，反對有經世才能者隱逸。這種情感在詩文中多次流露，諸多交好之官員如陸世楷、曹溶等在仕途中遭遇挫折，欲歸隱或落髮時澹歸都給予勸阻。在《與

---

① 《徧行堂集》（四），第214頁。
② 《徧行堂集》（一），第199頁。

丘貞臣明府》一書中的反應尤其激烈：

> 前寄數行，於不與周人已有同見，得來書，猶似介介於出處之間，何也？世間無不變通之理，爲貧而仕，古人不以爲非，況兄負經世之志，有人民社稷之寄。苟能濟人利物，則一身出處可不計也。華夷二字，乃人間自家分經立界，若同一天覆，則上帝必無此説，亦但論其所行之善惡耳。吾法中非無因果，然白起、曹翰、李林甫、秦檜，皆墮地獄受惡報，未聞馮道、趙孟頫輩，以不能高尚而墮地獄受惡報也。但願吾兄居官不忘爲民父母之意，於催科刑罰中寬得一兩分，則民便受真撫字、實教化之惠。孟子不云乎："民之憔悴於虐政，未有甚於此時者也。"若有聖賢心胸，亦應具豪杰作用，決不拆獨木橋、坐冷板凳、做自了漢而已。弟常云：天下有道則見，無道則隱，只是篤信好學、守死善道之流；有脊梁漢子，天下無道，纔方出現，既有道了，要你出現做甚麽？所以上有堯舜，下有許由，上無文武，下有孔子。許由若見，只當得一隻鳳凰；孔子若隱，便成了縮頭底龜鱉，豈不可恥？澹歸爲此説不是解嘲，祇是要有心肝人著實幹些濟人利物之事。如莽將軍有仁義於南韶，南韶之人至今頌美不去口，不可説渠不是中國人，便抹殺了他也。其二詩所感慨皆漢兒事。凡弟之所是非，從民生起見，不爲一身出處起見，並不爲一國土内外起見，此爲天道，此爲聖教，高明以爲何如？①

澹歸對糾結於出處仕隱之間的丘貞臣一番勸説，頗有急切激烈之意。以"天下有道則見，無道則隱，只是篤信好學、守死善道之流；有脊梁漢子，天下無道，纔方出現，既有道了，要你出現做甚麽"，批判天下抱持一己執念而弃蒼生於不顧之輩，欣賞迎難而上、在亂世挺身而出，爲蒼生造福貢獻才智的天下豪杰，認爲這種擔當與抱負超越隱居自了的境界。

同時基於對蒼生的挂念，提出"世間無不變通之理""苟能濟人利物"，一己之出處名節可以不顧，夷夏之分亦可以不挂懷。由此，澹歸對能爲蒼生造福的滿族人亦稱賞有加，贊莽依圖"二詩所感慨皆漢兒事"。雖然不脱漢族正統的窠臼，但也是澹歸逐漸接受清朝政權、民族觀更加融

---

① 《徧行堂集》（四），第 272~273 頁。

通的表現。

這種反對歸隱的論調在澹歸文中不止這一次出現，其《邢州三太保祠堂記》中亦言：

> 天下有道則見，無道則隱，大賢以下者所爲，天下有道可以隱，天下無道不可不見，蓋以云救耳。救時之義，不爲身名擇便，視民生之所急而趨之，則夫建不朽之功者各有所從來。①

明確將民生之所急置於個人名節之上，如此方能建不朽之功業，表現出對當世建構的極大熱忱。

要之，澹歸思想的最終標準是天下蒼生的禍福。以此爲念，隱逸、名節等皆有所權衡。這種隱逸觀很大程度上超越了當時遺民群體中抱道自隱、爲一己高節而與天下交疏的觀念。這也可視爲澹歸出家後僕僕風塵，雖在名節上有過痛苦挣扎，但終難弃俗緣、難捨蒼生的原因。

出於對蒼生的護念與熱愛，澹歸極力推崇隱居而不與萬物交疏者。在《李灌溪侍御碧幢集序》中激賞這種士大夫情懷：

> 孔子曰："天下皆憂，吾能無憂乎？天下皆疑，吾能無疑乎？"吉凶同患，君子不可一刻與萬物交疏。先生每聞官邪政濁，間閻疾苦，詩書崩壞，仰屋而嘆，對案忘餐，雖老彌篤。或謂此既易代，何與吾事？夫新故即移，天地猶吾天地，民猶吾民，物猶吾物，寧有睹其顛沛漠然無動，復爲之喜形於色者耶？予故推先生爲一世真儒，於吾法中大乘菩薩種子久遠成熟，以其勇發於仁，不盡從文得之。稟德而言，因言達德，百世之下，聞其風者，足以頑廉懦立，薄夫敦，鄙夫寬，兼夷惠而比烈也。②

提出"吉凶同患，君子不可一刻與萬物交疏"的熱情用世觀，並借李灌溪之口指出"夫新故即移，天地猶吾天地，民猶吾民，物猶吾物，寧有睹其顛沛漠然無動，復爲之喜形於色者耶"。一種超越於隱逸、夷夏之外的超拔見地躍然紙上，可見澹歸對關注蒼生疾苦者的稱許，亦可見其由內而外的用世熱心。

---

① 《偏行堂集》(一)，第322頁。
② 《偏行堂集》(四)，第73~74頁。

總之，澹歸隱逸情結更多地作爲一種理想存在，類似於士大夫心中普遍存在的桃花源，强烈的蒼生之念與用世熱心使其根本不可能做到歸隱。澹歸心中對此有清晰的了解，自稱"本非安静之人"，並拒絶被收入遺民録，明白自己的處事標準、名節觀、隱逸觀與當時嚴苛的遺民群體要求相去甚遠。

三、秩序觀

澹歸作爲以道義自任之士，對現實秩序有强烈的守護意識，對倫理綱常、君臣父子秩序的維護亦相當執著。

他在南明朝頻繁上疏，嚴厲參劾朝中冒濫軍功、欺君罔上者，對南明朝廷"體統"維護有加。在澹歸心中，即使偏安一隅，處境艱難，朝廷也自當遵其應有秩序，堅決反對孫可望請封爲王是一顯例。他援引祖制無"异姓王"之例，連上七疏堅守朱明王朝傳統。在其堅持下，此事得以擱置。對此，錢澄之在上疏中引滇使楊畏知之口評價澹歸："給事引祖制以争，使知朝廷有人，法紀尚在"，並發表看法説："今阻封之争，唯堡一人而已。愚謂舉朝皆宜争之。"① 可見澹歸此際之争是對朝廷法紀的維護，並不出格。

瞿式耜、張同敞殉國，澹歸《上定南書》乞收骸骨時依然堅持秩序觀，稱："衰國之忠臣與開國之功臣，皆受命於天，同分砥柱乾坤之任。天下無功臣則世道不平，天下無忠臣則人心不正。事雖殊軌，道實同源。兩公一死之重，豈輕於百戰之勛者哉。王既已殺之，則忠臣之忠見，功臣之功亦見矣。"② 雖不免有爲達目的而辯護的嫌疑，但義正詞嚴，對社會秩序維護的理由説出來也慷慨淋漓。

出家後，澹歸依然不忘秩序的維護與綱常的建構。在編次尚可喜《元功垂範》時，發現其中明朝的稱謂及對南明朝廷的承認均存在問題，便作《上平南尚王》書反駁其"於明稱僞，於明兵稱賊"的記載方式：

> 明滅元而修《元史》，不以元爲僞，不以元兵爲賊；元滅宋而修

---

① 錢澄之著，湯華泉校點：《上政府滇封三議己丑五月》，《藏山閣集·文存》卷四議論，第 404 頁。
② 《徧行堂集》（二），第 160 頁。

《宋史》，不以宋爲僞，不以宋兵爲賊。明末君臣播遷，亦自延其祖宗一綫之脉，非僭竊比，而清朝承明正統，且驅除李自成，爲崇禎雪恨，與明本非寇讎。今書中稱李自成爲僞爲賊，稱明亦爲僞爲賊，略無分別，恐非正理，謹請發回原書改正，於明朝削去"僞"字，稱明，於明兵削去"賊"字，稱兵或稱將領之名。蓋天下之分義，當與天下共惜之，天子之體統，當爲天子共存之也。王此書雖爲家乘，而事關國史，當傳之天下後世，不敢草草，謹此上啓，伏惟裁察。①

列舉歷朝修史標準，糾正此不合體統之謬。作爲明朝遺民，澹歸有爲明代正名的目的，但他切切以"天子之體統，當爲天子共存之"爲念，亦爲不爭之事實。作此書後又給尚可喜幕中金光寫信，辨析李定國、孫可望軍隊的性質：

承答教，明不稱僞，此千古不易之大義，李自成、定國稱賊，亦千古不易之大義，閱之灑然。蓋李自成、張獻忠罪大惡極，始終爲賊，若孫可望、李定國，皆獻忠餘黨，稱賊何疑。然就可望、定國而論，可望初據滇中即稱王，與明後主行敵國禮，及陳邦傅矯制，封可望秦王，可望知其僞而受之者，欲借此以吞並滇、黔、川、楚諸鎮將，則其爲明者僞也。可望初遣郝九儀至南寧。傳令殺內閣嚴起恒等十五人，後主在安龍，開冊支廩給，至稱"皇帝一員，皇后一口"，令人發憤。當時惟李定國不失臣禮，後主頗恃以安，故特卦定國晉王，與可望並尊。可望怒，即殺內閣吳貞毓等十八人，並欲殺定國。定國入滇不可，出楚不能，乃爲窺粵之舉。其後敗歸，而可望諸將更翕然爲定國用者，亦以逆在孫而順在李也。於是定國大敗可望兵，始得奉後主入滇，可望窮而降於清矣。未幾，平西取滇，定國兵敗，後主走緬甸，明亡，而定國亦死，是定國至死未嘗叛明也。同時若李自成餘黨，則有李赤心、郝永忠等，皆受明封爵，皆蹂躪內地而外無尺寸之功。鄭芝龍本海上渠魁，其受明恩禮特厚，然猶撤仙霞之守，邀功於清。其子成功，乃所謂幹父之蠱者，然始奉魯藩，終奉永曆，既隔絕於島外未能與明後主同一日之患難也。夫明之君不稱僞，以其三

---

① 《徧行堂集》（二），第161頁。

百年正朔相承，則用明之正朔者，皆不當書賊。同一用明之正朔，而順逆有殊，功罪有殊，親疏有殊，以諸將提衡而與定國較，則定國實爲明臣，又不當稱賊矣。且如杜永和等，始爲明，既降清而復叛，然不失其爲明者，明許以自新也；既又叛明而降清亦不失其爲清者，清又許以自新也。夫反覆已甚而皆可以自新，則夫定國之一反而不覆者，春秋之法，善善長，惡惡短，其許以自新必矣，其不當書賊又明矣。至粵東山海之寇，本爲劫掠。無足重輕，然於王興。即不忍徑指之爲賊其死生去就皆有禮也，此故不與蕭國隆等並居頑梗之科，彼定國者，豈與李榮、蘇利同加叛逆之律耶？鄙見如此，敢質之高明，不妨批示，以取析義之精，足爲千秋立案也。①

澹歸比較孫可望、李定國、鄭芝龍、鄭成功等各軍閥，認爲孫可望、李定國雖皆爲張獻忠部下，但對南明態度有實質區別；鄭芝龍、鄭成功雖爲父子，但對明之忠心迥异。由此提出"夫明之君不稱僞，以其三百年正朔相承，則用明之正朔者，皆不當書賊。同一用明之正朔，而順逆有殊，功罪有殊，親疏有殊，以諸將提衡而與定國較，則定國實爲明臣，又不當稱賊矣"，言談之間明顯有從南明朝廷立場出發爲之分辨忠奸的傾向。但其中對李定國、鄭成功性質的區分與較真則是其重秩序的具體體現。雖在尚可喜那裏這些建議根本不可能采納，澹歸也自稱"只救得一半"，但其堅持區分真相，辨別忠奸的性格與態度却值得重視。

在《曹溪通志新舊凡例折衷》中，澹歸也稱：

一凡例云：帝王制勅文章，俱修同科，不敢編入臣部者，隆在三也。雪公通於儒，此自不刊之論，然則君臣分部，等級秩然，禮明而義愈見矣。及觀外護之上，首載歷朝天子，而平南王與公在焉。平南雖爲王，固清之臣也，今於平南疏記不敢編入臣部，徑躋於歷朝天子之內，則所謂"隆在三"者，不已自相矛盾乎？或謂凡例本云帝王，平南亦王也。夫帝王者，原於五帝官天下，三王家天下，而言皆曰有天下云爾，自秦稱皇帝，歷朝相承不改，而一切諸侯王俱在臣位，即史官所編俱入臣部，故古今之制不同，帝王之局亦异，而君臣之分亘

---

① 《徧行堂集》（二），第 195~196 頁。

萬古而不易，是之謂大一統，是之謂隆在三。今以非禮之恭尊平南，恐平南喬梓亦有所不安，且使人謂粵東當塗如督撫、司道、郡邑，鑒定較正諸公皆不識"君臣"二字，並不辨"帝王"二字，可乎？①

批評雪櫨真樸爲阿諛尚可喜而將其放入帝王之目，行爲悖謬。並不惜得罪尚可喜將其移出帝王之列，可見澹歸爲維持道義而大膽糾謬的擔當。

修撰他志時亦時刻關注體統，見有不符便糾正過來。如《韶州府志義例》中稱：

宋之提刑，稱持節、持憲，蓋亦按察分巡之比。舊志散見八人，明志不載，近或附見於郡邑吏之後。夫身在地方，功德及民，而有志不載，載而散見與附見，皆非理之所安，今以宋何坦等、明吳廷舉等，列兩朝郡守之前，予所釐正，固有關於體統也。②

又在《曲江縣志發凡同異》中糾正父子、師生倫常：

舊志鄉賢，譚掞與王安石同學，安石行新法，引之入局，屢遷官，非正誼之士也。其父昉，爲安石師，安石爲相，而昉以郎官卒位，其子求墓誌於安石，不獲，此固不苟爲趨勢者，舊志昉乃附掞而見，何不使掞附昉而見乎？今黜掞登昉，即天倫亦得所矣。③

既批判王安石不顧師徒情分之悖謬，又批判撰修者父子倒置、倫常顛倒的荒唐。除此，澹歸對當世秩序的建構和維護還表現爲對節烈、忠孝、倫常者的表旌。以倫常教化爲目的的觀念表現在方方面面，如"文無關於世教，可以不作，即有關於世教，而筆力不足於發之，落在頭巾書袋裏，言之不文，行之不遠，亦與不作等耳"④。

因有維護秩序的強烈願望，澹歸對夷夏之防極爲重視。在《嶺海焚餘》中多次指斥清代統治者爲"醜虜""腥膻"，深恐清代"髡髮之令"對"萬姓衣冠"的毀滅，使華夏民族淪落到"披髮左衽"的"犬羊之編戶"⑤，將明清易代視爲蠻族夷俗對華夏禮樂的顛覆和毀滅。這種觀念雖

---

① 《徧行堂集》（二），第37頁。
② 《徧行堂集》（二），第64頁。
③ 《徧行堂集》（二），第73頁。
④ 《徧行堂集》（二），第285頁。
⑤ 金堡：《爲鄭遵謙頌功疏》，《嶺海焚餘》，第3～5頁。

然在晚年隨對佛法的體悟而逐漸減弱，但其漢族正統的思想並未徹底泯滅，如在稱贊以莽依圖時仍持漢家標準，謂其"二詩所感慨皆漢兒事"，區分滿漢不同。

然而，堅守秩序則易走向拘泥。如其無視南明朝廷風雨飄搖的境況，固守祖制，拒絕孫可望封王，被批評過於拘泥，有經無權，不夠靈活①。錢澄之建議朝廷"赫然下嚴旨切責（金堡等人）；乃違眾議，用特恩賜以國姓，予以郡王名號"②，冀以此拉攏孫可望，使其爲朝廷所用。並在《端州雜詩十四首》其十四注釋中稱："可望請封，金堡諫阻，廷臣多泥祖制，以异姓不得封王爲辭。雲南古徼外，西南夷所居，楚莊蹻西略，王其地，號滇國。漢曰益州，武帝朝彩雲見南中，雲南之名始叱。"③可見錢澄之在這件事上與澹歸態度大不相同，更傾向於授之虛名而用之。

更有人將南明朝廷的尷尬處境怪罪在澹歸對孫可望封王的阻止上。黃宗羲在爲朱天麟所作墓誌中對澹歸多所不滿，引雲南監軍楊畏知語批判澹歸："不與無益，彼固已自王也。一旦降號公侯，而能欣然受命者，此純臣之節，寧可望於若輩，今因其向義，使之感恩，庶幾收助於萬一。且法有因革，時異勢殊，土宇非故而猶執舊法乎？"④且澹歸所遭受永曆朝金吾獄，很大程度上即與此相關，李元胤入朝爲"五虎"求情時，太后便說："卿莫認金堡爲好人，只滇封一事，豈非誤國？"⑤

要之，澹歸出家前後皆秉持對社會秩序維護的道義，對當世秩序之關懷，甚至蓋過其對佛法修證之堅持，積極參與對史志等記錄的糾謬，旌揚節烈忠貞，這種強烈的秩序觀在一定程度上使其缺乏變通之道，是以帶來禍患。

---

① 溫睿臨：《晚明史料叢書　南疆逸史》（上），第203頁。
② 錢澄之著、湯華泉校點：《上政府滇封三議己丑五月》，《藏山閣集·文存》卷四議論，第404頁。
③ 錢澄之著、湯華泉校點：《藏山閣集·詩存》卷十行朝集，第255頁。
④ 黃宗羲著、平惠善校點：《黃宗羲全集》第10冊，《南雷詩文集》（上），第511頁。
⑤ 徐鼒：《小腆紀傳》卷八列傳第一，第97頁。

第二節　闡儒擴釋：澹歸的儒釋匯通與以儒闡佛

　　明末，儒釋道三教融合思想達到新的高度，各階層均呈現受三教融和思想影響的痕跡。毋庸置疑，這種現象爲明末禪悅思想的盛行及鼎革之際士大夫大量遁入佛門做好了思想準備。然而，遺民僧群體中的三教思想與士大夫間有何異同？以澹歸爲例，出家前他受儒家思想浸染，對道家學説亦有一定程度的鑽研。國變出家後，對佛學的長期體悟又使他精於此道。至此，儒釋道三教思想在澹歸這裏發生了一定程度的融匯。

一、晚明三教融合的思想氛圍

　　三教合一思想由來已久，北周武帝時便有三教講論出現。通過儒釋道三教名流的持續論難與融匯調和，唐代三教歸一之旨"久已普遍朝野"①。宋儒受此影響，援佛入儒，革新儒學面目，形成宋代理學，使儒釋道融合形成了一種社會思潮。② 明代，尤其是晚明，三教融合的思想在特殊歷史時代背景下更是蔚然成風。

　　開國之際，明太祖朱元璋先開三教融合之風，提出三教並用説，認爲："若絕弃之而杳然，則世無鬼神，人無畏天，王綱力用焉。於斯三教，除仲尼之道，祖堯舜，率三王，删詩制典，萬世永賴。其佛仙之幽靈，暗助王綱，益世無窮，惟常是吉。嘗聞：天下無二道，聖人無兩心，三教之立，雖持身榮儉之不同，其所濟給之理一，然於斯世之愚人，於斯三教，有不可缺者也。"③ 雖然目的在於將三教合一作爲治理工具，却爲明代三教融合的進一步發展提供了政治依據。上行下效，宋濂等更對佛學的作用推崇有加。④ 明成祖朱棣即位后，編寫《孝順事實》一書，將儒家之孝道

---

　　① 羅香林：《唐代文化史》，臺灣商務印書館，1963年，第159~160，170~171頁。
　　② 侯外廬、邱漢生、張豈之主編：《宋明理學》（上），人民出版社，1984年，第46~84頁。
　　③ 朱元璋撰、胡士萼點校：《明太祖集》，黃山書社，1991年，第215~216頁。
　　④ 宋濂：《圓辨順禪師志略》，葛寅亮編：《金陵梵刹志》（上），南京出版社，2011年，第144~145頁。

與道教的感應思想相結合①，還敕撰《爲善陰騭》，通過"陰騭"觀，教化民衆行善積德，使三教趨於融合②。朝廷對善書的著意編撰，說明三教合一的觀念已得到官方普遍提倡。此類御制書或敕撰書，以儒家五倫或孝道爲中心，别采佛、道勸善之言爲其佑護、佐證，將儒、佛、道融而爲一，陸續被頒發於天下學宫，爲天下士子所必讀，必然對儒、佛、道的合流起推動作用。

　　實際上，統治者對三教合一的認可，一定程度體現出官方意識形態中儒學地位的動搖。較之宋代，明代儒釋道之間的力量對比發生了微妙變化。儒學失去了其在思想上的統治地位，釋道兩家地位逐漸上升。

　　思想領域，王陽明及其後學對明代三教融合的推進功不可没。明太祖、成祖倡導三教合一實爲借佛、道威懾暗助王綱，僅注重佛、道的善化功能，流於表面的援佛道助儒。而王陽明則援佛道入儒，發展心學，動摇了宋明理學的統治地位，打破了教條化的枷鎖，影響遍及晚明。王陽明心學得益於禪宗、道家之處頗多，與禪宗"即心即佛"旨趣相合③。心學對晚明士大夫產生了極大影響，以王門後學爲中心，加上其他學者的呼應，三教融合說一時甚囂塵上，乃至影響到科舉考試。羅汝芳、王畿、袁黄、李贄、屠隆、陶望齡、陶奭齡、公安三袁、竟陵派鍾惺、李元陽、管志道、焦竑等學者受其影響至深。林兆恩甚至通過民間活動將儒釋道合而爲一，創立了獨特的"三一教"，並被推崇三教合一者稱爲"以儒爲表，以道爲里，以釋爲歸"④。

　　明代士人群體對三教合一的熱衷很快得到釋道兩教的回應，如釋清上人就將儒家的"無極""太極"與佛所謂"萬法歸一""一歸於何處"等同，又將儒家"讀書不如静坐"與禪宗"不立文字，直指本心，見性成佛"類比，將儒家"毋意毋必，毋固毋我"與佛所謂"真空絶相，事事無

---

① 朱棣：《孝順事實》十卷，永樂十八年内府刻本，《原國立北平圖書館甲庫善本叢書》第560册影印本，國家圖書館出版社，2013年。同册載《大明仁孝皇后勸善書》。

② 朱棣：《爲善陰騭》十卷，《原國立北平圖書館甲庫善本叢書》第559册影印本，國家圖書館出版社，2013年。

③ 張履祥著、陳祖武點校：《楊園先生全集》（中），中華書局，2002年，第764頁。

④ 顧大韶：《炳燭齋稿·易外别傳序》，沈乃文：《明別集叢刊第五輯24》，黄山書社，2016年，第215b頁。

礙"歸爲一類①。而道教人士也不甘居後，在對待儒、道关系方面，屢屢顯示出合流趨勢。冲阳子宋王獻曾有一段说道新论，拿道士在动、静关系上的理解与儒家比較，找出二者相同之處②。

在此基礎上，至遲在元代便已出現的三教堂又蔚然成風。這種將孔子、釋迦牟尼、老子並祀一堂的三教堂，是三教合一思想興盛的外在體現。照例，孔子祀於學，佛祖祀於寺，老子祀於觀，俱有定制。三教堂的出現無疑是對既有觀念的挑戰。對此明廷屢次下令禁止③，然三教合流已爲大勢所趨，禁令往往流爲一紙虛文，明代士人文集中依然常見爲三教堂營建作記的文字④。

其中，將三教合一思潮推向高峰的，是晚明佛教四大高僧的"三教同源"说。"四大高僧"雲栖袾宏（1535—1615）、紫柏真可（1534—1603）、憨山德清（1543—1603）和藕益智旭（1599—1655）對外主張儒釋道三教合一，於佛教内提倡諸宗匯通、融合。四人作品中多見此類主張，並以佛教高僧身份大量著書。袾宏《緇門崇行錄》中分別有"尊師之行""孝親之行""忠君之行"綱目⑤，另作《儒釋和會》《儒佛交非》《儒佛配合》等，將"禪宗與儒典和會"視爲"聰明人"所爲⑥。德清亦有《春秋左氏心法序》《注道德經序》，將"孔、老"視爲"佛之化身"⑦，另有《中庸直指》《大學綱目決疑》等書⑧。智旭有《孝聞院》《聖學説》《致知格物解》《四書藕益解自序》《周易禪解自序》等，認爲"三教聖人不昧本心而

---

① 莊昶：《定山集》卷六《贈禪老清上人授僧録左覺義序》，《文淵閣四庫全書本·集部193·别集類》，北京圖書館出版社，第271頁。
② 陳璉著，《東莞叢書》編輯組編：《琴軒集》第4册卷二十三，政協東莞市文史資料委員會，2000年，第1481~1482頁。
③ 徐學聚：《文廟》，《國朝典彙》卷121，臺灣學生書局，1965年，第1546~1555頁。
④ 王紳：《三教堂記》，《繼志齋集》卷八記箋，《文淵閣四庫全書·集部·别集類1234》，第758頁。袁宏道：《三教堂詩爲杜總戎日章》，《袁宏道集箋校》（下），上海古籍出版社，1981年，第1391頁。周汝登輯：《三教堂記》，《王門宗旨》卷十四，見《陽明文獻彙刊47》，四川大學出版社，2015年，第595~598頁。
⑤ 雲栖袾宏撰，明學主編：《蓮池大師全集》（二），上海古籍出版社，2011年，第826~835頁。
⑥ 蓮池著述，孔宏點校：《竹窗隨筆》，北京圖書館出版社，2005年，第3~5頁，78頁，136頁。
⑦ 憨山德清：《道德經解發題》，《憨山老人夢游集》卷五，曹越主編：《明清四大高僧文集·憨山老人夢游集》（上），北京圖書館出版社，2005年，第349~351，第354頁。
⑧ 冼玉清：《廣東釋道著述考》（一），第90~92頁。

已。本心不昧，儒老釋皆可也；若昧此心，儒非真儒，老非真老、釋非真釋矣"[1]。紫柏真可著有《解易》，不僅視儒釋道合一爲必然，還強烈反對佛教徒割裂佛與儒道之間的關係，稱之爲"佛法大患"[2]。

　　大致而言，四大高僧在三教融合中做了諸多努力，究其觀點約略有三。首先，認爲三教同源，源皆指心。三教只是形式與名稱的不同，根本目的都是教化衆人。各家方法不同，但皆是闡明心爲本體的工具，目標皆爲善世淑人[3]。

　　其次，宣揚三教互補論。四大高僧皆提倡廣泛涉獵三教學說，將三教互通互用，取長補短，爲我所用，摒棄狹隘的獨宗一教做法[4]。

　　最後，倡導三教並用。從功用上講，儒家主治世，佛家主出世，各司其職，各極其用，以滿足不同的社會需要，在整體上起平衡互補作用。就佛教的三學戒定慧而言，儒家之道德自律可以幫助修行者持戒，道家的絕聖弃智可助修煉者入定。總之，三教名稱不同，但都統一於大道，且可互補，儒道可以治世，釋主以佑世[5]。

　　此外，四大高僧還身體力行地貫徹三教合一思想，在明末乃至清代的中國佛教界產生了不小的影響。再加上易代之際士大夫大量遁入空門，三教融合思潮呈現持續高漲趨勢。當時方以智、屈大均、澹歸等人皆以儒士而入佛門，對三教融合產生了不同程度的影響。如方以智匯通三教，作《藥地炮莊》等書溝通儒釋道三家教義；屈大均以儒攝佛，立於儒而融合儒釋，僧服儒心；澹歸以佛攝儒，爲佛教弘法，均是三教融合思潮影響在不同士人身上的體現。

二、澹歸的三教融合觀

　　在晚明三教融合思想浸潤下成長起來的澹歸早已雜糅諸家，對三教有

---

[1] 參溝益智旭著，曹越編：《靈峰宗論》卷二《示真學》《示閔六飛二則》，北京圖書館出版社，2005年，第66頁，第141~143頁。

[2] 黃海濤：《明清佛教發展新趨勢》，雲南大學出版社，2008年，第60~61頁。

[3] 紫柏真可：《長松茹退》《紫柏大師全集》卷九，上海古籍出版社，2013年，第216頁；憨山德清：《春秋左氏心法序》，曹越主編：《明清四大高僧文集·憨山老人夢游集》（上），第349~351頁。

[4] 紫柏真可：《紫柏大師全集》，第216頁。釋德清：《學要》，曹越主編：《明清四大高僧文集·憨山老人夢游集》（下），第205頁。

[5] 黃海濤：《明清佛教發展新趨勢》，第61~69頁。

一定程度的接受。前三十年儒士生涯對儒家教義的精通，自幼對老莊的喜愛，在家國悲痛中對佛經的領悟，使其具備了三教融合的能力與意願。因此，在遁入佛門後，他便秉持三教原是一家的論調，闡説三教教義。如《三教圖贊》中説：

> 一個在西天，兩個在東土。相去十萬八千，這裏指分一五。五天二種婆羅門，在家者與孔子同祖父，出家者與老子同兒孫。彌勒此中示現，何辭玉友金昆。釋迦文，釋迦文，一回舉手，滿面生春，原來都是一家人。①

從根本上承認三教本爲一家，並以此作爲論説基調，身體力行推進三教融合。在爲史庸庵所建三太保祠堂作記時稱：

> 宋公本爲儒流，魏公曾爲道士，劉公爲僧，蓋三教之變相，史公合而祠之，爲三教堂之變局，又一異也。均是人也，有族姓不同，有執業不同，有受用不同，可謂之不同命，不可謂不同性，可謂之不同事，不可謂不同理。儒之道知覺以成人，饑溺以責己。道家戒陰禍，陶弘景疏醫方，用昆蟲微命以入藥，遂阻飛升，未有不修善而得仙者。菩薩本願全注於度世，故有息苦生、隨類生，於危急存亡，解倒懸而不尸其德。②

闡述三教同流思想，認爲身份、族姓、執業、受用僅是三教變相，不同命而同性，不同事而同理。將儒家的成人、道家的修善、佛家的度世目的歸爲一指。他如《募建三教堂》③《題三教論議圖》④中，皆批判搬弄三教位次，割裂三教聯繫的行爲。

此外，澹歸還具體類比了儒佛二教義理，如《持戒瑣言序》中言：

> 吾法於世間未能盡齋盡戒者，爲之寬其制，聞殺不食，見殺不食，特殺不食。儒者故有之，見其生不忍見其死，聞其聲不忍食其肉，無故之殺，自王公至於庶人悉有禁，非始於金人入夢之時也。仲

---

① 《徧行堂集》（一），第362頁。
② 《徧行堂集》（一），第322頁。
③ 《徧行堂集》（一），第68~69頁。
④ 《徧行堂集》（四），第182頁。

遠以民胞物與之懷，爲繼志述事之舉，不特物我同體，亦見孔釋同心。①

從儒佛兩家皆不忍殺生，有"民胞物與""物我同體"情懷對比二教，得出"孔釋同心"的結論，爲同源説找證據。

澹歸的三教融合思想還體現在以出家釋子身份闡揚儒家、道家學説，表達融匯儒釋、平息儒佛之争、闡揚儒家學説的意願。如《四書義自叙》中説：

> 倘有言下知歸，足報尼山之德。何以故？身雖佛子，向出此老門下，念其烜赫虛空二千餘年，被人埋在故紙堆中，無出氣處。今日仍向故紙堆中拈出，一星之火，熏天灼地，與一切人普同供養。所願學佛爲儒，同一鼻孔；明心見性，各斷命根。永無門争之風，共入圓通之域。畢竟澹歸報佛報祖還在其中也無？咄，這野狐精。②

以釋子身份擔憂儒家現狀，感慨"儒門淡泊"，並借對道學家的諷刺爲先儒打抱不平。又在《四子言志詩》二首序中稱：

> 上封禪堂，雨中獨坐，因念昨日曾碧山學師與諸秀才在此共坐，忽記起尼山堂裹四子言志，遂成三絶句。噫！著了袈裟，不脱襴衫氣，或作治國平天下會，或作格物致知會，總好去講道學。且道禪和子佛法在什麽處，切忌畫蛇添足，果然有眼如盲。③

澹歸雖已出家，但難脱儒者習氣，對治國平天下、格物致知等儒家學説始終難以放下。並在《與王耻古都諫》中繼續闡釋：

> 書《四子言志詩》博笑，講道學與説佛法，總是習氣，取一捨一，未見優劣，不妨愛憎由他，伸縮任我，此可與耻老共之耳。④

可見澹歸自知有講道學與説佛法的習氣，但在自我調侃之中亦見不到太多反省。在這種情感支配下，澹歸作《書義》二十篇，又常在詩中感嘆，表彰儒者中有杰出行徑者，並爲之作文字闡揚。如其爲儒、道所作

---

① 《徧行堂集》（一），第140頁。
② 《徧行堂集》（一），第194頁。
③ 《徧行堂集》（三），第213頁。
④ 《徧行堂集》（二），第176頁。

《重刻文昌化書說》①《論語頌序》②《刻太上感應篇序》③《重刻太上感應篇引經徵事說》④等。

澹歸自幼癡迷《莊子》，詩歌中更體現出對《莊子》的喜愛及哲學領悟，作有《憲申有詩贈別，結云"好注逍遙內外篇"，漫和此詩》⑤等。

僧人身份又讓澹歸護持佛法，常對士人排佛、謗佛感到不平，爲提升佛法地位吶喊。如《刻太上感應篇序》云：

> 比刻《太上感應篇》，援證詳核斷然，足以戢人之邪心而生其正念，其要亦等於因果。夫因果之說，儒者所諱，恐其流於佛氏，然而論感應即不之疑。譬之同一父也，或曰"嚴君"，或曰"耶"，或曰"郎罷"。因其名之不同，而遂謂其實亦異，信其理，不信其事，獲盜而得臟，見臟而疑其非盜，種苗而得實，見實而疑其非苗，不可謂之知類。⑥

對比道家感應說與佛家因果說，指出二者名異實同，然感應說爲儒者所接受，因果說却被排斥。這種做法令澹歸感到不平，其進一步將天道、王法、聖道在功能上並舉，認爲皆可成律人工具，使人在感應、因果的"恥"與"懼"中約束言行。將佛教對當下社會的規範功能與儒道並舉，反駁儒者的排斥。

又在《重刻太上感應篇引經徵事說》中繼續打抱不平說：

> 一切法從心而生，一切因果皆心法所攝，人既不能無心，即不能無一切因果法，三教聖人同言之。今之人獨舉而歸之吾釋氏，謂是恐嚇愚民之術。此如甲與乙同居，甲每有言，輒道著乙心中隱痛，乙不堪忍，便生一釁端將甲趕出門外，且圖耳根清淨。殊不知甲雖在乙門外，乙仍在甲口中，何以故？汝才有自己，早被因果管去，汝決推不開自己，如何推得開因果？若推不開因果，即推開佛法，有什麼迴避

---

① 《徧行堂集》（一），第75～76頁。
② 《徧行堂集》（一），第140頁。
③ 《徧行堂集》（一），第79頁。
④ 《徧行堂集》（一），第138頁。
⑤ 《徧行堂集》（三），第64頁。
⑥ 《徧行堂集》（一），第138頁。

處？王子耻古憫之，作《太上感應篇引經徵事》。①

認爲三教聖人皆將法指歸於心，今人却將弊端處處指向佛門，不僅曲解先儒之志，且使佛門蒙冤。這部《太上感應篇引經徵事》雖借儒家經典闡釋道家感應，却推不開佛教因果之説，是爲三教同源的明證。最後以儒家"積善餘慶、積惡餘殃"對比佛法因果説，再爲三教共同認可因果之説找出證據。足見其爲佛教張名目、求地位之急切。

並在《金五鐘太守》中稱贊金氏《感應篇集義》時説：

> 近來吾法門與儒流，皆墮於撥無因果。其病根只是耽著名利，既已耽著名利，則談佛乘與排佛乘，皆地獄滓。儒流向故不信出家冥行，尤可悲痛，今日對症用藥，則此書不獨爲茧茧者計，正足羽翼法門，特恐撥無手滑，總將一頂大帽子遮却耳。②

寄希望於此書對儒流因果之信的勸導能減輕士人對佛法的排斥，避免儒佛兩道耽於功名之談佛與排佛。

總之，在三教融和基礎上，澹歸不斷試圖提高佛教地位，將其置於與儒道同等甚至高於二者的位置。憑藉其對三教教義的精熟，以佛攝儒，表現出強烈的護教情緒。

三、澹歸以佛攝儒的融通之徑

明末清初士大夫以儒士身份遁入佛門者眾多，然大多將佛門作爲政治避難地，在短暫的隱遁後便弃佛返儒，如屈大均、錢澄之等；亦有不出佛門亦不守佛門戒律，或飲酒食肉如故，或終生不開堂講法，即"有所托而逃"者。這兩類士人一般更易爲遺民群體接受，嘉獎其對儒者習氣的堅守。然而，澹歸爲僧便全力以赴爲佛門弘法。其師弟樂説云："在世間則忠君愛國，秉正斥邪，身命不惜；出世間則全身為法，忠于事佛，孝于事師，戮力叢林，无分粗細，一施一受，悉归正命。"③ 這也是澹歸備受遺民批評的原因之一。因此，在三教融合基礎上，澹歸對其所居佛門的護

---

① 《徧行堂集》（一），第74頁。
② 《徧行堂集》（二），第235頁。
③ 徐自強：《中國佛學文獻叢刊　中國歷代禪師傳記資料彙編》（中），第638頁。

念之情自不待言。具體護持方式大略有如下幾種。

(一) 弘揚佛法，反對逃禪

澹歸出家除明清鼎革這一特殊歷史原因外，很大程度上是由自身遭際而絕意仕途。其出家後與大多數政治避難者不同，發心佛法，欲通過真參實究在佛門尋求精神解脫途徑。因此在立場上堅定地站在佛法一邊，爲弘揚佛法不懈努力。澹歸經常強調他與政治避難者不同的出家目的，如在《答巢端明孝廉》中說：

> 弟少年時素不信佛，自流寓辰陽，閱《維摩》《圓覺》《楞嚴》諸經，始知慚愧，謂佛法高妙如此，何敢不知而妄加謗毀，便超然有出世之意，特以狂心未歇，得金吾一頓惡辣鉗鎚，乃歇下耳。①

聲稱自己出家絕非無奈之舉，而是源自對佛法高妙的傾慕。南明永曆朝的遭際使其決意世事，皈依佛門。在《答陳藹公文學》中他進一步辯解：

> 足下所至愛規切，蓋欲不慧向茅茨石室裏，孤潔自好，今僕僕風塵，殊有名節不終之狀。此無他，特疑其爲和尚，出於不得已耳。不慧一生不喜作假，向來做措大時，襲韓歐唾餘，輕謗佛法，及閱了義諸經，始懊熱知愧。後承金吾一頓痛棒，當下知歸。不慧之爲和尚非不得已而爲之也。凡爲血性男子，不與爲人後，不苟爲人臣，不輕爲人弟子。道之所在，尤與勢分不同。今以不得已之故，走佛法門庭，爲藏身避地計。無端差排一血性男子作假和尚，此正不慧所恥。世間一切可假，惟和尚不可假。②

還在上堂說法時強調其出家的真心實意：

> 記得中丞初見山僧，便將出處大義，儒佛異同盡情擊難，山僧亦盡情剖晰。中丞便信得山僧是個真實出家爲道底人。大衆，真實出家乃是本等，爲什麼却成知己之感？只爲世間人看得佛法荒唐，看得出家人微賤，便把山僧當做人家簷下躲雨底漢子。中丞語山僧云："經濟二字，便讓儒流；性命之學，須還佛法。"他信得佛法至微至妙，

---

① 《徧行堂集》(四)，第 279 頁。
② 《徧行堂集》(二)，第 294 頁。

第二章　多重身份下的人格雜糅：遺民僧澹歸的思想與心態 | 137

便信得出家至尊至重，即信得山僧出家至真至實，決不肯落在功名富貴中，決不坐在文章節義上。所以一見山僧之後，常常相見，只談佛法，不及一些世事者，便是山僧第一知己之感。中丞既信得佛法，信得山僧，又信得教外別傳之道，肯向者裏用心。①

可見此時語境下，人們對遁入佛門者形成一種共識，即認定他們皆有所托而逃。澹歸反復辯白出家原因，表明絕不願做在"人家簷下躲雨底漢子"。並將功名富貴、文章節義置於佛法之下，以示決意入佛門。

澹歸又在《與蘇商卿憲副》中區別自身與抗節受制而遁入佛門者：

弟物外散材，近爲十方三寶發心，只是行粗重行，結歡喜緣，不敢爲絕塵逃世者之所爲。蓋絕塵逃世在儒教已非正宗，況佛法尤乖大乘也。②

批判絕塵逃世者行爲與佛教儒教皆有違背，並進一步在《答錢開少司馬》中批判士人將皈依視爲抗節守義之說：

今時人才見士大夫削髮披緇，便硬安頓在抗節守義一流中。抗節守義，在儒者亦只得一件事，乃欲以盡出家之事耶？然士大夫削髮披緇，又守住宰官窠臼，硬倚靠著世智辯聰，支吾湊泊，便道佛法亦只如此。不知世智辯聰，正是生死根本，倚靠著生死根本求出生死，譬如認賊作子，行東往西，無有是處。③

批判人們對士大夫削髮披緇即抗節守義的認識，認爲抗節守義是儒者之事，不能概括出家之行；並批判遁入佛門而不真心參究的出家者，僅靠未出世之世智辯聰定義佛法，實爲對佛法的唐突。既爲世人無視佛法不平，更爲有所托而逃者輕視佛法、不深入佛法高深義理而義憤。

在這種情感基礎上，澹歸痛斥有所托而逃者，這在其《與栢岩上人》中得到了切實的體現：

賤恙未愈，暫起讀令先公行狀，自是一篇好文字，其中於愚意有未安者，恃愛不敢不直言，幸察其誠。按狀云："皈身覺皇，希心超

---

① 《徧行堂集》（三），第 347 頁。
② 《徧行堂集》（二），第 170 頁。
③ 《徧行堂集》（二），第 169 頁。

拔，乙未諱日，虔請費隱尊者爲授冥戒，則府君於常寂光中，第一清淨，位同大覺，前來行履，應與夢幻同觀，固不足爲府君重輕矣。"是則一入佛乘，即世間期望，真無有可著心眼者，理已較然，不能易也。後來却云："不肖所最痛心者，府君於不肖期望最深，而不肖不能仰副先志，雖糜此軀，不足以贖大不孝之罪。"及述令先公所期望者，一曰學顏子之學，志伊尹之志，又曰立志經文緯武，存心義載仁車，如此修身砥行，方堪治國齊家。此乃世間儒者期望耳。夫出家爲無爲法，最尊最貴，至於密契本心，直登祖位，三世諸佛贊嘆，功德有不能盡。今兄已云嗣法平陽，稱善知識，而猶云"府君之所以望不肖者如此，而不肖碌碌半生，行將腐同草木，何以見府君地下"，則似於世間功名視之甚重，而於祖師心印視之甚輕，得無正信未具，而有慢法之愆歟？且令先公一受冥戒，即可使前來行履夢幻同觀，而身佩法印者，乃復有世間期望百倍負親之痛，得無擇理不精，而於文義亦互相矛盾歟？且所謂逃者，蓋不得已而爲之詞也。鼎革以來，寄迹於員頂方袍，實繁有徒，然謂之高尚其事，以節義文章坊表名教，則可矣；世之闡提以此名奉善知識，則善知識恥之，即真正衲僧亦必恥之，以其等於謗三寶也。而兄亦自稱曰："逃之枯禪，錮於空門，皆弗敢違府君乙酉七月朔日永訣之命。"則尊指所重，惟以抗節爲孝耳。以禪爲逃，以空門爲錮，是以出家比於賣卜賃舂之流，皆不得已而爲之，終不能釋然於世間期望，則必罷道還儒，紆青紫，立功名，而後可以仰副先志，免於大不孝之罪。即兄出家之心未真，出世之位亦未定，得無使旁觀者生假名比丘之疑，而正眼者亦有妄稱尊號之誚歟？今僧風日下，其所爲至有鄉黨自好之士所不爲者，世之人見謂佛法，本無長處，徒有虛夸，此吾輩所宜爲法門憂也。讀兄此作，則佛法實無長處矣。栢岩長老，名家美材，有托而逃，其心歉然，時抱不孝之恨；即其所云"第一清淨，位同大覺"，皆成妄語，祇是虛夸。何者？冥戒如果有靈，則悟道豈當有恨？若悟道尚不如世間期望，則冥戒豈便爲出世津梁？此理甚明，決難兩立，恐兄有負於法門，而且無補於世諦，願取愚意詳審思之。某衰病無似，承兄虛懷，不敢含糊兩可，作秦人越人之視，故直抒胸臆，仰佐高深，勿罪狂瞽，幸甚幸甚！①

要之，澹歸提出的批評有如下兩點。一是出家之心未真，有所托而逃。將逃禪原因歸結爲其父"乙酉七月朔日永訣之命"，可見其出家是抗節受志，逼不得已。二是出世之心未定，以出家有負先公厚望，不能"學顏子之學，志伊尹之志"，又未能"立志經文緯武，存心義轂仁車，修身砥行，治國齊家"。對此，澹歸先以"夫出家爲無爲法，最尊最貴，至於密契本心，直登祖位，三世諸佛贊嘆，功德有不能盡"批駁其負父望之念；繼而又批判其"寄迹於員頂方袍……以禪爲逃，以空門爲錮……等於謗三寶……不僅有負於法門，而且無補於世諦"。可謂口誅筆伐，辛辣激憤，頗有其一貫指摘究彈風格。由此可見澹歸對寄迹者毀壞法門風氣的痛恨，也可見其佛門護教觀之強烈。

（二）痛心儒門，批判道學

澹歸護教的另一表現是對當時儒家學說的不滿，對今儒尤其是受程朱理學影響的道學家大肆攻擊。如《論語頌序》云：

> 宗門有頌古，予嘗嘆以爲盡文之奇。周海門、來道之各有《論語頌》，俞卷庵愛之。有頌百篇，雋永澹遠，使人悠然有得於旨外之旨、味中之味，蓋不特發儒者之深蘊，又足以見詩流之正音也。雖然，此頌行，學士家必有張目者矣。卷庵曰："聖人之言，如摩尼映於五色，何必學士家言爲獨是？"予謂顏、曾之言，已非孔氏之言矣，今學士家所奉，程、朱之言也，學士家爲孔氏之徒，而日造謗孔氏之罪，其冤乃烈於秦火，何也？秦始皇所焚孔氏之迹，學士家所焚孔氏之心。世已不幸，不得見孔氏，而猥以程朱爲孔氏，吾寧據槁木、擊槁枝，而歌俞氏之頌乎？②

向程朱發難，稱其造謗孔子，焚孔子之心，遺患後世，矇蔽後學，罪過秦火。又在《喻春山孝廉》信中稱：

> 後儒硬差排古人，古人只是冷笑，却叵耐他揚揚得意，亦須春山先生大聲疾呼，拔刀相助也。某出家習氣，種來深遠，既是佛祖牢籠

---

① 《徧行堂集》（四），246～247頁。
② 《徧行堂集》（一），第140頁。

不住，豈有更落在道學網裏之事。然吾輩皆非板滯者，他日孤峰頂上，看先生大建旗鼓於中原，不妨絕叫三聲，舉杯茗遙相賀也。承論《四書義》復寄去，中有數篇，非濂洛關閩四書，並非孔顔曾孟四書，且勿令人圖名公而失舉子，呵呵。①

對道學極盡調侃之能事，並期望有人爲古人正名，拔刀相助，撕去其偽學說之幌子。澹歸稱所作《四書義》多有生發，並非全爲儒家書義，恐耽於科舉者不知而誤了功名，是對當今儒門的揶揄。

此外，他還給儒者分類，批判今儒狹隘之狀，如在《最上壽説爲黎博庵護法壽》中説：

> 世智辨聰，墮八難而不返，不得入學家之數，曰"面墻之儒"；窺其藩垣，得少爲足，而趦趄於堂奥，曰"穴隙之儒"；得其膚理，以自膏澤，而反戈相向，曰"發塚之儒"。②

又在《長者説爲江若海内巡贈別》中對比俠與儒的類別：

> 故夫郭解之徒睚眦殺人，卒及其身，蓋天下之賤俠也。達磨西來，不立文字，客有遺以《春秋》者，達磨嗅之，以爲有血腥氣，意口誅筆伐殺人無數之徵耶？非也。《春秋》之指，善善長，惡惡短，一歸於忠厚和平而止，其腥聞於達磨者，孔子悲天憫人，一腔熱血耳。後之小丈夫，持一先生之律令，吹毛索瘢，惟恐不得人之過、入人之罪之不深且刻，亦天下之賤儒也。③

澹歸將當下儒者分爲面墻之儒、穴隙之儒、發塚之儒，賤儒是對儒者的批駁與貶斥。澹歸對今儒之痛斥並極盡批駁出於對佛教地位的維護。他將矛頭直指程朱，在后儒的狹隘教條乃至不學上作文章，實際是反對程朱理學對佛學的壓制。宋代程朱理學形成后很快成爲官方意識形態，其所倡導的"性即理"顛覆了禪宗的直指本心，也改變了唐代以來佛教的優勢地位。明代伴隨陽明心學的誕生，桎梏人心的程朱理學也日漸動搖。心學對禪宗的吸收，使佛門看到了提高自身地位的機會，因此奮起攻擊程朱之

---

① 《徧行堂集》（二），第283頁。
② 《徧行堂集》（一），第6~7頁。
③ 《徧行堂集》（一），第40頁。

學，這也是澹歸護教時所采用的手段。

澹歸雖以批判當今儒家與道學，但仍對儒門懷有深切的關注與繫念。他痛心儒家現狀，鼓勵劉焕之究心儒學：

> 古之爲政，務得人心，今之爲政，務失人心，然有行得去時，有行不去時，行得去在眼前，行不去在腦後。渠既不曾看見，便有人從傍説與，亦只撒在假道學故紙堆中耳。①

又説：

> 自天啓以來，黨禍興而士大夫以講學爲諱。至於今，則功利之弊淪浹心髓，五經四書殆欲置之高閣矣。居士少長行間，國事鞅掌，乃能潜心理學，獨窺堂奥，此蓋殘歲之領果，不徒空谷之足音也。昨接高論，大慰傾渴之懷。弟雖學佛，然曩悉儒流，憶在辰陽，語熊魚山云：當今之世，不但做好人、行好事，便説得幾句好話，亦足爲天地間留些元氣，魚山頗然之。每見士大夫駡人假道學，危微精一、格致誠正，總唤作殘羹餿飯，吐弃不屑。彼固不爲假道學矣，然往往甘心爲真盜賊，又何其不知擇術耶。願居士勉之。仲尼之徒，亦不必定是科第出身，若使吾焕老現大將軍而擔荃洙泗之統，豈非快事也。梅花卷一軸並拙刻同奉一笑，所謂不惜獻醜矣。然亦足以見弟年運雖往，而好善樂道之心猶未衰也。諸而盡不一。②

鼓勵好友究心理學奥旨，爲天地間留元氣而努力。除此，澹歸對先儒，尤其是孔子依然懷著深厚的熱愛與敬意，這在《孔子像贊》中有所展現：

> 衆生病則菩薩病，此老於今病彌甚。獨操無盡大悲心，天下憂疑何日盡。喪家之狗胡爲來，軒渠一笑雙眉開。十號莊嚴都不用，四言却勝三山重。我亦無縣贊一詞，此意惟有能仁知。
>
> 視若營四海，孔夫子一雙眼睛，無人畫得出。形狀末也，而似喪家之狗，然哉然哉！此點睛手也。學者但領得先聖無盡大悲心，即是

---

① 《徧行堂集》（四），第275~276頁。
② 《徧行堂集》（二），第202~203頁。

無盡供養，贊歎何用煩詞。①

這種尊敬不僅與澹歸出身於尼山門下，曾爲儒者有直接關係，更與孔子身體力行救世之熱忱與澹歸處世標準一致關係密切。是以澹歸感嘆："《春秋》之指，善善長，惡惡短，一歸於忠厚和平而止，其腥聞於達磨者，孔子悲天憫人，一腔熱血耳。"②可謂對孔子救世苦心的深深崇敬與贊歎。

（三）闡儒擴釋，以佛攝儒

除批判"有所托而逃"者對佛門風氣的破壞外，通過對當世儒者的貶抑提高佛教地位，澹歸還從義理層面來辨析佛法的高深。如《與施約庵論克復格致之義，即疏大指，呈同席諸公》中論克復格致之義③，便以佛家話頭來解釋儒家教義。

具體論述中，澹歸多以子之矛攻子之盾，並借佛家經典闡釋對比佛法與世間法，通過對世間五倫進行佛法的比對性解釋，說明佛教在維護世法功能上的作用。在這一點上，"師"與"孝"成了澹歸用得最爲順手的工具，他常將二者融入其他相關概念中，偷換概念，借力打力。另外，對"心性"之辨析也是其常用的手法。

第一，與唐宋以來高僧護教手段相似，"孝"是澹歸貫通儒釋的重要途徑。他也試圖通過對"孝"的宣揚與維護來贏得世間認可，提高佛教在三教中的地位。借"孝"這一概念對比世法、佛法之差別，認爲佛法中的"孝"比五倫中的"孝"具有更深遠的意義。如在《佛報恩經講期募疏》中説：

世人喜謗佛，則以爲無父無君，然亂臣賊子，或在有佛之前、有儒之後，不可歸罪尼山，而乃移獄鷲嶺，此非惟不知佛，正坐不知儒耳。《孝經》不云"立身行道，揚名於後世，以顯父母"耶？身何以立？道何以行？何者爲身？何者爲道？不得已，撼倫理以對，問之生平，大相刺謬，亦足悲矣。夫身從迷性而有，因身有情，緣情有業，殺盜淫妄，相續不休，流轉七趣，無由自立。以其不能立，故有傍

---

① 《徧行堂集》（一），第362頁。
② 《徧行堂集》（一），第40頁。
③ 《徧行堂集》（四），第311頁。

第二章　多重身份下的人格雜糅：遺民僧澹歸的思想與心態 | 143

生；以其不能行，故有倒植。如來出世，獨闢教門，入佛知見，廣度群有，是立身行道之大者。次則修十善，持五戒，濯磨黑業，漸臻上乘。今以爵禄爲顯揚，則李林甫、秦檜之徒豈不兼擅？曾子以事君不忠，涖官不敬，交友不信，戰陣無勇，斷一樹、殺一獸不以其時，皆爲不孝，蓋與修善持戒之指互相發。若所云喻父母於道，則佛度其二親，證聖果、生天中是也。故曰：能知佛之孝，始知儒之所以孝。①

肯定佛法在勸孝上的作用，指出二者有相似之處，同時區分佛法世之孝與出世之孝，將佛法中的孝道置於世間法的孝道上。如他在上堂說法時對比稱：

> 在家人與出家人，行孝各別。在家人說父母全而生之，子全而歸之也，不沾沾承歡膝下。他又道事君不忠，便是不孝。涖官不敬，交友不信，戰陣無勇，乃至斷一樹、殺一獸不以其時，都是不孝。他也說得儘寬潤，我出家人寬潤又別。《梵網經》云：孝名爲戒，亦名制止。無一惡不斷，無一善不修，無一衆生不度，方名爲孝。在家人與出家人雖則不同，若論行孝，三牲五鼎，啜菽飲水，孝則俱孝，不孝則俱不孝。識得自己即孝，識不得自己即不孝，識得自己便識得父母……山僧則不然，以父踏在左脚下，以母踏在右脚下，行四天下，經無量劫，便利涕唾，不離其身，猶未足以負恩。他也不要你安頓，也不教你休廢，也不與你捨離，現成公案，直是負他不得。既報恩、負恩，二俱不得。山僧說底，佛說底，相去多少？大衆，識得佛意，正好供養；識得山僧意，正好修行。總不識得，鄉下夫妻步步不離，正好自在。遂合掌云："上來舉揚，不但震監院父母，盡大地所有父母之恩一時報却了也。"②

認爲儒佛兩家對孝之要求雖然不同，但殊途同歸，互相關聯。然而出世間行脚鍛煉，修證佛法，比在家者守在父母面前所盡孝道更高一籌。這種觀念在其爲父母所做《告墓文》中得到了進一步的體現：

> 某誓願生生世世擔荷佛法，使學道有成，則吾祖宗父母或在天

---

① 《徧行堂集》（四），第 115~116 頁。
② 《徧行堂集》（三），第 349 頁。

上，或在人間，不難相見；倘其不成，方且淪没，於生死大苦海中求脱三惡道而不可得，豈能去來自由，以見吾一生以至多生之眷屬乎？孔子曰："立身行道，揚名於後世，以顯父母孝之終也。"夫顯名何益之有？立身行道，弘法於來生，以度父母，斯爲至孝。某不復歸，敢以是爲展墓之告。①

不赴父母墳墓，摒棄世間祭祀之典，而是修得正法，度父母於來生，這是僧人在爲父子倫常辯護時常用的手段，澹歸也不能出此窠臼。他不僅如此爲自己辯護，也這樣向他人宣傳，《題孝節集》②《重修鎮海浮圖碑記》③等皆大力宣揚出世間孝。他還提出擴大做佛事之功德，與世間孝對比乃是大孝。這明顯將出世間孝置於在家事親之孝上，勸人"人不能終身爲孝子，亦可一日爲孝子。終身爲孝子，僅訓一世父母之恩，一日爲孝子，乃報七生父母之德"④，以做佛事一日之功德置於終身爲孝之上，以功德期待來世回報，可謂對當世法則的挑戰。

另外，澹歸還試圖將"孝"之名目推廣至世間五倫。他借曾子對孝的規定，將佛教"戒"等條律作爲孝的標準。如其在《戴西永長者六袠壽册序》中説：

經云：孝名爲戒。戒法雖多，不出先佛四種清净明誨而已。故戒者必齋，不齋，則先破第一不殺戒故，然則齋所以爲戒也。戒之所以爲孝，何也？孝者，百順之名也。父與子世世相承，皆以生爲義，不以殺爲義，殺則絶矣。上帝好生，不戒殺者逆理；人皆有不忍之心，不戒殺則逆性；萬物莫不愛生而惡死，不戒殺逆情。故不孝者謂之逆子，不戒殺者謂之不孝子，此能仁氏之所爲以大孝度衆生也……雖然，皆自翁一齋戒以爲之權輿。是故必如能仁氏，而後謂之大孝，必如能仁氏，而後謂之得不死之道。然則孝名爲戒，戒即名爲壽。壽者，仁而已矣，詩者，志而已矣。養親而不及志，不可爲孝，賦詩而不及志，不可爲詩。余爲翁廣戒於其子，且爲謙士廣戒於天下。詩

---

① 《徧行堂集》（一），第220頁。
② 《徧行堂集》（四），第186頁。
③ 《徧行堂集》（四），第118~119頁。
④ 《徧行堂集》（一），第249~250頁。

曰："孝子不匱，永錫爾類。"孔子曰："詩三百，一言以蔽之，曰思無邪。"義盡於是。①

澹歸以擴大"孝"概念的方式爲佛法尋求"孝"之助力，並在《重建會龍下院疏》中進一步解釋：

> 世間法講恢復祖宗之遺業也，出世間法亦講恢復十方三寶之常住也。……人知求忠臣於孝子之門，不知求孝子於忠臣之列。曾子曰：事君不忠，非孝也；涖官不敬，非孝也；戰陣無勇，非孝也；乃至斷一樹、殺一獸，不以其時，皆非孝也。士有百行，無一不歸於孝者。釋迦牟尼佛成無上正覺，初結菩薩波羅提木叉，孝順父母、師僧、三寶，孝順至道之法。孝名爲戒，十重四十八輕，無一不歸於孝。故以如來爲法王，菩薩爲之法輔弼，忘身宣力，亦吾法之忠臣也。以死勤事，以勞定國，能禦大災，能捍大患，生有榮，歿有哀，千百世後，載在祀典。與夫佛道未成，安獲五利？聖凡異界，而理事同倫。然則世間法本忠孝，出世間法亦本忠孝；世間法叙功勳，出世間法亦叙功勳。不立功勳，何以成忠孝乎？諸子行矣，持此言以質諸僇力危疆者，當必有水乳合也。②

總之，澹歸借用曾子的説法，將士之百行皆歸爲孝，並將佛法之戒視爲孝，又將師僧、三寶等皆歸爲孝。在這廣義的孝之名目下，佛教的一切皆有了合法性，有了與儒家孝道觀念相通的基礎。

第二，澹歸還在"師"之概念上下功夫，將佛教開堂祝聖等行爲納入師道，以此反駁來自遺民的批評。如在《答巢端明孝廉》中稱：

> 此以弟爲有托而逃者耳。夫域中有三大，曰君，曰親，曰師。服官死職下，無敢二心；與爲人後，則釁相之射不容在位；執弟子之禮而北面受教，豈可漫然爲之哉！吾法於師，敬之如君，愛之如親，非若世間之泛泛者。世間之師，誦讀講習，雖不足尊，猶近於道義，然所以待之者甚輕；座師薦主，不過執位相扶，而待之甚重。弟在俗時，不輕與人門生一刺，若無故而稱門生於弟，必痛拒之。出俗之

---

① 《徧行堂集》（一），第118~119頁。
② 《徧行堂集》（四），第108頁。

後，僅奉一師，非心性之學不請益，非大乘經不請業也。不能槁死高山之頂，以一衣一食苟活，而稱弟子於不知誰何之人，此與寡廉鮮耻，與爲人後者何异？兄何居之高而視之下乎？兄非有意薄弟者，特不信有出世法，未講於師之名、師之義，故言之若是其輕耳……兄所責弟重在君臣。吾法門上堂說法，即以師道自居，不更居臣道即拈香一例，先一人而及兆民，此乃普垂悲愍，善嘉頌禱，原非君臣之禮。若是君臣之禮，則拈一人之香，豈可復拈文武諸臣之香耶？所以明於師道，而後可以論佛法；明於心性，而後可以居師席。《書》不云乎："天佑下民，作之君，作之師。"上古之時，帝王一身並荷君師重任，至殷周而師道歸於宰輔，伊周是也。至春秋而師道歸於韋布，孔子是也。吾佛舍轉輪王不爲，而專爲出世之師，開佛知見，示佛知見，悟佛知見，入佛知見。倘能信於此道，則天子之尊，且當北面膝行，順下風而請問，豈可區區以世間之禮相繩哉？①

澹歸稱出家是爲學道，執弟子之禮甚嚴，不敢漫然爲之，不敢懷有他心，與在家時重視師道一致。且出家僅奉一師，僅習心性之學與大乘經典。反而是世間在師道中附加了功名地位等内容，重座師薦主而輕誦讀講習。在針對"有所托而逃"的懷疑中，澹歸巧妙地將巢端明對自己出家的指責轉移到師道這一點上來，以此爲立足點比較儒佛二家，得出佛法高於世法的結論。

針對佛門開堂時拈香爲皇帝祝壽的批駁，澹歸亦借師道之說，巧妙回避遺民群體中較尷尬而棘手的指責，即所祝者誰人之君。稱拈香祝聖並非行君臣禮，而是"先一人而及兆民"，並以亦爲大臣拈香證之；引儒家經典《尚書》中"天佑下民，作之君，作之師"爲依據，將"君"與"師"身份合而爲一，借師道開解"爲天子助壽"之責。進而梳理師道轉移的歷史，稱春秋之後"師"地位下移，天下才獨尊孔子爲師，同時又不忘提出佛祖爲出世導師。

信中兩次借"師"之名辯論，偷換概念，雖然能否讓人信服尚有待思考，但澹歸借"師"之名反駁儒者批評的路數可見一斑。

第三，澹歸還通過分析心性的定義，爲儒佛二家殊途同歸尋找突破

---

① 《徧行堂集》（四），第279~281頁。

口,並再次指出在心性參究的用力層面上,佛法實高於儒家。澹歸先發覆心性與天道的一致性,闡釋儒釋之間同物異名現象,爲儒佛一致論調做鋪墊。如《四書義》之《盡其心者(全)》(一)中説:

> 夫儒者之學,則莫尚於知性矣,顧世之言性者常墮於空,子思憂之,而實之以天命。乃世之言天命者復淫於有,故離於天命以言性,與離於性以言天命,皆謂之不知性也⋯⋯故子思曰"天命之謂性",而吾曰:性之謂天命。知天命之謂性,而性始不墮於空;知性之謂天命,而天命始不淫於有。噫,此孟子所爲自任而繼尼山之絶學者歟。①

將"天命"與"性"視爲不可分割的一體,提出同步把握二者方能不墮於僅談心性的空虛,又不滯於只説天命的質實。二者在功能上互相補充。在此基礎上,澹歸指責當今儒者之不知本,不知在心性上下功夫。如《柱史閣集序》中所言:

> 學以明明德爲本,明明德以致知爲本,致知以格物爲本。格以何爲物?物以何爲本?請循其本。平天下之道,始絜矩而終生財,其於聚斂之臣深惡痛絶,卒章之中三致意焉。若類於事顯而理粗,非也。好惡者,心之所用之精隱者也,其本無不在利。一念初萌,無中忽有,即已塊然而爲物,卑者暗,高者偏,立言措政,率成顛倒。治天下與治心,寧有精粗隱顯之殊乎?朝廷之所取才,學士大夫之所尚,或經術,或詩賦,各彼其彼,各此其此,要皆入心性以爲宗,一失其本,則敗德亡身,破家滅國,其流禍亦無彼此。古之人達而爲君相,窮而爲士,必先絶利萌於一念。利絶則物消,物消則體空,體空則照明,照明則好惡均,好惡均則立言措政各得,此之謂知本之儒⋯⋯夫知者,萬物所同具,致知者,千聖所同趣,今或少談見性,輒謂流入禪家,是謗千聖而誣萬物以自誣也。佘子發憤,其爲儒者雄,以格物生因地心,以知至成果地覺,外而王,内而聖,坐而言,起而行。予所加額以望,非猶乎今之人,猶夫古之人也。人無今古,亦共信爲大

---

① 《徧行堂集》(二),第30頁。

人爾，豈於太虛空中畫此方而爲同，割彼方而爲异哉？①

認爲對心性的排斥使今儒不能遵從先儒明明德、格物致知的訓導，不能謹守心性的鍛煉，絕利益之念，正好惡之心，導致流禍叢生。澹歸通過批判今儒來爲心性正名，認爲心性乃儒釋道三家共同的旨歸，儒者借此向佛門發難，便是不知本之徒。

澹歸還通過與儒者進行心性辯論來打壓儒者氣勢，以展示佛法的高妙。如在《答巢端明孝廉》中稱：

> 來札云："有界限者，地道也；無界限者，人道也；無界限而有界限者，性也，命也，天道也。"專以性命屬天道，則地道、人道，遂爲性命之所不攝耶？天道、地道、人道也，有界限無界限也，無界限而仍有界限也，皆吾性用之，發現而不可實指之爲性，此不可不知也。來札云："人處世間，不過滄海之一粟，而七尺之軀歷萬古而莫之朽。"然此乃吾性自然之體，非精誠所結。菩薩之精誠結而爲道力，衆生之精誠結而爲業力，善衆生有善結，惡衆生有惡結。期響必獲，因果不移，心思才力並歸一路，此謂之志，不謂之性。修行道中，理亦貴純。然世間法而雜於出世，謂之不純；出世間法而雜於世間，亦謂之不純；又不可不知也。來札云："天道人倫，不可一日離。"人倫則五倫矣，畢竟以何者爲天道？若天道即是人倫，何必更言天道。夫天道可以統人倫，而人倫未足以盡天道，復不可不知也。②

對儒家心性綱常等概念進行辨析以反駁儒者的手段，在澹歸文集中並不少見。在其《答汪元隱居士》中有進一步發覆③。汪氏對佛家摒棄五倫的斥責是儒門攻擊佛教的慣用理由。對此，澹歸先分析父子倫常下的實質，將其歸結爲欲念，指出佛法對欲念的限定是有範圍的，是在遵守世間五倫規範之內的。再者，針對佛法高深的指責，澹歸以不肯發心去參究來辯解，稱佛門中目不識丁者尚能悟道，而況世之聰明者？接著稱儒家學說亦貴高深，將儒佛二家並論，以堵儒教排佛的悠悠之口。

澹歸在強調心性爲儒釋道三家共同旨歸的基礎上，又對儒佛兩家做了

---

① 《徧行堂集》（四），第52頁。
② 《徧行堂集》（四），第279～281頁。
③ 《徧行堂集》（四），第292～293頁。

辨別。《答楊若未孝廉》詩及跋中稱：

> 儒道佛法皆以心性爲指歸，然其見處實有不同。《論語》云："子絕四：毋意，毋必，毋固，毋我。"欲與《金剛》和會且不相似，蓋不絕意必固我，自是意必固我，若絕意必固我，又是意必固我。直饒絕之一字泯到無痕，猶是真常流注，豈況説個毋爲禁止之詞耶……若論饑溺由己，知覺開人，則儒者用世之熱腸，即菩薩度生之悲願，初無二致，但打頭一著，不可不辨明耳。①

《論語》中要求君子去除"意必固我"，澹歸認爲這種要求本身便落在進退維谷之間，若不絕於此四者，則落此牢籠；若絕意去除之，又落在用力一著，依然是此窠臼。對比之下，佛法尤其是禪宗的"本來無一物，何處惹塵埃"便顯得高明許多，不必"時時勤拂拭"，喜怒哀樂，順性起用，無論處於什麼境地，都能得到自在境界。他雖未明説佛教高明，但儒佛境界高下在字句中已自明白。最後，澹歸將真儒與大乘菩薩悲願精神②、俠與菩薩願結合③，認爲佛法之高廣實能涵攝世間法，體現出佛法的優越性，所謂"此道却能作忠孝，忠孝不能作此道"④。

第四，澹歸匯通儒釋的另一種方式是以佛闡儒。將儒家經典類比佛法，如《四書義　自誠明謂》：

> 今夫《中庸》一書，"誠明"兩言而盡矣，雖然，不可以不辨也。夫天命之初，渾然一誠，而明之用具焉，以其始於誠而用明，故曰"自誠明謂之性"也。修道以後，湛然一明，而誠之體歸焉，以其用明而終於誠，故曰"自明誠謂之教"也……嘗試以吾法例之：誠者其本覺也，明則其始覺也。本覺生始覺，而果然用其始覺；始覺成本覺，而果然冥其始覺。夫既已用始覺，而又欲冥之者，蓋其慎也。故曰：教不出於性者，君子不立；道不還於性者，君子不行。《中庸》之指，始於誠，終於誠而已矣。蓋其親也。⑤

---

① 《徧行堂集》（三），第143頁。
② 《徧行堂集》（四），第74頁。
③ 《徧行堂集》（一），第40頁。
④ 《徧行堂集》（四），第330頁。
⑤ 《徧行堂集》（二），第25頁。

以"誠明"概括《中庸》一書，並借佛法之"本覺""始覺"來闡釋"誠""明"間關係，用佛法修煉中的體會對比儒家修身時所應注意的事項。

清人宋廣葉在《丹霞願來上人見示澹歸禪師徧行堂集》中稱：

> 儒佛由來旨不分，行藏合道孰如君。半生勁節留青史，一夕明心禮白雲。詩寫性靈歸古澹，禪通南北絕紛紜。《徧行堂集》名傳久，捧誦真同貝葉文。①

極贊其匯通儒釋方面的卓越貢獻。總體來看，澹歸身上表現出儒釋道匯通的思想傾向，這既是明末清初三教融合的產物，也是澹歸自身經歷所致。在對待三教的態度上，耽於其僧人身份與自身好強性格，表現出強烈的護教情緒，將佛教置於儒、道之上；對於儒學，澹歸表現出批判與關切並存的情感，他鄙棄道學，批判後世儒者扭曲先儒學說，且視野狹隘偏執。澹歸對儒道二教的論述亦多站在佛學立場，以佛家話頭闡釋二教，在認可的基礎上流露出一定的貶抑之情，以突出佛教的優越地位。

第三節　接物利生：澹歸的經世踐履思想

時至晚明，國勢日衰，階級矛盾和民族矛盾激烈，明王朝處在風雨飄搖的危難之中。針對層出不窮的社會狀況，富有責任感的士人開始反思明朝衰落的原因，一度將矛頭指向明代空疏的學風，尤其是心學流弊對世風的影響，進而向實學推進。隨著明王朝的覆亡，士大夫更將總結明朝衰亡教訓作為首要任務，並有針對性地提出諸多治世救弊的策略與方案。其中"崇實黜虛""經世致用"的社會思潮，便在批判王學末流的談玄說理中興起，體現在哲學、倫理、政治、學術等各個方面。

就哲學方面而言，羅欽順、王廷相、吳廷翰、唐鶴征等提出以氣本論為基礎的實理論，批判王學、理學的本體論。他們強調氣的實在性與客觀性，提出氣為理之本，理為氣之條。倫理層面，王廷相、顧憲成、黃綰、

---

① 宋廣業：《羅浮山志會編》二十二卷，清康熙五十五年刻本，卷二十一，第33b頁。

吳廷翰、高攀龍、唐鶴征等學者反思批判德性之知的先驗論，以及"空悟"的道德修養方法，有針對性地提出強調"實踐""實修"的修養方案。政治層面，針對明末政治制度的困境和王學後勁帶來的諸多社會流弊，深感"教衰而俗敗"的知識分子在激烈批判時弊的同時，從政治思想、政治體制、社會經濟等多方面提出革除弊症的救世策略，形成重實用、講時效的事功論。學術層面，"崇實"學風的倡導與建設具有較高的呼聲。一方面，主張以經世致用之學替代虛浮而不切實用的空談，關心國計民生，強調經濟事功，反對理學末流與王學末流"局於内而遺外"的虛玄作風；另一方面，多數學者則將如何使學風返之於實的問題落脚在學術實踐中。其表現有二：一是治學內容或轉向經、史，或轉向自然科學，或以西學爲實學來補益儒學；二是治學方法傾向於以實事求是的原則，以實際觀察、考證的方法做研究①。

明末清初實學思潮呼聲漸興，有志者皆主張以實學救世，並從哲學、倫理、政治到學術層面提出諸多實學主張。士人常以有用之學自我期許與互相標榜，澹歸好友方以智便自稱："今天下脊脊多事，海内之人不可不識，四方之勢不可不識，山川謠俗、紛亂變故，亦不可不詳也。一旦天下有事，吾當其任，處分經略，取之眼中手中，可以粹辦。"②錢謙益也在爲人所作之墓誌中稱贊其"生平好有用之學，於朝章國故，河漕鹽屯，兵食大計，四方風土人物，利弊興革，儲峙胸中，倒篋而出之，裕如也"③的才能。澹歸出身於書香門第，自幼接受儒家傳統教育，飽讀詩書，少年便立下經世之志，"於古今書無所不讀，卓然自命，不肯一爲苟且之行，思欲以所學者大其用於天下也，浙之士咸稱之"④。且其出生成長之杭州文社湧起，友人陸圻等主盟之讀書社與有小東林之稱的復社聯繫密切，參與社會政治的意識強，澹歸處身其間，深受浸染。因此，在其後來的出儒入釋中，仍表現出強烈的經世踐履思想。

---

① 楊愛東：《東傳科學與明末清初實學思潮》，山東大學 2014 年博士學位論文，第 23~33 頁。
② 陳鼓應：《明清實學思潮史》，齊魯書社，1989 年，第 1003 頁。
③ 錢謙益：《錢牧齋全集 2》卷五一，第 1296 頁。
④ 陳世英：《丹霞山志》，第 264 頁。

一、儒本佛用的建功觀

受明末實學思潮的影響，澹歸於經濟、建築、地理、戰爭、人文、地方風俗等方面皆有一定研究。南明朝中，澹歸屢次向隆武帝、永曆帝上書建言獻策，言及山川形勢、用兵大計、利弊興革等。吳天任盛讚："其勸隆武棄閩幸楚，依何騰蛟而勿恃鄭芝龍，尤爲當時上策，使隆武早從其言，何至爲鄭氏所制，而有汀州之敗？"又遺憾地説："使堡在朝，當更多所獻替，力謀匡救者矣。"① 無疑是對澹歸經世才能的高度稱許。

但澹歸在南明經歷的一系列遭際使其歇心於政治，這是明末清初遺民群體普遍面臨的精神困境。在《答孝山》一詩中澹歸曾提到這種感傷：

> 結髮事詩書，志不在溫飽。況以度世姿，敢爲宴安小。衆人眯尺寸，達者貫幽渺。釋尊操一鉢，乃爲萬類保。我有致福心，一豎還一掃。彼無是法相，雙遮亦雙表。日月相鮮新，風塵自衰老。五十愧無聞，長懷怒如擣。②

從讀書時的少年壯志到現在年過半百而默默無聞，澹歸心中的苦悶可想而知。李瑄在《建功利生：清初遺民僧會通佛儒的一種途徑——以晦山戒顯爲代表》中提到："遺民若想成就功業，在秘密反清之外，大抵只有著述和講學兩種途徑。著述的價值只能等待歷史來挖掘，對當下的幹預較少；講學則太過招人注目，容易帶來安全威脅。著名的講學遺民孫奇逢、李顒就爲盛名所累，幾乎無法保全名節……反而是佛門爲遺民提供了一個建功利生的空間，既無須考慮出仕問題，維護節操的壓力小得多；同時，佛教又提供了一個疏離於國家權力的公共空間，可以參與社會活動而不必冒犯政權，出家人的身份反而便於遺民僧實際形成一支社會力量。"③ 這在澹歸身上亦得到了印證。對澹歸而言，出家後營建丹霞與刊刻《徧行堂集》成了他實現建功的重要途徑，體現了他建功的強烈願望。

---

① 吳天任：《澹歸禪師年譜自序》，《澹歸禪師年譜》，第 1~2 頁。
② 《徧行堂集》（二），第 326 頁。
③ 李瑄：《建功利生：清初遺民僧會通佛儒的一種途徑——以晦山戒顯爲代表》，《中山大學學報》2016 年第 3 期，第 137 頁。文章對晦山戒顯會通佛儒的建功利生方式進行了闡述，極具啓發性，本節對澹歸建功利生思想的挖掘便是受此文啓發。比較晦山戒顯行文中表現出來的建功利生觀，澹歸似乎更注重身體力行。

第二章 多重身份下的人格雜糅：遺民僧澹歸的思想與心態

對於營建丹霞，澹歸從開始便充滿了熱切的渴盼。在《喜得丹霞山賦贈李鑑湖山主》中處處流露出得丹霞而營建的喜悦。他將營建丹霞作為悟道修證的途徑，更將丹霞作為其施展經濟才能與抱負的場域，希望借丹霞的營建來揚名後世。因此，在創建伊始便立下宏願，要使丹霞道場建成後達到"與曹谿、雲門鼎分三足，為嶺表梵刹冠冕"①的效果。這種爭當魁首的心境本不該為僧人所具備，明顯是澹歸建功觀的突出體現。

在丹霞的具體營建過程中，澹歸更是身體力行，不畏辛苦，從托鉢化緣到布局設計，"前後創造，胼手胝足，運水搬柴，蹴州過郡，送往迎來，人事輵轇，五官並用"②，切實施展其建造才能。其《丹霞營建圖略》因地制宜，對別傳寺建築群進行藍圖規劃，"暗中摹索，聊以適意，乃不數年，有志竟成，崇臺廣樹，金碧輝煌，為丹霞大開生面"③。丹霞山別傳寺之修建，全仗澹歸一人擘畫，從山門設計到山路的修補，無不體現其較強的實際操作能力。

在營建丹霞過程中，發生於康熙四年（1665）的沙汰令是其中一個小插曲。澹歸對此事的激烈反應，不僅體現了其護教心切，還反映了其濃厚的建功情結。

康熙四年六月，廣東總督盧崇峻上《請黜异端》疏，稱廣東僧道衆多，惑世誣民，不利生産，建議裁汰，得到准許④。盧崇峻從社會影響考慮上疏裁汰僧人，增加勞動力，未嘗不利民生，然而對澹歸等逃禪遺民來講，便惶然如大禍臨頭。

沙汰令帶來的震恐心態在澹歸詩文中表現突出，他甚至將沙汰與其在南明朝廷中所遭詔獄並舉，認為是其人生另一重大不幸。在《與公絢兄》書中稱："所恨者，世法、佛法中大變故皆以一身親歷之，何其薄福至此耶？小詩留別，要自泪出痛腸，不足為外人道也。賤體綿劣，末由面别，此後相見杳無定期，惟祝珍攝，以保遐福不盡。"⑤又《與强佑人居士》中："沙汰令嚴，勢須内顧。小詩得之枕上，書以為別，亦似桑户之歌，

---

① 《徧行堂集》（一），第293頁。
② 成鷲和尚：《咸陟堂集》（一），第79頁。
③ 陳世英：《丹霞山志》，第26頁。
④ 鄂爾泰，涂天相等纂修：《八旗通志初集》卷一百九十人物志七十"盧崇峻"條，《文淵閣四庫全書·史部·政書類664》，第450頁。
⑤ 《徧行堂集》（二），第194頁。

若歌若哭，有不任其聲而數舉其詩者。蓋自傷半生於世法佛法中，親歷此大變故，不由不酸心耳。此意亦不足爲外人道，我正哭他却笑也，餘無可言者。"① 並多次表達因此"無人間之意"②。

在沙汰令的震恐驅逼下，澹歸表現出前所未見的軟弱。首先，向當權者乞憐，請求他們不要放棄對丹霞營建的支持和對僧衆的供養，並請求在執行沙汰時能對海幢、雷峰等自家寺廟稍寬幾分。如在《與江若海内巡》中說：

> 小詩留別，蓋值沙汰之變，自傷身世，有不能已於言者。吾兄般若因深，菩提種熟，且於荒山護念不遺餘力。幸得時一展觀，如見窮岩孤衲悲啼向壁之狀，亦見一切僧魚驚鹿駭、走投無路之狀，當爲我法門落幾點眼泪也。且能出一隻手相救否乎？③

又寫信給陳季長，托其向黄端四尋求丹霞僧衆度歲物資：

> 四會因緣，乃續命之膏，弟雙眼盼望，惟在端老此著，千祈鼎致，爲弟留神，得催發來僧，以濟卒歲之急，真感恩光不淺矣。④

請當道彭退庵在沙汰令的實施中寬得幾分，給予雷峰寺、海幢寺破格護持，稱：

> 但沙汰令行，未知能容我視息世間否耳。小詩留別，蓋傷心之聲，若歌若哭，亦有往而不返之痛。知吾兄福德深重，爲我惻然長嘆息也。部文若到，幸於海幢雷幢留神，斟酌破格護持爲禱。⑤

在得到金光的救助時極感激地稱：

> 寄諭云：令送稻百石供衆。聞之感動，沙汰令下，僧多失養，又有刊布訛言欲相中傷者，事雖無根，而摇惑亦自不少。吾兄護念，乃能無異平時，即此見卓識深，慈久而彌實矣。⑥

---

① 《徧行堂集》（二），第313頁。
② 《徧行堂集》（二）《與公絢兄》，第194頁。
③ 《徧行堂集》（二），第199頁。
④ 《徧行堂集》（二），第179頁。
⑤ 《徧行堂集》（三），第251頁。
⑥ 《徧行堂集》（二），第194頁。

極寫僧衆驚駭惶惑之狀，以此哀求當權者予以同情和救助。從廣泛求援的熱切哀憐中，不難見出澹歸的驚慌失措，這在其生平中並不多見。

沙汰令取消後，澹歸興奮地爲清廷志頌。事實上，嶺南沙汰令並未真正落實，盧崇峻上疏才得朝廷回復，便被召回京城。① 在《停沙汰志頌四十韻》中以"妙悟追先帝，冲齡繼盛唐"② 盛情謳歌康熙帝之聰穎，並以盛唐喻其所處時代。這種稱頌在當時嚴苛的遺民語境中，無疑會成爲被詰責的口實，亦是澹歸少見之表態。其又作《上諭停止沙汰設齋迴向文》："爲今上皇帝祝延：獨發宸衷，平衡吏議。罷限僧之嚴制，擴護法之慈門。"③ 雖然這些志頌文章有當道指使的可能，但就澹歸之前的恐懼狀來看，抑或是其發自内心的感激。

沙汰令雖未徹底執行，但對丹霞山的營建造成了一定程度的影響。澹歸在《與彭番禺退庵》中稱："部覆舊督疏，紅鸞不照，誠爲可慶，然詳旨意，猶是不沙汰之沙汰，其爲法門之憂亦大矣。"④ 即便如此，澹歸的過情表現亦不能不令人吃驚。對比之下，其師天然函昰此時表現便相對淡定得多。天然《乙巳冬聞沙汰之令》記此事稱：

　　山犬不驚松户舊，寒花猶繞竹籬新。袈裟有詔從初服，雲水無私歸道人。牛火漫煨餘涕在，鶴形還對一經貧。罋頭黄葉須收拾，莫濫恩光誤早春。⑤

又《尹恒復中翰譴公郎兼中持書入山，時沙汰寬旨，賦此酬之》：

　　野老歸山去不辭，誰持折柬寄相思。遣兒未肯同裴老，開社還應愧遠師。近日林梢仍向化，避人茅屋豈終移。物情霽卵同今昔，珍重筼溪石上時。⑥

無論是沙汰令下達時的悲傷，還是聽聞沙汰令取消時的驚喜，皆較澹歸淡然許多。澹歸與天然面對此事的情感差異相當大，這縱然與二人處境

---

① 鄂爾泰、涂天相等纂修：《八旗通志初集》卷一百九十人物志七十"盧崇峻"條，《文淵閣四庫全書·史部·政書類664》，第450頁。
② 《徧行堂集》（三），第164頁。
③ 《徧行堂集》（一），第219頁。
④ 《徧行堂集》（二），第251頁。
⑤ 天然和尚：《瞎堂詩集》，第128頁。
⑥ 天然和尚：《瞎堂詩集》，第128頁。

不同有關，亦是二人個性、佛法修爲程度差异的體現。

澹歸對此揪心挂懷，原因有二：一則丹霞山別傳寺即將建成，一旦沙汰令下將無法繼續，澹歸一生心血將付之闕如；二則沙汰令下，丹霞及天然門下大量隱居遺民將遭受清查，對明末清初隱於僧者將是一場巨大的厄難。

澹歸於康熙元年（1662）營建丹霞，在《喜得丹霞山賦贈李鑑湖山主》中可以見到他獲得丹霞道場時的喜悅：

> 清浪軍漢時出家，芒鞋踏破天之涯。金輪峰上巉然頂，楊子江心罷試茶。貫清堂捧栖賢令，脚挂風箏難自定。萬年持鉢了殘經，梅嶺扶筇發歸興。粥飯參苓且信緣，山林城市長奔命。雷峰無客助新工，寶水有人修舊恨。旃檀荆棘各叢林，珠玉泥沙同破甑。世上薪抽世外爐，霜朝面改花朝鏡。自慚薄德暗低頭，畢竟由人不自由。何時一曲埋孤影，雙眼看雲萬事休。不謂此山落吾手，恰好全身藏北斗。①

澹歸希望通過營建丹霞過程中的鍛造悟入，實現真正的精神皈依。② 同時，作爲一位有經世濟民才能却受時代影響無處施展才華的遺民僧，他將丹霞營建作爲實現人生價值的途徑，希望通過營建丹霞法席而聲名流傳。在《募建丹霞山別傳寺疏》中提到自己的營建理想："今釋近住丹霞，見其山川奇秀，與天台、雁蕩爭衡，便擬梵刹崇修，與雲門、曹谿鼎峙。"③ 發願要將丹霞營建成與雲門、曹溪鼎峙的法門。

丹霞寺僧有三百多人④，其中多有如澹歸一樣不願仕清的前朝遺民，一旦解散，將流離失所，無處皈依⑤。因此，在丹霞營建即將告成之際，沙汰令的下達對澹歸而言無疑是一記沉重的打擊。澹歸多方求告，希望丹霞營建能夠繼續。其在《與南雄陸太守孝山》中訴説了營建的必須："營建一著勢須歇手，然起手固難，歇手尤未易。至於歇手之後，百衆嗷嗷，

---

① 《徧行堂集》（二），第363頁。
② 成鷲和尚：《咸陟堂集》（一），第79頁。
③ 《徧行堂集》（一），第228頁。
④ 《徧行堂集》（一），第379頁。
⑤ 潘承玉：《清初明遺民詩人栖遲韶關丹霞山史事綜考》，饒宗頤主編《華學》第7輯，中山大學出版社，2004年，第305~318頁。

第二章　多重身份下的人格雜糅：遺民僧澹歸的思想與心態 | 157

豈忍使之凍餒窮岩。此衷迴環，寢食欲廢，殆未可一二爲俗人言也。"①
《與强佑人居士》："挑著叢林擔子，稍具血性，稍識菩薩行願，決不忍使
大衆各鳥獸散，委梵刹於草莽也。"②《與陳季長太史》載："沙汰之令雖
未行，而因緣阻隔亦已不少。丹霞一片白地，澹歸一雙赤手，百衆嗷嗷，
豈易安頓。弟若於急難之際驅逼修行人，使之墮坑落阱，此有死耳，不忍
爲也。"③可見對丹霞營建擱淺之擔憂的另一重要原因，即對丹霞大衆解
散之恐懼。

另外，澹歸對解散後自己的命運深感擔憂。在《感事》（二首）④
中稱：

　　　　不根怨毒起何因，此道元無屈與伸。易掃水雲生滅路，難留露電
　　去來身。清修自失岩中客，具信誰當格外人。我便不憂君不惑，素心
　　長欲寄松筠。（孝山獨無浮言之惑，相見益親。）

　　　　混俗逃禪總未工，限僧立籍得無同。老來不許閑名謝，此後真憐
　　吾道窮。應馬應牛誰變易，選官選佛各圓通。空山獨坐頻低首，一樹
　　梅花幾度風。

一旦沙汰令執行，澹歸作爲遺民僧，其人生去就便面臨新的抉擇。作
爲明朝抗清遺老，除了遁入空門或隱居山林，他只有與清廷合作或者被
捕。因此，他擔憂自己及與其相同境況的僧人的處境。內心深處的遺民情
結使他無法像其他貳臣一樣圓通，但是他也越來越理解這些人的不易。詩
最後以梅花自喻，表達持節自守的決心。

總體而言，沙汰令作爲營建丹霞中的波折，更映襯出澹歸濃厚的建功
情結，未能全除名心。因此人稱："予嘗以名心求解脱於澹歸老人，老人
曰：此老僧所不能除也，修丹霞，刻語録，所費不貲，非名心如何是又一
道乎？"⑤

---

① 《徧行堂集》（二），第216頁。
② 《徧行堂集》（二），第314頁。
③ 《徧行堂集》（二），第179頁。
④ 《徧行堂集》（三），第57頁。
⑤ 陳惟清修，閔芳言纂：《（同治）建昌縣志》卷之十《游雲居山紀事》，《中國地方志集
成·江西府縣志輯19》，鳳凰出版社，2013年，第657a頁。

此外，在對《徧行堂集》的刊刻及流傳期望上，澹歸亦體現了其建功意識與留名欲望。在給陸孝山信中澹歸提到刊刻集子一事："意欲刻小板，因見宗門知識有文集者，惟明教契嵩，覺範慧洪，此外寂寂。師友相許，謂此集頗足爲後學資糧，當照藏經板刊布，使叢林中得以流通，如嵩公《鐔津集》、洪公《石門文字禪》，皆此樣式。"① 對集子期待甚高，欲與高僧契嵩《鐔津集》和惠洪《石門文字禪》相提並論，並希望能同樣流傳後世。這種重視樹立自己名聲的心態無疑是澹歸建功觀的又一流露。

同時，澹歸對他人能欣賞《徧行堂集》感到無比欣慰，曾激動於陸話山能理解其《徧行堂集》的弦外之音："君游徧行堂，能賞弦外音。我登半雲閣，欲拈毳上鍼。安知止濼魚，即是飛空禽。境肉虧智刀，哀響纏秋砧。冀無掇禍戚，先斷邀福欣。高山與流水，何必理瑶琴。"② 充滿得到知音的歡愉，但緊接著又流露出爲境況限制的哀傷，希望彼此不要因作品而罹禍。這種慾説還休的擔心證明澹歸在集子中寄托了不便明言的深意。而這種會爲其帶來禍患的深意，除了屹然難撼的民族氣節，還能有什麼呢？

事實上，澹歸確有建功的才能。除了親自設計建造丹霞，其對其他園林建築的構造布局等亦頗有見地。如在《兼園記》中稱：

  宅宜密，園宜曠，曠與密不相兼，而兼之以園，園之勝亦有各不相兼者。野山宜峻，峻宜大，宅山宜平，園中之山宜小，小與大、峻與平不相兼。亭臺宜新，樹宜古，新與古常不相兼。山廣則不兼池，園狹則不兼圃，平地宜同，遠覽宜獨，同與獨不相兼。近景宜散，遠景宜聚，一面之觀不兼三面、四面，有蔽則有虧。近山之山宜遠，遠水之水宜近。山不兼湖，湖不兼江，江不兼左右，湖不兼内外，江湖在遠山之外則不兼，園在近山之内則不兼，而葉子之園以無所不有爲獨勝。③

從對山水形勝與園林建築小大之見中頗可見識澹歸之修造才能。其又在《鐵佛橋》詩跋中稱："此地可瀦爲湖，配以橋亭，遠山近林，不減吾

---

① 《徧行堂集》（二），第225頁。
② 《徧行堂集》（四），第312頁。
③ 《徧行堂集》（一），第314頁。

杭風致。聞昔有建此議者，以縉紳先生尼之而止。予戲謂：'遲我十年老，豈憚此勞，但恐道學者切齒耳。'"①

且澹歸頗具經濟才能，從對丹霞僧田的管理上可見一斑。從計算建寺開支到爲寺內僧衆籌劃口糧，再到如何存糧、丈量寺田、估算田租收成、與佃農交涉等，在爲丹霞三百僧人的衣食住行操勞奔波中，澹歸體現出非凡的管理才能。而在托鉢化緣時，澹歸亦時刻關注生計技巧，如在《與山中執事》信中，交代化緣時聽到的種植蘑菇的妙方："吃了蔗查，掘一窖埋却，用土草覆之，便有絕妙蕈子吃，年年不斷。此方乃化主用心討得者，切記切記，抵得一個賭錢不輸方，足值千金也，呵呵。"②又親自在丹霞督造茶葉："近已造爐竈，囑耳門制夏茶，盡用岕法。去年所製，渠謂尚未如法，然頗有蘊藉。庫司散衆俱不要，即令供徧行堂作自受用三昧也。"③岕茶產於浙江長興縣境内羅岕山，爲茶中上品。澹歸親自在山中督僧製作，一則自用，再則爲丹霞檀越禮節送奉，亦爲生計所營。

澹歸對醫藥疾病有相當程度的了解，在給師友的信件中常有根據病情分析病因，並提供調理診治之方的記錄④。同時熱衷了解地方風土人情，除閱覽各地方志外，還對曲江、仁化、韶州乃至整個廣東地域的山川形勝、地方風俗、歷史名流如數家珍，因此被各地官員延請修造地方志。其游覽名山、結交豪俠的癖好在卧病不起之時也不曾歇下。

由此可見，澹歸作爲明末清初實學思潮影響下的遺民僧，在失却建功場域的情況下，借助佛門相對寬鬆的政治環境來實現人生價值，這也是當時士人入佛門的一種獨特文化景觀。

二、一以貫之的利生觀

除通過營建廟宇、著書立説來建構不朽價值，澹歸的經世思想還體現爲深厚的利生觀。大悲菩薩願普度衆生，救一切苦難、困厄，是佛教所宣稱的救世思想。然而儒家同樣有以民爲本的思想。出家前，入仕的澹歸便

---

① 《徧行堂集》（三），第104頁。
② 《徧行堂集》（二），第143頁。
③ 《徧行堂集》（二），第125頁。
④ 張星：《〈徧行堂集〉醫學史料及醫學思想探究》，《南京中醫藥大學學報》2015年第6期，第114~118頁。

已表現出較爲明顯的愛民情結。因此崇禎朝任職臨清期間，便因灾年不欲催科而被罷免。澹歸每每提起此事，一種浩然自豪之情充斥語氣之間。出家後，愛民情結、對蒼生的護念時刻未曾停止。只不過時移世轉，他的處世方式發生了變化，從直接參與現世建設轉向借對當道的勸諭教化施加影響。無論是出家前還是出家後，澹歸從未放棄他的蒼生護念理想。其作品關懷時事，爲流離播遷於戰爭、租稅、荒年等灾害中的百姓悲鳴吶喊，借說法勸誡教化當道，爲民請命，流露出濃重的責任及擔當意識。

（一）時事關懷，蒼生繫念

澹歸的蒼生之念由來有自。出家前，奔走於晚明及南明小朝廷之間，關注的是家國救亡；出家後輾轉民間，體驗到百姓生活的悲苦，視角便自然轉向蒼生關懷。

首先，他關懷世況，痛恨戰爭挑起者。在《殺星歌追叙黄碧生明府談張獻忠遺事戲柬》中陳述張獻忠殺人如游戲的殘暴酷虐本性，心痛地斥責"死不疑冤生疑親，我聞此事心欲碎。率土之濱亦何罪，此賊現身作屠劊"①，爲無辜遭受灾禍的百姓痛哭。又在《許鶴沙憲長過訪却贈》中諷刺吳三桂等叛亂者爲"腐鼠"，唾弃吳三桂品行，揭穿其打著反清復明旗號來吸引遺民的把戲，冷峻地詰問親手弑君者焉會爲其報仇，痛罵其爲一己利益反復無常②。同時在《丙辰二月之事，海幢有詩寄懷，題此奉答》中以"稱戈荷校網誰投，刮皮囓骨何時休"，悲憤控訴尚之信於丙辰（1676）二月舉兵響應吳三桂起兵後到處殺掠，大肆搜刮，使得雷峰、海幢等寺廟以及仁化、韶州等地皆遭劫掠的罪行，"業海風濤八面作，百苦安能思獨樂"，目睹雷峰海幢遭劫備感痛心③。另在《海珠寺》一詩中以"一棹却迴凝立久，廿年兵氣鎖斜陽"，摹繪面對戰亂中被劫毀的破敗寺廟時滿心的凄凉與無奈④。

其次，感傷於戰亂中百姓備受干擾、艱難偷生之狀。澹歸在其《七夕抵南昌》中悲嘆："泪盡征夫血，聲闌估客歌。人間風浪大，將就只填

---

① 《徧行堂集》（四），第322頁。
② 《徧行堂集》（四），第409頁。
③ 《徧行堂集》（四），第409頁。
④ 《徧行堂集》（三），第90頁。

河。"① 又在《軍需船》中稱：

> 聞道軍需急，千艘濟粵西。官私無暇日，水陸儘遺黎。戰苦兵鋒澀，村荒徑草齊。畏途兼落照，天際一眉低。②

描述戰爭中兵士對百姓船隻的掠奪，爲"征夫""估客"等飽受戰爭之苦流下同情之泪。澹歸對此際百姓生活狀況的記録亦有詩史之價值。澹歸對百姓遭遇的苦難表現出强烈的憂憤與關懷，其"世情豈足問，一嘆聲已吞"③ 與"杜陵野老吞聲哭"可謂異曲同工；又如《和東坡戒殺詩》中："我悲三灾起，茫茫百端集。"④ 面對滿目瘡痍的社會群像，澹歸體會到深深的悲哀與無力感，人生悲慨頓增。

最後，荒年也使澹歸憂心不已，蒼生苦難的痛切如在自身。如《曹遠思招同阮不崖、家若千茶集順安堂，出北郭觀菜花即事》云：

> 昨歲薄秋成，窮民窨糠粥。山左人相食，江南榆盡剥。用兵及六載，齚嚙空皮骨。嗟爾則先農，勿厭再三瀆。豚蹄酒一盂，五穀報蕃熟。⑤

天灾人禍，民不聊生，竟到人相食、榆盡剥的境地。連年戰争使百姓苟延殘喘，這引起他的無限悲憫哀嘆。詩中化用《史記》淳於髡"蹄酒"之典，不惜冒求取利益之諷，祭奠先農田公田母，爲百姓禱告祝願，祈求先農悲憫五穀豐登，足見其民生關懷之切。

同時，自然灾害爲百姓帶來的禍患亦使澹歸挂懷，如《春雨嘆》：

> 君不見火伍無薪撤人屋，濕墮朝烟午未續。百里方員草不萌，健兒剩有皮穿骨。又不見官夫枕藉死道旁，鬼伯就吏嚴催糧。窮民入夜走空谷，溪深棘密逢豺狼。六尺單前交脚坐，莫怪山荒老屋破。一盂澹飯且調饑，不求有福求無禍。⑥

又如《孟夏》：

---

① 《徧行堂集》（四），第 343 頁。
② 《徧行堂集》（四），第 342 頁。
③ 《徧行堂集》（二），第 336 頁。
④ 《徧行堂集》（二），第 349 頁。
⑤ 《徧行堂集》（四），第 314 頁。
⑥ 《徧行堂集》（四），第 321 頁。

> 城中村中官如麻，或有起家或破家。只遣窮民填姓名，前供猛虎後供鴉。吾宗三刹懸兩地，不解憂身解憂世。苦雨連霄不肯幹，皇天有淚曾無濟。層崖四面婦子啼，朝來失牛暮失雞。兵聲喧喧何日定，定後催科皮骨盡。①

久雨不晴、陰冷潮濕的天氣對流離失所的窮民而言無異於雪上加霜。沿途凍餓而死者不計其數，即使如此，依然不斷有催征者上門剥削，儼然催命鬼伯。澹歸眼見窮民遭凍餓逼迫而死却無能爲力，哀傷之狀難以言表。

又如《雪》其三：

> 今年歉爲昨年少，來歲豐因今歲多。肥漢難禁七日餓，迢迢争奈麥秋何。（人不食七日則死，今冬鄉民已有食粥者，得到麥熟尚懸百二十日，可若何？）②

一句"可若何"將關懷之深與無奈之狀表露得淋漓盡致。再如《寒》"欲問歲無恙，誰憐民未安"③，又《月下》"歲暮民益窮，感至悲復生。荒菅亦飲露，欲起難爲情"④。可謂雨愁、雪愁、晝愁、夜愁，春夏秋冬皆爲民愁。此外，澹歸還常關注市場價格浮動對百姓生活的影響，如《米貴嘆》：

> 丙丁之際悲南安，米貴催本色，米賤催折乾，肥水從來不到田。張弓彈雀兒，早晚落簽端。汝曹何地逃飢寒，長安路絕黄金丸。⑤

無論米貴還是米賤百姓都得不到好處，蒼生如同待捕之雀兒，難逃命運網羅。旱灾當前，友人有蔬菜之饋，澹歸也不免由己及人，想到困餓的飢民。"多少桔橰聲裏泪，可能載得畫船浮（旱甚，山塘水涸，畫船簫鼓不復能至虎丘矣）"⑥。甚至在洗溫泉時也不忘蒼生，"應爲窮民分惠及，爲誰却費洗兒錢"⑦。由温泉想到楊貴妃當年軼事，認爲不如把賜給安禄

---

① 《徧行堂集》（四），第321頁。
② 《徧行堂集》（四），第434頁。
③ 《徧行堂集》（二），第421頁。
④ 《徧行堂集》（二），第324頁。
⑤ 《徧行堂集》（四），第329頁。
⑥ 《徧行堂集》（四），第394頁。
⑦ 《徧行堂集》（三），第17頁。

山的洗兒錢分給窮困的百姓。而聽友人説到京城遭逢地震，百姓死傷甚多時更是忍不住悲傷，稱："見説燕京灾异後，幾家夢向月中殘（北京地震圻，人畜壓陷，死者甚多）。"① 作爲遺民兼僧人，對百姓蒼生的刻刻繫念是澹歸利生觀的重要表現形式。

（二）勸誡教化，爲民請命

在談及蒼生疾苦之時，澹歸常有無可奈何之感，多借傳道勸諭當道，其集子中多有爲民請命的詩文。

首先，澹歸鼓勵有才能者出仕。澹歸對官員的當世期待之熱切甚至超越了對來世的嚮往。因此，他鼓勵有才華之官員不糾結於出處而出仕，爲百姓做實事。《與丘貞臣明府》中"苟能濟人利物，則一身出處可不計也"② 的慷慨熱切已見一斑，又在《答朱天然明府》中進一步闡述：

> 瀟灑人分中，俯就征辟，拮据危疆，此自救世熱腸，所發菩薩現行，皆吾佛所悦可也。即吾兄於竹君親友情誼，亦宜有不應恝然者。來札有秋冬請致之語，幸且放下，率題一詩奉勉。出世人勸人用世，雖似自語相違，然世間判吾教爲冷門，亦大不著痛癢。俟功成身退，掃石共話時，乃和盤托出也。③

以菩薩現行的救世熱腸爲出發點，勸人超越世俗眼光，成就一番拯溺功業，並在信中多方勸解想要出家學道之陸孝山："古人不壞世間相，而通實相，如楊大年、趙閲道輩，皆以名臣具祖師巴鼻。老人所切望吾兄者，意實在此，願留神於此一著，宴坐之餘，時時覷捕爲佳也……老人意欲吾兄於本分討一下落，此事元不必休官絶俗，入圓頂方袍之隊也。楊大年、張子韶輩，何曾掛冠持鉢耶？"④ 可見其對友人承擔現世建構的迫切希望。

---

① 《徧行堂集》（四），第400頁。這場發生在康熙十八年（1679）七月京師的地震，在多種文獻記録中有載。如《清文獻通考》："（康熙）十八年賑山東沂州等十三州縣饑民，是年七月京師地震，發帑十萬以賑旗民。"（《皇朝文獻通考》，見《文淵閣四庫全書　史部類391》，第633～182b頁）又王士禎："己未七月，京師地震。通州尤甚，死者凡數百人。"（王士禎撰，勒斯仁點校：《池北偶談》卷二十"地震定數"條，中華書局，1982年，第477頁）澹歸此詩，可謂從對百姓的憐憫出發記録了又一史實。

② 《徧行堂集》（四），第272頁。

③ 《徧行堂集》（四），第269～270頁。

④ 《徧行堂集》（二），第226頁。

其次，借論佛法便宜對爲官者諄諄勸誡教化，深盼在位者能爲民休息。"但願吾兄居官不忘爲民父母之意，於催科刑罰中寬得一兩分，則民便受真撫字、實教化之惠。孟子不云乎：'民之憔悴於虐政，未有甚於此時者也。'"① 目睹百姓陷於水深火熱中，澹歸便忍不住直接問政當道。《與王仲錫臬司》其二云："此稱維新之時，而有不終日之象，蓋兵愈驕，將愈懦，賦斂愈繁，民生愈困也。各縣派米，已於一年中納三年之米，送過庚嶺者，每石費二兩有奇，至於賣妻鬻子。各縣派夫，已於一年中用六年之夫，送過庚嶺，道殣甚多，至拘留軍中不遣。喜亂之民鋌而走險，其無能者或死或徙。即如丹霞，所有薄田，佃丁逃亡拋荒強半，則徧地情形大概可見。若章貢不下，轉輸之役勢不得休，又豈待其君子化爲猿鶴，而小人始化爲蟲沙耶？出世間之飢飽，常視世間之安危，深山病漢，坐而待盡，理有固然，不知當路諸公救民水火者，何以解此益深益熱之苦耶？"接著提出期望："吾兄以菩薩心肝，具救時才略，久有悲憫之懷，輒因風便，聊寄數語。然今日挽回之權，不在文吏，亦不由臬司，即方伯公仁心爲質，仰屋難籌，亦僅可付之無可如何耳。放筆太息，幸勿爲外人道也。"又在得到回信後繼續督促當道政有實效："得答教，具審憂時念切。天下事，未有可言而不可行者，其至於不可行，則權籍不存也。使吾兄提衡數千里，獨行一意，必能爲孑遺解倒懸。"② 既有責問，又有期盼，更有督行，將憂民憂時心境展露無遺。

另《記舒公語》提出"豈無石將軍，君仁則臣直"③，希望朝廷有更爲寬廣的胸懷來容納忠臣、良臣。又在《留別公絢》中囑託金公絢對三藩之亂中尚可喜之子尚之信叛亂之事發揮作用，避免海上弄兵，並犀利地指出："豈盡其子之過耶？"④ 將矛頭直指尚可喜。金公絢力勸尚可喜不反，後爲尚之信所殺。尚可喜之所以不響應吳三桂號召，金公絢從中應發揮了極大作用，而澹歸對好友金公絢的叮囑與期待功不可沒。

在行爲上，澹歸還身體力行地以僧人方式惠濟蒼生。出嶺請藏前夕，他行走各地撿拾戰骨收葬，爲死者超度，爲生者銷鑠肅殺兵氣。《南韶雜

---

① 《徧行堂集》（四），第 272 頁。
② 《徧行堂集》（四），第 254~256 頁。
③ 《徧行堂集》（四），第 310 頁。
④ 《徧行堂集》（三），第 24 頁。

詩》描述戰亂中所見各地百姓生活的淒慘狀況，生動形象，滿懷哀憫。另外，澹歸的現世擔當還體現在對"吾民"一詞的頻繁使用當中，這一詞語中融注的蒼生繫念與責任自不待言。思想上，澹歸反對一味空談義理而不具體拯救百姓，因此他反對"與萬物交疏"的隱逸行爲。另外，澹歸在文藝觀中也切實展現出對"懷古言志、關風化，感時事，有識度、有經濟、覺迷啓悟者"①的推崇，反對無關風化、缺乏真性情的行文風氣。

澹歸思想及言行中的利生教化，與其說是明末清初佛教人間化、以忠孝作佛事的體現，毋寧說是澹歸時刻未曾放下的利生情結在其佛門生活中的具體展示。佛門以弘法爲目的對當世秩序建設的認可，與澹歸根深蒂固的利生觀不謀而合。

三、豪杰情結與擔當意識

明中後期以來，受王陽明"思得天下之豪杰相與扶持砥礪"的影響，士林對豪杰人格的認同較爲普遍，清初遺民以豪杰自命者人有人在。豪杰是一種外向擴張型的人格理想，強調個人的主體意志及對社會責任的承當。不僅儒林，法門中亦多有高僧出於救法熱情，迫切期待豪杰的出現②。

豪杰情結在出家前後的澹歸身上均有體現。明末爲官時，他勇於摘發奸利，不畏權貴，侃直敢言，不惜身被刑獄；瞿式耜、張同敞犧牲後，不避風險作書請收二人骸骨；出家後編次尚可喜年譜，勇於上書糾正明代稱號，爲南明爭正朔。這些皆爲澹歸具備豪杰精神、爲一血性男兒的證據。後雖遁入佛門，但其深厚的豪杰情結並未減去，只是更換了表達途徑。他不欲以"自了漢"了結餘生。在佛門便積極參與佛門事務，爲法門興盛身體力行。因此，在得丹霞而營建之初，爲之求得丹霞的汪漢翀欲使其隱居其間，以遺民自了，澹歸予以拒絕，在《留別漢翀》中解釋稱：

八年青眼剩相思，十里丹霞子所遺。愛我切如分痛癢，與人化欲入離微。塵中只合收詩料，物外何當剗路岐。無以酬知憑道業，敢將一鉢負三衣。(漢翀欲我只三二人棲遲林麓，此正恐增勞累耳。然我

---

① 《徧行堂集》（四），第74頁。
② 參見李瑄：《豪杰：明遺民群體的人格理想》，《浙江學刊》2007年第5期，第99頁。

法無獨吃自痢之理,頃入丹霞,不用其策,故有末語。)①

這與澹歸初營建丹霞便立下宏願,使其成爲嶺南名刹的雄心一致,隱居終老絕不是他期望的人生。因此澹歸將自己的豪杰志向寄托於對佛法的弘揚。他堅持認爲,只有"豪杰""英靈漢子""有脊梁""有血性之人"才能承擔佛門弘法重任,才能入此門而永往無前。澹歸勸人入佛門時稱:"徑山國師云:'出家乃大丈夫事,非將相之所能爲。'……英靈漢子,決不甘與一切凡夫隨行逐隊,將自己本命元辰爲業識所牽,浪死虛生,輪轉無已。"②又云:"須知憑他極大豪杰,建大功名,得大學問,廿一史中驚天動地,正眼看來,總喚作浪死虛生,輪轉無已者。"③"吾輩有血性人,不忍不撐持法門,既已撐持,便將禍福置之度外。"④在《答陳藹公文學》中,澹歸面對友人恐其名節不終的勸誡,再次強調只有血性男子始能一心向佛:

> 佛法至大,非世間智所窺,若不具正法眼,與諸祖把手同行,即於世間立大功、享大名,皆是虛生浪死。鄙意甚望足下一究心此道。在血性男子,不易信受,然非血性男子,必不能擔荷也。足下所至愛規切,蓋欲不慧向茅茨石室裏,孤潔自好。今僕僕風塵,殊有名節不終之狀。此無他,特疑其爲和尚,出於不得已耳。不慧一生不喜作假,向來做措大時,襲韓歐唾餘,輕謗佛法。及閱了義諸經,始懊熱知愧。後承金吾一頓痛棒,當下知歸。不慧之爲和尚,非不得已而爲之也。凡爲血性男子,不與爲人後,不苟爲人臣,不輕爲人弟子。道之所在,尤與勢分不同。今以不得已之故走佛法門庭,爲藏身避地計,無端差排一血性男子作假和尚,此正不慧所耻。世間一切可假,惟和尚不可假。⑤

並在《次韻寄答陳藹公》中再剖心迹:

> 歷落如論七不堪,難將昨夢駐優曇。才名自愛陳同甫,心事徒憐

---

① 《徧行堂集》(三),第14頁。
② 《徧行堂集》(二),第185頁。
③ 《徧行堂集》(二),第190頁。
④ 《徧行堂集》(二),第204頁。
⑤ 《徧行堂集》(二),第293頁。

鄭所南。出火三車猶曲徑，垂絲千尺在深潭。憑公透過東西路，昧却紅塵是碧嵐。①

在其集子中，"丈夫"一詞出現八十多次，"漢子"出現二十多次，"豪杰"出現三十次，"英雄"出現五十三次，"俠骨"等亦屢見不鮮。這些詞語的頻繁使用體現了澹歸對自己的人生定位，亦展露了其理想人格。

總體而言，澹歸作爲明末清初士人，深染濃重的經世思想，有強烈的建功期待，有豪杰人格理想。國變前希望通過出仕來施展其人生抱負，後來遁入空門，亦希望能在當世有一番作爲，不願做一自了漢，刻刻以"血性漢子"自許，希望通過弘法利生來實現人生價值。

小　結

澹歸的思想與心態因其所處時代、身份的轉換而產生了一些變化。大體來看，其因身份轉移而發生變化的是對佛法的護持，對佛教地位的爭取，以及闡儒擴釋、以儒闡佛的努力。出家後，澹歸也依然對儒教現狀流露出關心之情，爲匯通儒釋不懈努力。在佛法的修證過程中，澹歸托鉢化緣、結交當道，但從其晚年的反思來看，他對名節的重視並未完全放下，甚至在臨終偈中亦頗爲挂懷。其隱逸觀、秩序觀、建功利生以及明末風起的豪杰情結一直未曾改變，關注民生疾苦，並將民生疾苦作爲其貫通儒釋之間的橋梁，作爲心態行爲的指導性宗旨。總體來説，澹歸對儒佛兩教的安排體現出以儒爲本、以佛爲用的態勢，這從其詩作及詩歌理論中皆可得到更好的驗證。

---

①　《徧行堂集》（二），第112頁。

第三章　身份轉換與詩歌創作：從恢奇到奧博的風格轉移

在澹歸現存作品中，詩歌占比較大。由現通行之段曉華等點校《徧行堂集》來看，作品正集四十四卷，詩歌十二卷，共 1782 首；續集十六卷，詩歌占四卷（最後一卷有 20 首詞作），共 564 首，比重居各文體之首。

就澹歸詩歌體裁來看，近體詩居多，正集中律詩將近七卷，續集中律詩將近三卷，其中又以七律最多。就詩歌內容來看，多應酬唱和之作，其次爲即事感懷及懷古詠史之作，亦有大量詠物言志詩。

澹歸詩歌思想內容可分爲以下五類：自抒懷抱，憂國傷己；感喟世事，悲憫蒼生；酬唱贈答，經世關懷；閑適愁情，諷詠述志；參禪論道，布施教化。其《遣興》組詩與《南韶雜詩》是尤其值得注意的作品。前者作於澹歸出家初期，後者作於晚年，分別是澹歸存世作品中早期與晚期的代表。另外，兩組詩作中的思想內容、藝術風格、表現手法等均有一定程度的變化，能顯示這位遺民僧詩人在時間轉換中思想心態的變化軌跡及詩歌藝術特色的變遷。

第一節　《遣興》組詩探究

當前學界對澹歸現存作品的研究集中於詞作，對其詩文則缺乏深入的觀察與探索①。研究者認爲澹歸詩多化緣文字，流於酬唱，淪爲"濫俗"

---

① 清水茂著，蔡毅譯：《清水茂漢學論集》，第 133～134 頁。

文字①，而詞作則較具個性、較多書寫個人情緒，且風格較爲典型。事實上，澹歸詩作中不乏遣興、抒懷類作品，這些作品沒有直面他者的顧忌，更能真實地宣泄情感，所以真切感人，絕不能簡單地以"濫俗"予以概括。其《遣興》組詩七十六首便是代表。這組詩創作於澹歸出家初期，反映了他此時複雜矛盾的心態，詩中運用的典故、韻律、手法等亦集中體現了其政治觀、歷史觀，是了解此時澹歸思想的重要切入點。另外，王夫之《讀甘蔗生遣興詩次韻而和之七十六首》的唱和更增加了其研究價值。老友交流對話似的唱和使詩歌內蘊得到了深化與擴充，凸顯了澹歸遭際與思想的獨特性。

一、《遣興》組詩創作背景

關於澹歸《遣興》詩的研究，目前尚未見到專門探討。廖肇亨在《今釋澹歸之文藝觀及詩詞創作析論》中略言及《遣興》詩集創作的時間及版本問題，且尚存可議之處。②

關於《遣興》組詩的創作時間及地點，王夫之《讀甘蔗生〈遣興〉詩次韻而和之七十六首》序中有提及：

    者回自別，休道是望州亭相見也。鳥道音書，無從通一綫。在向者有人著書，説西子湖頭，一佛出世，罷參向南高峰去。心知其不然，湖光山色，盡一具粉骷髏，淡妝濃抹，和哄者跛漢不住。又安成程大匡書來，説五老峰前，遠公延客，庶幾或爾。乃今又在盧家狗獠西鄰，煨折脚鐺，春雲入亂烟，不可揀取。大要在一瓠道人鼻上弄，鼻孔作癢，得此詩者又是一場懡㦬。今春有杜鵑花，不覺到鐵牆拗。王君延我入新齋，爲他和石灰泥壁。忽拈一帙詩，没其所自得，教認取誰家筆仗。卒讀久之，乃知是者跛漢。王君笑指石灰桶，説尋常謂道人認得行貨，今乃充此物經紀，眯著眼看秤斜耶？者是十三年前借山在靈谿所作，逢彼場中，作彼雜劇。今來則又別須改一色目，演馬

---

① 陳垣：《清初僧諍記》，第91頁。
② 廖肇亨：《今釋澹歸之文藝觀與詩詞創作析論》，《武漢大學學報（人文科學版）》，2010年第6期，第697~704頁。文中提出澹歸《遣興》詩創作時間爲永曆四年（1650），創作地點在桂林瞿式耜幕中；王夫之曾見到澹歸另一本《遣興》詩，康熙二年（1663）所見《遣興》詩比之前所見多了一種出世隱遁之意。時間、地點、版本的推測均不確，詳見後文。

丹陽度劉行首，唱曉風殘月矣。想者跋漢，白椎又換。借山在一瓠鼻尖上安單，一瓠在借山眉毛上厝鼎。雲净水乾，黃龍出現。黃龍蛻角，水漲雲飛。打破者皮疆界，是一是二，時節因緣，且與還他境語。於是爲次韻而和之，不能寄甘蔗生也，爲之悽絕。癸卯六月望，茱萸塘漫記。①

詩序落款爲"癸卯六月望"，即康熙二年（1663），十三年前當爲永曆四年（1650）。澹歸此年經歷了永曆朝金吾獄、被發配戍守清浪衛、遇兵流落桂林、於茅坪庵落髮等事件，人生發生重大轉折。澹歸《遣興》組詩用典頗多，語義隱晦，思想複雜，情感沉痛，讀來有一定難度，但詩中仍有相當一部分内容是對這些事件的回顧。"片紙三更填黑獄，斷磚一矢哭重圍"②"昨日有夢今日徵，病僧元是清浪兵"③皆是對永曆朝上疏言事被陷下獄，被流放戍守清浪衛乃至出家的回憶。據《遣興》組詩中的内容來看，詩歌當創作於1650年末及其後兩三年之内④。

《遣興》組詩的創作地點，"王君"稱作於"靈溪"。然由澹歸詩中地域名稱及風物記載可知，詩歌並非創作於一時一地。綜合詩歌中關於時間地點的信息，澹歸的《遣興》組詩應當爲其出家后幾年内所作，地理位置

---

① 王夫之：《船山遺書》第七卷，第4481頁。
② 《徧行堂集》（二），第445頁。
③ 《徧行堂集》（二），第450頁。
④ 澹歸《遣興》其六十八："百年風雨長相尋，一時飢寒愁見侵。牛羊看人思薦草，鹿豕先我居豐林。粟漿鉅橋歌滿路，雪深同谷泪霑襟。南閣浮提不愛日，愛他光似十成金。"説的很可能是永曆五年（1651）正月茅坪庵主僧私度亡將之事。《遣興》其三十八"古今幾部離騷恨，急槳凌江讀罷歸"，其中"凌江"，當是廣東南雄縣西北之凌江。《輿地紀勝》卷九三南雄州：凌江水"在城西北百步。湫瀑交會，清冷瀰漫，爲州襟帶。耆舊云：天禧中，凌皓知保昌縣，興水利，農感德不忘，因號凌江水"。《遣興》其十五"夏至飽須尋荔子，冬餘忙即種梅花"也具有鮮明的嶺南特色。"荔枝"在其詩中被反覆吟詠，但都在其南下參禪於天然和尚之後。因此可推測，這組詩的創作時間不可能僅在1650年。從季節上講，詩中出現了春夏秋冬四季描寫，且背景爲出家之後，非1650年澹歸出家后較短的一段時間内完成。

上經歷了從桂林到嶺南的轉移①。

澹歸在創作《遣興》組詩時情緒複雜。前後幾年間，他經歷了不忍催科而解職臨清，國變後弃父母妻子奔走抗清，隆武朝勇於擘畫得罪權奸，永曆朝直言獲罪被刑流放，落髮茅坪等一系列厄難。個人遭遇所帶來的精神戕害與信仰懷疑使得他冷眼世相，反思過往，對政治感到厭弃與懷疑，想要投入清净的佛門，去求得心靈的皈依和精神的安慰。此時澹歸雖已參天然門下數年，但始終"未能灑然"②。他似乎被困在儒釋間的對接地帶，在此困境中左衝右突，踟躕於悲憤痛苦、悔恨愧疚、迷茫絶望間。爲排遣此種濃鬱情緒，他試圖借儒釋道典籍來尋找解脱苦悶之道，實現精神突圍。因此詩中大量用典，增加了《遣興》組詩的情感容量，使詩歌具有很强的藝術感染力。

二、《遣興》組詩的情感內藴

《遣興》組詩創作時，澹歸甫經家國巨變和個人遭際的創傷，内心悲憤交織、五味雜陳。個人抱負施展受阻，遭人陷害的無奈與屈辱，身體殘疾之悲憤痛楚，故國淪陷、山河易主的淒愴哀傷，不能挽狂瀾於既倒的無奈和絶望，作爲明代遺民僧的舉步維艱，都體現於《遣興》組詩之中。同時，處境的艱難促使澹歸對過往人生及南明局勢進行更深刻的反思與回顧，從而予以較客觀的批評和評價。因此《遣興》組詩藴含著澹歸豐富複雜的情感與哲思。具體而言，可做如下三種觀察。

（一）濃重的悲憤與無奈

《遣興》組詩中，濃重的悲憤無奈最爲多見。其中既有對一心報國却遭猜忌打擊，壯志未酬身已殘的深深自傷，又有對南明朝廷政局混亂、朝

---

① 查靈溪地名，又據澹歸集子及後人關於他的年譜整理，他可能去過的地方有湖南永順縣、江西星子縣、廣東曲江縣。然在時間上，與王君所言"十三年前"的1650年不符，當有訛誤。據對《遣興》詩歌創作時間綫索梳理，組詩的創作當是一歷時性過程，非創作於一時一地。很可能是對1650年冬茅坪庵落髮後幾年間的心路寫照。同時，詩歌内部情感的變化過程亦可視爲詩歌非一時一地所做的證據。如在《遣興》其十三中，詩人面對爛漫的春色雖然"人在春風忘喜愠"，却依然心灰意懶地"未思策杖到江皋"。而在其六十五中却自稱"且盡杯中魚凍柑，莫盛地下雉花衫"，"明年春色還無賴，水北山南恣意探"。心境已漸趨恢復，表現出對外在世界的關注和興趣，中間當經歷了一段時間的調整。

② 成鷲和尚：《咸陟堂集》（一），第79頁。

廷内部人心不齊，將帥爭權奪利、各自爲政、互相攻訐掣肘的悲憤與痛恨。

首先，《遣興》組詩流露出澹歸深深的自傷、自嘲。他對自己此前三十七年的人生抉擇與價值觀做了深入的反思與考量。一腔熱血、滿懷忠誠、萬般壯志，換來的是殘疾的身軀、他鄉的飄零、空門的凄涼。爲人子、爲人父、爲人夫的失職，起兵抗清對親友帶來的影響皆使其愧悔交加，也促使他反思過去的行事風格，認識到一味耿直，無所畏懼，執著己見，有失通達。《遣興》組詩以大量篇幅追憶過往遭遇，對比自身變化，自傷自嘲當下的尷尬處境，以佛家話頭機鋒自述悲慘遭遇，一定程度上體現出明代士子好戲謔的習性，却使人感受到類似黑色幽默的感傷與辛辣。

在對過往的回憶中，永曆朝蒼梧獄的遭遇在其詩作中被多次回顧，足見對其打擊之深重。如《遣興》其五：

> 死生到此尋常極，骱骼驚心痛未蘇。上帝何居仍板板，小民非分復吾吾。千峰寒色催猿狖，十里秋聲吊蟪蛄。不是太平封禪日，那教雙鶴穩林逋。①

下筆沉痛欲絶，首聯寫金吾獄所帶來的戕害，強烈的衝擊使他心如死灰，生死似皆了無掛礙。頷聯諷刺南明永曆帝乖戾無常，殘暴懲治大臣。自己又偏不識時務，抗疏直言。回憶中徹骨的寒意加上詩人舉目所觸之廣闊浩瀚的寒色，所聞之無盡的"猿啼""寒蟬"，可見心境之悲涼。尾聯更以"不是太平封禪日，那教雙鶴穩林逋"作結，暗喻當下境況凶險，欲隱而不得。

另《遣興》其七中的"萬里無雲須吃棒，不䬃我却更䬃誰"②，以調侃自嘲的無奈口吻，寫其無端被陷下獄受酷刑事，更增添了一重悲涼。其三十八"片紙三更填黑獄，斷磚一矢哭重圍。古今幾部離騷恨，急槳凌江讀罷歸"③，回顧永曆朝時局及其遭遇，抒發因言獲罪、被政敵誣陷下獄、遭非人折磨的悲憤。赤膽忠心守護國家者手無寸鐵，只能在重重包圍中以死相拼，此中遺恨濃於《離騷》。

---

① 《徧行堂集》（二），第439~440頁。
② 《徧行堂集》（二），第440頁。
③ 《徧行堂集》（二），第445頁。

對蒼梧金吾獄戕害驚心回顧之餘，流露出對過往的自傷、追悔與自嘲，大有"悔相道之不察兮，延佇乎吾將反。回朕車以復路兮，及行迷之未遠"的悲愴與無奈。如《遣興》其十八：

> 燈花欲謝百無成，只欠茶毗一個僧。已悔热官珠彈雀，更愁空鉢唾涴蠅。路旁病鶴慵添翼，壁上癡龍罷点睛。不會朽杉枯坐老，敢嫌稚子笑相矜。①

摹寫老來百事皆休的蒼涼心境，借燈花自喻此生之無望，放眼看到的只是被入爐焚化的結局，幽默中帶著感傷。頷聯後悔當初熱衷出仕爲官，換來這般凄涼、艱難、尷尬的處境。頸聯以路旁病鶴和壁上癡龍自喻，一則展現多病的身體及困頓潦倒的生活，二則以"慵添翼""罷點睛"描摹心灰意冷的心境。在這樣的狀況下，激情早已消磨殆盡，雄心壯志亦已烟消雲散，把蒼涼乃至悲涼的氛圍再推向頂點。悲涼無奈貫穿詩歌始終，既是老年將至未曾有任何功業的惆悵，更是當前環境下無能爲力的自嘲與描摹。

又如《遣興》其四十八：

> 剿緵長愧嘆無魚，桐葉還嫌牧有猪。自觸網羅辭撥刺，同歸布草失濡需。冰霜滿鉢依清衆，鐘鼓殘更展素書。回首風塵私幸甚，阿誰三月得安居。②

回顧南明朝局，批判當時寄居小朝廷而執著於一得一失之人，都如同《莊子·徐無鬼》中的濡需一樣短淺狹窄③，一旦朝廷消亡，一切便終歸湮滅，表達對從前執念的後悔。

又其十：

> 哭罷黃塵返碧山，莫邪不必斬癡頑。一鐺天地無生氣，四壁詩書有厚顔。土木何憑威赫赫，虛空那得骨珊珊。幾莖短髮吾曾老，且看兒童鬥赤幡。④

---

① 《徧行堂集》（二），第442頁。
② 《徧行堂集》（二），第447頁。
③ 郭慶藩：《莊子集釋》，中華書局，1961年，第373頁。
④ 《徧行堂集》（二），第440頁。

澹歸將退出朝堂避居山野的無奈悲痛，戰亂後天地間的死寂氣氛，老景將至、光陰無多帶來的悲傷情緒凝注詩中，難以排解。

其他如"非時總讓他伸脚，此處真堪我縮頭。没用解拈三寸管，至愚錯把百金鈎"①"一葉此身輕欲舉，野牛錯把鼻頭穿"②"莫營四海喪家狗，空叫三更繞樹鴉"③，皆是此種自傷追悔情感的表述。

強烈的追悔外，詩中還流露出自傷自憐之情和對險惡處境下生存狀態的擔憂，訴説被故國朝廷排斥，又爲新朝所不容之遺民的悲慘處境與痛苦心態。如《遣興》其十六：

  稱丈稱姑獨脚鬼，自生自食兩頭蛇。腦門納鐵飛雙劍，脊骨抽繩駕一車。菩薩心肝何處賣，形天口眼不消賒。立啼公子真非豕，醉殺君王幻作椰。④

澹歸以"獨角鬼""兩頭蛇"自喻，自嘲雖肝腦塗地，拼盡全身氣力爲朝廷賣命，一片忠心並無人能識。對此，王夫之以"摘出心肝人不買，搖槌徒唱望鄉歌"⑤回應，亦是對澹歸生平經歷的感慨。在深感無奈的同時，又借刑天、公子彭生、越王等典故表達矢志不渝、堅守信念的願望，體現出雖遁入空門絶意世事，却仍擔憂懷念南明朝廷的糾結與挣扎。

又如《遣興》其十四：

  避風黄葉更隨波，那討安瀾唤奈何。交淺若能讒勝諂，路難不敢哭當歌。髑髏傲我長爲鬼，鬢髮驅人老作魔。落得欵門無響答，寒岩萬疊挂烟蘿。⑥

以"避風黄葉"自喻，從枯萎的樹上凋落，境況兇險，只能隨波逐流。人生無望的蒼涼、尋求安穩栖身處而不得的凄苦、不敢傾吐心聲的壓抑在詩歌中彌漫。對比之下，甚至羡慕起《莊子·至樂》中"髑髏"可以以鬼之自由傲視人間悲苦的超脱。尾聯以荒蕪蒼凉悲愴的情境結尾，再次

---

① 《徧行堂集》（二），第 443 頁。
② 《徧行堂集》（二），第 448 頁。
③ 《徧行堂集》（二），第 448 頁。
④ 《徧行堂集》（二），第 441 頁。
⑤ 王夫之：《船山遺書》第七卷，第 4483 頁。
⑥ 《徧行堂集》（二），第 441 頁。

推進全詩的悲涼格調。

沉痛情緒的浸淫，嚴峻形勢的重壓，悲慘經歷的消磨，使澹歸心態發生了一定變化。他注意到這些情緒及經歷給他帶來的影響，以及在此影響下其心志與行爲發生的變化。如《遣興》其一：

> 伯夷非拙惠非工，游戲人間意略同。我昔愛嗔不愛喜，而今知塞又知通。千波競湧超生殺，一綫才移失始終。見說男兒行處是，好將青眼哭途窮。①

描繪遭遇諸種劫難後的心態。"伯夷""惠子"借指改朝換代之際有不同選擇的人群。針對當時遺民群體內部的苛論，澹歸認爲無論"拙"與"工"，都不過是"游戲人間"的形式，沒必要太過苛責。頷聯對比自身今昔變化，展示出勘破之後的通脱。但這通脱並不徹底，"千波競湧"的世間亂象時刻湧現眼前，使得"超生殺"的境界隨時有"失始終"的危險。尾聯化用阮籍"青白眼"與"途窮而哭"之典，爲自己的困厄痛哭。

又其三十二：

> 伯仁刀下垂金印，太白樽前曬錦袍。護影也須防水弩，罳人不更學山膏。幸存郭泰猶知命，甘老揚雄莫解嘲。呼馬呼牛原是我，青天朗月教誰逃。②

此詩針對過去和當下的遭遇有感而發。首聯以周凱、李白典起興，感慨世事凶險，名利不可求。頷聯化用"含沙射影"典喻其受誣陷毀謗的境況，下半句則以山膏好罵自喻，反思其慣以苛責他人的舊習。頸聯以郭泰遭遇"黨錮之禍"後閉門講學自勵，希望自己也能像他一樣順天知命，放下一切；後半句爲揚雄《解嘲》翻案，認爲不必向不了解自己的人解釋，既然甘老林下，便要百心歇下。尾聯化用《莊子·天道》中托言老子"夫巧智神聖之人，吾自以爲脱焉。昔者呼我牛也而謂之牛，呼我馬也而謂之馬"③語，表達對名節的淡泊與對時論的超脱，展示隨緣任運的自然人生觀。宋代遺民謝枋得《却聘書》中也以此語剖白自我："呼我爲馬者，應

---

① 《徧行堂集》（二），第 439 頁。
② 《徧行堂集》（二），第 444 頁。
③ 郭慶藩：《莊子集釋》，中華書局，1961 年，第 482~483 頁。

之以爲馬；呼我爲牛者，應之以爲牛。"①

此外，針對當時苛刻士論，又有"橘南枳北各見用，濟清河濁休相砭"②，認爲不必太過拘於小節，展示出較爲開明的態度、相對寬廣的胸襟，以及"萬物同一"的氣度與眼光。而這種氣度較其在朝廷爲官時執著拘泥的"體統觀""名節觀"大不相同。可能是親身經歷磨難與劫數之後的洞察與開悟，也可能是受佛家思想影響的結果。

其次，澹歸在詩作中流露出濃重的憂國傷時之情，以及對南明朝廷的反思與批判。就任南明言官時，面對朝廷君主昏庸、權奸當政、群小奔競、黨爭不斷的現狀，他不畏權奸，糾彈強禦，積極奔走呼號、建言獻策，以圖恢復。出家後，對朝廷的評價更直接乾脆，且站在事後反思的角度去觀察，對朝廷、對自己都有了更全面的認識。與在朝時相比，對從皇帝到鑽營奔競的群小皆有相應批判。如《遣興》其三十五：

> 當門種莫詡芝蘭，正令如刀付草菅。萬里乾坤無定位，一天星斗但隨班。於今遷固俱投筆，自古巢由不買山。寄語醯雞任流轉，疾飛那出甕中間。③

化用"當門蘭"之典，以《三國志》中張裕因對上有所阻礙與不遜而見殺之事，暗寓遭排擠打擊的原因。同時諷刺南明朝廷政令草率酷虐，對外軟弱無能，四處流徙避難，偏安一隅；滿朝大臣尸位素餐，於局勢毫無建樹。時局之混亂，可令班馬投筆，才華之輩只能隱居自保。尾聯以"醯雞"作結，既有對安居現狀者的諷刺嘲弄，又有人命危淺、如醯雞般寄居天地間的渺小自傷，悲傷而無奈。

又其四十三：

> 世醫拱手看相送，國老將軍總不支。亞父已亡三杰喜，孫弘雖在八公嗤。胡雛反即追何及，瞎賊危纏説又遲。那得徙薪無事日，一人痛癢各人知。④

---

① 謝枋得：《疊山集》卷四《上丞相劉忠齋書》，《四部叢刊續編　集部18》，上海書店出版社，1934年，第5頁。
② 《徧行堂集》（二），第450頁。
③ 《徧行堂集》（二），第444頁。
④ 《徧行堂集》（二），第446頁。

分析時局世象，借古諷今，表達對南明朝廷的擔憂與反思：具拯溺之才者拱手相讓，高臥避居；自謂勞苦功高者偏偏無能。杰出人才不被重用，於抑鬱中死去，留下的陰險者不足爲懼。胡人反亂已無可挽回，流賊反叛應對又太遲。全詩痛心時局，反思朝廷弊病，體現出深切的現世關懷。

另有"肉糜易飽豐年少，竈養爭先力戰遲。百萬軍誰匀苦樂，三千女各買妍媸。同床作夢猶分路，仰面看天枉費詞。欲得居高無衆指，各人痛癢一人知"①，諷刺統治者不懂百姓疾苦；朝中將帥無能，各自擁兵自重，一心爭功，無心力戰。軍營苦樂不均，難以同心協力保家衛國。嘔心上疏得不到回應，反遭衆人指斥，滿含無力回天的悲憤。

在批判南明朝廷及政治局勢的同時，更有自身壯志未酬、報國無門的傷感與憤懣。如《遣興》其三十三：

  一燈百衲度寒宵，水墨雖匀也罷描。懶見荒雞催祖逖，微聞凍鶴説唐堯。可憐上將頭俱鋭，即喚中郎尾盡焦。閑却深林甘折翅，茂先何得賦鷦鷯。②

首聯描摹心態的慵懶怠惰，頷聯以"懶"對應祖逖"聞雞起舞"之精勤，自謂狂心已歇，不願再如前朝般奮發進取；隱約聽見舊事也覺依稀飄渺。冷眼看去，世人汲汲於名利，鮮有像蔡邕一樣明白避世養志道理者。自己已無雄心壯志，甘心避居深林，做張華《鷦鷯賦》中那隻不問鴻鵠志的鷦鷯。

又其十二：

  食譜醫方疏竹紙，筆牀茶竈傍松寮。七旬漢將徒披甲，八月吳兒慣弄潮。蟬鬢欲凋同載酒，魚腸未試獨吹簫。百年萬里人人夢，老罷無心續大招。③

以當下生活常見意象，勾畫出一幅閑適自在、毫無機心的場景。頷聯化用廉頗不被用之典，同時以地域特色的吳兒自喻，是對朝廷不能重用賢

---

① 《徧行堂集》（二），第446頁。
② 《徧行堂集》（二），第444頁。
③ 《徧行堂集》（二），第441頁。

能的怨憤和諷刺。頸聯感嘆華年一去不再，魚腸寶劍還未來得及小試牛刀便已無用武之地。死亡將至，衰老疲乏，再無心力爲故國招魂。全詩彌漫著濃重的無奈、哀傷和悲涼。

又其六十九：

> 昨日有夢今日徵，病僧元是清浪兵。吹開柳眼玉絮舞，打破甕口金衣鳴。南華略通西竺徑，北海近合東方生。終童老大似李白，羲和頸上拖長纓。①

感嘆曾被流放戍守清浪的經歷，詩歌富有禪趣，幽默機鋒，似詩似偈。借對終軍命運自況，暗示自己也一樣年少有爲，最後却像李白一樣壯志難酬，懷才不遇，蹉跎時光。

（二）强烈的家國之思

受儒家忠君愛國傳統的影響，處於天崩地裂、改朝換代之際的遺民往往具有强烈的家國情感。前朝往事、亡國故君是他們心中深切的隱痛。作爲一位深受儒家文化濡染的崇禎進士、臨清知州、南明給事中，澹歸對前朝更懷責任感與擔當意識，爲明朝覆亡而痛楚。江山易主的幻滅感、大廈將傾的無力感、夷夏之防被破的耻辱感充斥詩中，亦不乏對前朝社稷的歌哭。再加上毀家紓難後再未回過故鄉。故鄉之思、對家人失責的悔愧更是他詩中一抹濃重慘澹的愁雲。

首先，澹歸雖時有對南明朝廷的批評，但這正體現了他關心時事，對天崩地裂、山河易主現實之痛心，哀憫於朝廷流亡、漂泊無定、被權奸挾持的狀況。長歌當哭，發而爲詩，滿腔痛楚悲鬱、憤悱激切充斥字裏行間。如《遣興》其九：

> 一憐晉帝問長安，亡望吳王索好冠。劇可須眉低馬足，生憎口腹仰猪肝。頑童賓側慵安首，壯士軍前喜弄丸。舊譜簇新顛倒看，不知燈火暗蒲團。②

開篇連用兩典，借"舉目見日，不見長安"③代故都爲匈奴占領之事，

---

① 《徧行堂集》（二），第450頁。
② 《徧行堂集》（二），第440頁。
③ 劉義慶：《世說新語》，上海古籍出版社，2012年，第121頁。

譴責朝臣不盡心力輔佐朝廷、收回故國。又借吳王夫差死前索冠壯舉①，爲故國國君的殉國增添了一層悲愴悽美色彩。頷聯表對永曆的殷殷期待，希望他能像越王勾踐那樣臥薪嘗膽、勵精圖治，爲恢復大計做準備；不要苟安一隅，爲貪圖享樂而倚靠他人，淪爲傀儡。"頑童"句表對朝臣忝列朝班、昏庸愚鈍，將士玩忽職守的憤恨。尾聯自傷自嘲，雖時刻掛懷，却又與獨對青燈蒲團的自己何干？以頗有機鋒的語氣、游戲的姿態表感傷與無力。

又其三十七：

> 赤日隨潮墮海門，亂敲鐘鼓定黃昏。漢宫春在王嬙冢，楚國秋生宋玉文。三族就夷纔相背，五絲不接正招魂。年年無物長供汝，處處惟堪種此君。②

以赤日墮海門喻朝廷流亡海外或駕崩，以"亂敲鐘鼓"喻群臣無能和內訌，使明朝早早走向衰亡。以景爲喻，是對亂世之狀的隱喻性圖寫。頷聯以悲涼的歷史滄桑感，隱喻故明也將隨時間流逝而湮滅在歷史潮流中。頸聯借李斯被滅三族故事及《招魂》表示對故國的一片忠誠眷戀。尾聯追思憑吊故君，"處處惟堪種此君"與宋代遺民廣種冬青以懷念故國、悼念故君及堅守宋遺身份有異曲同工之處，字字爲遺民血淚。

其他如第五十三首"爲收金粟堆前泪，猶記千門立馬看"③，借在唐玄宗陵墓前躊躇不前、不忍離去的情態，表示對故國的深沉思念和對故君的深切挂懷。此種故國情思在澹歸詩作中多有表露。如《贈朱子葆》詩："舊國秋聲裏，孤鴻落遠天。相看饒白髮，獨坐劃陳言。世事俱冰解，人心只火傳。欲尋真率意，釣艇五湖烟。"④《次韻詶張六子》："南山巘色高無比，西陸遺音冷自知。國是人非何必問，夢前醒後不禁思。"⑤ 又如"罪臣長戀主，苦節肯由天"⑥"憐君却載厓門水，歸向錢塘寫一哀"⑦"却

---

① 范寧集解：《春秋穀梁傳》，中華書局，1985年，第319頁。
② 《徧行堂集》（二），第445頁。
③ 《徧行堂集》（二），第448頁。
④ 《徧行堂集》（四），第347頁。
⑤ 《徧行堂集》（四），第401頁。
⑥ 《徧行堂集》（二），第387頁。
⑦ 《徧行堂集》（三），第119頁。

似過河悲處陸，可還捧日悮回天"①"星岩未受天樞轉，丹井仍教地脉連"②等，皆流露出濃重的故國情懷和存明之意。詩中亦表達了其誓不仕清、抱持節義的決心："義在今古立，心存超死生，白頭無自辱，青史不求容。"③

其次，對於故鄉，澹歸一直心懷愧疚並深深思念。愧疚爲人子而弃墳墓，爲人父却捐妻子，爲人兄又抛家不顧。在創作《遣興》詩時，澹歸當尚未能與家鄉通音訊，因此滿懷牽挂和思念之情。如《遣興》其十九：

> 劣慚六月不披裘，剩得三春春事稠。疊石請辭蛇鳥陣，操刀乞免鳳麟洲。江淹易失生花筆，蘇軾難歸遠景樓。南北雙高端在眼，何須重立叚橋頭。④

後悔自己未能早日歸隱田園，寄望世人能消除機心，免去戰亂争鬥；統治者能與民休養，留一片安静閑適的净土。下半部分借江淹和蘇軾自比，自嘆江郎才盡，又如蘇軾一般難回故里。尾聯强打精神，故作達觀語，借遠眺杭州西湖雙高峰來緩解對故鄉的思戀，彌補不能親自佇立叚橋頭的遺憾。這種退而求其次的樂觀，更使人感受其欲歸不能的痛心和對故鄉深沉的思戀。

又如其二十：

> 難收一片白雲心，元在山中不待尋。午篆半消香泛泛，寒更初動月沉沉。饑瘡未補重持鉢，破衲堪遮共把針。想到二泉傳廟後，松濤和盡故鄉吟。⑤

在清冷的深夜里縫補遮體舊衲時，寺廟後叮咚的泉水惹其想起故鄉的惠泉。思緒便隨泉聲、松聲飄向悠遠的故鄉，一片鄉愁隨山間松濤肆意起伏。

其他如"半天寒雨掩空幃，点点孤燈笑自吹。長夜是誰還唤起，故鄉

---

① 《徧行堂集》（四），第 404 頁。
② 《徧行堂集》（三），第 74 頁。
③ 《徧行堂集》（四），第 355 頁。
④ 《徧行堂集》（二），第 442 頁。
⑤ 《徧行堂集》（二），第 442 頁。

何地更催歸"①"漫誇冰雪埋三峽,誰敢風波撼六橋"②,皆是難以掩抑鄉心之表述。"兩行淚外峴山石,一篇賦裏阿房宮"③,故鄉的硯山惹出思鄉之淚,《阿房宮賦》暗喻亡國的血淚滄桑,家國之痛盡在其中。

《遣興》詩外,澹歸描寫鄉情的詩作亦很多,如《海幢開云副寺省親之雲間》中"天涯無切念,此淚向誰傾"④,羨慕友人能回鄉省親;又如《送存四歸吳中》:"此別真成去,鄉心倍悄然。相思山月外,獨立海雲邊。"⑤ 另"冷夢連飛雪,歸心寄落梅"⑥ "可堪萬斛維桑淚,併入離情向北流"⑦ "眼前簇起西湖影,不覺空山歲月長"⑧ "入世心惟從日短,報親淚只背人垂"⑨,皆滿懷對故鄉人物、山水的深情相思。現實種種原因使他再不能回去,只能將"萬斛維桑淚",黯然"背人垂"。

(三) 功名歇却的強烈隱逸情結

經歷南明黨爭,澹歸對政治已然心灰意冷。朝廷的無能,朝臣間的勾心鬥角、爾虞我詐使其見識了政治的骯髒。金吾獄中的遭遇讓他重新體悟到生命的意義。官位權爵、功名利祿在生死面前根本不值一提。名心利性的幻滅、勘破紅塵和生死的悲凉,使他對政治產生本能的厭弃,轉而走向歸隱,欲靠歸隱之清净滌蕩内心塵埃。

首先,表現爲對政治的厭弃。他開始著眼於歷史人物和事件的點評和品鑒,借對歷史別具匠心的評價來澆内心之塊壘。如《遣興》其十一:

> 普天没影尋梅福,百口何人訟馬援。安石未能終泛海,孔明無暇説歸田。二疏城外曾揚觶,三士墳前又著鞭。暫許玉門迎燕頷,誰教華屋駐鳶肩。⑩

全詩均用史典,借古人不得志之典發抒一己愁腸。王莽當政,梅福隱

---

① 《徧行堂集》(二),第448頁。
② 《徧行堂集》(二),第448頁。
③ 《徧行堂集》(二),第451頁。
④ 《徧行堂集》(二),第427頁。
⑤ 《徧行堂集》(二),第396頁。
⑥ 《徧行堂集》(二),第438頁。
⑦ 《徧行堂集》(三),第35頁。
⑧ 《徧行堂集》(三),第241頁。
⑨ 《徧行堂集》(三),第105頁。
⑩ 《徧行堂集》(二),第440~441頁。

居，馬援死後爲梁松等誣陷，謝安隱逸之志未遂，孔明則爲蜀國操勞終生。疏廣與子受功成身退，挂冠歸老，引人羨慕，而爭功被二桃所殺的公孫接、田開疆、古冶子墓邊，依然難以阻止世人功名的爭奪。尾聯借"燕頷""鳶肩"代班固與羊舌鮒，以封國大將與貪墨之官對舉，彰顯褒貶之意。詩歌感慨自古以來有卓越才華的人多爲俗世功名所累，挣扎於塵網中，而人間的利益功名紛爭則又如此骯髒醜惡，全然是看透政治後的冷淡。

又其三十六：

> 老奸未是王安石，大隱都非梁伯鸞。唐室自難容李密，隴人時復憶陳安。霍光先手圖劉賀，曹操何心殺伏完。俎上城頭猶父子，分羹只被漢高瞞。①

澹歸跳出時議爲王安石翻案，又批評歷史上公認的隱逸者梁鴻並非標準的隱士，推測李密即使投唐，也將難爲唐朝所接受，隴西至今依然懷念一戰到底的陳安。尾聯借漢高祖"分羹"典，批判政治家在權欲面前不擇手段的無賴嘴臉。對歷史的翻案，一方面表現澹歸頗有見地與洞察力，同時又印證了他議論好奇、不願人云亦云的性格特徵；對李密命運的假設置於明末清初改朝換代的歷史環境下，對應南明小朝廷的擁立，明末官員對清廷的投靠，詩人亦當有特別指涉，其冷峻敏銳的觀察既是政治立場選擇的自警，也是給同人的警告。全詩流露出對政治的厭弃。

其次，在厭弃政治的同時，轉向對隱逸的嚮往與追求。隱逸是中國士大夫文化血脈中固有的情結，在傳統仕進道路中遇挫時，他們便嘗試以隱居自求打破外物困擾，求得身心的自在與解脫。澹歸亦如此，在經歷了坎坷曲折而複雜的人生之後，他對政治與事功灰心，開始反觀初心，嚮往隱逸。如其《遣興》十五：

> 闒籃好自非吾分，絡索猶多兩部蛙。夏至飽須尋荔子，冬餘忙即種梅花。青松枉去爭春市，赤脚休來跕晚衙。合不成團分不散，一般地上水砌砂。②

---

① 《徧行堂集》（二），第445頁。
② 《徧行堂集》（二），第441頁。

以閒適的心態、冷静的筆觸反思、總結過往經歷，剖白自我。澹歸將自己定位爲静居山野的閑散之人，夏季飽食後尋幾顆荔枝，冬日忙完栽兩株梅花。青松不必跟百花爭春，清閑者也不必爲案牘勞形而勞心費神。詩人欲以隱居避世的美好來撫平内心傷痛，而那些無法割捨的愁緒與憂傷却總會無端出現，這也許是其一貫的儒家價值觀與避世隱居間矛盾糾葛的體現。

又如其四十六：

> 滿徑閑花襯直松，數聲哀響發枯桐。剪鬚傭亦羞張儉，曬腹書還負郝隆。四海六王彈水泡，五湖一錫餞霜鐘。幽人自掩雲關睡，空谷丸泥不用封。①

首聯借眼前"花""松""桐"等意象描寫其生活環境，營造出幽静雅致的氛圍，又以修飾詞"閑""直""哀""枯"描摹此時心境與自我期許。頷聯借張儉的不事修飾和郝隆的滿腹詩書自比，自嘲其慵懶與才疏。頸聯或由歷史滄桑變化而生發感慨，也可能是指南方頻繁變更小朝廷，使湖廣地區百姓生活在水深火熱之中。尾聯接應首句，回歸到隱居的生活狀態，似乎要將這前塵往事悉數忘却，做一個閒適的避世之人。

又如"半林無夢入羲皇，一榻風清枕簟涼"②，以身邊景象寫起，通過平常意象表隱居生活中的感受與見聞。又以"十載脚跟隨綫斷，依然故態得狂奴"③表割捨功名、隱居餘生的願望。

在《遣興》組詩中，澹歸隱逸情結的表達往往帶有深深的無奈感，似乎隱逸並非出自本心。同時又流露出對這種無奈的超脱慾望，欲借皈依來安頓複雜矛盾的内心，從佛門求個出處。如《遣興》其六：

> 莫道王侯真没種，應知天地厭生才。蓋公獨許曹參醉，却正全輸劉禪乖。雷澤聲高鐫獸骨，龍門鬣上暴魚腮。不如準備三條篾，活束要支死束柴。④

詩歌反用"王侯將相寧有種乎"之典，感慨天地間俊杰之士多不遇。

---

① 《徧行堂集》（二），第 446 頁。
② 《徧行堂集》（二），第 441 頁。
③ 《徧行堂集》（二），第 445 頁。
④ 《徧行堂集》（二），第 440 頁。

以曹參、却正典故自比,傷感自身遭遇。結尾引《五燈會元·石頭希遷禪師法嗣》中"三條篾束身"典故表當下的選擇,出家可能是抹去故國已恨的最好途徑。

從《遣興》組詩可見,澹歸此時心態矛盾複雜。一方面,在儒家傳統價值影響下仕進却備受摧折,價值觀受到嚴重衝擊;明亡後,無安身之地的遺臣只能靠皈依佛門來保存志節。形勢的情非得已、思想的價值懷疑都使他想要從其他哲學思想中尋求解脱之道。雖身入佛門,身份認同與價值取捨尚未完全與佛家思想印合,此種挣扎與痛苦又是另一重糾結。因此,此際的澹歸是處於儒釋之間的彷徨者與苦悶者。在《遣興》組詩的創作中,他將這些情感凝注於每一首詩中,讀之令人悲嘆、痛心。

三、《遣興》組詩與王夫之次韻組詩的比較分析

王夫之《讀甘蔗生〈遣興〉詩次韻而和之七十六首》是爲澹歸《遣興》而作的一組唱和詩,篇幅甚宏,情感真摯,藴含深厚的黍離之悲和身世之感。在澹歸《遣興》組詩的基礎上抒發表達一己情懷,一唱一和間,遺民群體互訴哀傷、互勉互勵之情流露,讀之使人感慨唏嘘。作爲明末著名遺民,二人的唱和更能反映遺民群體的生存樣貌與交流方式,爲研究遺民群體提供了良好素材。

(一)作爲文學現象的遺民唱和

文人唱和作爲一種文學現象,早在帝舜與皋陶間便已發生①。經齊梁發展到唐宋以後,唱和與唱酬遂成爲一種成熟的詩歌形式,被列入詩歌體制範疇。宋末元初、明末清初遺民間的唱和活動與結社集會,爲唱和詩的發展提供了新的契機與平臺。

作爲朝代交替時期的文化現象,遺民唱和在宋末遺民群體中大量出現。特殊政治環境下文學群體的形成,特殊心境下文學作品的創作,特殊群體下思想情感的呈現,成爲中國文學史上一種特殊的文化景觀。同時,遺民間常通過結社等方式建構文學群體,諸種文學現象也應運而生。"月泉吟社""汐社"的出現,《樂府補題》等文學作品的流傳,都是這一文化

---

① 孔穎達等撰:《尚書注疏》(二)卷五,中華書局據阮元刻本影印,第13頁。"乃賡載歌",賡,即繼續。先是帝舜作歌、皋陶連續,故命《賡歌》。

現象的産物。

明末清初，遺民間詩歌酬唱更加頻繁。相比宋遺民詩社，明遺民結社現象更爲普遍，社團數量更多，活動更持久，且有直接的政治目的——反清復明①。據何宗美《明末清初文人結社研究》一書統計，全爲遺民參加的詩社便有五十多例，更遑論其他不完全由遺民參加的詩社②。

遺民作爲一個特殊的群體，在社會歸屬上較爲另類。正如遺民僧函可爲自己取號"剩人"一樣，"剩人"情結在遺民中廣泛存在。他們生活在兩個朝代之間，既失去對故國的依附，又抗拒參與新朝政治；既想圖謀恢復，又要應對新朝的拉攏與懲治；既失去了儒家傳統下靠出仕實現人生價值的機會，又要不斷尋找身爲遺民的存在意義。因此，這一群體有豐富曲折的情感世界與心路歷程，若非親身經歷，很難完全體驗其中的艱辛與痛楚。這種共通性體驗，使得遺民群體間存在慰藉精神、砥礪志節、述說志趣操守的欲求。又耽於現實種種，自創了一套特殊的言說系統。此時，詩文唱和作爲遺民間交流思想、互勉互勵的精神紐帶，給群體的存在提供了重要的思想支撐。

（二）王夫之《讀甘蔗生〈遣興〉詩次韻而和之七十六首》分析

康熙二年（1663）春，王夫之於王凱六處讀到澹歸《遣興》組詩③。這組創作於南明朝廷刑獄後的兩三年間，其中飽含對朝廷形勢的擔憂與黨爭禍患的批評，以及自身慘遭政敵陷害的憤懣與哀傷，引起了王夫之的深深共鳴。他與澹歸在南明朝相處共事，對其性格人品有深入的了解。二人並非一般同僚，既是互相欣賞的摯友，又是有共同理想的同道中人，更是共歷政黨之禍的戰友。因此在讀到澹歸《遣興》詩時，王夫之情感複雜，感慨萬千。永曆帝緬甸罹禍不到一年，作爲對故明飽含深重情感的遺民，王夫之恰借《次韻》一吐胸臆，揮灑幽情，寫下這組《讀甘蔗生〈遣興〉詩次韻而和之七十六首》，詩歌情真意切，筆濡深情。

作爲遺民，王夫之立身謹慎，極具儒者擔當責任感④。他對澹歸《遣興》組詩的慨然次韻，既出於對友人的懷念與理解，又是對一己悲憤的抒

---

① 何宗美：《明末清初文人結社研究》，南開大學出版社，2003年，第323頁。
② 何宗美：《明末清初文人結社研究》，第309~317頁。
③ 羅正鈞：《船山師友記》，第112頁。
④ 徐鼒：《小腆紀傳》（下）卷五十三列傳第四十六，第580頁。

發。因此，《次韻》中既有對二人共同遭際與身世的感嘆，又有對南明朝廷的追思與批判，還有對當下險惡環境的感喟，流露出濃厚的隱逸情懷。但總體來看，王夫之作爲粹儒的襟懷和信念決定了他詩作中的情感基調更爲積極達觀。從詩歌風格看，《次韻》較《遣興》更爲幽隱曲折，典故更多，可見詩人學力更爲豐厚，也可知在原作創作後十三年左右，文網可能更加森嚴。

第一，對澹歸《遣興》詩中入金吾獄的回憶，王夫之感同身受。澹歸感慨自傷於"萬里無雲須吃棒，不繇我却更繇誰"①，王夫之也悲憤回憶："夢裏關山酸結果，醉中日月大鉗鎚。"② 並在《次韻》其三十二中稱：

> 一瓠被嗔五鹿角，衛公（按：甘蔗生故字）吃打大臣袍（按：實事）。新寒改樣酸垂足，宿痁生根病在膏。六鷁退飛爭熠燿，孤禽重過酷唎嘲。藕絲大展修羅殿，款款蜻蜓旁葉逃。③

回顧兩人在永曆朝黨爭中的遭遇，借朱雲不畏權貴辯倒五鹿充宗之典，贊澹歸直言敢諫。兩人在政治鬥爭中皆下場悲慘，一個被怪罪，一個入獄受重笞。南明權奸當道，作爲儒生的二人孤立無援，無法拯救病入膏肓的朝廷，只能徒勞哀傷。此外，王夫之還以"摘出心肝人不買，搖槌徒唱望鄉歌"④慨嘆澹歸盡心盡力爲朝廷出謀劃策、摘奸除害，却落得流落他鄉的結局。

第二，對南明朝廷的失敗，王夫之有更清晰客觀的認識，如《次韻》三十八：

> 九錫逢人借羽麾，冰山斜倚玉山頹。金針偏瞎重瞳眼，斧柄難施没孔槌。銅雀春深埋鐵鎖，紙鳶風吹哭重圍。夜來魑魅天南路，黑塞魂隨驟雨歸。⑤

回應澹歸對永曆朝的批判，批評權臣弄權、挾持皇帝的亂行；皇帝偏安頹廢，爲巧言迷惑，使忠臣没有施展抱負的機會。尾聯追懷永曆帝，表

---

① 《徧行堂集》（二），第440頁。
② 王夫之：《船山遺書》第七卷，第4481頁。
③ 王夫之：《船山遺書》第七卷，第4483頁。
④ 王夫之：《船山遺書》第七卷，第4483頁。
⑤ 王夫之：《船山遺書》第七卷，第4483頁。

難以排遣的故臣之悲。

又如其六十二：

> 九首天吴扶不起，生憐尺木怕龍傾。葛花療醉窮千日，櫻飽吟鼯鬧五更。岸幘有頭譏子羽，迷樓無酒酹張衡。鰭鴞翡翠同條活，莫溷蘭茞共咒鷹。①

以"扶不起"喻南明的無力回天。詩人只能通過寄情山水，飲酒療醉，鄉居避世來消遣餘生。

第三，慰勉和鼓勵澹歸。二人詩歌，尤其是王夫之詩中更多的是對南明朝廷的反思，同時也借此説明其避居緣由。相較而言，澹歸詩作或因"齒骼驚心痛未蘇"，表現出更多的悲涼、憤懣與感傷，王夫之《次韻》則相對通達樂觀，在理解同情澹歸的基礎上給予慰勉。如《次韻》十八：

> 已聞嘉魚詩作佛，還見仁和今爲僧。公今墮地吼獅子，我亦延客吊青蠅。使君有蜀孤有魏，離婁無耳曠無睛。夜半失枕明失火，眠食兩廢莫相矜。②

針對澹歸原詩"燈花欲謝百無成，只欠茶毗一個僧"的心灰意冷，王夫之進行了勸慰。分析二人境況，或出家爲僧，或離群索居，生無知己，死無吊客。接著作一假設，即使你我抱負得以實現又怎樣呢？萬事總有缺陷，世間事大都盈缺互補，不要因過往而誤了當下修爲。慰勉之語親切溫和，似與友人促膝交談。

另在澹歸表現出"見説男兒行處是，好將青眼哭途窮"的感傷時，王夫之以"清風半港留難住，笑爾詼諧奈爾窮"③給予同情；澹歸回顧往事，感慨"無端一劃參差起"的悲憤時，王夫之亦表達了對不公平現象的憤然："莫向楚秦伸屈指，鯈來籧篨冒妍皮"④；當澹歸感嘆"不是太平封禪日，那教雙鶴穩林逋"的艱難時況時，王夫之感嘆"不是好山看不得，西

---

① 王夫之：《船山遺書》第七卷，第4484頁。
② 王夫之：《船山遺書》第七卷，第4482頁。
③ 王夫之：《船山遺書》第七卷，第4481頁。
④ 王夫之：《船山遺書》第七卷，第4481頁。

湖游只許白蘇"①，並達觀地表示"誰知落月金風裏，盪漾予魂脫影逼"②，希望好友體會他所不能感受的隱居之好；針對澹歸的傷感和頹然，王夫之以"元是百花尖上雨，春歸憑此泫青枝"③相激勵，寄予莫大的期許。

第四，表達自我，建構個人人格。王夫之《次韻》詩中一個突出的特點是對自我情志的表達和自我人格的建構。經由澹歸《遣興》詩提供的情感平臺，王夫之回顧其一生行狀及南明任職心態，以此傾吐心迹，告白自我。如《次韻》其六十七：

> 鳳衰尺鷃聊棲竹，牛鼎烹雞只損鹽。粒粟太倉官瑣尾，中流一瓠用廉纖。填飢但煮山君掌，學啞難施百會砭。列傳他年憑雁字，芸香免被蠹魚嫌。④

回顧南明朝廷形勢，大道既失，朝綱由一群胸無大志的烏合之衆把控。潘宗洛在爲王夫之作傳時分析："及明亡也，顧念累朝養士之恩，痛憫宗社覆亡之禍，誠知時勢已去，獨慨然出而圖之，奮不顧身，其志可悲也已。……既服闋，嘆曰'此非嚴光高蹈時也'，即起就行人司行人。"⑤王夫之並不看重通過出仕實現自身的人生價值，道才是其一生所重。然因明代山河淪陷，他才慨然以澄清天下之志出任南明職官。在出任時明白大勢已去，但儒者的擔當意識使他不能就此放棄。然南明朝廷不堪重任，自己徒然在報國熱情的驅使下走了一遭。不但無益於社稷，反而耽誤自我在修爲方面的建樹。"牛鼎烹雞只損鹽"是他心態的真實寫照，他希望百年之後由知己好友澹歸爲其作傳，免被庸淺之輩妄下論斷。

同時，作爲一位純粹的儒者，王夫之時刻不忘以儒家責任自勵，即便身處山間僻壤，仍有以身存道的浩然之氣。這種抱負與自我期許使他始終抱持氣節，並能以寬厚優游的姿態面對磨難，不斷發現隱居避世的清净美好，這使其筆下的隱居多了許多詩意。如《次韻》十九：

> 狐皮織葛苧編衰，莫笑狂夫計不稠。采藏餘香熏茂苑，裂繒全錦

---

① 王夫之：《船山遺書》第七卷，第4481頁。
② 王夫之：《船山遺書》第七卷，第4481頁。
③ 王夫之：《船山遺書》第七卷，第4481頁。
④ 王夫之：《船山遺書》第七卷，第4485頁。
⑤ 王夫之：《船山全書》（十六），第87頁。

付河洲。醉眠芳草還沽酒，險摘星辰更上樓。大抵乾坤消一拗，達多死認鏡巾頭。①

自有一種豪氣在詩中。王夫之雖隱居山林，葛布麻衣，但其自信毫不受影響。河山破碎，但仍時刻保持自身高潔，以身存道，爲天地留元氣。縱然放浪形骸，也依然志存高遠。在天地之間執拗而立，抱持儒家價值觀，至死不渝。這首詩不僅是向好友展示自己的內心軌跡，同時也是自我的述說與鼓勵。

這種達觀的情感剖白還體現在許多詩的結尾處。詩歌情感無論低沉感傷還是批判諷刺，最後都會有昂揚的一曲，使其浩然不畏艱險的形象躍然紙上。如《次韻》其三十六：

李斯犬在難成虎，賓孟雞全豈似鶯。此處古人目不瞬，誰家田地足能安。梁鴻妻偶容眉壽，文舉兒甯問卵完。猶得棠梨澆一飯，雙眸莫受泪珠瞞。②

"紙窗蠅迹毛錐子，草檄曾將五岳搖"③，身爲一介書生，即使只能栖身書齋，也應有震撼五嶽的氣概與志向。從詩歌前半部分的自哀自傷中跳出，凸顯樂觀積極自信的情懷。又"跛奚一足簫韶舞，盲漢三更法界鐘。蘗飫全篇藏孔壁，華嚴半偈出龍宮"④，分析兩人境況，一人跛足，一人避禍深山，但並不能因此消沉，要充分認識到自身存在的價值，以存身來存史、存道，進而爲華夏文化的流傳做出貢獻。

總之，內心昂揚的自我期許與高亢的鬥志時刻激勵著王夫之，使他始終以積極的態度看待一切。如其六十"烈焰原頭燒不盡，藏春依約綠些些"⑤，堅信溫暖終將取代嚴寒，一切終有希望，無視那些譭謗陷害之徒，以"汗青微挂羚羊角，大費癡蠅著意探"⑥的自信磊落地生活。終其一生，他都在不斷地爲存明、存華夏的理想奮鬥著，"魚游濠上分莊惠，雞唱南

---

① 王夫之：《船山遺書》第七卷，第4482頁。
② 王夫之：《船山遺書》第七卷，第4483頁。
③ 王夫之：《船山遺書》第七卷，第4484頁。
④ 王夫之：《船山遺書》第七卷，第4485頁。
⑤ 王夫之：《船山遺書》第七卷，第4484頁。
⑥ 王夫之：《船山遺書》第七卷，第4484頁。

塘感逖琨"①，以祖逖、劉琨澄清天下之志而刻苦自勵。甚至在爲自己撰寫的墓碑上亦言"抱劉越石之孤憤，而命無從致"②，足見其一生志向。

情志高潔使王夫之能暫從故國之情、山河之悲中解脱，立足當下。所以詩人筆下的山川風雲、草木花蟲皆感染了其内心的恬淡與安寧。"一枕草茵吾自適，千楓萬柏染霜齊"③"岸屋水舟無住處，鳥巢窠畔築幽居"④"留境奪人充供養，雲林先我寫含糊"⑤"笙簧啞盡乾婆殿，絡絡松風隔澗來"⑥"緩緩花隨陌上去，娟娟月過故鄉來"⑦，其中的寧静美好無疑是詩人樂觀通達人格的外化。

總體來看，王夫之《讀甘蔗生遣興次韻而和之七十六首》緊扣澹歸原詩而作，語氣上更類似與好友品茗閑談，一起回顧共同出仕過的南明，那裏有他們的復明夢想，但又是二人的傷心之地。抗清失敗、政黨之爭亦使人心寒。在艱難處境中，王夫之表現出對友人的理解與同情，在澹歸自嘲自傷時能予以温暖的安慰和鼓勵，察覺到對方意志消沉時及時規勸。而王夫之詩中所體現儒者的達觀與豪邁，爲澹歸所缺乏。

與澹歸《遣興》詩相比，王夫之《次韻》用典更多，但整體上，二人都偏愛《莊子》《山海經》以及歷史典故。大量典故的使用使詩作更加曲折隱晦，二人從典籍中搜尋特殊的意象與事件，抒發內心情感，批評過去及眼前事件。這種迫於政治形勢的蘊藉含蓄筆法也是文學史上值得關注的現象，繁多的典故如同遺民製造的一種密碼系統，源代碼隱藏於浩瀚的典籍中。對此時詩歌的解讀，要求具備相當深厚的學養及知識儲備，既要對當時政治環境瞭如指掌，又要對各家典籍爛熟於心，更要對遺民群體的處境及心態有著基於同情的理解。

---

① 王夫之：《船山遺書》第七卷，第 4484 頁。
② 王夫之：《薑齋文集校注》，第 297 頁。
③ 王夫之：《船山遺書》第七卷，第 4484 頁。
④ 王夫之：《船山遺書》第七卷，第 4484 頁。
⑤ 王夫之：《船山遺書》第七卷，第 4484 頁。
⑥ 王夫之：《船山遺書》第七卷，第 4484 頁。
⑦ 王夫之：《船山遺書》第七卷，第 4483 頁。

第二節 《南韶雜詩》探究

　　《南韶雜詩》四十一首，爲五言古詩。康熙十六年（1677）冬月至康熙十七年（1678）二月初之間澹歸作於南雄、韶關一帶。此時東南沸騰，澹歸所處韶關等地已淪爲吳三桂、尚之信與清軍的戰場。澹歸於冬十一月初一從丹霞退院，行走於南雄、韶關一帶，往來於湞江、凌江之上。其間爲韶州知府李復修（謙庵）相留度歲①，並商量撿拾白骨之事，後由李復修捐俸，丹霞僧衆執行。澹歸等於正月初三登舟撿拾白骨②，二月上旬返丹霞。此間，他親歷種種戰亂景象，見識了生靈塗炭，悲憤憂傷却又無奈，唯有形諸筆端，一吐鬱懷，《南韶雜詩》便是記錄澹歸此時情志的場域。詩中的情感内蘊、思想特徵是澹歸晚年心態的具體呈現和外化。因此，對詩歌内容、形式、風格的分析，是解讀其心態流變踪迹的重要參考依據。

一、《南韶雜詩》内容

　　《南韶雜詩》主要包含以下幾個方面的内容。一爲沿途所見，即記錄戰爭中蒼生艱難的生活情境，戰亂中的村莊景象，百姓的生活狀況；二爲亂中所感，對自己親遭亂兵盤查、掠奪、飢寒交迫狼狽窘迫情形的記載；三爲憂憤痛思，面對人間煉獄般的現實，澹歸心憂蒼生，叩問蒼天，譴責戰爭，鞭撻兵士，諷喻當道，爲教化盡一己之力；四爲生命之悲，行程中觸景傷情，借詠物感嘆世網反復，生而凄涼。

　　（一）荒蕪蕩析：三藩之亂中的南韶景象

　　翻閲《（同治）韶州府志》對康熙初年三藩之亂中韶州狀況的記録，可謂天灾人禍，滿目瘡痍，百姓大體遭受了下三種磨難。其一，連綿戰火。韶州在三藩之亂中淪爲戰場，經歷了兩次較大的戰亂。第一次發生於康熙十五年（1676），平南王尚可喜之子尚之信於二月響應吳三桂反叛，

---

① 《徧行堂集》（四），第229頁。
② 《徧行堂集》（四），第233頁。

廣州總兵張星耀亦緊隨其後，於三月起兵叛亂。清軍鎮南將軍蟒吉圖率師於五月至韶州昌樂田村，斬殺僞將王得功，大敗叛軍。第二次發生在康熙十六年（1677），聽聞尚之信向清軍乞降，吳三桂派部將馬寶、胡國柱進犯韶關。經歷戰爭反復踩躪，韶州的城市和村鎮皆受重創。其二，兵寇洗劫。戰爭期間，兵匪對韶州進行多次掠奪。劫掠、派餉使僥幸生還於戰火的百姓雪上加霜。其三，瘟疫流播。在備受戰爭創傷、劫掠之苦的同時，避賊於山上的百姓廣染瘟疫，死傷慘重①。

在這樣的背景下，澹歸創作的《南韶雜詩》既是對時況的記錄，又是以悲憫蒼生的情懷、文人的視角和文筆對這段歷史的影像式呈現，是對史料的補充與完善。如其《有所見聞》：

> 日行不見人，夜宿不聞犬。惟有鴟鷞聲，時近或時遠。圍門白晝閉，餘息不暇喘。忽傳轅門令，長跪蒙鍛煉。生殺問錢神，無勞讀囚欸。吾民尚有根，艾草法應斬。源源後來兵，殘汁舐破碗。赤體無完衣，此肉不待胣。朱輪及墨綬，活人用死眼。皇天倘有淚，一滴庶可轉。②

描述戰亂中百姓的淒慘生活，苟活於戰火中的人還要備受兵匪殘暴的掠奪攤派，飽經踩躪，毫無生機。對此，澹歸滿腔悲憤地控訴"朱輪及墨綬"乃至"皇天"皆毫無悲憫情懷，無拯溺之心。"吾民"二字展示出他以拯救百姓蒼生爲己任的責任意識。

又如《蓮華嶺》：

> 言登蓮華嶺，云是昨戰場。據險雖有勢，持久非其方。兩勝成一負，殺傷互相當。折矢如敗葦，委地栖嚴霜。冷風吹白日，慘凜無精光。山溪自高下，俯仰隨低昂。有時墮磵底，漬水疑浮囊。雙鉤猛一撥，白沫流豬肪。乾柴起濕火，黑灰荷青筐。汝曹亦健士，奮臂輕螳螂。生猶念故妻，死即沉他鄉。夜闌或偶語，凄切兼寒螿。狐狸跳其前，鴟梟嘯其旁。先登誰大將，後死誰真王。同業化鯨鯢，結怨胎豺狼。我無度世力，爲汝摧中腸。極樂有蓮池，寶樹鬱成行。垂慈等一

---

① 林述訓、單興詩、歐樾華：《（同治）韶州府志》卷二十四，第 477b～478a 頁。
② 《徧行堂集》（四），第 301～302 頁。

子，熱惱還清涼。①

連華嶺即上文所錄《韶州府志》中的戰場"蓮花嶺"。康熙十六年九月清軍江寧將軍在此大敗張星耀等叛軍。澹歸收戰骨時，距離戰爭已近五個月。通過詩人眼中戰爭景象的呈現，人們對《韶州府志》中粗略記錄的戰爭慘象有了更生動的了解。詩歌開篇以獨特的軍事眼光評點這一地勢，指出此地雖險要，但並不利於持久作戰，因此戰爭勝負各半，死傷相當。接著描述眼前所見，遍地是掛著寒氣凝結嚴霜的斷矢殘鏃，陰冷蕭瑟的寒風吹過，連太陽也顯得黯淡淒涼。山溪迴環處，積水上漂浮的屍體膨脹如氣囊。收攏戰骨，焚以濕火，黑灰裝滿青筐。詩人由死士想到生人，戰死者應正值壯年，但在戰爭面前卻渺小無力，命如螻蟻。他們別家離妻，戰死他鄉，夜深時應該會哭泣吧，但除了寒螿相應，狐狸、鴟梟相陪，又有誰知？在這樣荼毒生靈的戰爭中，誰是大將，誰爲真王又有何意義？接下來筆鋒一轉，以佛教因果輪回、轉世托生說超度戰亡之士，望他們不要抱持怨念，免得來生墮入互相殘害的輪回。願其放下仇恨，往西方極樂世界去享受安樂清涼之境。此詩對戰爭之痛斥，對死難者之同情，不啻爲另一首凄切悲憤之《戰城南》。

詩歌對見聞的記錄，不僅細緻地呈現了戰亂帶給百姓的深重苦難，有以詩補史之功用，更因融注了詩人悲天憫人的情感而極具渲染效果，將戰爭那觸目驚心、令人毛骨悚然的場面呈現出來，給後人以警示。

（二）叩問追思：譴責質問戰爭

面對戰爭帶來的凋敝，澹歸忍不住從蒼生禍福出發，以儒者悲憫蒼生的情懷對戰爭的殘酷、兵士的橫行、將帥的治軍無方發出叩問與譴責。如《岸旁荒院》：

> 昔年好村鎮，今來存幾家。敗屋半無門，歷歷蒙霜花。庵荒僧亦去，老樹啼飢鴉。丈夫薄兵子，何得如劉巴。桄榔與芭蕉，直上皆無叉。一堅復一脆，此事誰萌芽。附驥不離蠅，扶蓬不謝麻。前緣各信天，我生豈無涯。②

---

① 《徧行堂集》（四），第306頁。
② 《徧行堂集》（四），第302頁。

由眼前破敗蕭條的"昔年好村鎮"對比切入，譴責將領管理不力，無能兵士只會橫行霸道，欺壓百姓，強調將官管理才能的重要性。

又如《皇岡寺見廢鐘，周人取供大炮之用》：

> 韶陽古蘭若，轉盼成荊榛。皇岡未全毀，重華佟威神。完鐘委牆壁，碎鐘積沙塵。毀鐘未爲炮，倖免戕吾民。雷霆同一發，生殺俱無因。亦聞菩提苗，執㸑摧爲薪。沙門充力役，擊斷同雞豚。汝雖一闡提，此性天然真。毀炮還爲鐘，豈涉秋與春。胡爲自殘賊，害氣連波旬。歸來失路兒，冥不親其親。①

"周人"當指吳三桂軍隊②，其將黃岡寺大鐘取用做大炮的做法使澹歸感慨萬分。寺廟被戰爭摧毀已足以令人痛心，而廟中爲天地生靈祈福的大鐘亦被取用爲殺傷百姓的大炮，更讓人感到諷刺氣憤，無法容忍。最難以接受的是寺中僧人還要被拉去充任力役，無疑是對佛門極大的褻瀆。面對這些殘忍荒唐之事，澹歸強烈譴責以吳三桂爲首的戰爭發起者，以波旬惡魔相喻，望其早日改邪歸正。吳三桂反叛雖打著反清復明的旗號，但澹歸早已看出其虛僞本質，痛斥其罪惡行徑，稱："滇池初沸，人稱故國之旗，弟即辯之，蓋取六詔、戎共主，皆此公也，世豈有項羽而可復爲義帝發喪者乎？佛法世法，同條共貫，釋迦如來亦不曾許人者邊那邊，到處悖逆。"③ 無情揭露吳三桂利用故明遺民復明願望達到反清目的的醜惡面目。

此外，澹歸還常分析戰爭形勢，批判將帥無能。如"從容論將略，拙速勝遲巧。一隅久聚兵，分道忘直搗"④ "據險雖有勢，持久非其方。兩勝成一負，殺傷互相當"⑤ "回頭還一笑，戰守借雄略。昨來操秦刀，今來握楚槊。刀槊汝所爲，豈爲我所約"⑥，展現出較強的軍事才能。

（三）狼狽窘迫：戰亂遭際

行走在兵荒馬亂中的澹歸在給友人的書信中回顧這段經歷稱："兵多

---

① 《徧行堂集》（四），第 306 頁。
② 張毓碧修，謝儼纂：《康熙雲南府志》卷五，《中國地方志集成·雲南府縣志輯》，鳳凰出版社，2009 年，第 120 頁。
③ 《徧行堂集》（四），第 271~272 頁.
④ 《徧行堂集》（四），第 304 頁。
⑤ 《徧行堂集》（四），第 306 頁。
⑥ 《徧行堂集》（四），第 304 頁。

地狹,民窮財盡,當復如何?韶城數十里,殆無片瓦。弟撿白骨,坐卧小舟一月餘,大兵往梧州,亦被奪。踉蹌入下院,頹垣敗壁,值風雨寒甚,如凍餓於破瓦窰中,庶幾與斯民分痛耳。"① 此外還被視作奸細盤查,遭人辱駡,忍受從者慍怒等。此中況味,被澹歸以詩筆記錄,使人更能通過詩歌感受戰亂中個體的渺小與悲慘。

如其《聞韶水口值兵子,取船收鷹,羈留竟夜》:

> 將軍方臂鷹,掣絛飛度水。落日如隕丸,寒流暮益駛。策馬更踟躕,兩手拍復指。我有溯流船,闌作收鷹使。去住忽生疑,化爲交質子。田衣眠帳中,霜刀宿篷底。老叟爲一笑,人故不徒死。天明各無事,鷹歸吾亦喜。持贈一香欒,屬垣未有耳。②

船隻被兵士征用,自己被懷疑爲奸細而收押。詩人身著袈裟夜宿軍營,眠於篷底刀兵之上,心情複雜。天亮後小舟被歸還,詩人亦如釋重負,但整夜的擔憂亦能見備受兵士騷擾的無奈。詩尾語帶調侃,將沉重之事以輕鬆詼諧的自嘲講出,更見無奈蒼涼之狀。

又如《相江問》:

> 我非玉泉來,不應是細作。嚴城苦詰問,有理無可答。羽毛輕自升,骨肉重自落。四寸不離地,一前還一郤。俯慚雪間鴻,仰謝雲中鶴。回頭還一笑,戰守借雄略。昨來操秦刀,今來握楚槊。刀槊汝所爲,豈爲我所約。③

澹歸被作爲細作盤問,百口莫辯。"玉泉"當指福建福州連江縣玉泉寺,當時福建爲臺灣鄭經占領。詩人以非此處來的僧人自辯,對所遭盤查感到啼笑皆非。感嘆不能如"雪間鴻""雲中鶴"一樣來去自由。最後落筆嘲弄戰將,若有雄才大略,何以使此地"朝秦暮楚",屢易戰旗。刀槊均掌握在爾等手中,自己無能却又苦詰僧人。

又《郡城隨寓》:

> 夜或於此眠,晝或於彼步。或時居僧寮,或時入官戶。時飢或不

---

① 《徧行堂集》(四),第 253 頁.
② 《徧行堂集》(四),第 301 頁。
③ 《徧行堂集》(四),第 304 頁。

茹，時飽或不吐。閑或不得起，忙或不得僕。豈不失其常，吾亦行吾素。處世若大夢，作夢寧有度。人境現一時。有新復有故。新者不先聞，故者不重睹。浮雲忽起滅，太空無舉措。何有醒時人，更索夢時路。念此一捧腹，古今即旦暮。勝負既不容，何地容喜怒。①

澹歸飢寒交迫、居無定所，感慨世事如夢一樣荒誕無常，人間也如幻境般不實。浮雲起滅，一切皆變幻莫測。古今千年，如同朝暮彈指一揮。流浪播遷的生活、人命危淺的世道加深了他對世事無常的感慨，使他更願意借佛法奧旨解釋一切。

又《掠舟得免》：

一月泛雙江，幸無掠舟恐。八光湧旛幢，白骨遞相捧。樂善有同心，賁育失其勇。吾聞生王頭，不如死士壟。②

又《掠舟不得免》：

白骨既已葬，扁舟尋被奪。向來一月安，真得死士力。生王幸勿媿，老僧更無德。③

兩詩間隔較短，詩人才慶幸因死士護佑舟未被掠，撿拾白骨的任務得以完成，小舟便在葬完白骨時被奪去。這更加深了澹歸認為死士庇佑的念頭，但同時又調侃統治者不必為此愧疚，自己德行淺薄，小舟被掠在所難免。

又因撿白骨時條件艱苦，從者時有怨言，更增添其悲涼。其《從者慍》：

欲行未得歸，孤舟隨所繫。寒雨更侵陵，厲風不肯濟。濕烟貫篷底，濃雲方罩地。司爨小有言，苦成得無替。汝曹尚加餐，尋常飽我淚。老子猶有耳，掩卷適假寐。怨天天不知，尤人人不計。魚水儻相忘，江湖托遙契。④

備受舟行之苦的侍者一邊做飯一邊埋怨被濕柴熏嗆。澹歸在舟內聽

---

① 《徧行堂集》（四），第 304 頁。
② 《徧行堂集》（四），第 307 頁。
③ 《徧行堂集》（四），第 307~308 頁。
④ 《徧行堂集》（四），第 307 頁。

到，掩卷假寐，裝作不知，心中却五味雜陳。在艱苦的環境中，誰能相濡以沫而毫無怨言呢？即便脱離此境，相忘江湖，彼此更能過得逍遥嗎？感慨人情淡薄，世味酸辛。

又《宿會龍破院風雨寒》：

> 朝日足療飢，晴空宜破院。一旦值陰凝，根塵忽生變。迭磚猶未塗，夜風散若綫。虚檐洞無楣，畫風連若扇。我無牙可鬥，百節自相戰。衛寒榮益餒，下利中復斷。敗席緝爲簾，救死饒一半。乞兒此上服，取裁適至骭。卧閲陽明書，閑思玉局傳。有堂酒可載，有亭易可玩。有不善居夷，居夷豈不善。①

寫小舟被大軍掠去後，自己狼狽避風雨於已被戰火損毀的下院，用破席懸掛在門口擋風，用破衣禦寒。"我無牙可鬥，百節自相戰"，詩人的幽默使人更傷其遭遇之淒涼。萬般無奈之中只能靠"陽明書""玉局傳"等修心養性之書排遣苦難，這既是轉移注意力的方式，也是詩人欲在苦難中長養其浩然之氣與開闊胸襟的途徑。

澹歸親手營建的丹霞下院會龍院被毀，又增添其悲傷：

> 佛前歡喜丸，砲子亦不少。衆生既蒙難，法地安可保。金身長不動，二諦同一表。（砲子穿柱折梁，及佛前後左右五寸許皆墮。）從容論將略，拙速勝遲巧。一隅久聚兵，分道忘直搗。吾法貴幹城，智勇故所寶。衰慵惜微勞，哭廟恨不早。泪落斷磚中，疾風慚勁草。（寇退，予擬躬至下院不果，僅遣職事僧相度掃除，蓋有愧於古人哭廟之義矣。）②

一手營建之丹霞及其下院，被澹歸稱爲"半生心光所凝注"，如今被兵火毁壞，對已垂垂老矣的澹歸打擊不可謂不大。丹霞在他心中的分量從其《見峰灘》中可見一斑：

> 江上見數峰，遥識丹霞處。丹霞不漏影，忽與江水遇。江水不留盼，豈爲丹霞住。因誰日夜忙，萬派争一注。到海各銷聲，蒼茫失

---

① 《偏行堂集》（四），第308頁。
② 《偏行堂集》（四），第304頁。

雲樹。①

澹歸雖已退院，且絕不再回丹霞，但對親手營建丹霞的割捨尚需一番決心。此處借流水歸川皆入大海之狀，勸自己徹底放下此種牽念。會龍院作爲丹霞下院被毀，澹歸自然難免傷心。

除要面對生活中的具體艱難，還要面臨來自輿論的毀謗和批評。如其《頗有見罵者》：

> 攘福非所宜，有心各盡力。刀割而香塗，於我無損益。惠亦未可懷，威亦未可屈。驢耳羅春風，自入還自出。說者與聽者，問汝何所得。②

對澹歸的批評與毀謗在當時已屢見不鮮。此次見罵，或爲其撿拾戰骨、冤親平等的佛教思想所招致，澹歸處境之不易由此可見一斑。同時從這首詩中可見得澹歸對罵者的態度，"惠亦未可懷，威亦未可屈。驢耳羅春風，自入還自出"，不爲所動，灑然世論，想要做的只是"有心各盡力"地爲百姓攘福。

（四）老境凄凉：內心悽愴與感傷

丹霞退院，離開融注大半生心血的別傳寺，卸下重擔的同時，老境已至的蒼涼、遠行的漂泊無依漸漸湧出，縈繞在澹歸心頭。種種情狀使他感慨倍增，唏噓不已。

首先是對時光流逝、生命過眼的感慨。體現較爲突出的是其三個月內兩次夜宿橫灘所留下的詩作。先是《橫灘夜宿》：

> 枕上聞江聲，平展一瀑布。能流即所流，此意常獨露。譬如人壯色，刹那變朝暮。變者無刹那，三世惟一步。雷霆與冰雪，寂滅莽回互。早來風力緊，憂石有餘怒。衆竅解相傳，金人口已杜。③

又《相江月夜溯流宿橫灘》：

> 初月淨無翳，江水增空明。牽舟獨上灘，傾耳無人聲。白沙斷橫浦，玄石開斜屏。野懷且自得，舟子如懸旌。叢薄疑虎狼，即彼談無

---

① 《徧行堂集》（四），第303頁。
② 《徧行堂集》（四），第306頁。
③ 《徧行堂集》（四），第303頁。

生。停舟傍澄潭，潜魚自相驚。置身丘壑間，一歸無所名。推篷起四望，天宇方崢嶸。浮生六十餘，獨立還孤行。豈無離群感，葉底黄鸝鳴。安得千年壽，坐待河之清。①

前詩當爲詩人出發時所作，由瀑布流逝之迅疾想到人生之苦短。"譬如人壯色，刹那變朝暮"，著眼於世世輪回，一切都那麼迅疾渺小。同時爲石之"餘怒"擔心，勸其學"金人杜口"，哀傷中流露出對所處環境管制森嚴的無奈和蒼涼。

後一首當爲返丹霞途中所作，月光澄碧的夜江四周是寂静荒涼的沙灘叢林，天地間的人類渺小脆弱，生命無狀流逝。六十多歲的詩人依然孤身漂泊，離群索居。詩人在生命苦短的嘆息中表達願望，希望能見到天下清明太平，其中壯志凸顯其儒者本色。

另《塔下得海雲及海幢書》中："停橈讀素書，土偶念桃偶。吾生本無蒂，行止復何有。出關復入關，問取喪家狗。"②亦是對自身一生漂泊流離、淒涼無依狀況的嘆息和傷懷。

除生命之嘆與無依之狀，澹歸對其生命坎坷曲折的感嘆與自嘲也充滿了無奈悲涼。如其《買舟》：

> 好友欲相留，結茅依舊院。締構未及終，客兵已先占。我適買扁舟，彼此得自便。閑步閱經營，滅裂愧深眷。作者與寓者，無心各一半。住山鹿豕驚，住水魚鼈散。今來入市廛，瓦礫復生厭。人能早相知，何必見於面。③

兵荒馬亂的歲月一切都没有保障，房屋還没建成便被兵士占用。無論住山還是寓水，皆不得安穩，可謂曲折多舛。

澹歸行走韶陽三月有餘，路上所見所聞皆是兵荒馬亂、民不聊生，所思所想是遺黎於禍患中煎熬挣扎的悲慘，所感所觸是慘淡蒼涼的世間況味，所祈所願是當道能如他般愛惜人命。這既體現出一位儒者的憂世情懷，又顯示出高僧視萬物同一的悲憫胸襟。

---

① 《徧行堂集》（四），第 308 頁。
② 《徧行堂集》（四），第 304 頁。
③ 《徧行堂集》（四），第 305 頁。

二、《南韶雜詩》思想內蘊

《南韶雜詩》中，除感慨老境蒼涼的漂泊無依外，澹歸更多地在爲蒼生祈福，爲百姓請命，爲世道清明太平盡一己之力。因此《南韶雜詩》流露出強烈的責任與道義感，包括對"吾民"慘遭兵火蹂躪之狀的痛心，撿拾白骨中的士人擔當，借古諷今的教化勸世傾向，期待天下澄清的壯志，對斯文淪喪的痛心吶喊等。長久的佛教浸染使其呈現出萬物等一、怨親平等、萬象如幻的佛教觀。作爲故明遺民，其思想中依然存在強烈的民族觀，但這種觀念卻又隨具體環境的改變而悄然發生了變化。

（一）爲蒼生計的儒者情懷

《南韶雜詩》中表現得最爲突出的便是澹歸的儒者情懷，這是他即使久遁佛門也抹不去的儒家憂世情懷和士人擔當意識之體現。最典型的便是其撿拾白骨行爲所流露出的濃厚"吾民"觀。如《收戰骨》中：

> 無誰收戰骨，青磷蕩風雨。夜深聞鬼鬥，勝負兩無取。筋脉纏蔓草，肌膚落野鼠。痛汝無所歸，似我宜爲主。韶陽有賢守，未語心先許。掩骼乘春令，王政故可舉。怒蛙式武車，雄魄亦可與。吾意平如砥，四海一子女。順逆豈有常，時哉審所處。①

"痛汝無所歸，似我宜爲主"句則頗具儒者之擔當，撿拾埋葬無人認領之戰骨，嘉獎褒揚戰死者精神，頗具爲"主"之士人責任感。

澹歸另有《撿白骨疏》，闡釋這種擔當意識："士大夫具萬物一體之懷，當隨處作主。無問幽明，無分親怨，以一抔土入平等法，於上帝好生、聖王泣罪若合符節。則回殺運，迎和氣，悉從慈湣一念，具足無遺。此事貴長養，忌戕賊。戕賊則保一身而不足，長養則位天地育萬物而有餘。燕之人以五百金買駿骨，而千里之馬一月三至，死尚見重，生益難輕。倘能於未盡之遺黎常作白骨之想，則吾民庶幾有起色矣。"② 將收戰骨的意義總結爲以下三點：其一，士大夫應有萬物一體之情懷與擔當，承擔起天下主人翁的責任；其二，上天有好生之德，此時正是回殺運、養和

---

① 《徧行堂集》（四），第305頁。
② 《徧行堂集》（四），第107頁。

氣之時，希望當道能與民休息，長養民氣，重視蒼生，減少戰事，使蒼生得以休養；其三，尊重死者，悲憫蒼生，進而使百姓生活有起色。

另或爲李復修代筆的《官葬暴骨碑銘》亦將此種士大夫責任感作爲葬白骨之原因，稱："此皆吾君之民，吾諸大夫之子弟，膏鋒血鏃，弃於山原，吾不爲之主，誰爲主者？"① 雖代他人言，其中對士大夫的責任感與承擔精神的標榜，自是澹歸思想中難以磨滅的情結。

如果説《收戰骨》是對天下蒼生生命的擔憂，那《通天塔》則體現出爲亂世儒道受阻的憂心：

　　浮圖逼太虛，昔爲文運開。卑如白玉田，高如黄金臺。帝座若可通，呼吸資英才。六經委糟粕，七就加駑駘。士林一失勢，老大成嬰孩。福生故有基，禍生豈無胎。北溟不藏鯤，大鵬何由來。怒飛葉神化，潜伏疑心齋。萬變乘一念，次第非安排。莊生不志怪，吾欲稱齊諧。②

詩歌情感充沛，氣勢強烈。昔日爲文運昌盛而修建之通天塔毀於戰亂，詩人由眼前現象聯想到文道衰落，文人士大夫階層遭遇戕害的現實。並不禁追問，到底是什麽使天下文運受厄？澹歸以洞察是非的眼光直指問題源頭，即統治者"一念"間對士人的壓制懷疑，使他們難以得到施展抱負的機會。結尾爲士林大聲疾呼，悲憤震怒。這種爲天下文脉憂慮的主人公意識，是詩人胸中始終抱持之民族文化危亡憂懼的體現。

除此，澹歸雖已遁入佛門，但始終未曾放弃其儒者擔當的另一表現，體現在從未放弃對在位者的教化引導。如《修仁憶范雲事》：

　　始興古一郡，分即兩修仁。不飲斜階流，存似則亡真。勝母且不入，而況弑其君。借問君子人，何以反諸身。③

澹歸緬懷曾任始興内史、廣州刺史的南朝梁范雲，借用范雲《酬修仁水賦詩》中"且飲修仁水，不挹背邪流"④稱揚他修身謹嚴，又化用"曾

---

① 《徧行堂集》（四），第178頁。
② 《徧行堂集》（四），第307頁。
③ 《徧行堂集》（四），第302頁。
④ 黄雨選注：《歷代名人入粤詩選》，廣東人民出版社，1983年，第12頁。

子不入聖母"典贊君子之謹言慎行①。這首詩亦是對整個士人階層的諷喻勸導,希望他們像古之仁人范雲一樣言行謹慎,安撫邊民,施行德政,再現當年盜賊斂迹、商賈露宿的太平局面。

由此可見,作爲遺民,澹歸雖遁入空門但時刻不忘家國天下,不忘士之教化天下的責任。《徧行堂集》中與官員往來詩文頗多,爲當時及後世詬病,但仔細體會其中爲民請命、盼望官吏解民於倒懸的懇切言辭,那諄諄教導與殷切期盼,甚可見出其對蒼生之切切繫念。組詩中《相江月夜溯流宿橫灘》"安得千年壽,坐待河之清"句,亦可見其對太平之世的嚮往與渴望,頗有經國之志未泯之感。

(二)萬物等一的佛教思想

《南韶雜詩》創作時,澹歸皈依佛門已二十七年。多年研讀佛經,開堂說法、托鉢化緣的浸染鍛造,使他已然成爲佛門龍象,因此其詩歌中不時表露出種種參證佛法的自覺。如《鷄籠石》:

水落見雞籠,誰鑿太古先。當其值水壯,誰飛復誰潛。此中未有物,長鳴亦無言。大地無一真,相似垂千年。空花結异采,陽焰抽靈泉。不開一勺池,而開十丈蓮。倚窗過子夜,聽此玄非玄。②

針對水落而出的一塊形似雞籠之石而發,世間無一真,只是相似而已。"空花結异采""陽焰抽靈泉"分別借用《楞嚴經》《楞伽經》中的隱喻故事證明世間萬物皆爲幻象這一佛理。③可見此時澹歸對佛法的參悟已達到相當自覺的程度。

他如《收戰骨》中"吾意平如砥,四海一子女"的冤親平等觀,《蓮花嶺》中"極樂有蓮池,寶樹鬱成行。垂慈等一子,熱惱還清凉"的西方極樂世界觀,《橫灘夜宿》中"變者無刹那,三世惟一步"的佛教時間觀。另頗掛懷於佛教佛法的光大,爲會龍院、黃岡寺遭兵火洗劫,寺僧被抓充

---

① 司馬遷:《史記》卷八十三《鄒陽列傳》,中華書局,1959年,第2478頁。
② 《徧行堂集》(四),第303頁。
③ 《楞嚴經》卷四:"亦如翳人,見空中華;翳病若除,華於空滅。忽有愚人,於彼空華所滅空地,待華更生;汝觀是人,爲愚爲慧?"(王雲五主編,真鑒述:《大佛頂首楞嚴經正脉疏》,《萬有文庫第二集七百種》,商務印書館,1936年,第478頁)語本《楞伽經》卷二上:"譬如群鹿爲渴所逼,見春時燄而作水想,迷亂馳趣不知非水。"(正受集注:《楞伽經集注》,上海古籍出版社,1993年,第32a頁)

力役而痛心,聞樂説開堂丹霞,因後繼有人而興奮到"聞之喜不寐,獨舞如商羊",同時還努力使自己達到"萬化如圓觀,達者已忘覺"的境界,也爲"吾生晚聞道,教養緣未熟。分此甘露餘,服彼慚媿服"而慚愧,皆可見佛教思想在他思想中的浸透。

(三)潛藏暗湧的民族觀

作爲一位遺民僧,澹歸雖已隱遁多年,但依然流露出對時局世事的不滿,如《寒鳥》借寒鳥處境的險惡表達對當前制度的不滿,《夜宿横灘》通過對"怒石"的勸誡諷刺鉗制言論的制度;《通天塔》借通天塔之毀弃爲只能沉淪民間、不能一展壯志的士人階層而歌哭;《相江月夜溯流宿横灘》"安得千年壽,坐待河之清"背後,那引而不發却又難以忘懷的理想壯志,使其儼然脱離了僧人該有的出世姿態。

此時澹歸對清朝統治者的態度亦有一定程度的轉變,其中較爲典型的便是對鎮南將軍莽依圖的評價。他在《平圃》中以"吾聞莽鎮南,道合古良將。不忍刈遺黎,生氣日疏暢"[1]稱讚莽依圖對百姓的仁愛。又在《與丘貞臣明府》中説:"如莽將軍,有仁義於南韶,南韶之人至今頌美不去口。不可説渠不是中國人,便抹殺了他也。其二詩所感慨,皆漢兒事。"並解釋説:"凡弟之所是非,從民生起見。不爲一身出處起見,並不爲一國土内外起見,此爲天道,此爲聖教。"[2]即關注點已從一姓一王轉移到天下民生,能以黎民生活的安樂爲出發點判别是非,不再盲目排斥異己。也正如他盛贊李灌溪所言:"夫新故即移,天地猶吾天地,民猶吾民,物猶吾物,寧有睹其顛沛漠然無動,復爲之喜形於色者耶?"[3] 有此心者乃爲"真儒"。可見澹歸以天下百姓爲重的儒者情懷是其民族觀稍作改變的原因。

整體來看,南韶江上三個月,澹歸經歷被作爲奸細盤查、小舟被征用甚至掠奪、侍從愠怒、夜宿破廟忍受飢寒、親手營建的下院被戰火焚毁等遭遇。《南韶雜詩》圍繞韶州行走期間的所見所聞、所感所思展開,以澹歸儒士兼僧人的視角,生動記録了兵匪燒殺搶掠、民生凋敝、死傷惨重的

---

[1] 《徧行堂集》(四),第303頁。
[2] 《徧行堂集》(四),第271頁。
[3] 《徧行堂集》(四),第73頁。

亂象，可謂描寫一時一地境況的詩史。澹歸痛斥戰亂、譴責舉兵者，並不顧安危率丹霞僧衆撿拾白骨，禮懺超度，予以埋葬，體現出強烈的悲憫蒼生、以百姓安樂爲己任的士人責任感；同時個人力量的渺小與生命短暫之無奈，又使他將蒼生太平的希望寄託於西方極樂净土，渴望借佛教精神平復死者的怨氣，使他們的靈魂得到超脱。對死難兵士白骨的一視同仁，又體現出他對佛家"怨親平等"觀的良好踐履。《南韶雜詩》整體風格較爲平易，情感真摯沉痛。

第三節　從《遣興》到《南韶雜詩》之風格變遷

　　澹歸《遣興》組詩作爲現存詩歌中較早的作品，創作於其出家初期；《南韶雜詩》則創作於出嶺請藏前夕，即澹歸晚年。兩組詩作數量都較大，對比分析，可發現澹歸前後期詩歌在内容、思想、情懷、風格方面皆有一定變化。

　　從内容上看，《遣興》組詩多著眼於對南明朝廷的批判、追憶、緬懷，對自身遭遇之不平，對政治的心冷與厭弃；而到《南韶雜詩》中，多記錄戰爭中村莊被毁、百姓被掠奪催征等情況，與杜甫"三吏三別"有異曲同工之處。較爲典型的如上文所引《有所見聞》，痛斥戰亂中兵士連綿不斷地向百姓攤派征收，肆無忌憚地搶奪劫掠，大聲疾呼"吾民尚有根，芟草法應斬"，斬草除根，百姓如何存活？聯係澹歸在崇禎朝任臨清知州時因荒年不忍催租而被罷官的經歷，可知其性格中有濃重的悲憫蒼生情懷。詩歌以"皇天倘有泪，一滴庶可轉"結尾，與杜甫《新安吏》中"天地終無情"[1]異曲同工，皆爲百姓苦難痛心。

　　就思想情感來看，由己及人，澹歸從《遣興》組詩中對一己凄凉遭際的吟詠，發展到《南韶雜詩》中爲慘遭兵寇搶掠燒殺之蒼生痛哭，從強烈的避世隱逸、遠離政治的哀傷中走出，身體力行地投入對世間的關懷中。澹歸懷著悲憫之心撿拾戰骨，通過與當道的交往對他們施加影響，殷切囑託爲蒼生計，解民於倒懸。這種情懷與其説是受佛菩薩悲憫蒼生、萬物平

---

[1] 仇兆鰲：《杜詩詳注》（三），中華書局，1979年，第523頁。

等觀的影響，不如說與儒家責任感一脉相承。

這種蒼生之念未在《遣興》組詩中得到鮮明的體現，可能因當時澹歸的身心未能從南明朝廷的刑獄戕害中蘇醒，因此隱居避世、遠離政治的念頭占據心靈。《遣興》創作時澹歸初入佛門，處於身份轉換的銜接地帶，在當時嚴苛的政治社會環境下，特殊的身份使其有所避諱，不便多言。而《南韶雜詩》則體現出儒者以"吾民"之生殺爲己任的責任感和擔當意識，以及由此生發出的強烈的憂國憂民情懷；筆觸皆沉痛悲切，飽含血淚。《漢臣邀宿齋中》中他的這種情懷較爲典型：

> 逼遷在沙岸，世尊加我膝。遠城無寸土，可以置幾席。昔非斷往還，今莫問消息。劉郎遣使迎，暖色盈一室。談諧各俊爽，飲食且精潔。中宵忽感慨，風雨正蕭瑟。民田半荒蕪，民居半蕩析。吾生獨何爲，飄塵安密葉。寄語塞上翁，我馬殊未失。①

此詩當作於澹歸掩埋白骨後，小舟被掠，友人迎至其宅，宴請談論。在如此舒適的環境中，漂泊江上一月有餘的澹歸却突然感慨，自己雖仰仗友人得以溫飽，可這凄風苦雨之中，那些"民田半荒蕪，民居半蕩析"的百姓又該忍受著怎樣的寒苦折磨呢？自己又何德何能可以享受這片刻的溫暖？一種與百姓同苦樂的悲憫情感流露出來。然而，澹歸由儒入釋的身份，使其往往在悲痛的無奈中將希望寄托於往生、於西方極樂世界的慰藉，這又是其遺民而僧人身份轉變的獨到之處。

就詩風而言，《遣興》組詩用典奇麗豐富，風格蒼涼險怪，意境浩大寬廣，語言亦莊亦諧，詩歌極具張力，符合澹歸彼時憤鬱悲愴的情感特徵，也符合其一貫主張的詩歌重"奇"氣。《南韶雜詩》更多的是對現實狀況的描繪，但又融入了詩人深厚的憂慮與關懷。其中對百姓苦樂的挂懷，對戰亂中衆生處境的記錄，與杜甫"史詩"頗有相似之處。《南韶雜詩》多用口語與白描手法，通俗易懂，寓言說理亦淺白曉暢。這應與澹歸皈依佛門，多年潛心修行有關。他開始以佛教的悲憫眼光看待世間的戰亂紛爭，痛心之餘多了一份無奈的淡然，一種寄希望於宗教的精神脫責。這使他的詩風整體呈現出由"恢奇"到"奧博"的轉化。

---

① 《徧行堂集》（四），第308頁。

表達方式上，《遣興》組詩通過典故的羅列表達情感的憂憤緊張，《南韶雜詩》多用白描手法，意象亦多擇取較爲平常可見之物，用典較少，即使要借物象來表達隱晦的情感，也多用常見之物，以寓言的方式表達。如《草間兔》便是對世情艱難的比附：

　　蕭蕭荒原草，被霜不得起。上有寒兔兒，何時復蹲此。寒即草所遺，暖即兔所止。推寒兔不辭，攘暖草不耻。相借不相知，萬事同此理。於此能無心，可以忘彼已。①

兔依附寒草驅除嚴寒，使草叢得到温暖，兔也因此取暖，二者互相依附，世間萬物皆同此理。此篇或指遺民、貳臣及清朝官員之間的互相依存關係，在朝者爲遺民提供的幫助。畢竟堅定如顧炎武，被人誣陷與"黃培詩案"有牽連時，也不得不靠其外甥"昆山三徐"之助脱離世網之擾②。

又《寒雀》：

　　口不釋詩書，手不釋錐刀。吾悲紙上言，不如頰上毛。肝腸回面目，殘忍依貪饕。天網布雲中，奮飛安可逃。時哉籬間雀，戢身隱蓬蒿。萬一鷹與狸，高視遺秋毫。有險不俱行，有幸或俱微。括囊無出地，毀譽本同條。③

以寒雀生活環境的兇險惡劣暗喻自我的諸多不得已，"天網布雲中，奮飛安可逃"，對生存環境充滿悲觀絶望。或許詩人此時已預感到政治情勢的緊張，以籬間雀喻指與其相似的遺民群體，即使隱身蓬蒿間，生存下來的概率也要靠"鷹與狸"萬一"遺秋毫"的僥倖。"括囊無出地，毀譽本同條"，即便如此，詩人也不願緘口不言，喪失自我表達的途徑。以毀譽交參、同條共貫的達觀理論慰藉自己如寒雀般驚懼痛苦的内心。

顯然，《南韶雜詩》語言風格的平易淺白，與澹歸長期研讀佛經，並在丹霞領衆、上堂講法密切相關。由於佛教徒文化水平參差，澹歸在表達上多使用平白的語言、淺顯的道理，這種變化潛移默化地影響到其詩歌的語言特色。《南韶雜詩》以史筆的方式記録世事，以簡單通俗的物象揭示

---

① 《徧行堂集》（四），第302頁。
② 趙園：《明清士大夫研究——作爲一種現象的遺民》，第94~95頁。
③ 《徧行堂集》（四），第303頁。

哲理，與《遣興》相比發生了較大變化。

另外，就佛教思想在詩中的融注而言，《南韶雜詩》明顯比《遣興》組詩顯得醇熟自然，體現出較強的身份認同意識。且從上述詩歌中可見澹歸後期詩作多理學趣味，慣用寓言的方式表達理趣。佛教思想較爲濃厚，詩歌風格的平淡也當受此影響。

總體來看，從《遣興》組詩到《南韶雜詩》，大略可見澹歸早期至晚期詩歌風貌的變化。正如他在詩歌中借黃辛子、陳少卿對其評價的自況："少日恢奇追四老，殘年奧博愧文明。"① 早年作品從意象、情感到表現手法上都追求奇趣，向"四老"（澹歸自注：莊子、司馬遷、蘇軾、金聖嘆）等恢弘恣肆、浪漫奇麗的風神靠攏，到了晚年，則更關注詩歌的詩教傳統，接近黃道周等人的詩學主張。從心態角度分析，這既是作爲個體由盛年到老年的情緒變化，更能呈現出遺民僧這一具有多重身份的特殊群體，在明末清初時代環境下思想發生變化的過程。變化的背後潛藏著社會文化與政治環境的改變，遺民群體心態隨時間及環境微妙的轉移，宗教思想對人物情感潛移默化的浸染等諸多因素。從文學角度分析，這種變化是年齡增長、閱歷增加下審美興趣的轉移，更是在具體文化政治環境下心態發生變化的外在體現。通過二者的比較，可以對了解澹歸思想及其詩歌風格變化找到佐證。

小　結

就澹歸詩歌的整體風貌來看，其出家初期所作《遣興》組詩與出家後期的《南韶雜詩》是非常值得注意的兩組詩作。《遣興》七十二首以大量篇幅抒發改朝換代之際遭遇南明黨爭被禍下獄而致殘時的極度悲憤與痛苦。詩歌運用繁富的典故、誇張的手法、怪異的意象、獨特的韻律，既生動刻畫了澹歸此際的心情，又具體體現了其情志，是考察澹歸思想情感、詩歌特色、風節志向等的重要材料。澹歸的好友兼同僚王夫之在讀到《遣興》組詩後有感而發，作《讀甘蔗生〈遣興〉詩次韻而和之七十二首》，

---

① 《徧行堂集》（四），第413頁。

傾吐相似的情懷，爲研究二人乃至整個遺民群體的思想提供了範本。而《南韶雜詩》四十一首則又是澹歸後期思想變化的集中呈現，記錄了他行經戰亂場景時的見聞及情感，風格和出家初期相比變化較大，更加平易通達，視角開闊，融入深深的蒼生繫念。經歷易代之風雲激蕩，澹歸的心路歷程與人生軌迹發生了諸多變化。從朝堂士人轉爲佛堂釋子，從經世期許到獨卧孤燈，此中的無奈心酸與悲愁憤懣皆通過其作品得以具化，兩組詩歌從内容到風格的變化恰好是澹歸在近三十年遺民生活中思想變化的明證。

第四章　複雜心曲與詩歌創作：理想失落與精神苦悶的出路尋求

《遣興》《南韶雜詩》兩組詩作集中代表了澹歸詩歌前後期風格的變化，酬唱贈答、諷詠抒懷、參禪論道等詩則更具體地呈示了其詩歌的肌理與風神，共同呈現了詩歌的整體風貌。這些作品均從不同側面、不同程度展示了他的情感心態，是整體把握澹歸情志的重要依據。本章過對這幾種詩作進行細讀，以爲澹歸的思想與心態尋找更貼切的注脚。

第一節　酬唱贈答，經世擔當

澹歸出家後交游甚廣，酬唱詩多，内容豐富，唱和對象繁雜，既包括當權者，亦有遺民、僧人、後學文士等。源於對明代詩歌應酬習氣的反思，清初詩人對應酬詩有一定程度的貶抑。澹歸對此亦有批評，認爲"文生於情，詩以道志。纔落應酬，便成苦海。即論應酬，亦自有應酬之地、應酬之時"[①]，表現出對酬唱之作思想高度和創作主動性的關注。酬唱詩之所以被批判，是因作爲一種交際工具，它減弱了詩歌抒發情志的自由，削弱了詩歌的藝術性。然而，就思想内容而言，酬唱詩亦能體現出詩人的情感意志。澹歸在酬唱之作中，面對不同的對象寄寓了不同的態度與期許，體現出濃厚的現世關懷與經世擔當意識。

[①]　《徧行堂集》（二），第58頁。

一、遺民群體：旌揚慰勉，亡國共鳴

遺民群體始終是澹歸交往的主要對象，在其出家初期與晚期表現尤爲明顯。澹歸深知這一群體生存艱難，對能抗志守節者多有旌揚，並借機抒發心曲懷抱。如《贈汪魏美之洞庭》二首：

> 梧蒼別後長相憶，岑寂琴川又一時。喜爾漸無添擔累，於人何有買山癡。劍門石上休垂足，金粟堂前好眨眉。此去洞庭波浪闊，可能落葉寄秋思。

> 君雖堂上有慈親，養志何慚菽水貧。獨鳳況甘栖槁木，一麟聊足負遺薪。（魏美不上公車，家貧妻死，惟老母弱子相依耳。）去來未脱無安土，呼吸誰操不住身。見説人間空寄託，肯拚白業買黄塵。①

汪渢作爲當時有名的隱士，窮而有節，交接甚嚴。澹歸作爲汪渢故交，深知汪氏不易。在贊揚其固窮、堅守不仕的高節時，又借孔子安慰子路的"菽水"之典慰藉汪氏②，以寬其懷抱。另有《寄答鄭牧仲》：

> 天下有同憂，君子無先樂。時當涉險阻，聖人久不作。以此一固窮，俯仰兩無怍。大易闡微言，群儒矜絶學。誰爲篛桶翁，一指化穿鑿。春秋非國史，取義存筆削。舉例即摧堅，魏范皆折角。左徒值醉天，有問不能答。深江石可喜，血淚湧杯酌。於戲此遺老，守死卧丘壑。饑寒日相尋，氣象未銷鑠。茅檐發悲歌，風雷一時落。斯文豈墜地，雙肩荷喬嶽。我本乞士流，穿雲翻獨鶴。忽過鳳凰臺，長鳴如有託。石室開名山，韋編分後覺。相見未可期，同風在寥廓。③

用《春秋》典例與當下對比，感嘆世道沉淪，儒者抱負無以施展。推揚鄭牧仲選擇避世隱居、固守窮困而持節不仕，以擔荷天地間斯文爲己任的高潔情操，稱在鄭氏的影響下，自己亦生發清高之志。

又《次韻別萬履安》：

---

① 《徧行堂集》（二），第454頁。
② 孫希旦撰，沈嘯寰、王星賢點校：《禮記集解》（上），中華書局，1989年，第278頁。
③ 《徧行堂集》（二），第340頁。

壯情眞不已，身世古今分。三百年來話，須麋劫外論。寒塘擎敗笠，老樹戴孤雲。此意無人寫，何妨我其君。抵掌河清事，蹉跎早白頭。不官猶漢節，落地即明州。綠蕚西谿夢，黃花彭澤秋。途窮君莫惜，慟哭亦高流。①

萬泰爲澹歸老友，二人相見之餘難免共論故明覆亡哀傷，此種情緒亦只有在同爲遺民的友人面前才能肆意流露。澹歸稱贊萬泰等遺民的氣節，賦予群體存在以巨大的價值。這與其一向主張的存人以存明、存天地間元氣的論調一致，認爲是遺民使漢家風骨得以存留。詩歌結尾再次流露深重的家國之痛，但同時又飽含對友人的勸勉旌慰。

請藏嘉禾時，澹歸與遺民間往來頻繁，作品更多。在大量與遺民唱和之作中，澹歸大致表達出如下三種情懷：一則懷古感今，在對比中共傷家國之悲與個人遭際；二則旌揚遺民高節，鼓勵慰勉；三則論道交流，對批評指責予以回應。總之，不仕清的抉擇、故國覆亡的悲痛、遺民境遇的艱難往往使這一群體產生強烈的共鳴。彼此唱和可以使澹歸在遺民群體中找到些許歸屬與情感慰藉。

二、接引文士：獎掖後進，提闡英才

在澹歸的交游唱和群體中，有相當一部分青年文士，他們大多尚未知名，窮困潦倒。澹歸在交往時對有才華且重品行者給予殷切的叮囑與期盼，並在道義、文學等方面表現出較高的期許。此外，澹歸爲這些文士寫作序跋，使不少士人因此得惠。其中最爲典型的當屬嶺南著名文士廖燕，澹歸曾作《答贈廖柴舟文學》：

廖生手筆嶺表雄，摩青欲峙雙芙蓉。半生落魄不得志，妻梅子鶴隨飛蓬。於今梅枯鶴亦死，無錐立地非頑空。王郎同運東坡窮，却尋舵石如涪翁。長篇墨落紙一丈，管城禿頂生獰龍。丈夫舉步輕八極，穿籬燕雀徒啾唧。此身無挂等浮雲，何不東西又南北。詰屈安能附世間，半張白紙三重關。直入蓮華臺藏裏，一光放去千光還。此內無賓亦無主，萬里蒼烟獨鶴舉。業海全成智海流，混沌方生倏忽死。何須

---

① 《徧行堂集》（二），第393頁。

更說古龍門,一句鏤空天地根。廿一史中無點墨,可憐白日是黃昏。①

對廖燕予以高度評價,稱許其人志節高潔、不結交權貴、安於貧困之生活,又贊其才華出衆,替其傳揚。如曾璟《廖燕傳》所言:"丹霞有澹歸者异而訪之。燕亦知歸非常僧,盡出其平日詩古文辭以質。歸賞極,亟稱於人。由此名震粵東。"② 在澹歸的接引下,廖燕在嶺南聲名鵲起,因此廖氏感激澹歸的知遇之恩,在澹歸去世後作《哭澹歸和尚文》極盡其哀。由此可知,澹歸作爲一位文士,盡力通過對有才華後進之士的接引,爲文壇選拔新秀,這也是其士之責任感的一種體現。

三、官員唱和:經世期許,爲民請命

在澹歸的詩作中,數量最大、爭議最多的便是與當權者的唱和之作。在當時的話語情境中,遺民群體的志節表現之一便是交接的謹嚴。不入城市,不與仕清者(包括新貴與貳臣)交接,方符合當時人們對遺民的想象。澹歸顯然已離這種標準太遠,他出家後廣泛結交,爲時人及後世所詬病,連最初極爲推重他的好友王夫之也在《搔首問》中指責他③。其實,澹歸在與結交官員的唱酬應答之作中體現出的多爲其經世情懷,對民生、百姓生活的關切,並非爲一己謀利益。他反復爲民請命,叮囑官員解民於倒懸,與民休養,處處流露出深切的民生關懷。對貳臣則同情慰勉,鼓勵他們以民爲念,不要耽於輿論詆謗而放弃經世爲民的機會。

(一) 鼓勵出仕

與當時遺民間互相砥礪志節,支持斂迹避居的主張不同,澹歸鼓勵有才能者出仕爲官。作爲出家人與遺民,應遠離清朝政治中心,然而,澹歸不糾結於出處,不脫離當世建構的熱切,鼓勵有才華官員出仕,切實爲百姓做實事④。還多方勸阻好友出家學道,施惠於民⑤。在利於情感表達的

---

① 《徧行堂集》(四),第322頁。
② 廖燕:《廖燕全集》(下),附錄(一),第616頁。
③ 王夫之:《船山全書》第12冊,第635頁。
④ 《徧行堂集》(四),第272頁。
⑤ 《徧行堂集》(二),第226頁。

第四章　複雜心曲與詩歌創作：理想失落與精神苦悶的出路尋求 | 213

詩作中，更可見其願友人承擔現世建構的迫切希望。

澹歸之所以鼓勵友人出仕，在於他認爲這是儒者經理天下、爲民謀福的重要方式。如《寄別漢臣》：

> 民生兩不逮，藏身安得巧。我灰久已寒，君木幸未槁。努力當乘時，時哉苦不早。①

於寄托深情的詩歌中表達鼓勵出仕的迫切，勸友人趁年輕有爲積極進取，爲"民生"而出，解救百姓於"不逮"之中。

此處還常以民生爲念勸解欲弃官歸隱的友人，如《朱鬱林天然書至，有"拂衣"之語，題此奉勉》：

> 故人消息近如何，收拾殘黎苦趣多。白髮無時能擺脱，青山有興未消磨。方州漫擬先投幘，開府應思尚枕戈。有日功成拂衣在，相期掃石話烟蘿。②

又《寄題鶴巢周鶴出索和》"莫說令威歸去好，人民城郭是非中"③，《遇侯公言總戎於梅關口占爲別有跋》"霖雨蒼生公莫倦，住山僧也不曾閑"④，《壽朱南海説梅》"爲念蒼生頻斫額，扁舟莫作五湖歸"⑤。仕清貳臣曹溶面對輿論壓力及内心愧悔想要辭官歸隱時，澹歸亦勸解、慰勉："去國無詞山獨老，窮民有泪海俱寬"⑥ "怪我全身埋地户，憑君一手挽天河"⑦。總之，澹歸盡力勸解想要弃官之友人，希望友人以憂患中之百姓爲念，先施展才華肅清天下，救蒼生於水火，功成之後再"事了拂衣去"。

（二）殷勤囑托

對在位者，澹歸殷勤叮囑，希望從政者待民以寬，清廉愛民，以古今良吏爲榜樣，可見其爲民之苦心與以民爲本的政治理念。如《嚴絜庵以憲長轉本省右轄》云：

---

① 《徧行堂集》（三），第 309 頁。
② 《徧行堂集》（四），第 370 頁。
③ 《徧行堂集》（三），第 82 頁。
④ 《徧行堂集》（三），第 208 頁。
⑤ 《徧行堂集》（三），第 30 頁。
⑥ 《徧行堂集》（二），第 465 頁。
⑦ 《徧行堂集》（四），第 367 頁。

> 謳吟父老錯呼天，隻手誰爲解倒懸。吏欲食人休説尹，盗非殺我即歌田。星輝一路承宣責，領挈諸侯黜陟權。分陝比聞虚左在，棠陰早覺召公賢。①

描述掙扎於艱難中百姓對惠政良吏的迫切盼望，寄托一己厚望。又在《吴天朗司李屠懿誦州守過海幢言別》中稱：

> 殘身荷瓢笠，慘澹隨戈矛。丹霄下鸞鵷，塌翅追鳩鷗。兩公君子人，與我心夷猶。貪泉往已湮，韶音來未收。斟酌雨露寬，勿使冰霜浮。執手豈無懷，此意雲俱流。②

又《送彭退庵》"此行酌寬嚴，於法宜損益。丈夫首皇路，爲物常作則。念兹一邑難，憫彼四海厄"③，《留別文山》"丈夫到處能爲德，念念生門一念闢……野老年來望太平，期公努力致休明。便研丹液全銘鼎，更挽銀河净洗兵"④，《劉大中丞四十初度》"蓋公堂上無他事，慎勿生情擾獄市。網密泥中有困鱗，巢傾林下無垂翅。吏民交急索誰通，徼幸公來氣漸蘇。霜雪居空雲自暖，風濤不動鶴相呼"⑤，《贈劉持平中丞》"南斗全回北極春，由來節鉞貴儒臣。劉寬至德幾忘我，李勉清標只愛民。使相趨朝綸閣重，河山錫社鼎銘新。海波自古無偏向，萬里安瀾聽一人"⑥，《留別曙戒時曙戒亦將還朝》"瀕海蒸民百萬家，彌天殺氣竟無涯。纔聞入市俱成虎，不見投林獨噪鴉。三代盛名空玉帛，六朝殘夢失烟花。北歸尚有仁人在，斟酌應憐八月槎"⑦，《重別曙戒》"趨庭憶爾能趨闕，擔得蒼生萬斛憂"⑧，《贈雄州萬松溪司李》"無刑自結商霖瑞，有物難逃夏鼎成"⑨，《楊崑日別駕之桂陽守》"每因國事憂民事，清夢何由入九重"⑩ 等，皆是替民請命觀的强烈流露。

---

① 《徧行堂集》（二），第 470 頁。
② 《徧行堂集》（二），第 329 頁。
③ 《徧行堂集》（二），第 341 頁。
④ 《徧行堂集》（二），第 381 頁。
⑤ 《徧行堂集》（二），第 383 頁。
⑥ 《徧行堂集》（三），第 126 頁。
⑦ 《徧行堂集》（三），第 23 頁。
⑧ 《徧行堂集》（三），第 30 頁。
⑨ 《徧行堂集》（三），第 34 頁。
⑩ 《徧行堂集》（三），第 79 頁。

（三）褒獎仁政

除此之外，澹歸還大力表彰施行仁政、執法公平、寬解民憂、治理卓有成效的官員。《楊司李蓮峰初度》稱贊"楊公蓮峰爲李官，持法最平居心寬。落筆常聞三嘆息，解囊留得一錢看。古之遺直兼遺愛，霖雨蒼生應有待。他日掀翻甘露瓶，四海分流同一派"①。

又《劉焕之分鎮連州寄懷四十韻》：

烈士當如是，閑僧只放慵。逝將雲水衲，消受雪霜封。拄杖行須把，方書閱漸通。爪牙非睡虎，伎倆即雕蟲。②

推重劉焕之出鎮疆土，剪除叛亂，與民休養，以"烈士"相頌，同時流露出自己不能如此施展才華的哀傷。

另外，澹歸期待官員能善待遺民群體，對能同情遺民的官員深表敬謝之意。如《寄送馮再來司寇還朝》"霜雪居空頻解網，東南力盡獨回天"③，稱頌暗中爲遭遇文網、世網者開解的官員，而這些受益者極可能便是遺民群體。《安南將軍舒公過訪龍護》"不教跬步移耕市，總爲遺民長子孫"④，亦極力贊頌對遺民子孫的護念。

（四）慰勉貳臣

對於仕清的"貳臣"，澹歸多予以關懷、慰勉與體諒，勸慰他們摒除世俗眼光，爲蒼生念，施展才華。典型的如與曹溶之唱和，《次韻訓曹秋岳侍郎》其五：

寒烟絕分挂松蘿，鄰榜聽歌奈若何。怪我全身埋地户，憑君一手挽天河。適當空乏飢鷹少，不避豪賢猛虎多。缺盡唾壺長太息，層霄俯視莫蹉跎。（頗有外侮，同人共爲不平。）⑤

對曹溶而言，來自士論的評議對其造成極大的心理壓力，澹歸對友人精神苦悶的同情、寬解與慰勉，恰能給予曹溶莫大的精神慰藉。

又《贈友》：

---

① 《徧行堂集》（二），第 383 頁。
② 《徧行堂集》（四），第 421 頁。
③ 又《徧行堂集》（四），第 368 頁。
④ 《徧行堂集》（四），第 369 頁。
⑤ 《徧行堂集》（四），第 376 頁。

未免人間夢，嗟君濟世才。遠難空萬里，高不藉層臺。煮字還成飽，歌騷且節哀。逃禪乘慧業，莫受眼光埋。①

此詩贈送對象不明，但從詩人"莫受眼光埋"的叮囑來看，當是對在士論譭謗中痛苦挣扎者的寬慰與勉勵，希望他能跳出世人眼光，追尋一己靈明。

在與私交甚好的官員酬唱時，澹歸常有自身情感的流露與傾訴，或自述己志，或嗟嘆志節，表現出對待知己的真誠。如《答孝山》（四首）述説自己當年壯志與今日落寞，《空山無事，翻閲舊書，得甲辰唱和集，讀之慨然。……奉寄孝山，再倩便風代束融谷》回顧了十年前唱和詩作，感嘆三人今日皆爲蹉跎之人②；《漢翀來自穗城》"龍山吾有愧，晚節更誰矜（龍山和尚，馬祖下尊宿，乃入山不返者）"③訴説行化於當權、晚節不保之痛楚；《送劉直生太守北歸》"我有烟水僻，蓬瀛顧屢淺。勿言萬里遥，枯藤勢未頓。石鼎吹松濤，落月猶可轉"，向友人訴説平生嗜好，如話家常。

後人僅從澹歸詩文題目出發，便批評其結交"某總戎、某太守"，但從其作品具體内容來看，這種評價相當片面。從分析可知，即便應酬之作，其中亦少有因緣求利之態，多展現其對官吏以民爲念的引導勸誡。澹歸以方外人身份，以勸道爲途徑，提醒官員切勿擾民，與民休息，寬以待民。在與官員相處過程中，澹歸心中自有準則與尺度。如《除夕周青士自桐川徒步過精嚴却寄》"因君念民事，吾意暗相親"④，便是交往標準的確定。對澹歸而言，經世爲民是其一生所重。雖因國變而遁入佛門，也曾一度想持節隱居，但最終仍抛下自我名節，奔波行走、化緣結交。這既是佛門修行的需要，亦是他抱持儒者情懷，經世爲民情結的體現。

總之，澹歸的酬唱應答之作，雖然交接人群繁雜，數量頗多，藝術感染力稍顯遜色，但從詩中具體内容與情感出發，方能體會到澹歸濃厚的儒者情懷，以蒼生爲己念的仁者志趣，不能囿於狹隘的遺民觀予以武斷評價。

---

① 《徧行堂集》（二），第 423 頁。
② 《徧行堂集》（二），第 384 頁。
③ 《徧行堂集》（二），第 395 頁。
④ 《徧行堂集》（四），第 351 頁。

第二節　詠物寫志，寄托懷抱

詠物寫志是自古以來的詩歌傳統，士人群體深諳此道。唐宋以後，隨著詩僧群體的大量出現，這一手法有了新的場域。詩歌作爲參禪論道的工具，亦常借物的吟詠來立象說法。出家後，澹歸詩中亦不乏此類作品。觀其詩歌，所詠之物大略有自然物象、人文物象兩種。前者包括自然的山川河流、花草植被、日月晴雨、春夏秋冬等，後者包括名勝古迹、地方風物、歲時節氣、日常用品等。澹歸借所詠之物來寄托懷抱、暢叙幽情，抒發閑適之情、文人雅趣、鄉愁之苦及人生之嘆，頗多見志之作。

一、閑適情懷：梅花荔枝寄雅趣

澹歸一生遭際坎坷，從朝堂到佛堂，奔波忙碌，鮮有安穩之時。然而即使這樣，作爲明末杭州士子的他也未能摒弃其自幼濡染的名士習氣。因此，對閑適情趣的追求、對雅事雅物的癖嗜都是他難以改易的特徵。現存作品中最能感受到澹歸名士習氣的作品莫過於對梅花荔枝的書寫。這段初出朝堂，隱居筼溪的日子，是其人生中少有的閑暇時光。從這些詩作中既可見澹歸性情中留存的明代文人追求雅致生活之癖好，又可見其不俗的志節追求。

從數量上看，澹歸對梅花荔枝的吟詠最多。其中僅《梅花興》組詩便有二十七首，另有詞作《梅花引》四首，他如《用韻詶孝山梅花詩十二首》《和孝山寄懷丹霞梅花二首》等；《食荔支》古體詩五首，《食荔支》絕句十首，詞作《眼兒媚·食荔支四首》，數量可觀。

從唐朝開始，荔枝便作爲一種意象被文人廣泛吟詠。從色澤形狀、典故軼事到味道品名，荔枝是文人雅士津津樂道的雅物。澹歸對荔枝有特別的偏好，永曆十年（1656）夏寓錫東官時，所作古體組詩《食荔支》便被收入《惠州府志》①，他在《與南雄陸孝山太守》其四十四中說："惠州府志中有《食荔支》詩數首，幸命記室簡發。弟開丹霞以前詩文散失殆半，此數詩皆散失者，頃令侍者編輯，欲收入也。"② 澹歸《食荔支》古詩被收入地方志，與其在詩中所流露的對荔枝癡迷的饞態及由此生發出的趣味不無關係。如《食荔支》（其一）：

（荔支熟時，誤當病次，愛我者戒我，初亦自戒也。既情不能禁，若決江河，莫之能禦。且喜且慚，因放歌以自解。殷辛曰：吾身不有命在天。遂有千古同調。然其語致足千古，雖欲不爲頫首快心，不可得矣。）

三年出嶺南，年年思荔支。今年在嶺南，飽食當無饜。無端有脾疾，云此不相宜。既不食荔支，入嶺將奚爲。友人爲我出深愛，勸我節制好寧耐。一餐只與二十顆，人前面面流饞態。廬山兩書速我回，我去應知難再來。途窮日暮已若此，規行矩步安用哉。夏至閩交糖正上（方言以熟爲上糖），珍珠亂撒紅羅帳。五鬣松花不得香，九天甘露何須釀。凌風漫說棗如瓜，比雪休誇梨似盞。偏甘益智蚤稱奴，兼酢楊梅安敢抗。此時心口自評論，不堪逃死三家村。殺人之物豈獨此，齊眉落淚羞河豚。一雙眸子烟欲出，百萬病魔魂已奔。軒然攘臂成大嚼，十洲火樹將半吞。華首老人牙齒痛，真佛侍者眉稜重。後車喚我看前車，我已四十心不動。坡公不蒙宰相嗔，才高薄海難霑脣。驛馬走殺天下怨，拚領馬嵬三尺巾。官身動遭世簡束，捨官捨命常酸辛。家雞那得似野鶩，衲僧氣宇何嶙峋。可惜今年惡風雨，枝頭垂實貧且寠。空教有量等河沙，大量難逢大施主。口邊白肉飛銀濤，聒噪不知手眼勞。黃衫老媼愁欲絕，緋衣豎子休叨叨。荔支是甘藥是苦，一般口業誰能逃。我若三日不下咽，公等盡作霜中蒿。回頭不覺起慚愧，友人醒我我還醉。卻病延年我得之，勞他代我添顢頇。忠言逆耳

---

① 詩中稱："三年出嶺南，年思荔支。"〔《徧行堂集》（二），第355頁〕澹歸永曆六年（1652）下東粵參天然和尚，此年十二月十一日出嶺，於永曆九年（1655）冬歸嶺南（吳天任：《澹歸禪師年譜》，第67頁），可推測此詩約作於永曆十年（1656）夏寓錫東官之時，與詩中"三年出嶺南"時間恰好相符。

② 《徧行堂集》（二），第226頁。

第四章　複雜心曲與詩歌創作：理想失落與精神苦悶的出路尋求 | 219

聽者稀，知汝口是心仍非。忽地有人送荔子，許多慚愧變歡喜。"①

詳細描繪因病不能多食荔枝的內心煎熬。引經據典，借殷辛之語、蘇軾之愛爲自己的嗜好開解。華首老人牙齒痛等前車之鑒和自己身體的虛弱皆不能使其自戒，大嚼之後，好友的勸解與擔心使其慚愧，煞有介事地一番自悔。一旦有人來送荔枝，便將"許多慚愧變歡喜""情不能禁，若決江河，莫之能禦"，終至"一雙眸子烟欲出，百萬病魔魂已奔。軒然攘臂成大嚼"地大快朵頤，這種赤子般天真的情懷讓人忍俊不禁。

此外，《食荔支》組詩中還寫及友人所饋荔枝中途爲人奪去的懊惱，以及以荔枝要挾僧友陪其避風而坐的得意，乃至意外得荔枝的驚喜，吃到無核荔枝的快樂。生動有趣，平易活潑，將平凡人在鍾愛之物面前的自喜心境以詼諧幽默的詩筆呈現，讀之倍感親切。他如描述大嚼荔枝時的震撼場景，"口邊白肉飛銀濤，聒噪不知手眼勞""舌與荔支作一片，照水飛霞光激灩"，饕餮之狀如在眼前。又感恩荔枝之惠："我得荔支病骨輕，監寺極有添花情。荔支未熟百鳥瘦，熟時百鳥皆和鳴。"② 並由此對荔枝產生諸種聯想，希望荔枝大，以至看到月亮便想到"但得荔支如月大，咬著臥時咬著坐。八風吹不到其中，不看何嘗輕放過。萬歲蝦蟆空嚥唾，錯將明月當荔支，一口橫吞咬不破"③；希望荔枝常有，"那得此間百果無彼此，更翻直日長結子。荔支堆裏坐且行，我即牡丹花下死"；希望荔枝無核，"小而無核使之大，大而有核使之無""一苞百顆盡摩尼，不許一顆藏一般"，由此聯想其他諸物，"芡實圓勻徑寸量，海松尖長整一捼。葡萄但有汁盈杯，頻果更無心可鑿"；又想到一些食物的不如意："蓮花生子何太勞，銀皮兩瓣三重包。胡桃安身絕險阻，大藤踞峽如生猱。水菱四面鐵龍爪，山栗一體豪猪毛。彼雖無核却有械，見人欲食思操刀。"乃至"荔支有處即西方，不消舉足分輕重"，將此地稱爲"極樂之行窩"了④。調侃的語調、孩童般的遐想、名士風流的習氣，讀來趣味盎然，令人不覺莞爾，亦可感詩人對生活的熱愛。

同時，澹歸還在《食荔支》絕句中，對荔枝的生長情況、不同品種予

---

① 《徧行堂集》（二），第355~356頁。
② 《徧行堂集》（二），第357頁。
③ 《徧行堂集》（二），第357頁。
④ 《徧行堂集》（二），第355~358頁。

以記錄品評,僅詩中出現的便有"犀角子""王家十八孃""黑葉""綠荷包""小華山"等多個品種。對荔枝種類的記錄、品評、辨別,更體現出明代士大夫廣習博學、充滿生活情調的特徵。這些吟詠荔枝的詩歌,對嶺南風物的播揚有較大影響,也是當時便被收入惠州地方志中的原因[1]。

除對荔枝的喜愛,澹歸對梅花也飽含深情。作爲高潔志趣的象徵,梅花是中國詩歌中一種成熟的意象。作爲遺民僧,澹歸對梅花的熱愛詠頌,既出自文人雅士的愛梅情結,又有更加豐富的寄托與興懷。

其《梅花興》二十七首當作於永曆十二年(1658)。此時張安國與徐彭齡爲澹歸謀劃三年隱居之計,在筦溪爲其修建菔庵。澹歸非常高興,作《菔庵小記》以及《菔庵》十二首。這組《梅花興》便爲澹歸入住菔庵后植梅的記錄,內容可分爲探梅、尋梅、買梅、友人送梅、種梅、灌梅、移梅、感嘆落梅、花萎、爲梅而憂風喜雨、熱心爲舊梅介紹新梅等,又分別觀賞晴雨晝夜中梅花的姿態,爲從外地歸來未錯過花期而欣喜若狂。愛梅若痴,自謂"一日不可無此君"[2],乃至"番禺梅花以夏園爲勝,曾與阿字兄坐卧其下竟日"[3]。

士人對"寒香"的深愛,緣於梅花性情高潔不俗。而在澹歸詩中,梅花更有其深層意義。在《問梅集序》中,澹歸描述梅花在他心中的形象:

> 世之論梅花,結芳競秀,在凝陰沍寒中,不同熱客似矣;然一陽纔萌,跗萼爭吐,雖冰封雪鎖,不可禁遏,其半開之蕊,乾而藏之,七粒點湯,能發不發之痘,即麝腦亦遜其烈,豈非得性之最熱者耶?古今遯迹之流,皆非冷人,各有五嶽起於方寸,既無術可消,一切付之牛背斜陽、漁竿殘雪,此非甘讓英雄,特其風力有露不露耳。[4]

世人愛梅,獨愛其孤芳冷傲,與世無爭。而在澹歸看來,梅花雖開放於寒冬,但性狀熱烈,並非冷心無心之人。由梅花而談及隱遁之人,認爲他們都決非遺世獨立、與世隔絕之輩,相反,却是對世間懷有別樣熱愛而無處展抱負才華之者。這番論說更像是自我心曲的吐露,於梅花求得一知

---

[1] 《徧行堂集》(三),第193~194頁。
[2] 《徧行堂集》(三),第206頁。
[3] 《徧行堂集》(三),第323頁。
[4] 《徧行堂集》(一),第162頁。

己,梅花亦於是處得一真賞①。

澹歸還常將梅花、荔枝一起吟詠,如"荔子不從甜處賞,梅花只應冷邊開"②"半生不欠梅花冷,一鉢應兼荔子香"③"夏至飽須尋荔子,冬餘忙即種梅花"④"梅花寒故國,荔子戀炎州"⑤等。對澹歸而言,梅花和荔枝是他在嶺南期間最好的精神寄托。

此外,他還詠古松,感慨光陰如梭,壯志未酬⑥;詠茶⑦、紅葉、白菊,更在詞作《點絳脣》(十五首)中分詠蕉子、波儸蜜、椰子、竹枝筍、桄榔、三廉、鷹爪蘭、火秧等嶺南風物,對自然物象充滿探索認識的好奇⑧。同時,在對雅物的癡迷中,亦展示出戀物癖好。如其《黃皮蠔歌》二首,寫從友人手中奪得黃皮蠔的欣喜之狀⑨,與蘇東坡當年仇池石被好友覬覦,引發文人間奪物詩戰故事有相似之趣⑩。既有新愛,不忘舊喜,作《瘦彌勒歌》以示公平⑪。其他如瘦瓢、竹杖、睡鹿鎮紙等,皆是其雅致情趣與名士痴態的展現。

澹歸以文人飽滿的熱情來諷詠吟唱這些雅物,寄托其追求雅致生活的情調,歸隱守節的志向。詩歌通過嗜愛之表達,以形象描寫和心理呈現的方式,塑造出一位血肉豐滿、放浪不羈、天真有趣的澹歸。此種重情趣、有雅興的詩人面貌,與對權奸橫眉怒目、劍拔弩張、絕不屈服的士人形象一起,勾勒出一位真實豐滿的明末清初士人形象。相對來說,這種貼近生活、富有生活趣味的描寫更令其人可感可親。實質上,這種好戲謔、善談笑、狂浪不羈、有物癖的性情,是澹歸作爲明代吳越文人名士習性的體現。此類詠物詩讀之頗得晚明小品文風趣幽默、輕鬆詼諧的旨趣。且比較而言,古體詩的形式更適合澹歸揮灑激情,爲其提供了充裕的展示場域,

---

① 對於澹歸的熱心,可參孫國柱《道是無情更有情——從明清之際澹歸今釋〈熱心説〉談起》,見李四龍主編:《樓宇烈八秩頌壽文集》,第476~485頁。
② 《徧行堂集》(二),第462頁。
③ 《徧行堂集》(三),第46頁。
④ 《徧行堂集》(二),第441頁。
⑤ 《徧行堂集》(三),第172頁。
⑥ 《徧行堂集》(三)〈嶺上古松〉,第106頁。
⑦ 《徧行堂集》(三),第207頁。
⑧ 《徧行堂集》(三),第251~252頁。
⑨ 《徧行堂集》(二),第361頁。
⑩ 鄧立勛:《蘇東坡全集》(上),黃山書社,1997年,第406~409頁。
⑪ 《徧行堂集》(二),第362頁。

使他能淋漓尽致地展示性情。

二、鄉思愁情：菱豆櫻桃故園事

從隆武二年（1646）離開家鄉到康熙十九年（1680）去世，澹歸三十多年再未回過自己的故鄉。回不去的故鄉、牽挂的親人時常縈繞在這位一生坎壈多舛的遺民僧心間，鄉思愁情於詩作中時常流露。除直接表達鄉思外，還常借對故鄉節令時風物的歌詠懷念，建構一種獨特的地域文化場域，承載其濃鬱的思鄉情。如《菱豆》：

> 菱豆中秋事，離家久已忘。小舟誰喚此，入耳便還鄉。粵客曾知味，吳兒應解囊。宛然舊風物，珍重滿頭霜。①

簡易曉暢，興味盎然。從家鄉風物菱豆入手，牽出闊別故鄉的情思。小舟上的一聲叫賣，讓詩人宛若回到了時空的另一頭，懷著複雜的心態買下菱豆，熟悉的味道便將詩人帶回多年之前的故鄉。少年時品嘗過的風味，滿頭白髮時再次氤氳口中，物未變，人已經歷了坎坷曲折的一生，個中滋味不能道盡。有聲有味，家鄉中秋的獨特風物，更是深烙在詩人心頭的一種文化記憶。

他如《汪晋賢以草堂即事詩索和次韻寄之》其三：

> 散坐高談盡日耽，行來水北去山南。可人花鳥同尋樂，得意圖書獨使貪。點勘蟠蛇兼舞鶴，調停冷麥又溫罋。只嫌冥落杭州客，新摘含桃欠一籃。（是日立夏，輒憶吾鄉蠶豆櫻桃之會。）②

《絶句》（二十一首）其十五：

> 熟山深掘猪蹄筍，凍圃新桃牛肚菘。故里人諳故里味，外江獠亦未飄蓬。（少年時，冬筍煮黃矮菜，此樂未嘗忘也。存四餽我，風味宛然，嶺南人呼嶺北人爲"外江獠"。）③

詞作《蝶戀花·立夏》：

---

① 《徧行堂集》（一），第347頁。
② 《徧行堂集》（四），第391頁。
③ 《徧行堂集》（三），第190頁。

第四章　複雜心曲與詩歌創作：理想失落與精神苦悶的出路尋求 | 223

> 記得杭州逢立夏，蠶豆櫻桃，風味新相亞。雪酒纏空連座罵，熱心不許隨冰化。且喜此時無此話，鎮日長眠，注個長年罷。却有一枚鬼見怕，彈丸八面刀無靶。（立夏時就枕即病注夏，予於病中時時高臥矣。）①

皆是對故鄉節令風物的深切懷念。每每寫到故鄉風物，澹歸便沉浸在回憶的溫情中。縱使澹歸因種種原因再也回不了故鄉，但鄉音難忘，鄉情縈繞，詠懷故土風物時的真情流露，使他的形象更加豐滿，也更使人體會到其難以述說的深重人生之痛。

三、傷時自悲：風雲桑田托幽思

澹歸一生好游，足跡廣布嶺南及嘉禾、廬陵等地。每過名山勝景、古迹園林，造訪志士遺物，輒留作相記，且常在歲時節令、生死忌辰生發感慨。這些懷古詠今、寄托懷抱的吟詠之作，最能呈現一位遺民僧複雜且特殊的情感內蘊。

其一，澹歸常借吟詠古迹遺物追悼節烈隱逸之士，發故國情思。如其《過鄒介子書院》四首：

> 隨風錯過故人家，皂莢枝頭日影斜。春入江南寒撲面，可憐秋怨促琵琶。

> 罷參天界却尋君，生面纔看死便分。閑裏不曾忙著眼，一聲無計叫離群。

> 素磁長夏坐如年，獄底樓頭各一天。玉海塵封難借問，到門風景却依然。

> 不須扣策慟山丘，華表遙知懶寄眸。遠遍孝陵看直北，血痕橫亘古神州。②

---

① 《徧行堂集》（三），第 280 頁。
② 《徧行堂集》（三），第 185~186 頁。

鄒介子即鄒延玠，武進諸生，浙學憲鄒嘉生次子。明末響應萬元吉號召起兵抗清，被告發而罹七十二人之難，妻女亦身亡①。澹歸稱其爲"故人"，當與之有舊情。故國已逝，同爲起兵抗清義士的二人一死一僧，面對故人遺迹，陷入無限悲涼，滿懷對故人的懷念和故國的哀思。

又《過白燕精舍懷單狷庵用前韻》：

> 荒院危橋絶四鄰，霜根露葉各疏親。不踰净土休行脚，曾踏狂瀾未失身。十畝有誰歌白燕，千山何處跨黃麟。我來亭下徘徊久，剪剪寒風掃碧筠。②

單狷庵名恂，明亡後築白燕園以隱居不出③。澹歸在爲之詩集作序時，曾悲憤於其遭地方官氓勾結陷害的遭遇，痛斥新朝政策④。此詩目睹故人凋零破敗的故居，借對往事的回顧與對明代詩人袁凱的追思，發故人故國之感愴。他如借詠宋代龍船以抒亡國之悲的《大洲龍船》（四首）⑤，以及詠故明烈士鄺露所遺古琴的《緑綺臺歌》⑥，皆爲此類。

其二，借自然物象諷詠時況世情。自然界的風雲雷電倏忽變幻，亦常引起詩人諸多聯想，並借此抒發懷抱。如其《大風》：

> 未聞六月息，更具四方風。爾復因誰怒，民兼值此窮。深林追虎豹，濁浪卷魚龍。木石微塵墮，帆檣敗葉空。吹砂遮地黑，銜燭避天紅。馬迹平城外，軍聲鉅鹿中。雷霆初側耳，冰雹忽交胸。去泄涇陽恨，來爭砥柱功。釣鰲朝奮鬣，役鬼夜移松。大塊東西坼，圓機上下衝。何人符六震，援例失三公。帝釋威方整，修羅勢尚雄。刀輪千臂落，藕節一絲通。魑魅徒强弱，神明豈异同。野夫觀似幻，豎子夢還濃。薄劣慚飄瓦，顛連昧轉蓬。解囊俱破口，盡滴不留鬆。人面憎飛鳥，蛇皮遯老翁。崩騰摧穴蟻，簸蕩决沙蟲。宫邸支梁棟，嚴城歇鼓

---

① 王具淦、吴康壽修，湯成烈等纂：《光緒武進陽湖縣志》卷二十四"人物·'忠節'"，江蘇古籍出版社，1991年，第617頁。
② 《徧行堂集》（四），第412頁。
③ 馮鼎高修，王顯曾纂：《（乾隆）華亭縣志》卷十四，《中國地方志集成·善本方志輯第1編3》，鳳凰出版社，2014年，第533a頁。
④ 《徧行堂集》（四），第85頁。
⑤ 《徧行堂集》（三），第5頁。
⑥ 《徧行堂集》（二），第352頁。

第四章 複雜心曲與詩歌創作：理想失落與精神苦悶的出路尋求 | 225

鐘。前途歸梔杌，入息罷從容。劇禍傳淮北，仍災見粵東。妖祥輕有喜，補救重無終。早起聽聯騎，遙思屬斷鴻。鵝潭新劈箭，香浦近傷弓。慧日潛垂照，迷雲顯擊蒙。山元擎屬贔，影莫動芙蓉。那得餘音在，蕭條戀短筇。①

此詩歷數大風對人間的種種摧毀性打擊。此處的大風顯然已非僅指自然災害，更是對戰亂頻仍的喻指。譴責大風，實際上是對弄兵者擾民、置民生於不顧的責備和痛斥。

另有《栖賢寺看雲》：

> 破寺無烈風，欲雨亦可喜。生綃適垂髻，寒暈或抱珥。疋練曳迴颶，忽墮還復起。群峰各吐氣，合離爲角觚。離之重於烟，合之輕於水。銀海未翻波，白虹先拭嘴。初疑別有山，突兀天外倚。久之信爲雲，乃復是山耳。雨脚出山腰，山頭入雲趾。雨雲兩摸棱，山亦忘彼此。五老遂長往，引身避其子。俄然一二老，撼頤俯首視。三峽澗中龍，久蟄以爲恥。睋睍欲乘之，雷電不相委。頗是鱗甲張，還局盤渦裏。那知雲所從，顧爲雲所使。念此既非龍，螣蛇心愈死。舊雲乾不散，新雲濕不已。乾與濕瀾淪，山流水㶷峙。高林杳溟濛，深谷亂邐迤。匡廬真面目，轉眠迭成毀。下方有忽無，上方無益詭。我以地觀雲，變現不可紀。若以天觀雲，素濤平若砥。天地欲相觀，虛空隔一紙。若從旁側觀，崑崙蒸海底。當年七里霧，一舐方寸止。無盡兜羅綿，世界廣如是。落日透餘光，綫路窺錦綺。如來金色臂，屈指又伸指。頃之復黯然，肥墨幻爲豕。巧工恣盤薄，歲月得形似。而此百千幅，曾未移尺晷。我非繪空手，大虛毋乃滓。②

此詩當爲澹歸在天然門下受戒後出嶺時所作，借雲的變幻聯想到南明撲朔迷離的政局，回憶當年朝廷內部激烈的政治鬥爭。澹歸努力平復心情，克制一己思緒，靜觀雲象，從地面觀雲想到從天上看雲，又想到從側面觀雲，在方位的轉移中感受到天地的浩瀚與個人的渺小。回想當年的全力抗爭，像在七里迷霧中一樣看不清、看不透，却堅定地願意爲之獻身。

---

① 《徧行堂集》（三），第172頁。
② 《徧行堂集》（二），第322頁。

反觀宇宙間，這樣的人又何止澹歸一個。太陽將落，金色的夕陽從雲縫中透出，像鋪下來一匹雲錦綺羅。朝霞變夕陽，或許只是如來金色手指伸屈間，人類却已是一個白晝。太陽落山，雲色漸暗，自然的巧手隨意塑造雲朵形狀，也任意雕刻變幻莫測的歲月。或許這百千幅呈現在空中的壯麗景觀不曾有咫尺的移動，移動的只是幻生於其間的人們。

雲的變化引出心中不能釋然的往事，詩人極力克制情感，借禪意平復內心的複雜和痛苦，以佛家浩瀚空間的營造來化解眼前心頭的糾結。於是詩歌在借景抒情後轉向由景入理，借助豐富的想象變換視角的空間方位，增加了詩歌的審美容量，給人眼前一新的感覺。情、景、理交融，頗爲壯觀。

借雲霞抒情的澹歸，對南明小朝廷既有無力回天的無奈，又有恨朝廷不是真龍的悲嘆，更有渴望通過禪宗來排解身心痛苦，找到精神的安頓方式。這首詩可謂其心態挣扎的真實圖寫。其他自然物象如雨、虹、水、月、日以及四季輪換等皆爲澹歸吟詠的對象，以之表達複雜的情感。

其三，澹歸在書法繪畫等方面亦有較高造詣，作有大量題畫詩，也常以之寄托情懷。如《題桃花圖》：

> 處處迷源只問津，山中山外一般春。秦人避在桃花裏，却怪桃花不避秦。①

表面是對《桃花圖》的題寫，事實上是對世人狹隘偏見的嘲弄。后半句寫秦人與桃花之關係，疑似影射當時以遺民高自標持者對佛門的譭謗。危難時以佛門爲寄身避難之所，轉身便對佛門痛加排斥。此處借題畫替佛門鳴不平。

其四，澹歸熱愛登臨，多山水之作，也多借詠山水以抒發感慨。如《飛來寺》"相對未知誰作主，一提往事意如灰"②，感傷於往事的凄涼；《彈子磯》"也愁狹路難迴避，欲結重雲護一關"③，剖白艱難處境下無奈結交當道以自保的生活狀態。詞作《滿江紅·雨中獨上滕王閣二首》更借

---

① 《徧行堂集》（三），第196頁。
② 《徧行堂集》（三），第128頁。
③ 《徧行堂集》（三），第129頁。

登臨發感傷與幽思之情①。

此外還詠歲時節令，如其生辰的小除詩②，詠中秋③、重九④、人日⑤等詩，多以自傷懷人爲嘆，是時令節候感召下的情感表達。更有諸多詠病、詠愁之作，以書懷抱。

總之，澹歸作爲遺民僧，其詠物之作有僧詩的特點，善於借風雲日月、春夏秋冬、松竹梅菊等寄托情思，又有身爲明代文士的通脱與不羈，蘊含複雜的懷抱和強烈的情感。

第三節　參禪論道，布施教化

出家後，澹歸對佛法大義有了更爲精深的理解與認識，加上他對儒家學説的深入研習，對道家學説的興致，形成一種匯通儒釋道三家教義的思想觀念。在澹歸作品中亦有體現，借詩文以論道成爲他作品的又一特色。就詩作來看，因身份原因，更多體現爲對佛教教義的闡揚，不僅借詩論佛，即便談儒、道教義，亦傾向於借佛家教義進行分析，與其思想保持一致。

一、提闡佛法：悟道與勸道

澹歸營建丹霞，領衆上堂，參禪論道。在此過程中，除以佛門常見的語録、頌古等形式闡揚佛法大意，還常借詩歌來抒發對佛法參證的體悟，或向衆人勸道、與佛門詩友論道。如其《英德江舟風雨》（其三）便是論道之作：

疏雨層層砌曉寒，絮雲如冒壓岡巒。旌幢自欲臨危棧，瓶錫何緣避急湍。怪石拒人猶睥睨，孤舟效我只蹣跚。境風不爲輕相阻，萬法

---

① 《徧行堂集》（三），第296頁。
② 《徧行堂集》（二），第465頁。
③ 參見《徧行堂集》（三）《中秋獨坐月下》《中秋有懷煥之》，第35、152頁。
④ 參見《徧行堂集》（三）《九日庾嶺柬孝山融谷》《九日》，第106、117頁。
⑤ 《徧行堂集》（四）《人日》，第358頁。

從來逆用難。①

由眼前困於風雨之舟的境遇聯想到世間萬事皆如此,進而體悟悟道過程的艱難,可謂對自身參悟過程的描述。

並提闡贊揚重建光孝寺的蔡子京:

> 法性無涯事有涯,由來作述重光華。人間論孝惟三品,物外行檀此一家。好夢自開兜率院,同根還發寶蓮花。不知半果誰分痛,長願兒孫似女媧。(子京述光孝重建之事,能繼令先公之志。阿育王欲施百億千金,未足四億千而病,太子故斷其施,僅於半果而得自在,遺供雞頭末寺。乃知子京不獨世間孝子,尤爲出世間法孝子也。)②

從佛法故事出發對比世間與出世間之孝,鼓勵人們善事三寶,成就佛法中大孝。他如《送吼萬、慧均兩上座請舍利之栖賢》(其一):

> 鐵劍機輪一奈停,舟中常轉《育王經》。彌天華雨橫江起,五色光浮七寶瓶。③

囑咐僧衆勤於參禪,以精勤的態度對待佛法。這種囑托之作在澹歸詩中頗不少見,可見他對其僧人身份的認同。

二、以佛闡儒:儒家教義的闡説

澹歸詩作亦時有對儒家教義的論説,如在《答楊若未孝廉》中論述對儒釋道三者關係的見解:

> 此性從來泯異同,只因見起便分宗。若知絶四還非絶,方信空三不是空。便有心肝連水旱,莫將鱗甲當蛇龍。爲看偏正俱消處,箭箭齊穿柳葉風。④

詩後又以長長的跋爲之注解,唯恐人不能明了其意思。澹歸在這首詩中提出如下兩種觀點:第一,在明心見性層面,儒釋道三家有相同的旨歸,但具體要求有所不同。如以《論語》中的"四絶"來對比佛教《金剛

---

① 《徧行堂集》(三),第51頁。
② 《徧行堂集》(三),第70頁。
③ 《徧行堂集》(三),第225頁。
④ 《徧行堂集》(三),第143頁。

經》"三輪",認爲看起來類似,實際並不一致。儒家要求去除的"四絕"相比"三輪"的碾摧衆生一切惑業不算徹底,"三輪"著一"空"字,即將"絕"字"一泯到無痕",到無物可"絕"的狀態去。認爲見性的人都是一片心光貫通所有,不留挂礙;第二,儒者的用世熱情與菩薩度生之悲願初無二致,但從根本上又有所差別。佛經中講求將一切皆度滅至無可度滅之境界,即一切歸於無分別狀態,在這一狀態中,喜怒哀樂都可順性起用,不必講求"位天地,育萬物"等用世理想。總之,澹歸認爲儒釋之間有相似相通的路徑,但在最終的理想上,佛法高於現世之儒學。

而在發解儒家道義時,澹歸也常借用佛家的話語演説模式,在闡揚儒家道義的同時發佛學之精微。如其《四子言志詩》三首:

　　無人忙教阿誰閑,看取身心位置間。明處三人同出手,暗中一個獨相關。

　　獨相關處最知音,萬國心皆共此心。鼓瑟聲邊陳策力,五人便是五絃琴。

　　任人任事各爲功,大小由來器不同。出後一番重指注,始知君相意無窮。(四子言志,一向將老曾子抛在無事甲裏,殊不知鼓瑟聲邊各陳策力,早已畫出一幅歌風圖矣。孔子於老曾子極傾倒,老曾子於三子極傾倒,却恐觀場矮漢被一哂一嘆换了眼睛,所以末後一番重爲説破,此大臣器局,非小丈夫所知。若只是數聲清磬是非外,一個閑人天地間,正好與三子逐隊出堂,管什麽張家長、李家短。)①

在論及儒家道義時,澹歸總是樂於題跋以補詩中難以完備之言。在評價四子言志時,他認爲曾子並非閑人,而是胸有大志,欲將天下大治成一幅"歌風圖",並解釋孔子的"一哂""一嘆",以免被世人誤解。在此亦有對自己極力承擔、不願做一自了漢的剖白。《與王耻古都諫》所論亦是對世俗之見的超拔②。

另有論克復格致之義。《九月朔日,嘉禾郡城見招,因與施約庵論克

---

① 《徧行堂集》(三),第213頁。
② 《徧行堂集》(二),第176頁。

復格致之義,即疏大指,呈同席諸公》:

> 尼山昔所難,躬行未易獲。偉哉施先輩,萬人傳一實。狂瀾日以下,天傾地維缺。以此補其傾,指端飛五石。以此奠其維,足端安四極。適我來隨喜,結習故難脱。大道絶名言,有見即有物。逐物化爲已,執已化爲賊。吾法烈於罏,王鈇燦如雪。九伐自有征,所以謂之克。兩階自無戰,所以謂之格。始覺合本覺,有復未曾失。本覺泯始覺,有歸未曾得。見聞則不無,運糞豈容入。踐履則不無,步空豈留迹。明德用有二,至善體無一。於斯不能止,全家自離析。無功中有功,妙悟以爲則。雙眼若圓明,决不走荆棘。相將墮火坑,眼病非足疾。捨眼而扶足,放杖便顛蹶。朝聞夕可死,延促非日劫。時地不相到,何人共閱歷。立知行必迷,立行知必惑。率爾復何云,曉風落殘月。①

以佛家話頭解釋儒家教義,將儒家克復、格致精義比以佛家"本覺"與"始覺"之間的關係,認爲只有"始覺"與"本覺"一致,才能清楚理解克復、格致、知行之間的關係。以佛家語彙和定義來闡釋儒家道理,認爲佛教大義高於儒家,是澹歸出家後的重要論説觀點。

三、以佛解莊:道家學説的解讀

澹歸自幼癡迷《莊子》,詩文之中亦不乏對莊子哲學的闡釋。如《憲申有詩贈別,結云"好注逍遥内外篇",漫和此詩》:

> 内外《南華》此一篇,逍遥兩字古今傳。鯤鵬變化歸何處,南北飛騰體固然。自識鷽鳩元不小,方知櫟社本無年。我如是物誰齊物,纔出吾宗已倒懸。②

澹歸多次稱《莊子》中最精彩的篇目是《逍遥游》,在《次韻酬姚讓水》中也説:"莊周蝴蝶非真幻,領取逍遥第一篇。"在具體論證中,認爲《逍遥游》中鯤鵬之大與鷽鳩之小吸引了人的注意力,其實大與小都是相對而言的,若以"齊物論"的角度來觀察並無不同。而這種"萬物等一"

---

① 《徧行堂集》(四),第311頁。
② 《徧行堂集》(三),第64頁。

的觀念又恰爲佛經所涵攝。爲此，澹歸又專門作《南華內篇説爲翟憲申孝廉》一文予以進一步解釋：

> 一部《南華經》，不出"逍遥游"三字也。他開口説個北溟之魚，化爲南溟之鳥，不妨奇特，却是家常茶飯，老實供通。今人都被"大小"兩字换却眼睛。你道大鵬眼睛裏没斥鷃，還知斥鷃眼睛裏也没大鵬麽？若識得個無待的道理，九萬里也只翻覆掌間，八千歲也只開合眼際，猫兒狗子何嘗欠少了姑射神人？到這境界，如實解脱，如實安樂，如實自在。世間人無繩自縛，總爲物論難齊，若不親證得如夢如幻法門，未有不爲人我是非所轉者，如何得逍遥去？且如何是如夢如幻法門？①

其中關於"大小"之辨，與郭象"夫小大雖殊，而放於自得之場，則物任其性，事稱其能，各當其分，逍遥一也，豈容勝負於其間"②的論述頗爲相像。澹歸指出達到這種境界需要"識得個無待"的道理，達到"無待"之境界，方能獲得解脱安樂的自在精神愉悦。具體的途徑便是"親證得如夢如幻法門"，也即憨山德清《莊子内篇注》中"世人不得如此逍遥者，只被一个我字拘碍，故凡有所作，只爲自己一身上，求功求名"③，勸導世人去除"我執"是澹歸與憨山都想要闡明的道理。

由上可知，澹歸對義理的闡釋多用佛家語境與詞彙，表明在融匯三教的基礎上於佛家有所側重，認爲佛家精義能涵攝儒道兩家，這在他的其他作品如《四書義》中亦經常提到。

第四節　澹歸詩歌的藝術特色

澹歸詩歌衆多，内容複雜，情感豐富，表達方式多樣，思想兼容並包，具有較爲獨特的藝術特色。正如陸世楷所言："師詩非詩家流，然詩

---

① 《徧行堂集》（一），第76頁。
② 郭象：《莊子注》，《四庫全書·子部·14》道家類，第1頁。
③ 憨山：《禪解儒道叢書　莊子内篇注》，崇文書局，2015年，第3頁。

中少不得有此一種。"① 其代表作《遣興》組詩與《南韶雜詩》組詩較爲集中地凸顯其詩作藝術特色的明顯變化。

一、儒釋道並取：旁徵博引的典故采擇

澹歸詩作尤其是早期詩作的一大特色便是大量使用典故。豐富且涉及面廣泛的典故出現在詩中，不僅是詩人學養富足的體現，同時也是迫於話語環境的無奈選擇。作爲一名舊朝遺民，用典既能表達胸臆中鬱結的悲憤哀傷等複雜情感，又能在相對逼仄的環境中自保。典故的豐富符號内涵，隱喻性象徵功效，使其成爲較爲合適的表達手段。在遺民詩歌中，典故猶如密碼本般藏著他們隱秘的血淚痛恨，待同人、後人予以解讀。研究者也在對這些符號的解讀中得以更深入地了解研究對象的價值抉擇、思想困境、行爲模式。

（一）《莊子》典故的使用

明末清初遺民對《莊子》學説的熱衷是一種值得關注的學術現象。著名遺民方以智、錢澄之、屈大均、王夫之、傅山等都有《莊子》相關作品問世。他們對《莊子》進行注、炮、指、通、解，意圖通過對《莊子》的解讀來表達遺民情感，從而尋找作爲遺民存在的價值。遺民群體之所以選擇闡釋《莊子》，一是由於《莊子》文本詭譎縱恣，思想駁雜歧混，流傳過程錯綜曲折，向不同學派及不同需求個體展示出彈性極大、豐富多元的理論空間；二是遺民群體對莊子有一定的情感認同，據考證，莊子同樣經歷了亡國滅族的厄運，又恰逢殷周時期，價值體系受到重創，瀕臨崩潰。明遺民從莊子身上看到遭遇的相似性，有共通性理解的基礎②。雖然遺民群體對莊子的看法與態度也各不相同，但其將目光更多地投向莊子學説却是不争的事實。

澹歸對《莊子》的喜愛由來有自，王夫之稱其"故喜讀《莊子》，及是稍習浮屠書，衣衲衣"③，徐乾學撰塔銘時也稱："師爲文大略本《莊

---

① 《偏行堂集》（一），序言第9頁。
② 鄧聯合：《遺民心態與明清之際的莊子定位論》，《安徽大學學報》2017年第3期，23～27頁。
③ 王夫之：《船山全書》（十一），第527頁。

第四章　複雜心曲與詩歌創作：理想失落與精神苦悶的出路尋求 | 233

子》，縱橫闔闢，不由繩檢。"①《澹歸禪師傳》中亦稱："公常自謂，生平喜讀《南華》，今觀其文之縱橫變化，亦酷似之。"② 可見《莊子》對其文風影響深厚。澹歸也引述陳長卿對他的評價："吾平生所好，漆園、龍門、蘇子瞻、李卓吾，師並具四者之才。"③ 澹歸也直言對《莊子》的喜愛："少年時喜讀《南華》，以爲如神龍變幻不可測。游丹霞如讀《南華經》，變幻不可測也。昔人謂荔支似江瑶柱，杜甫似司馬遷。今謂丹霞似《南華經》，亦韻絕。纔立此看，紫玉臺土人忽說此是南華嶼，不免吃了一驚。"④ 將喜得丹霞而游之樂與讀《莊子》並舉，旁證對《莊子》的喜愛。同時還從不同層面發掘闡揚《莊子》，有《題莊生撒手圖》《南華內篇説爲翟憲申孝廉》《南華合草序》《題朱蓮齋望南華圖》《沁園春·題骷髏圖七首》等，並與方以智書信探討《藥地炮莊》。另外在詩文中引用、化用《莊子》典故更是數見不鮮。

據統計，單《遣興》七十六首中化用《莊子》之典便有二十多處，甚至出現一首詩中四次用典，如《遣興》其四：

　　爐傳發冢莊周笑，東魯從來只一儒。鴻雁高飛休勒字，蠹魚乾死不知書。青黃用豈殊溝斷，黑白填難問屋愚。打卻酒糟僧亦散，太牢枉煞享爰居。⑤

連用"爐傳發冢""東魯一儒""青黃""太牢爰居"四個《莊子》典故，同時引用惠洪《林間録》"屋愚子"之典，充分闡發道家清净無爲、無用之用的思想。"無用自保"是莊子的重要思想，澹歸借此抒發在南明朝廷遭遇摧折戕害的憤懣與悲傷。此時莊子無疑是他情感的知己、精神困境中的導師。整首詩流露出對筆墨文字與用世價值的懷疑，同時也表明其一貫的儒家價值觀在飽受現實衝擊時產生的動搖。詩歌深具莊意與禪意，更飽含詩人無奈的血泪之情。

又如《遣興》其二十五：

---

① 徐自強：《中國佛學文獻叢刊　中國歷代禪師傳記資料彙編》（中），第639～641頁。
② 陳世英：《丹霞山志》，第74頁。
③ 《徧行堂集》（四），第413頁。
④ 《徧行堂集》（一），第402頁。
⑤ 《徧行堂集》（二），第439頁。

我見比干纔六竅，誰云平仲有三心。塵中別隱支離德，海上來移寂寞琴。茸母即隨烟共禁，寄生聊得柳成陰。一泓水莫清如泚，畏影山犀意自深。①

該詩分別化用《莊子·人間世》中紂王殺比干，"支離其德者"以及《莊子·漁父》中畏影奔跑者之典，表其意欲超脱自我，不再庸人自擾，爲世間情景所困的情懷。

另如"鼠肝蟲臂聽顛倒，精金大冶無猜嫌"②"齒焚大象亦安命，鴟爭腐鼠無香膆"③"莫營四海喪家狗，空叫三更繞樹鴉"④"髑髏傲我長爲鬼，鬢髮驅人老作魔"⑤"自觸網羅辭撥刺，同歸布草失濡需"⑥，皆化用《莊子》典故展現當時心境。若説澹歸年少時喜好《莊子》是因欣賞其變幻莫測的風格，此時更多的是對《莊子》思想旨趣的依賴與追尋。處於現實與精神雙重困境中的詩人在莊子清净無爲、無爲而爲、無用之用的境界中，仿佛看到自己過失的原因，也好像覓到未來的選擇與精神旨歸。莊子營建的無何有之鄉已經成爲他的精神家園。因此他筆下化用《莊子》典故多表達對過往的悔悟、對隱居避世的渴望。

（二）神話作品的大量引用

澹歸詩典故的另一主要出處爲中國傳統神話作品。範圍包攬甚廣，《山海經》《淮南子》《搜神記》《列仙傳》《酉陽雜俎》以及唐傳奇等皆被擇取化用。其中對《山海經》尤其青睞，引用頗爲頻繁。如《遣興》其七十二：

小人國並大蟹國，共工臺對軒轅臺。魃誅蚩尤蒙顯黜，危殺狡猶遭生埋。狡兔走狗盡一哭，螳螂黄雀旋相咍。夸父逐日亦已矣，應龍喜雨胡爲來。⑦

化用《山海經》中黄帝大戰蚩尤典影射明末清初的戰亂。又以其中

---

① 《徧行堂集》（二），第443頁。
② 《徧行堂集》（二），第451頁。
③ 《徧行堂集》（二），第451頁。
④ 《徧行堂集》（二），第448~449頁。
⑤ 《徧行堂集》（二），第441頁。
⑥ 《徧行堂集》（二），第447頁。
⑦ 《徧行堂集》（二），第451頁。

"魃"等在戰爭中立功却遭到黜戍的遭遇自喻,抒發内心的不平與憤懣。借"狡兔走狗""螳螂黃雀"喻勾心鬥角的朝臣。化用《山海經》中應龍斬夸父之典,擔憂憤慨於時局。通篇以典故抒發對戰亂的厭惡。對政局的寒心,對黨爭的鄙夷。

其他如出自《山海經》典故的"護影也須防水弩,罵人不更學山膏"[1],以山膏好罵自喻,對自己慣以苛責人的習慣有所反思;"獵獵寒雲擊皂鵰,蕭蕭敗葉斷黃腰"[2],運用"皂鵰""黃腰"等兇禽猛獸意象賦予詩歌一種凌厲感,又以"獵獵寒雲""蕭蕭敗葉"增加蕭條破敗的氛圍。

另如引用《搜神記》《列仙傳》《酉陽雜俎》以及唐傳奇的"不說獼猴無古鏡,難禁槃瓠有新絃"[3]"立啼公子真非豕,醉殺君王幻作椰"[4]"就裏絲毫消不盡,昆明池底劫前灰"[5]"幽人自掩雲關睡,空谷泥丸不用封"[6]等,抒發山河易主的悵惘與悲傷,以至其欲學仙避居,不問世事。

澹歸喜歡用《山海經》等神話傳說中的怪獸來比喻世間之人,將人間險惡怪象隱喻其中。論其原因,一則可能因詩人前朝故臣身份,不便明確地對時勢抒發較多的議論,有意借怪誕事物的書寫來掩蓋其激烈言辭;二是《山海經》等神話傳說的怪誕更能表達詩人對時局的感受,這種天崩地裂、乾坤顛倒錯位在遺民眼中自是譎怪離奇的,神話作品的怪誕之感更能呈現出他們内心的驚恐訝异,是一種較爲適合的表達方式。

(三) 歷史典故的入詩

《遣興》詩用典的另一特色是大量引用史書中的人物事件入詩。從《尚書》《春秋》《論語》《詩經》《世説新語》到《西京雜記》,旁徵博引,包羅浩繁。澹歸通過這些典故,借古人遭際澆内心塊壘,抒發對河山、家國、故主的思念和悲痛;並借古諷今,將所處時局中不能説、不便説的言語借對歷史環境的慨嘆隱秘地表達出來;同時借對史料所載隱逸名士的羨慕,暗示隱居的願望和决心,因此對《隱逸傳》興趣濃厚;還借對歷史事

---

[1] 《徧行堂集》(二),第444頁。
[2] 《徧行堂集》(二),第448頁。
[3] 《徧行堂集》(二),第444頁。
[4] 《徧行堂集》(二),第441頁。
[5] 《徧行堂集》(二),第447頁。
[6] 《徧行堂集》(二),第446頁。

件的點評表達政治態度。

在具體運用中,通篇用典來抒發情感的如《遣興》其五十二:

> 蜀人自撤陰平戍,粵國相驚下瀨軍。便遣貂璫除竇武,也教雞犬救田文。嚴光未覺天王异,周勃方知獄吏尊。不得短舩同范蠡,那堪長嘯失劉琨。①

借歷史典故抒發興亡感慨與自我懷抱。首聯借蜀國投降影射南明朝廷苟安逃竄之狀,又借下瀨將軍南下典表明粵地百姓對軍隊的恐懼和對戰亂的厭惡。以竇武、周勃、劉琨等英雄不遇的悲憤自喻遭際之坎坷,以貂璫、孟嘗等代指所痛斥的對象,以嚴光、范蠡代其嚮往的隱逸典範。

另如《遣興》其二十四借阮咸、袁耽、李廣、黃巢、酈寄等歷史人物比附南明朝廷中的政治鬥爭,諷刺時論,表達對虛名的不屑②;其二十八化用岳飛、呂母、荊軻、陳湯等節烈之士表收復河山、恢復故明的願望③;其三十二用周凱、李白之不遇表時勢之兇險、名利不可求,同時借郭泰、揚雄的順天知命自我安慰,希望自己也能像他們一樣安心隱居,不再過問世事④;其三十六、四十五通詩用典,借評判歷史表達其對政治的厭弃和寒心⑤;其六十四借用歷史人物抒發對南明政治環境的看法,表達想要超脫當前精神苦難而不能的矛盾糾結⑥。

(四) 佛典的運用

澹歸作爲遺民僧,諳熟佛家典籍,常化用佛典入詩。如《遣興》其五中的"不如準備三條篾,活束腰支死束柴",化用《五燈會元·石頭遷禪師法嗣》中"將三條篾束取肚皮,隨處住山去"⑦,表達對過往割捨的願望;其三十四"截貪劍用侵藤鼠,戒憍文看搏矢猿"⑧,用《景德傳燈錄》

---

① 《徧行堂集》(二),第447頁。
② 《徧行堂集》(二),第443頁。
③ 《徧行堂集》(二),第443頁。
④ 《徧行堂集》(二),第444頁。
⑤ 《徧行堂集》(二),第445~446頁。
⑥ 《徧行堂集》(二),第448頁。
⑦ 普濟:《五燈會元》(上),中華書局,1984年,第257頁。
⑧ 《徧行堂集》(二),第444頁。

卷第十七中"二鼠侵藤"典，警戒貪婪世人①。另如"李不代僵桃自受，鶴如酬問鱉誰生"②"大千終作一堆灰，隨不隨隨老古錐"③"青黃用豈殊溝斷，黑白填難問屋愚"④"眼中無屑都成病，指下生金莫想閑"⑤等，皆是對佛教故事的化用。

縱觀澹歸用典的分布狀態，呈現出儒釋道三家融合的文化樣貌，旁徵博引，體現了其深厚的學養。

二、觡骼驚心：悲鬱奇譎的意境構建

澹歸身負家國之仇、蒼生之痛，政治理想幻滅之恨、個人抱負淪爲泡影之悲，諸種苦痛使得其詩歌具有濃重的悲壯色彩。同時，身爲儒者的責任意識和擔當感，對時代弊病、政治骯髒的洞察與先覺更使他陷入長久的苦痛不能自拔。這些情緒融於詩歌中，呈現出強烈的情感特色與獨特的藝術風格，悲鬱蒼涼、奇譎險怪。前者是詩人情感噴發的不可抑制，後者爲審美意象的險怪奇譎。

（一）奇詭譎怪的意象擇取

澹歸詩歌的風格特點中，除了情感熔注上的"悲"，還有意象擇取上的"怪"。他使用各神話傳説、歷史雜著、佛經故事的奇异典故，以幽隱含蓄的方式表達内心的複雜與痛苦，使詩歌讀來頗具奇詭譎怪的風格特色。

意象擇取上，多用《莊子》《列子》《山海經》《搜神記》等神化傳説以及歷史典故。意象及典故本身便具備奇特的神异色彩，廣泛出現在詩歌中，更形成一種審美陌生感，使詩歌風格奇特譎怪。如《遣興》六十一：

入户妖争烹轂轆，守門牢孰赦顛當。橫行無地能瞵死，瞎撞何時爲發喪。聚窟開尊行鳳炙，長須掃土進龍糧。雲師雨虎方爐炭，鬼伯

---

① 釋道元：《景德傳燈録》，藍吉富《禪宗全書 86 雜集部 3》，文殊文化有限公司，1990年，第 436 頁。
② 《徧行堂集》（二），第 442 頁。
③ 《徧行堂集》（二），第 440 頁。
④ 《徧行堂集》（二），第 439 頁。
⑤ 《徧行堂集》（二），第 448 頁。

神君且钁湯。①

"鷇鵅""顛當""雲師雨虎""鬼伯神君"皆非常見意象。"鷇鵅"《正字通》解釋爲："鵅，即鴟鵅，爲不祥之鳥。"② 而在此詩中，這些意象作爲一種隱秘的表意符號，有深厚的情感內涵。這一意象在澹歸詩文中多有出現，如"君看王謝堂前燕，不似宵飛鷇鵅鷹"③ "記曾猛雨烏風夜，捉得宵飛鷇鵅鷹"④。另有對鷇鵅異名之"鴟鵅"的使用，如"欲嘯鴟鵅思夜永，試花蝴蝶怯春微"⑤ "丹霄下鷺鷥，塌翅追鴟鵅"⑥ "祥不鳴鵷雛，妖不鳴鴟鵅"⑦ "惟有鴟鵅聲，時近或時遠"⑧ "脱身還其里，瓦礫繁鴟鵅"⑨ "山中草不生躑躅，樹中鳥不鳴鴟鵅"⑩ "嚴城穿虎兕，赫日嘯鴟鵅"等⑪。

就詩句可知，"鷇鵅"這一意象的使用可能有兩種意義：一是不祥之鳥，代表時代的動盪與兇險；二是指不祥的群體或個人。就澹歸詩歌來看，"鷇鵅"很可能指代自己及遺民群體。從他者眼中反觀自身，這一不苟世俗、不出仕新朝的遺民群體不啻爲异物；且這一群體在政治上相當敏感，隨時潛伏災禍，與鴟鵅類的不詳之鳥頗有類似之處。詩人以"鷇鵅"自喻，自嘲爲"入戶妖"，與投奔新朝的"王謝堂前燕"相區別。身爲不祥之鳥，却因"夜永"這一嚴峻的政治局勢而不敢"嘯"，更凸顯其所處環境的艱險。詩人將遺民喻爲"鷇鵅鷹"，躲入洞內尚且不被放過的"顛當"，隨時被"爐炭"的"雲師雨虎"。以之凸顯生存環境的險惡、如履薄冰的艱危。內中的大悲涼、大哀傷只有遺民方能體會。

又《遣興》七十三：

南溪鳥化北溪魚，西家馬作東家驢。燕雀弄羽孺鴻鵠，蛣蜣脱脚

---

① 《徧行堂集》（二），第449頁。
② 張自烈、廖文英：《正字通》，中國工人出版社，1996年，第1366頁。
③ 《徧行堂集》（二），第359頁。
④ 《徧行堂集》（三），第380頁。
⑤ 《徧行堂集》（三），第79頁。
⑥ 《徧行堂集》（二），第329頁。
⑦ 《徧行堂集》（四），第315頁。
⑧ 《徧行堂集》（四），第301頁。
⑨ 《徧行堂集》（二），第333頁。
⑩ 《徧行堂集》（二），第367頁。
⑪ 《徧行堂集》（三），第173頁。

罊蠾蟓。人面頻來市上虎，龍頭忽現宮中豬。無啓之心長若此，九首而食終何如。①

"南溟鳥""北溟魚"取自《逍遥游》，而"西家馬""東家驢""蛷螋""罊蠾"等皆爲不常見意象，借助此類意象，表達對時局時事變換顛倒的驚訝與悲憤。"市上虎""宮中豬"分別借指詩人所處政治團體與政敵。尾聯寫得頗爲悲壯，"無啓""九首"化用《山海經》中地名與獸名，喻自身對名利的冷淡。這是詩人對自身操守和志趣的剖白，表其常懷一顆淡泊清净、忠誠專注的赤心，即使被兇猛如怪獸般的敵人生吞活剥也不會改變半點心志，是大無畏的宣言和堅守情操的自勵。

另如"雷澤聲高鐫獸骨，龍門鬣上暴魚腮"②，以"雷澤""龍門"喻指朝堂，"鐫獸骨""暴魚腮"指死於此處的朝臣，顯現朝堂的兇險；"莫管野雞當丙午，便騎駿馬犯壬申"分別借《千金要方》"丙午日食雞雉肉，丈夫燒死，目盲；女人血死妄見"③，《説文解字》"駿馬以壬申日死，故乘馬者忌之"④，流露出不畏懼的豪情；"稱丈稱姑獨脚鬼，自生自食兩頭蛇"⑤，以"獨脚鬼""兩頭蛇"自嘲；"懶見荒雞催祖逖，微聞凍鶴説唐堯"⑥，又以"凍鶴"自喻，凸顯遺民群體在酷寒社會環境下畏畏縮縮、瘦骨峻嶒的可悲可憐；"齒焚大象亦安命，鷗争腐鼠無香臍"⑦，分別化用《潜夫論》⑧《莊子·秋水》中的典故，對當前世人生活狀態表示同情與悲憫；其他如"槃瓠""蝗螟""鵜鴃""皂鵰""黄腰""窮鬼""脆蛇""即且逐帶""蚵蚾""鼠肝蟲臂"等，皆爲日常少見的奇特的意象類型，呈現出細小、怪异化傾向。

澹歸詩歌意象之所以呈現出微小化、幽异化傾向，除了輿論環境的緊張、心境的悲憤，還與遺民群體自我身份定位的困惑有關。明末遺民多有"剩人"心態，也即遺留於這片天地間，却不屬於這方天地。澹歸借怪异、

---

① 《徧行堂集》（二），第 452 頁。
② 《徧行堂集》（二），第 440 頁。
③ 孫思邈：《備急千金要方》，人民衛生出版社，1955 年，第 474 頁。
④ 段玉裁：《説文解字注》第 2 版，上海古籍出版社，1988 年，第 463a 頁。
⑤ 《徧行堂集》（二），第 440 頁。
⑥ 《徧行堂集》（二），第 444 頁。
⑦ 《徧行堂集》（二），第 451 頁。
⑧ 王符著，汪繼培箋：《潜夫論箋》卷一遏利第三，中華書局，1979 年，第 24 頁。

幽微的意象來比擬這一群體，如以"䎒䎒""顛當"之類身份不祥，或穴居避世、苟生忍死的小動物自擬，體現了遺民心態的悲哀。這固然也與詩人受佛教典籍中廣闊宇宙觀影響而視蒼生與萬物如恒河沙數般渺小有關。

此外，在意象選取上，澹歸亦有這一時期遺民詩人的共同傾向，即意象的特殊指代性。如"碧海不容明日住，青山又把活人埋"①中，"碧海""青山"當指代清朝，"明日"當指代明朝。另澹歸又以"雙丸"代指明，如"智鋒才舉便流癡，反復雙丸不得辭"②"舊畫疆圍留五指，新傳號令失雙丸"③"一劍揮空處，雙丸合璧時"④"乾坤有限雙丸舊，今古無窮一念新"⑤等。"雙丸"在中國詩歌意象中時常指代日、月。對比直接地以日、月代明，"雙丸"有更深一層的隱晦意。借意象的相關性聯想來表情達意，是遺民在森嚴文網下抒發悲憤的表達方式之一。

除奇特意象的擇取，澹歸在表達手法上也頗有險怪之意。突出表現在詩歌情景轉換的突兀上，如"九夏有秋初得雨，三冬入夜忽聞雷"⑥"白日離婁方秉燭，烏江項羽忽張帆"⑦ "千波競湧超生殺，一綫才移失始終"⑧"舳艫忽斷千尋鎖，溝壑長填萬卷書"⑨"劇可須眉低馬足，生憎口腹仰猪肝"⑩，"光掩白毫消一指，風翻黃葉剩三車"⑪"烈風送火三秋草，峻坂留丸九折車"⑫，借"初""忽""方""才""劇"等虛詞以及"光消一指""烈風送火""峻坂留丸"等表示環境轉換的突然、瞬息萬變，突出詩人心境的曲折、悲憤的深重，以及面對此種世態的不甘與痛苦。

（二）浩大寬廣的意境構成

如果説意象擇取上的奇特與險怪、幽异與細小是詩人面對環境巨變時

---

① 《徧行堂集》（二），第447頁。
② 《徧行堂集》（二），第4439頁。
③ 《徧行堂集》（三），第9頁。
④ 《徧行堂集》（二），第400頁。
⑤ 《徧行堂集》（三），第64頁。
⑥ 《徧行堂集》（二），第440頁。
⑦ 《徧行堂集》（二），第449~450頁。
⑧ 《徧行堂集》（二），第439頁。
⑨ 《徧行堂集》（二），第445~446頁。
⑩ 《徧行堂集》（二），第440頁。
⑪ 《徧行堂集》（二），第443頁。
⑫ 《徧行堂集》（二），第445頁。

悲憤震驚心態的外現,那詩境浩大寬闊的建構則是詩人胸懷與才思的展露。澹歸慣用大筆力描摹寬廣浩瀚的詩境,善借表程度的數詞突出張力,使詩歌呈現出豪放雄健、慷慨悲涼的色彩。

在這些詩句中,有單純大意境的構建,如"千峰寒色催猿狖,十里秋聲吊蟪蛄"①,借"千峰""十里"將浩蕩的悲涼通過開闊浩大的空間及意象呈現出來;"舳艫忽斷千尋鎖,溝壑長填萬卷書"②,"千尋鎖"借王濬突破吳地嚴防獲勝之典,表防守失敗的無奈。"萬卷書"指可能被毀壞、遭衝擊之漢文化的主導地位。另有"漫天冰雪暗長涂,萬泒韶光散給孤"③,以"漫天冰雪"形容前途的艱險,"萬泒韶光"是對將在寺廟中度餘生的無奈,借浩大的意境折射詩人內心的痛苦。"萬里無雲須吃棒,不鬶我却更鬶誰"④,以一碧如洗的天空喻其內心,突出慘遭誣陷的淒涼。"花發千林且覆階,雪深三尺恰登臺"⑤"落得欸門無響答,寒岩萬疊挂烟蘿"⑥"半根折筯翻滄海,卷地粘天一滴無"⑦"一群馬過開成軌,萬点花飛下却簾"⑧皆以數詞表誇張的詩境,凸顯其內心的巨大悲涼。

另有浩大意境與渺小自身的對舉,形成極大的反差,自帶悲涼孤獨特質,使人得以窺見詩人內心的落寞和悲冷。如"千波競湧超生殺,一綫才移失始終"⑨,以"千波""一綫"的對比,凸顯形勢的緊張嚴峻及要時刻小心謹慎的情狀;"斷雲漏影山千疊,殘月迷痕水一溪"⑩,舉目所見是無垠的天空、層疊的雲朵和連綿的山丘,而橫亘在詩人眼前的只是殘月下朦朧的一條小溪。景物由遠及近,大小對比,無論遠近皆悲涼淒冷;"剩有相思吊船子,玻璃萬頃一漁舟"⑪,萬頃如鏡的湖面上飄蕩著一葉小舟,以湖面的平靜映襯小舟的閑適安靜,而"萬頃""一漁舟"的大小對比則

---

① 《徧行堂集》(二),第 439~440 頁。
② 《徧行堂集》(二),第 445~446 頁。
③ 《徧行堂集》(二),第 447 頁。
④ 《徧行堂集》(二),第 440 頁。
⑤ 《徧行堂集》(二),第 447 頁。
⑥ 《徧行堂集》(二),第 441 頁。
⑦ 《徧行堂集》(二),第 445 頁。
⑧ 《徧行堂集》(二),第 442 頁。
⑨ 《徧行堂集》(二),第 439 頁。
⑩ 《徧行堂集》(二),第 446~447 頁。
⑪ 《徧行堂集》(二),第 443 頁。

顯得無比孤冷。

嚴迪昌認爲："澹歸之詞除去少量應酬之作外，無不蒼勁悲涼，極痛切悽厲。他好次稼軒、竹山韻，而比辛棄疾多苦澀味，較蔣捷爲辛辣，這是遭際身世大悲苦心境的表現。"① 事實上，不僅其詞作有如此風格，詩作也不乏此種慷慨悲涼、蒼勁悽厲。澹歸詩中，尤其是直接抒發個人情感的遣興、書懷、即事、聞事、感事、偶題等作品，多詮釋了這一風格特色。嚴迪昌評價其《題骷髏圖》七首稱："此種不免有人生無常，世情難測的宿命色彩，但總的來說是澹歸歷經兇險，顛沛人生所積累的深沉感受的抒發，是那個時代人難爲人，鬼不成鬼的動蕩昏沉的現實的一個側面寫照。澹歸爲吏是鐵錚漢，爲文是大手筆，其激蕩奔騰的才情於此一氣呵成的聯組之作中可以考見。"② 相關詩作又何嘗不然，詩人借各種奇譎意象，通過奇特的意象組合與闊大詩境的建構，表達心中的矛盾與痛苦，描摹舉步維艱、人鬼不分的生活現狀，抒發"就里絲毫消不盡"的哀傷與悲憤。

（三）悲鬱蒼涼的意境風格

澹歸詩歌悲鬱蒼涼，與其經歷和遭際密切相關。其詩作中呈現爲濃重的黍離之悲、亡國之痛、故國之思、報國之心、思鄉之情。這些情感噴湧競發於詩中，使其風格慷慨激越、沉痛悲涼。如《遣興》其三十八：

  十萬貔貅羽扇麾，秋風五丈錦屛頹。狂生輕送漁陽鼓，力士虛傳博浪鎚。片紙三更填黑獄，斷磚一矢哭重圍。古今幾部離騷恨，急槳凌江讀罷歸。③

回顧南明朝遭遇，前半部分批判朝廷及朝臣，以"十萬""五丈"等數字表達對朝廷不思恢復的痛心；後半部分是自身遭受苦難的回顧，其中"片""三""黑"三字表遭政敵誣陷，因言獲罪，倉促入獄且飽受刑供的屈辱、悲憤、痛楚；另又以"斷""一""重"三字表桂林淪陷時敵我兵力懸殊，在重兵包圍下勢單力薄無以抵抗的悲壯和無奈；尾聯以"離騷恨""急槳"收尾，凸顯往事不堪回首、悲痛噴薄欲出、沉重難以承受的心態。此詩是《遣興》痛中之痛，悲中之悲。以凝練的筆觸極具表現力的字句，

---

① 嚴迪昌：《清詞史》，第 93 頁。
② 嚴迪昌：《清詞史》，第 94 頁。
③ 《徧行堂集》（二），第 445 頁。

第四章　複雜心曲與詩歌創作：理想失落與精神苦悶的出路尋求 | 243

融注詩人百感交織的複雜情感，字字血泪。

其他最具悲痛感的如前章所舉《遣興》其五中的"死生到此尋常極，骸骼驚心痛未蘇"，審視自身遭遇的悲痛創傷，鬱憤沉重，並以"千峰寒色催猿狄，十里秋聲吊蟋蛄"烘托悲憤的寬廣與厚重，"千峰""十里"以概數極言悲愴鬱悶程度之深，極寫生命悲痛與無奈之重，可謂泣血之作①。

他如"哭罷黃塵返碧山，莫邪不必斬癡頑。一鐺天地無生氣，四壁詩書有厚顏"②"落得欵門無響答，寒岩萬疊挂烟蘿"③"萬里冠裳踐作泥，二陵風雨結成澌"④，"滿徑閑花襯直松，數聲哀響發枯桐"⑤，"碧海不容明日住，青山又把活人埋"⑥，"半天寒雨掩空幃，点点孤燈笑自吹。長夜是誰還喚起，故鄉何地更催歸"⑦，皆以強烈的主觀情感融注於詩歌的字句之中，使詩歌充滿了悲憤的張力和孤鬱的沉重。

另外，澹歸詩中較多使用表情達意的字詞，以之揮灑他的悲傷與哀慟。據統計，詩中從主體感覺方面直接表情感的字如：(1) 哭："哭途窮""哭罷黃塵返碧山""哭當歌""哭重圍""狡兔走狗盡一哭"；(2) 笑："莊周笑""熏華笑大椿""稚子笑相矜""点点孤燈笑自吹""在我在天徒一笑""一笑休"；(3) 痛："痛未蘇""痛癢各人知""黑山痛不分孃耶"；(4) 病："病鶴""老病""殘病""病僧""微病"；(5) 愁："愁空鉢""饑寒愁見侵"；(6) 恨："古今幾部離騷恨"；(7) 泪："金粟堆前泪""雪深同谷泪沾襟""鮫客灑泪成珠池""兩行泪外硯山石"；(8) 夢："芻狗已陳還入夢""無夢""夢蝶""夢中隨蝶去""同牀作夢猶分路""尼山癡即夢周公""夢鹿""昨日有夢今日徵"；(9) 錯："至愚錯把百金鈎""野牛錯把鼻頭穿""幾人錯算海中沙""錯愛投欺雪網貂"；(10) 悔："已悔热官珠彈雀，更愁空鉢唾涎蠅"；(11) 休："鴻雁高飛休勒字""赤脚休來跣晚衙""鍛客休誇七不堪""肺腸未滌休爲父""如環始末鈎休覓""拍手三家

---

① 《徧行堂集》(二)，第 439 頁。
② 《徧行堂集》(二)，第 440 頁。
③ 《徧行堂集》(二)，第 441 頁。
④ 《徧行堂集》(二)，第 446 頁。
⑤ 《徧行堂集》(二)，第 446 頁。
⑥ 《徧行堂集》(二)，第 447 頁。
⑦ 《徧行堂集》(二)，第 447 頁。

一笑休""濟清河濁休相砭";（12）罷："萬機罷後""水墨雖匀也罷描""焦革春來斗罷睰""壁上癡龍罷点睛""老罷無心續大招";（13）空："虛空""空鉢""空驚""空谷""空帷""空拳""空叫""空自"等。這些極具主觀情感意味的詞語，將其内心對山河淪喪的歌哭、故國故主的留戀、過往熱心的追悔、政治事功的心冷、流落异鄉的孤鬱、無力回天的哀切刻畫得淋漓盡致，更凸顯出詩人在當下生活與精神雙重困境中的舉步維艱。概之，以一種灰暗悲傷的色調爲詩歌打下了低沉暗鬱的底色。

除主觀感受的沉重哀切，詩中更有大量描摹外在景物的意象類型，這些審美意象通過詩人的擇取和情感過濾，極大地渲染了詩歌的情感色調。如"寒色""寒宵""寒巖""寒更""寒心""寒雨""寒月""寒雲""秋聲""秋風""三秋草""枯桐""枯樹""風雨""冰雪""黄葉"等意象，蕭條凄冷，營造出灰暗壓抑的詩境，是詩人主觀感受的外化，根源却是詩人無處不在的悲劇意識和悲劇情感。這些極具悲傷凄凉色彩的意象類型與詩人悲鬱的情感一起，構成了詩歌悲鬱沉重、凄凉悲愴的藝術風格。

三、雅俗交融：亦莊亦諧的語言特色

澹歸詩歌除悲凉凄愴的情緒、奇异險怪的意象外，更有詼諧幽默、雅俗交匯的語言特色。澹歸在《徧行堂集緣起》中稱："凡四十八卷，目曰《徧行堂集》。閱之自笑，登歌清廟，與街頭市尾唱蓮花落並行千古；若一派化主梛鈴聲喧天聒地，則昔賢集中所未有者，不妨澹歸獨擅也。"① 姜伯勤認爲，澹歸之所以有這樣的自我評價，是因爲"文集中既有登歌清廟的雅文學，如詩、詞、序、疏、傳、記、贊、題記、啓等等。又有'街頭市尾唱蓮花落'的俗文學。如以歌謡唱的民間文學體裁《上梁文》，即《海幢大殿上梁文》等九篇（卷八）。又如卷三十一之《沙打油歌》與《挑脚漢歌》，完全是民歌體作品。——這反映出：在雅文化和俗文化之間有不可逾越的鴻溝的中古，寺院却成爲雅文化、精緻文化與通俗文化、大衆文化並存的獨特集結點"②。姜伯勤從文體的雅與俗闡釋澹歸此段言論，頗具整體觀。實際上，澹歸的雅俗交融不僅體現在文體方面，更體現在作

---

① 《徧行堂集》（一），序第8頁。
② 姜伯勤：《石濂大汕與澳門禪史 清初嶺南禪學史研究初編》，第584頁。

品語言的風格上。

(一) 淺白平易

在白話這一語言特色方面，首先表現爲直接借禪宗話頭入詩，淺白平易。如上文所引"不如準備三條篾，活束要支死束柴"①，便引用《五燈會元》中《石頭希遷禪師法嗣》中的"三條篾"典②，以不羈俏皮的態度撥去過往的無限沉重，表明當下的出處選擇；另如"大千終作一堆灰，隨不隨隨老古錐"③，化用惠洪"明暗相參殺活機，大人境界普賢知。同條生不同條死，笑倒庵中老古錐"④典，切入佛教對塵世的看法，大千世界終成灰燼，以鋪墊詩人如死灰般沉寂的心境。

另外，借禪宗機鋒來表詩意，通過借喻的方式抒情，在語言上呈現詼諧通俗的特色。如"合不成團分不散，一般地上水硇砂"⑤，表現思緒的難以收攏又難以打散，像虛無縹緲融化在地上的水硇砂一樣無形但又存在的特質；另"稱丈稱姑獨腳鬼，自生自食兩頭蛇"⑥，以"獨角鬼""兩頭蛇"自喻，開篇點題，對自身人生際遇及現狀予以自嘲評價；又"下池上樹憑雞鶩，多角長毛各犬羊"⑦，以"雞鶩""犬羊"喻世間人群，字裏行間流露出新奇怪硬之感；"燈花欲謝百無成，只欠茶毗一個僧"⑧，借燈花自喻，人到暮年如同燃盡的燈花，放眼看到的僅剩被入爐焚化的未來，幽默中帶著感傷。"冷灰過汁渾無性，糞火堆邊放懶饞"⑨，心如冷灰，冷灰又被冷水澆灌，體現極度悲傷。"撞著少林閑鼻孔，春秋觓出血模糊"⑩，從佛教徒的視角反觀歷史，點破政治的血腥與骯髒。"上陣提刀堪熟睡，幾人錯算海中沙"⑪，運用佛家話頭，以機鋒表達情感。

---

① 《徧行堂集》（二），第 440 頁。
② 普濟著：《五燈會元》（上），中華書局，1984 年，第 257 頁。
③ 《徧行堂集》（二），第 440 頁。
④ 釋惠洪：《林間錄》卷下，藏經書院版《續藏經 148》，臺北新文丰出版公司，第 634a 頁。
⑤ 《徧行堂集》（二），第 441 頁。
⑥ 《徧行堂集》（二），第 441 頁。
⑦ 《徧行堂集》（二），第 441~442 頁。
⑧ 《徧行堂集》（二），第 442 頁。
⑨ 《徧行堂集》（二），第 442 頁。
⑩ 《徧行堂集》（二），第 447 頁。
⑪ 《徧行堂集》（二），第 449 頁。

（二）方言俗語

除借用佛家話頭及機鋒語外，澹歸還喜以俗語、方言入詩。如《遣興》其二十六"非時總讓他伸腳，此處真堪我縮頭"①，以口頭語"總讓他伸腳"與"真堪我縮頭"對舉，雖化用《晉書·王濟傳》中典故，卻在整體上呈現出質樸通俗的特色；另"藉草行歌隨處好，春光沒樣百花齊"②，寫春光大好，運用口頭語"沒樣"凸顯春光的爛漫可愛。他如"明年春色還無賴，水北山南恣意探"③中形容春色的"無賴"，借俗語表深情，別有一番滋味。另"回首風塵私幸甚，阿誰三月得安居"④中的"阿誰""即且逐帶蚵蚾至，拍手三家一笑休"⑤，"南閻浮提不愛日，愛他光似十成金"⑥"終童老大似李白，羲和頸上拖長纓"⑦等，都從口語中隨手拈來，融注其中，使詩歌在用典頗多，學問化的基礎上呈現出通俗淺易的特徵，也即"登歌清廟，與街頭市尾唱蓮花落並行千古"⑧。

澹歸的語言風格亦雅亦俗、亦莊亦諧。進士出身的科舉訓練使澹歸熟練使用莊雅的語言，但其詼諧幽默、機鋒不斷、俗白交融的語言特色才是獨特所在。這與澹歸性格有關。出生於明末杭州的他深受名士風氣沾濡，自有其豪放不羈、放浪灑脫之風。他不拘形跡、放浪形骸、追求自我、通脫不羈的精神樣貌，以及不迷信道學，不拘一格、大膽創新、肆意揮灑的才情與膽識由此可見一斑。這樣的性格呈現在作品里，便是嬉笑怒罵、辛辣犀利、亦莊亦諧。白話入詩入文隨手拈來，卻不落俗套，別有韻味。嚴迪昌稱其《沁園春·題骷髏圖》七首："以莊子等量齊生之胸懷，嬉笑怒罵的語調，對人世間種種可笑、可悲現象做了辛辣的揶揄和嘲弄。想象恢詭奇幻，筆法淋漓盡致。"⑨當然，作為一位由儒入釋的遺民僧，澹歸作品中的詼諧幽默，雅俗並進一定離不開禪宗公案、話頭機鋒的影響，這種

---

① 《徧行堂集》（二），第443頁。
② 《徧行堂集》（二），第447頁。
③ 《徧行堂集》（二），第450頁。
④ 《徧行堂集》（二），第447頁。
⑤ 《徧行堂集》（二），第449頁。
⑥ 《徧行堂集》（二），第450頁。
⑦ 《徧行堂集》（二），第450頁。
⑧ 《徧行堂集》（一），序言第8頁。
⑨ 嚴迪昌：《清詞史》，第94頁。

影響從形式到內容都可在其詩歌中見到痕迹。

四、故朝情結：對《洪武正韻》的隱喻利用

澹歸詩的另一重要特色是其用韻的選擇。他自謂"詩不入格"①，"題詩格出晚初中"②。對澹歸不拘泥於格律，其自辯稱在格律出現之前便有詩，"不知最初以何爲格"③。然而，對《洪武正韻》的使用却是其詩作的一大特色。

《洪武正韻》爲明朝洪武八年（1375）樂韶鳳、宋濂等人奉皇帝朱元璋之命編撰的一部官方韻書。以朱元璋御定的"一經中原雅音爲定"作爲編撰原則，其音系中既有當時的口語成分，也有承襲中古韻書的地方，同時還兼顧南方的語音實際，是一部具有複合音系性質的韻書。有資料表明，在當時的正式交際場合，朝廷官員、上流社會人士的確在使用這種韻書，然而，由於這種書面語音系統較難，通行範圍較窄。隨著元曲的廣泛流傳，口語漸漸混入書面語中。因此，即便作爲官修韻書，《洪武正韻》也没有"行之萬世"④。

《洪武正韻》在明代的流傳不算廣泛，實用性較弱，然澹歸却依然堅持用此韻，與其說是對詩歌韻律美的追求，毋寧說是一種隱喻性話語表達，即看重其明太祖朱元璋所修的象徵意義。在日常書寫中，明遺民總是極盡其能搜求生活中的種種象徵性符號，以表對故明的追思及身份歸屬，如王夫之等在入清后，書寫時間不標年號，僅用甲子；傳説澹歸書法作品皆向右微傾，自稱"平生心迹但悵望神京耳"⑤。《洪武正韻》作爲朱元璋欽定的官方韻書，無疑是明代正統的重要表意符號。

具體到澹歸，對《洪武正韻》的喜好更是由來已久。在《與陳長卿太史》中，對陳長卿"一詩用三韻"的疑問做了如下解答，也可看作他對《洪武正韻》個人情感的剖白：

---

① 《徧行堂集》（一），序言第9頁。
② 《徧行堂集》（二），第465頁。
③ 《徧行堂集》（一），序第9頁。
④ 甯忌浮：《洪武正韻研究》，上海辭書出版社，2003年，第9~11頁。
⑤ 盛楓：《嘉禾徵獻録》，見廣東省立中山圖書館、中山大學圖書館合編，桑兵主編《五編清代稿鈔本 223》影印清鈔本，廣東人民出版社，2013年，第487頁。

承賜問：一詩用十灰、四支、五微三韻，古人有此體否？古人並無此體。蓋自唐以下，用沈約韻。我太祖以其音不正，特命宋濂諸臣改訂，仍奉御裁，刊爲《洪武正韻》一書，頒行天下，凡館閣製作皆遵之。弟所作詩，用正韻者十之九。或與同人唱訓，彼用沈韻，因而次之，未嘗自用也。此詩在沈，即爲三韻；在《正韻》，則一韻耳。學士大夫不可與莊語。沈韻本出吴儂，元未確當。只因唐以詩取士，以此爲禮部韻。有出此者不得入彀，亦如時文之用朱注。倘自具眼目，豈真奉爲不刊之典？其靡然而從之者，直以利耳。太祖雖改正，然不以詩取士，不以出韻爲之厲禁。即以天王之尊，無由責臣子以同文之義。蓋利之所不在，即義之所不在也。山人墨客以詩盛於唐，稍乖沈韻，便違唐體。其悍然而不從，又以名耳。名利之所趨，狂瀾東倒，真是真非有所不能障。大抵如此。弟素不喜沈約之爲人，又不然其韻，案頭不復置之。蓋當吾身而爲詩，既不與唐之人爭進士之利，復不與今之人爭詩人之名。何苦而不用《正韻》？即使世之詩人共相嗤點，不過斥其詩，不選斥其人。不比數於靈徹、惠休之列而已，復何苦而用沈韻耶？執見成癖，久已忘矣。忽因吾兄下問，輒復抒寫以報。想閲之一笑，爲狂奴故態也。①

這封回信中，澹歸表達的觀點大抵有二：第一，《洪武正韻》具有正統合法性，是明太祖爲糾正沈約韻律而修的御定韻書，館閣製作皆使用此韻。其未在明代流傳，一因明代未將詩賦作爲科舉取士的標準，像唐朝那樣使韻律得以推廣；二因明代詩人大多將唐詩作爲詩歌典範來學習，學詩者追求詩名學習沈韻，皆爲名利所趨，並非沈韻有優越性。第二，《洪武正韻》是澹歸作詩的首要選擇，除次韻他人詩作之外，一概不用沈韻。不用沈韻的原因，一則不喜沈約其人，二則不求功名，亦不求詩名。

此信中，澹歸針對友人關於詩韻的問答，分析了其詩歌用韻的標準與目的，感情激烈，言辭鋭利。同時分析《洪武正韻》未能在明朝廣泛流行的原因，爲音韻學研究提供了啓發，具有學術史價值。

其實，澹歸使用《洪武正韻》的原因，最重要也最不能説出的便是《洪武正韻》所蘊含的明代正統之符號意義。從時間上講，《洪武正韵》爲

---

① 《徧行堂集》（四），第260頁。

朱元璋主持編修，代表明代正統；從編修原則來看，以"中原雅音爲定"，體現出地域上的正統意識。因此，《洪武正韻》一書恰好從時空意義上契合了遺民的情感歸屬。且文中澹歸直呼朱元璋爲"我太祖"，可謂大膽的情感表態。陳垣《清初僧諍記》載："順治五年戊子，覺浪曾以論道書中有'我太祖皇帝'等字，爲忌者所告，繫獄一年，後以其書作於崇禎，獄始解。"[①] 可見當時文網之森嚴、遺民生活環境的險惡逼仄。澹歸這封信被收入《徧行堂集續集》，創作時間當在康熙十三年後，距其出家至少二十二年之久。然從他毫不忌諱的稱呼，言及明太祖時高視自闊的自豪，都讓人聯想到他在蒼梧金吾獄中"拷掠摻酷""大呼二祖列宗"[②]之錚錚鐵骨。足見雖遭現實摧折，澹歸心中的故國情感却未曾被歲月消磨。

實際上，並非僅澹歸作詩"用《洪武正韻》十之八九"，嶺南著名遺民詩人陳恭尹在古體詩創作中所用基本也爲《洪武正韻》，這一事實又是此時遺民心迹的另一重要注脚[③]。因此，《洪武正韻》對明末遺民群體來說更多地作爲一種隱喻性話語表達符號，是遺民自我表達方式的一種，是遺民精神不屈的象徵。比較而言，其中蘊含的故國情結遠大於其實用價值與審美價值。

宋廣業評價澹歸"詩出性靈歸古澹"[④]，可謂對其詩歌來龍去脉的傳神總結。從恢宏到奧博，從好奇到平易，從新警到樸澹。澹歸詩歌經歷了一個蜕變的過程。整體來說，澹歸在創作時似更關注詩歌思想情感的表達，對情感的重視超越了對技巧的打磨。在詩歌表達藝術上，他有意識地使用《洪武正韻》，大量擇取帶有特殊意味的典故。其文士兼僧人的雙重身份，使他的詩作語言呈現出雅俗交融、亦莊亦諧的特徵，是爲"詩中少不得"的一種。

---

① 陳垣：《清初僧諍記》，第49頁。
② 温睿臨：《晚明史料叢書　南疆逸史》（上），第203頁。
③ 葉紫玉：《陳恭尹詩歌用韻研究》，西南大學2016年碩士學位論文，第40~54頁。
④ 宋廣業：《羅浮山志會編》卷二十一第33b頁。

小　結

　　就整體而言，澹歸詩作以應酬唱和爲最多，這與其出家後行腳化緣、結交甚廣關係密切。此類唱和詩文引起當時及後世諸多以嚴苛名節觀規框遺民者的不滿，認爲其詩文無可取之處。然細讀其詩，酬唱詩中唱和對象廣泛，與遺民、後學等皆有來往之作。即便與當權者酬唱，詩中流露的也多是爲民請命的民生關懷，以民爲念的殷切囑托，熔鑄澹歸自己無法實現的理想，寄托對當道解民於倒懸的勸導教化。其他如借詠物述志以寄托懷抱、參禪論道來布施教化之作，更能體現澹歸處鼎革之際，面對家國淪陷、己志難伸等悲慘現實時的精神樣貌，以及所遭受之心靈創傷。

　　整體而言，澹歸詩歌豐富多樣，從應酬之作到借物詠懷再到參禪論道，內容涵攝面極廣。思想情感跨越書寫懷抱、勸世傳道、家國情懷到閒雅生活，體現出詩歌功能的多面運用。且詩歌藝術特色鮮明，表達手法多樣。大量典故的使用形成了悲鬱的風格，擴大了意境的營造，奇特意象的擇取，富有政治内蘊之《洪武正韻》的使用，以及融廟堂清歌與街頭俗唱於一體的語言特色，使其詩作呈現出頗具特色的獨特樣式。對其詩作進行研究，既能從中探尋其心態變化的脈絡，又能挖掘更多歷史真實、文學特徵、地域文化和風土人情。

第五章　言論環境與詩歌理論：澹歸詩歌理論及時代觀照

澹歸出家後，以僧人兼文士身份創作了大量作品，具備豐富的創作經驗。他在嶺南及吳越等地聲名遠播，請其作序題跋者衆多，留下較多詩文序跋。雖然澹歸一向自稱不知詩，不解詩，如在《書賀天士詩後》説："余性不解詩，亦不曉古今作手，盛唐中晚體格何等，間有所爲，直寄意耳。"[①] 然這不過是謙虚之詞。事實上，他對詩歌的地位及功能、詩歌體裁的區分與流變、詩文藝術的高下、詩歌創作方法乃至僧詩等多有見解。本章就澹歸詩歌理論中所涉作家、作品、創作論展開分析，總結其詩歌批評特色，兼論他對僧詩的看法，以期對澹歸有更全面的了解。需要説明的是，在古典文學語境中，"文"一指與"詩"相區別的文體，二指包含"詩"在内的各種文章之總和。當"文"爲與"詩"區別之文體時，二者雖體裁不同，但於社會功能、審美取向、藝術技法諸方面，趨同者甚多。而當"文"包括"詩"時，其理論自也可移於詩論中。所以，本章論澹歸之詩歌批評亦兼採其論"文"之説，若有刻意區分處，方作特别標示。

第一節　澹歸詩歌批評的視野區分

中國古代詩歌理論多以作家素質、創作要素、作品藝術作爲品評的對象。在具體論説中，澹歸表現出對傳統及時人説法的批判性接受，因此既有清初論詩風格，又有基於自己創作經驗上的見地，體現出與其身份和思

---

① 《徧行堂集》（一），第461頁。

想相應的獨特論詩主張。

一、情境激蕩的作家養成論

歷代批評家都頗重視對作家才情學養的考察。明遺民對詩人主體素養的認識，主要在人格與氣質、學養與才能、經歷與體驗三端。這在澹歸詩文批評中多有體現，他提出創作者要不斷加強才情、學養的積澱，更要注重自身道德修養的提升。在此基礎上，還需廣閱山川河流，結交天下豪杰，以增加創作主體的閱歷與人生經驗。

（一）作家自我修養論

在創作者素養方面，澹歸肯定作家需要具備先天才情，認爲一些境界的達到是有一定天分的人才能具備的。但同時並不否定資質一般的作家通過後天學習來提高自身素養。

1. 情與境

澹歸論詩文，提倡詩文發自偶然，情志所之，自然流出，強調真性情與真面目。因此，情是創作中最基本的要素。他批判"見人不見己，見衣冠不見面目，見悲喜不見性情"的"心偽、口偽、筆偽"之"習偽"時俗，提倡"面目真而衣冠非竊，性情真而悲喜俱親"的真情真性[①]。

情之生發，有賴於境。此處之境，當指詩人的遭際、經歷與相應的情感體驗。作者所遭境遇往往決定了其情感的深厚程度，也決定了作品的藝術水平。澹歸在《陳彥達詩序》中論述境對情的影響：

> 情交於境而發爲詩，情不極其鬱勃，則詩不奇，境不極危且險，則情不鬱勃。詩推盛唐，以老杜爲冠。唐詩盛而唐世亂，老杜當其際，涉危險之境，蘊鬱勃之情，以發其奇。雲間吳日千，高行士也，詩宗盛唐，不落中晚一語。吾友陳彥達推服日千，稱士林第一流，其爲詩宗日千，欲劘老杜之壘而奪其軍，一何壯也。境之極危險，納於死地，流離道路，窮且餓，老而無所歸，老杜兼之。老杜中年潦倒，獻三賦，試集賢，得一卑官，遂陷賊中，僅完其節。彥達值革運，弃去青衿，蕈羹鱸鱠，長少以老，雖食貧，不至荷鑱同谷、拾橡秦川，

[①]《徧行堂集》（四），第61頁。

猶有敝廬足以容膝。則老杜之境之危險深於彥達,彥達之情之鬱勃宜淺於老杜,而詩之奇何以相及也。老杜窮於服官耳,麻鞋得見天子,轉徙劍外,尚聞收京賊退之喜。彥達拭目傾耳於老杜,所望不可得,今且老矣,此一鬱勃不淺於老杜,則老杜四危險亦不深於彥達,宜其詩之奇之可及也。①

澹歸比較陳彥達與杜甫的坎坷遭際,總結"情—境—詩"之間的關係。將杜甫詩歌爲唐詩冠冕的原因歸結於"當其阽,涉危險之境,蘊鬱勃之情,以發其奇",認爲坎坷曲折的境遇與磨難有助於詩人情感的激發,促成詩歌的奇絶境界,可謂"詩人不幸詩家幸"。這便回歸到著名論題"窮與工"上來。在這一層面,澹歸認爲,境遇的窮絶恰能成爲詩人激蕩情志、砥礪胸懷的催化劑。文章最後借杜甫見到收京賊退而遺民却未見此日,因此比杜甫更加悲鬱地傾吐遺民亡國之恨。又在《廖夢麒詩集序》中説:

> 廖子夢麒,杰出韶陽之士,其詩蒼秀,骨重而神不寒,復登作者之堂。……丁巳秋,值大亂,故居蕩爲荆榛,妻與子先後病死,一身無寄,豈天有意於廖子,廖子其將受之抑辭之耶?受則不能堪,辭則無可避,不能堪而無可避,亦走絶地而求出路之時也。……廖子於此,上可踐聖賢之域,次可豎豪杰之功,下亦可發文士學家之蘊。今試舉其下者。史莫盛於司馬遷,詩莫盛於杜甫。遷有奇禍,甫有奇窮。所游歷皆半天下,以其不平之氣與名山大川相爲激蕩,譬諸瀛海,風濤吞吐,或凝爲怪石,或散爲神燈。魚龍晝鬥,魑魅夜嘯,素旗玄甲,鼓歌樂舞,千態萬狀,不容測度,必非止水細流之所能變現也。人心之奇,未始有盡。不研不深,不鬱不透,不虛不廣,不化不靈。文與史小道,豪杰之濟一時,聖賢之開萬世,事异而理同。廖子之出路在絶地中,則受其不能堪而辭其無可避也。以不能堪而不受,則不足以成聖賢;以無可避而不辭,則不足以成豪杰。併聖賢豪杰之心目,因時而措之,立德立功,吾未嘗措意其間,不得已而終於立言。遷之史,甫之詩,廖子專車之骨雖同,而有不與遷甫同其神理

---

① 《徧行堂集》(四),第79頁。

者，是之謂不以天制人，不以人累天。嗚呼！天之過，皆人之過所成也。天豈有惜大任而薄待其人之心，行坦道者如涉畏塗，涉畏塗如行坦道而已矣。①

描寫廖燕遭遇之慘絕，認爲這種境遇是對人最大的磨練與砥礪。遭此磨難，即使從事最爲"小道"的文，亦能如司馬遷、杜甫一樣在"奇禍""奇窮"的驅使下，"以其不平之氣與名山大川相爲激蕩，譬諸瀛海，風濤吞吐，或凝爲怪石，或散爲神燈……千態萬狀，不容測度，必非止水細流之所能變現也"，充分強調了"窮"這一境遇對詩文之"工"的重要推動作用。

又如《張洮侯詩序》："其詩亦浩浩落落，自申其所見，盡敵而止……窮與詩相生相成，亦兼擅，亦獨擅。"② 另《朱子葆詩叙》中："澹歸非能詩者，而識其工，非惟識其工，又識其窮。窮者，詩之裏；工，其表也。"③ 皆是對窮之境界對詩歌情感推進作用的肯定。

然而，澹歸肯定境遇磨礪對人情感的激發，却否認詩能窮人説。在《輕雲近集小叙》中論述："其《輕雲近集》，疑於藐姑射之仙也。詩爲清物，亦能窮人。人惟不清，清則窮通皆清；人惟不窮，窮則清濁皆窮。境亦偶爾低昂，詩豈任其功罪。"④ 認爲人之窮與詩之工並非互爲因果，後者對前者没有必要影響。同時指出並非窮者皆能稱爲詩人，其在《施端臣詩序》中説："硊礧既與詩相成，詩人與用世又不相反，不如意而工於詩者什之五。"⑤ 畢竟有相當一部分人即使遭遇了生活的不如意也未能成爲詩人。説明在"境窮"與"情富"之外，要成爲詩人，作出"工"詩，還要有其他要素。

2. 才與理、法

創作中，澹歸非常重視"才"這一資質的重要性，認爲才全者能如詩壇大將，長短開合，援引古今，皆能出奇制勝。如其在《姚彦昭詩集序》中所論：

---

① 《徧行堂集》(四)，第53頁。
② 《徧行堂集》(四)，第84頁。
③ 《徧行堂集》(一)，第177頁。
④ 《徧行堂集》(一)，第189頁。
⑤ 《徧行堂集》(四)，第65頁。

聞之先正：詩不貴使才，不貴説理，用古多則損格，傷時露則減韻。予蓋學而未能，則以爲此正坐無才，不者才偏耳。才如大將，用騎用步，用舟用車，用少用多，用久練用烏合，無不如意……已見予意中詩壇大將。彥昭於諸體製如馭衆，長不見勢不足，短不見節有餘。出奇制勝，所應有者一舉無不有，所應無者一蕩無不無。①

還認爲才足者不僅不受法之限制，更能在從容揮灑之間，使法度自見：

世謂才以法爲轡勒，非也，才全者德不形而法自具。駸駸千里，歷塊過都，緩急所宜，不假鞭影。才偏而力大，豈免跅弛；力小而偏，遂成疲薾。②

之所以出現"損格""減韻""跅弛""疲薾"等現象，是因爲作者才偏，或者才不足馭力，足見澹歸對創作者才的重視。

同時，澹歸還認爲，才足者不僅可以法度自稱，還足以馭理入詩。如在《金五鐘太守》中説：

世論每以詩不可入理，亦不可使才，鳥啼花落，無不有理，豈有詩不可入理者？理能御才，理不深則才不受御，遂有才蹶之患；才能發理，才不大則理不受發，亦有理澀之患。③

澹歸否認"才""理"不能入詩，"法"爲"才"之"轡勒"的説法，並將此原因歸結爲創作者"才"之不足或不正。建構起一種"才"能成"法"、"才"能發"理"的理想模式，可見澹歸對才的重視。事實上，這種理想狀態極少有人能够達到，澹歸自己也承認"爲詩則偏鋒，爲人則急性"④，於是便需有法的規範與制衡。因此，在肯定"才"的基礎上，澹歸爲"法"的存在留下了合理的位置。他在《龔升璐容安集序》中論才與法的關係時説：

才能就法，法能御才，則詩之道興；使才至於壞法，執法至於弃

---

① 《徧行堂集》（四），第76頁。
② 《徧行堂集》（四），第76頁。
③ 《徧行堂集》（二），第235頁。
④ 《徧行堂集》（二），第226頁。

才，則詩之道廢。詩之廢興，與世之治亂同一道也。用才者貴識才中之體，則繁簡之度咸宜；用法者貴得法外之意，則寬嚴之節各當。唐詩人惟杜子美耳，李太白猶有法不御才之嘆，況其下者乎？……嘆曰：此故今日之子美也，蓋識才中之體，又得法外之意。子美自比稷契，世見其名位不能過人，窮老於楚蜀間，輒不相許，是目論耳。士之遇不遇，命也，其德業各有所托以自見。……蓋因用才以識其法。……蓋無法者不足用才，無才者亦不足用法。升璐未得志於時，僅托於詩以自見，其用法用才之妙，則《容安》一集，不獨爲升璐之浣花莊，即升璐之宣武府、細柳軍，此予所爲心折也。或謂詩尚法，信矣。根於性，發於情，不應獨論才。是又不然。性不可見，其可見者情與才耳，皆能爲善，皆能爲不善，情有過而才有功，性不居焉。……治世與治心，要不出於治詩之道。①

將治世、治心與治詩並舉，認爲才與法對創作者而言缺一不可。承認"詩尚法"，認爲對大多數人來說"根於性，發於情，不應獨論才"，"無法者不足用才，無才者亦不足用法"。"才"的流露應受到"法"的規範，並依靠這種規範使才得到最大的發揮。才與法之間應是"才能就法，法能御才"的互相制約又互爲支撐的關係。具體而言，"用才者貴識才中之體，則繁簡之度咸宜；用法者貴得法外之意，則寬嚴之節各當"，即要把握好才與法之間的度，避免"使才至於壞法，執法至於弃才"局面的産生，最終達到"識才中之體，又得法外之意"的理想狀態。

澹歸唯恐才爲法所牽制而難露，提出應該在二者之間尋找一種最合適的狀態點，使詩既能展露才情，又能不逾越法度。在才與法之間，澹歸依然重視主體的超越，以"才"馭"法"，避免"法"縛"才"，這是主體意識激昂的個體在理想人格的追求中做出的選擇與判定。

3. 膽識與學行

澹歸重視創作者之才情，但不以其爲作詩的根本。他在《鐵潭詩集序》中稱："今之人歸詩道於才與情，以爲窮而後工，一似不得志者之所爲，蓋昧其本矣。"又説："夫學術既裂而天性日漓，則情與才爲敗德之先

---

① 《徧行堂集》（一），第201頁。

驅，亦爲蠹政之後勁。情入於淫哇，而才流於梟激，未審今之人爲運所轉，抑以其詩推敗俗之流而助之波也。"① 才情之所以不能稱爲詩之"本"，是因才與情皆會受主體"學術""天性""德行"的指引，流向不同方向。此處的"學術""天性""德行"即創作者的膽識、度量，澹歸認爲這才是作詩的根本。

澹歸認爲，要使才情在詩歌中發揮恰當的作用，首先要達到學術之正與完備，唯有"詩書之漸積深"，才能使詩歌"秀遠蘊藉，有神聽和平之雅"，作者也才能"猶衷然儒者也"。從而避免"今人爲詩，好走平熟，自文其淺思寡學，幾於拄形無骨，束骨無筋"②的詩歌創作弊端。因此，學之博與德之正，是爲人的重要前提，更是爲文的先決條件。

在肯定"學"對詩文的重要作用的同時，澹歸又提出基於學養而產生的另一必備要素——識。他在《李赤茂集序》中說：

> 夫天下不患無才學，而貴識與膽。膽者識之所生，而能成識，識如眼，膽如四肢。亦如相撲也，見其敵所長所短，吾有以勝之，或一手，或一足，或一指之微，頭之險，肩與背之無所可用，迎機而用，相與活潑而奏其功。才亦如人，學亦如物。有識能謀，膽能決，使彼人治彼事，此人治此事；或彼此更易，出此物爲此事用，彼物爲彼事用，或多或少，以某數始，以某數終，無少猶豫需改卜者。宜使不使，宜出不出，出與使遲，至於僨事。才與學能成膽，無識不能成才學。山者，見之障也，立於一面則蔽三面，登山而不及於高，高止一面，亦蔽三面，據坐於山之巔，則四面俱盡矣。識之能如眼之能⋯⋯語言文字之勝，則舌與意之能有識無識，有膽無膽，利鈍一分，而勝劣極於霄壤。此余於赤茂三累而上，獨取其識也。識勝者膽勝，識劣膽劣。膽劣，群疑滿腹，衆難盈廷。有一人起，片言立斷，舍某某而取某，取者服，舍者咸服，乃至一切不取，發其獨見，出於盡思共度之所不及，豈剿說雷同可得並駕哉？悲夫！世之人何剿說雷同之多也。⋯⋯赤茂之識，賤同而貴創。同者人之所爲，創者己之所自爲，而非專取不同。不同之中有赤茂在，同之中有赤茂在。復如使某某人

---

① 《徧行堂集》（一），第182頁。
② 《徧行堂集》（四），第66頁。

出某某物成某某事，其事亦同乎世，亦不同乎世，赤茂居堂上而令之，某某人某某物堂之下而聽之耳。此之謂識能生膽，能成才學。①

澹歸運用比喻等方式，集中論述才、學、膽、識四者之間的關係，理出如下幾個觀點。第一，才、學、膽、識四者中，識與膽的地位高於才學，而識又居於最高地位。第二，四者之間是相生相成的關係。識能成才學，才學能成膽，膽能成識。四者缺一不可。第三，四者具體運用到文章中，發揮不同作用。識與膽如同眼與四肢的關係，前者在於觀察識別，後者在於操作執行；而才與學如同世間人與物，經由識的辨別，膽的決斷，被驅遣、調用、取捨、分布於詩文中。具體表現在文章質量中，有無膽識，即便毫釐之差，亦有霄壤之別。第四，回歸到當時詩壇狀況，認爲時人正因缺乏膽識，才不辨真假，群疑滿腹，人云亦云，剽襲雷同。唯具膽識者能片言立見，發其獨見，賤同貴創，自成一格，却又不刻意生新避同。達到一種運籌帷幄，決勝千里之自然、裕如的創作境界。

由此可見，在澹歸的觀念中，識即詩人在厚學養、廣游歷的基礎上，對諸事諸物（才情、事理、情詞）是非美醜的鑒定辨別能力，也即審美判斷力。膽即識之基礎上的決斷能力，即敢於發表思想見解，敢於自由創作，敢於打破束縛的精神，是主體殺伐決斷的魄力和執行力。二者相生相成，互相結合，方能避免模古苟俗，才能有自我創見地展示情懷與面目。

此外，他還在《吳孟舉詩集序》中提到識量與才情、事理的關係：

有天下士，有國士，有一鄉之士，蓋分於識量。識如山，量如水，山至於妙高，水至於大瀛海，然後足以發其才。識卑者才雖高，僅成部婁。量狹者才雖廣，亦灌陂池。若夫拔地鄰虛，群峰如子，吞天浴日，衆壑歸臣，人驚其才，而不原其識量……然則爲詩，不論識量而論才，不論才而呴濡於事理，詰曲於情詞，皆逐末也。②

識量，即見識與度量。此處識即"不爲今人所誘，不爲古人所凌"的見識，量即"不爲近之時地所囿，亦不爲推而前却而後之時地所動"的範圍所牽拘的度量。前者是一種獨立的審美辨別力，後者是開闊涵容的度

---

① 《徧行堂集》（四），第59~60頁。
② 《徧行堂集》（四），第68頁。

量。澹歸此處將學養、才情、事理、情詞與識量對比衡量後，指出識量才是爲詩之本，才學、事理、情詞都處於末端。這又回到澹歸一向主張的論詩以論人品一路，識量方爲體現創作者見識與本心之度量的重要因素。

從這一論詩模式出發，澹歸又提出學與行之中行的重要性。他在《過叔寅文集序》中稱：

> 先生潛心聖學，直入奧窔，予因論文而極言地體之虛，一切法無不虛，一切法無不實，是爲工於攄實。後之攬者，一進而識其文，再進而識其行，三進而識其學，庶幾無負於予與先生劫餘重見之緣也夫。①

"文—行—學"三者之間的統一是澹歸心目中理想的創作模式，以學養作爲正身心的準的，以文章狀寫真實性情，是澹歸倡導的人品文品一致觀的主要內容。

總體上，澹歸對於作者創作的要求，如其在《汪氏三子詩序》中所述：

> 三子之詩，有見高見深見潔且靜者，其德也；有見婉麗而多風者，其情也；有見磊落而恢奇跌宕者，其才也；有見慈見厚而一出於悲天愍人者，其願力也。②

既要有德行指導下的言行之正，又要有才情措置下的跌宕多姿，更要有深厚的社會責任感作爲創作目的。這便要求作者在各種生活情景中磨練情志、涵養正氣，根據自身才情練習作詩之法，廣學識以提升對事物的識別裁判力。而以上諸種要素的獲得，不僅需要創作者廣閱書籍，積纍學問，更需要增加游歷經驗，增長見識。對此，澹歸提出了他特別重視的一種素養提升方式——游歷。

（二）作家養成的重要途徑：游歷交游

古人對結交游歷普遍較爲重視，認爲這是增長見識、擴大視野、了解社會人生的重要方式。從莊子的"逍遙游"到孔子的"游於藝"，經士大夫不斷豐富完善爲神與物游，"游"已然成爲士人生命中的一種重要情結。

---

① 《徧行堂集》（四），第56頁。
② 《徧行堂集》（四），第62頁。

從文學創作中靈感的激發條件來看，外物的觸動是主體迸發創作動機的重要客觀條件。明末清初，經歷朝代更迭的士人尤其是遺民群體，對游歷有了更多的現實需要與情感需求。一方面，明代的滅亡使士人思考明亡原因，轉向對經世實學的探求，了解各地人心動向、地理格局的迫切需求；另一方面，故國河山的淪喪，使士人群體更需要借登臨名山大川抒發一腔悲憤、鬱悶、激蕩之情志。因此，游歷激情格外熾熱。

對澹歸而言，游歷是其人生癖好之一。他在作品中多次提及對游歷的熱衷。儘管身有足疾，行動不便，也依然游興不減。過大庾嶺，入匡廬，往來於嶺南各地，甚至晚年臥病榻上依然不廢登臨之意，"意欲從太平游黃山，從徽州過浙東，游天台雁宕"①，在因病不能登臨時亦未嘗歇下游思，如《南園口號》其八：

> 天邊一隻戴角鷹，墮地化爲沒脚蟹。悶來側目似愁胡，欲射神魚泛滄海。笑汝童心死不改。（病勢極困乏時，遠游之思未嘗歇下，豈所謂鷹眼猶存耶。）②

又常因病足不能登臨遠游而流露出感傷與失落，如《九日》：

> 近緣足疾廢登臨，鈍鳥蘆中正息心。不爲題餻搜故事，恰當把菊寄微吟。勝情未得江山助，衰鬢先蒙霜雪侵。多謝素交能共惜，每因佳節便相尋。③

病重不能遠游時，澹歸還要借"臥游"這一形式慰藉出游的願望，如《鮑聲來以黃山游紀相示》：

> 擬邀白社作同流，忽見黃山得臥游。却問鳳池歸早晚，不知雲海幾春秋。從今自卷三張紙，此後誰登百尺樓。他日携筇能快讀，老人峰頂墨華浮。④

對遠游的不倦追求足以顯示其登臨興趣之濃厚。在文學創作上，澹歸更是提倡作者多游歷，廣見識，鍛膽力，將游歷作爲創作出高妙作品的不

---

① 《徧行堂集》（四），第289頁。
② 《徧行堂集》（四），第337頁。
③ 《徧行堂集》（四），第401頁。
④ 《徧行堂集》（四），第375頁。

第五章　言論環境與詩歌理論：澹歸詩歌理論及時代觀照 | 261

二法門。如《江粤行紀序》：

> 閉户讀書，能盡天下之勝，終不如親到一回也。丈夫當使游屐遍於名山大川，窮幽剔秘，發其靈秀，與吾之神理相激蕩。予嘗有超然遠引之懷，甫弄筆即牽於世事之險阻，旋披緇，復奪於大衆之饑寒，鉢底風塵，囊中楮墨，酬酢雖多，登臨蓋寡，即欲閑居道古，致力詠歌，抑又難之。文可復公天姿超邁，詩學醇深。頃與朱子廉哉浮江入粤，故人官舍已如退院，公於其中，一池荷葉，滿地松花，折脚鐺子，不煩分付。每當名勝，擁膝長吟，千載而後，遂與杜陵埧箆並奏，沉著雄渾，等無有异，而蕭灑則有過焉。予於此作三不如之嘆，蓋詩遜其正，心遜其閑，境遜其曠也。①

將"名山大川，窮幽剔秘，發其靈秀，與吾之神理相激蕩"作爲創作的重要條件，認爲名勝的激發能使作品更加"醇深""雄渾"，詩正而境曠。同時痛心自己遭逢艱險，未能實現遠游之理想。又進一步在《汗漫吟序》中論述游歷對抒發胸中磊落不平之氣的重要激發作用：

> 人不游，則胸中之奇不發，然當其未游之時，必有所嵌崎歷落而不得志者。蘊崇日久，處籬落間輒悶，入見妻子益悶，與尋常過從之親串刺促相對，即又悶。於是拂衣遠行，情懷激楚，見峰嶺之横側，江湖之清深奔放，吊古者之遺迹，遇新知交之磊砢英多，與故人闊絕，於不意獲一傾倒，則胸中所蘊崇忽然而發。其發也，亦必不肯寂寥，短悲淺笑而遂已。故詩之奇，常出於游。②

指出胸中不平之氣在"峰嶺之横側，江湖之清深奔放""古者之遺迹""新知交之磊砢英多""於不意獲一傾倒"等的激發下"忽然而發"，發即"必不肯寂寥"的創作過程，强調客觀因素對創作主體情志的激蕩與導引之重要性。此種"忽然而發"便是創作者"靈感"迸發的過程。因此，澹歸得出"故詩之奇，常出於游"的結論，是對創作時心理機制深刻體察與認識的展現。

澹歸不僅反復强調游歷之於創作的重要性，還詳細闡釋游歷和交游於

---

① 《徧行堂集》（一），第169頁。
② 《徧行堂集》（一），第183頁。

創作的作用。如《黎堯民詩序》論述稱：

> 人生世間不知交游，如村落小兒，見客恇怯，便欲避去，雖爲士流，識其韻度之不足也。詩之道，以韻度勝。韻欲高，度欲遠，無不藉交游以發之。交與游同乎？交因於人，游因於地，地全於山水，人全於友生。雖然，古之人於山水，皆以交友生之法交之，於是山水有性情，有學問，有語言容止。善游者與之爲往還，約契切劘無間，所云"清泉白石，實聞此言"，不敢目爲無知而忽之也。古之人於友生，亦以游山水之法游之，於是友生有丘壑，有波瀾，有晦明寒燠、顯密曲折。善交者以屢涉而深，久之而益進，幾於日夕坐臥寢處其間，故非一交臂而失之。然則交不因人，游不因地，地中全友生，人中全山水。其於古今載籍，閉户自精，千世之上，六合之外，法交游以爲法者亦然。故其爲人，韻高而度遠，出而爲詩，亡慮其情文之不相生也。予至端溪，黎君堯民始以交游之法見，即以詩見。堯民故老於交游，自江左右、浙東西、河南北、燕山前後，地無不游，有人無不交，浩然而歸，其詩滿車，殆欲邑秀星巖，聲高龍水。予爲終卷而嘆：含識芸芸，靈明各等，一囿於方域，虱居豕背，蛙躍坎井，不復知有天海之邈。即聞見不能發其心思，筆墨黯然，如童子傚朱，傖父記錢米，窮措大摘鈔時藝本子，乃至無一字一句不寒酸穢爛，速爲人所吐弃。然後儒林超越之流，率以交游爲勝。嗚呼！修詞尚爾，況道德之所存哉！①

言及交游之於見識、韻度的作用，指出見識、韻度恰是詩歌勝妙的重要因素，從而證明交游在詩歌中的重要性。接著論交游的方法，將交游對象分爲山水與友生兩者，以閲覽山水之法與友生游，窮其胸中丘壑波瀾、晦明寒燠、顯密曲折；以交友方式與山水游，體察其性情、學問、語言容止。且"交不因人，游不因地"，在廣泛交游的基礎上使創作主體才情"益進"，達到韻高度遠的情懷與素質。

總之，澹歸認爲創作者應與人物山川相激蕩，然後方能成大家。游歷不僅是創作的必須，更是德行修煉的必然路徑。同時，這與澹歸反對"平

---

① 《徧行堂集》（一），第168頁。

熟",提倡詩文"奇氣"的旨趣密切相關。這種以游歷爲嗜好從而激發創作熱忱的想法在當時較爲普遍,如《原詩》創作者葉燮便重視交游對主體的鍛造①,且其本人也以廣游歷、遍交游的經歷,極大地提升了其詩學造詣,在與諸多文人學者如浙派詞人創始者曹溶、宋詩派吳之振等的交往中,詩歌理論更加醇熟,產生創作《原詩》的靈感與想法,可謂對這一創作方法的成功踐履。

二、重獨創與靈感的創作論

在作詩方法上,澹歸特別強調靈感與獨創。這兩種觀點既是對傳統詩歌創作批評理論的繼承,又是對現實論詩語境的回應。針對明代復古派模仿因襲的弊端,明末清初詩壇掀起了針對性的批評,力倡獨創,反對因襲,性靈說在對復古的批判中應運而起,體現對詩歌性靈的重視,對自我個性的張揚。此際,寫出自家意思,重視詩歌從内容到形式的真實,成爲批評家的一種共識。

(一)獨創論:説得自家意思

重視自我個性的張揚,強調詩歌創作的自我與獨創,是澹歸詩歌批評的重要旨歸。這種論調體現出他對公安派性靈主張的接受與對復古派因襲的批判。在《徧行堂集緣起》中,他將獨創的創作主張闡述爲:

讀古人書,見古人如此作、如彼作,便須自尋出路。若才拈筆,便思古人某作如此、當如此作;某作如彼、當如彼作,作作皆效古人,將自置何地?②

反對一味效仿古人,強調風格上要有創新,重視對自我性情的體現、自我創作風格的展示、自我想法的表達。至於是否與古人相似,只是機緣巧合,不管是否與時俗相符,皆是我之情感,體現出對自我的強調,對模

---

① 叶燮:《已畦詩集》卷九,《四庫全書存目叢書 集部》第244册,齊魯書社,1997年,第244～372a頁。在《將遠游奉別諸同人》詩序中自述:"余生平好名山水如同饑渴,岱宗嵩少匡廬黄山,曾陟焉而得其勝,獨未登太華、峨眉爲憾。今年已七十,倘復遷延不往,其不爲終生疢乎?决於今春奮然出門,以畢此願。……余此行原決不望生還……倘獲長逝於削成萬仞雪嶺天半、丹崖翠壁、古刹名藍之間,便埋此,題一碣曰:'有吳横山人葉子之墓。'斯願長畢矣"。

② 《徧行堂集》(一),卷首8~9頁。

仿因襲、苟同時俗取巧者的不屑。澹歸不僅對自己作品有這樣的要求，在品評他人之詩時亦一以貫之地遵循這一原則，如在《周庸夫詩集序》中説：

> 詩者吾所自爲耳，亦何與古人事？世乃有以古人之衣冠自掩其面目，復借古人之面目加人以衣冠，曰某篇似某某，某句似某某，是直以優孟相待而名爲推獎，不可解矣。莆陽周先生庸夫，訪予丹霞，人出物表，得其詩讀之，又出意表，無以擬諸其形容，作而曰："此斷然爲庸夫先生之詩，非今人之詩，非古人之詩也。"人各有一面目，不爲古今所限。古今既不得而限，而謂之今人則誣，謂之古人則謗。與其人交臂間，以一手掩其面目，雖欲自稱無罪，豈可得耶？①

品評他人詩歌，亦不從古今尋找相似根源而掩去創作者之自家面目。這種説法在澹歸集子中頗爲常見，如"每見一篇，人爭曰：此似某人某作，以優孟待人，而人以爲重；每作一篇，己亦曰應仿某人某作，以優孟自待，而己以爲重"②。強調自家面目呈現的獨創論調，在清初頗爲流行③。

提倡獨創的同時，是對明代復古派模仿因襲説的批判，在《與陸筠修方伯》中，澹歸稱：

> 今釋每謂作文只説得自家意思，明白痛快便休。如今人只管商量左、國如何若何，史、漢如何若何，唐宋八大家如何若何，將古人衣冠作自己面目，亦太不俊氣矣。文之妙者，只似説話，此筆端有舌之注脚也。但没有幾個得到此田地。④

---

① 《徧行堂集》（一），第200頁。

② 《徧行堂集》（四），第60頁。

③ 這種批判與納蘭性德記録錢澄之一則軼事極爲相似，《通志堂集·原詩》載："近時龍眠錢飲光以能詩稱，有人譽其詩爲劍南，飲光怒；復譽之爲香山，飲光愈怒；人知其意不慊，竟譽之爲浣花，飲光更大怒曰：我自爲錢飲光之詩耳，何浣花爲？此雖狂言，然不可謂不知詩之理也〔納蘭性德：《通志堂集》（下），上海古籍出版社，1979年，卷十四，第11a～11b頁〕。錢澄之大怒於他人對自己詩歌似前人的評價，是對自我面目的極力維護，體現出對自我主體情感的重視；同時又是對自己作詩宗旨的強調，對明代詩風的反思與糾正。嚴迪昌因此評價錢澄之："人耳能出，學而不泥，不甘囿死於前賢脚下，應是史詩得以延續的基因。感懷托事，不拘一格，此'理'最可貴。"（嚴迪昌：《清詩史》，浙江古籍出版社，2002年，第2002頁）這種獨創的創作態度，是清初詩歌批評者與創作者共同的志向，是對模仿因襲的集體反思。

④ 《徧行堂集》（四），第253頁。

批判"文必秦漢，詩必盛唐"的主張，提出文章是作者表情言志的工具，強調我手寫我心。這與袁宏道對復古派的批判頗爲相似，袁宏道提出"代有升降，而法不相沿，各極其變，各窮其趣"的論詩準則①。澹歸出生於浙江杭州，與錢謙益等承繼袁宏道公安派性靈說者往來，其作詩理念受公安派之影響，即宋廣業所謂"詩出性靈"。

澹歸又在《陸筠修文集序》中論述作詩方法：

> 吾有心，吾自用之而至足，豈假於外哉？然則有意於見深見大見奇，至於借喻借事借詞，皆逐照而流、隨用而往者。不可與論心，即不可與論文。世之欲識先生之文者，先識自心，若識自心，無不明白，無不痛快，無一絲毫隔礙，自然合其當然，無有餘不足之憾，始能讀先生之文，始知予言之易簡而真切也。②

提倡自性而足、不假外求的作詩方法，却也並不完全否定"借事借詞"，但前提是"逐照而流，隨用而往"，要自然生發，非刻意模仿搜求。這是中國古代文論家一向主張的神似和天然化成，反對人工雕琢的論調。如唐代李德裕在《文章論》中稱："譬諸日月，雖終古常見，而光景常新，此所以爲靈物也。"③ 提出應摒棄模仿前人和雕飾藻繪的做法，融入新意。如此，即如亘古恒懸的日月，也能"光景常新"。

三則材料皆強調獨創，提倡明心見性，從本心求得，不假外物，此語深契禪宗修煉方法。然而，澹歸在強調獨創的同時，提出不必刻意避免與古人的雷同，體現出對明代復古詩風矯枉過正風氣的反思。對獨創性的極力追尋，回歸到具體的創作理論中，便是對詩歌之"偶得""天機"說的提倡。

(二) 靈感說：天機

"靈感"一詞在希臘原文中意爲"神的氣息"，最早由古希臘德謨克利特提出，經由柏拉圖加以發揮而做出系統的闡述，指藝術家受靈感動而代神說話，將創作主體作爲媒介來傳達神諭。在中國古代文論範疇中，靈感

---

① 錢伯城：《錦帆集·叙小修詩》，見《袁宏道集箋校》，上海古籍出版社，1981年，第188頁。
② 《徧行堂集》(四)，第55頁。
③ 傅璇琮、周建國：《李德裕文集校箋》(三)，中華書局，2018年，第802頁。

被古人借"感興""天機""妙悟"等概念加以闡釋，大致均指創作者被客觀現實中某一偶然機遇觸發創作衝動，突然出現文思泉湧的最佳創作狀態。同西方靈感説的神賜觀相比，中國的靈感説更注重結合作家具體創作感受，認爲靈感是主體在長期努力積纍的基礎上，受客觀環境的刺激而産生的，是心物交感的産物，體現出樸素的唯物觀①。

從陸機《文賦》提出"天機駿利"的境界以來，批評家便對這一創作狀態進行了不懈的探求。明末清初，人們對這一心理機制的發生及定位已有較爲成熟的認識，如陸世儀描繪這種狀態稱："人性中皆有悟，必工夫不斷，悟头始出，如石中皆有火，必敲击不已，火光始现。燃得火不难，得火之后，须承之以艾，继之以油，然后火可不灭。故悟亦必继之以躬行力学。"② 將靈感的發生比作火花的擦出，既認識到作家前期準備工作的必要，又認識到擦出火花到成功燃火間後續工作的必要性。

作爲人類創造性思維的産物，獨創是靈感思維最基本的屬性。也正因此，在強調師心自用、獨抒性靈的晚明至清初，文人更加重視性情與靈機的有機結合，強調任性而發、師法自然而音合天籟。這便必然涉及作家創作的靈感問題，如在李贄、三袁及清代袁枚的文學理論中，對作家的創作靈感問題都有不同程度的涉及。袁宏道"獨抒性靈，不拘格套"的主張中，"性靈"的實質便是一種即景生情、情境偶觸而生的文思。力主獨創的澹歸在詩文批評中也反復強調靈感的重要性，如他在《詩話偶鈔序》中説：

> 詩文之妙，得於偶然。古之人偶然而起，偶然而止，後遂奉之爲格。今之人必如是起，必如是止，古豈著之爲令哉？……未見目之起而如有所入，未見心之入而並無所起，則詩文之妙盡矣。③

以雪夜訪戴典喻選詩之興會所至喻評蕭孟昉所選詩集，此種悠游不迫的興會使選詩者能"有得於詩文之妙之所獨露"，不用刻意營建搜求。不僅選詩如此，作詩亦然。澹歸指出，古人作詩出於"偶然而起，偶然而止"，"偶然"一旦被後人奉爲圭臬去模仿追尋，忽略進入詩歌之妙的路

---

① 墨白：《中國古代文論中的"靈感"説》，《北方論叢》2000年第3期，第67～75頁。
② 陸世儀：《陸桴亭思辨録輯要1》，中華書局，1985年，第39頁。
③ 《徧行堂集》（一），第203頁。

徑，便使"詩文之妙盡矣"。澹歸在其詩文畫之批評中皆強調這種創作靈感。如《品題詞翰後論》中説："詩非有意爲之，興會所到而爲之，爲之而不自知其興會之起止，乃得真詩。"① 皆是對靈感在詩歌中妙用的强調。

澹歸對於靈感之於作品重要性的肯定，在明末湯顯祖、金聖嘆的文論觀中亦多可見②。可知靈感説在明末清初尤其是在重視個性抒發與藝術獨創群體中被廣泛推崇。也由此可見澹歸論詩思想受性靈説影響痕迹較爲明顯。

三、追求雅、真、化境的作品論

澹歸對詩文所應達到的藝術效果有諸多相應論述，大略而言有如下三點：一是追求詩文的雅正，提倡回歸温柔敦厚的詩教傳統；二是對真詩旨趣的追求；三是天機與化境藝術理想的探尋。

（一）雅正的詩教傳統

温柔敦厚是儒家文學思想的基本審美標準之一，孔子將這一傳統賦予了兩大內涵：一是承擔著教化國民的責任，使人的性格在其陶冶下向平穩、和順、質樸、節制的方向發展，有利於從根本上保障政權的穩固；二是承擔著提高士人道德修養的要求，中庸作爲德行的準則，也是儒士追求道德完善的目標。③ 這種人格追求體現在作品中，便是風格的含蓄蘊藉、委婉和諧，也即"温柔敦厚"之雅音，即澹歸反復提倡的和氣、柔、雅、正、矜貴等詩歌特徵。

明清國變，明遺民群體的人生價值遭受極大的衝擊，發於詩歌者多爲激楚感憤之作。如宋犖在《明遺民詩序》中稱："孤清凛洌，幽憂激楚，

---

① 《徧行堂集》（二），第47頁。
② 湯顯祖著，徐朔方箋校：《合奇序》，《湯顯祖集·詩文集》，中華書局，1962年，第1078頁。"予謂文章之妙，不在步趨形似之間。自然靈氣，恍惚而來不思而至。怪怪奇奇，莫可名狀，非常物得以合之。蘇子瞻畫枯株竹石，絶异古今畫格。米家山水人物，不多用意。略施數筆，形象宛然。正使有意爲之，亦復不佳。故夫筆墨小技，可以入神證聖。"又如金聖嘆評《西廂記》時説："文章最妙，是此一刻被靈眼覷見，便於此一刻放靈手捉住。"（金聖嘆：《金聖嘆全集2》，鳳凰出版社，2016年，第58頁。）
③ 吕友仁整理：《十三經注疏·禮記正義》（下），上海古籍出版社，2008年，第1903頁。《禮記·經解》："入其國，其教可知也。其爲人也，温柔敦厚，《詩》教也。……温柔敦厚而不愚，則深於詩者也。"

如對空山積雪，寒氣中人。"① 在這種情況下，與傳統的"溫柔敦厚"傳統已相去甚遠。是以清初詩壇掀起一股回歸詩教傳統的潮流。澹歸對"雅正"風格的倡導，一定程度上是基於對明末及當下詩歌弊病的糾正。如他在《贈袁廣文實齋》中説：

> 古道久不作，今文薄已甚。濁中謝淵涵，萎外虧岳峻。理窮才莫展，志劣氣亦盡。天台摩蒼穹，潮音生海運。境風蕩楞伽，智波翻識藴。靈根結异采，詩筆天下勁。情從羲農遠，義兼雅頌正。渺然越三唐，率爾駕兩晋。健格挺雄姿，秀藻泄英分。懸崖漾春華，列樹散秋陰。赤城建霞標，金地傳玉磬。夢中如見招，塵俗奚奔命。我携重茚往，爲君發幽興。唸君驚人句，山鳴谷群應。清籟動帝庭，衆靈一息静。黜耳更刲心，各以氣來聽。深潭有老龍，蜿縮不盈寸。寄言鶯與蠻，雷門且勿近。②

批判當時詩文風氣之"薄"，推崇袁氏詩筆勁秀，情遠義正，格雄藻英。從創作方法上講，澹歸提倡獨創，反對模仿因襲。但在詩歌風格上，却熱情頌揚"古道"，稱贊合乎雅頌之正的詩人及作品。在這裏，澹歸所指的"情遠義正"，"遠"至羲農，"正"如"雅頌"；又要"越三唐""駕兩晋"。很明顯，這已不是具體的對某一時代文學的回歸，而是對詩歌風格及詩人情志，即詩中所言"氣"之温柔雅正的要求。

又在《種玉堂三體詩序》中説：

> 筆有中鋒，詩有正音。予嘗愛之而未能學，故詩與字皆從偏入。壬寅見孝山詩，識所謂正音者。顧茂倫選《種玉亭三體詩》，神理氣格，真足挽中晚之衰，返之正始。③

將陸世楷詩歌比以"正始"風格，稱可以挽"中晚"之不足。這裏的"正始"所指當爲《詩經》中的正始元音，即《詩經》的"正始之道，王

---

① 宋犖：《明遺民詩序》，卓爾堪選輯：《明遺民詩 16 卷》，中華書局，1961 年，序言第 2 頁。
② 《徧行堂集》(四)，第 313 頁。
③ 《徧行堂集》(一)，第 182 頁。

化之基"①。澹歸認爲陸世楷的詩歌具有如同《詩經》般可以"經夫婦，成孝敬，厚人倫，美教化"等作用，在風格上接近《詩經》的溫文爾雅，與澹歸自己詩作的切直、偏躁、褊狹相對。由此可知，澹歸推崇含蓄蘊藉、旨趣淡遠的詩歌風貌。如其在《黃二不詩序》中説：

> 讀其詩，秀遠蘊藉，有神聽和平之雅，蓋詩書之漸漬深矣。時或嶽起方寸，如瀛海一漚，微見於烟波浩蕩中，則猶裒然儒者也。②

又在《金子蘖詩序》中贊其"溫柔敦厚，得風雅之正"③，在《留别楊廣州肅如》中説："望歸質直天人表，韻入和平雅頌篇。"④足見澹歸對詩歌"雅正"的推崇。

就清初時代氛圍及澹歸個人思想觀察，他對雅正詩風的推崇原因當有如下四點。一爲易代之際士人的經驗反省。易代之後，親歷此變的士人從未停止反省與批判。就明末時代氛圍而言，士人多以"戾氣"進行概括與批判。錢謙益亦從文學層面批判此時代多"噍殺恚怒之音""死聲"，並以之關乎"國運之存亡廢興，兵家之勝敗"⑤。在這樣的背景下，遺民群體中有識之士多欲以將養和氣作爲挽救時代弊病的藥方。澹歸作爲親歷此變、深受其禍的故國遺臣，對此亦深有體會。對亡國教訓的總結和個人遭際的反思，都使他將雅正之和氣作爲詩歌的可取之則加以提倡。

二則以和平雅正之音影響清初詩歌之激憤習氣。這與澹歸對現世的高度關切與參與熱忱密切相關，願以一己之力爲當世太平安穩做出努力。秉持文以載道政教觀的澹歸，試圖以詩歌之雅正風化士氣民心，從而有利於正風俗、敦教化、醇民風。對詩歌風格"溫柔敦厚"傳統回歸的倡導是這種體現之一，這一觀點與大多數遺民並不一致⑥。澹歸爲當時遺民所詬病的現世參與熱忱，促使他希望通過傳統詩教觀來恢復詩歌的教化功能。"雅正"觀的倡導在其晚年作品中多次出現，當與其目睹了亂離蒼生艱苦

---

① 李學勤主編，十三經注疏整理委員會整理：《十三經注疏整理本》，北京大學出版社，2000年，第24頁。
② 《徧行堂集》（一），第188頁。
③ 《徧行堂集》（四），第70頁。
④ 《徧行堂集》（三），第24頁。
⑤ 錢謙益著，錢曾箋注，錢仲聯標校：《牧齋有學集》（中）卷一八《徐季重詩稿叙》，上海古籍出版社，1996年，第796頁。
⑥ 李瑄：《明遺民群體心態與文學思想研究》，巴蜀書社，2009年，第523頁。

情狀，及自身隨歲月流逝與佛法精進而漸趨寬廣的眼界與胸襟相關。

三以和平敦厚標準規框士人的自身修養。這是傳統儒家溫柔敦厚人格特質期許的慣性使然，另則與澹歸出家修道的要求有一定關聯。澹歸多次對其詩、文、字皆不能習得"正音"表示遺憾，時常反思詩作的憤悱抗激，個性的不能"抱骯髒而未嘗露"①。從這一旨趣上來講，澹歸對雅正詩文風格的追求，一定程度是其出家後修道要求的反思，是佛家平和境界的修煉。

四因與曹溶、朱彝尊、沈皡日、陸世楷等浙西詞派先導、開創者及重要成員交游唱和頻繁，關係親密，受其影響較深。浙西詞派追求醇雅清空的詞風，對澹歸產生一定影響。他對雅的稱賞與標舉也多出現於為浙西人士如陸世楷所做之文中。

總之，澹歸對詩歌"溫柔敦厚"與"雅正"之風的追求，與明遺民群體整體的慷慨激昂情感表達是有出入的，與其自身的創作實踐亦有差距。然而這種詩風的倡導，與其在儒家任事傳統以及佛門菩薩道精神雙重影響下以救濟蒼生為己任、捨棄自我名節的觀念聯繫密切。

（二）真詩旨趣的追求

作為藝術生命力的本源，"真"一直是古今詩人追求的基本價值觀。從明初劉基、高啟直到晚明歸有光、王世貞，都將真情視為詩歌的生命。然而，明人雖在觀念上力倡"真詩"，但在具體創作過程中並未處理好真善、本色、風格等的關係，也未曾創作出嚴格意義上的真詩。因此，清初詩壇在對明代進行反思時，針對明詩"擬古而偽"的現象，再次提出對"真詩"的追求，並得到較大的反響和支持②。以"真詩"為旗號，清初詩人提出了諸多理解標準③。

具體到澹歸詩論中，明確提到"真詩"之處有三，其一為《品題詞翰後論》：

---

① 《徧行堂集》（一）《王說作詩序》，第174頁。
② 蔣寅：《在傳統的闡釋與重構中展開——清初詩學基本觀念的確立》，《中國社會科學》2006年第6期，第165頁；關於明代真詩理念在創作中建構的失敗，亦見謝謙《復古與創新：尋找失落的"真詩"——論明詩的道路及其歷史啓示》，《西南師範大學學報》2002年第6期，第146～149頁。
③ 李世英、陳水雲：《清代詩學》，湖南人民出版社，2000年，第45～56頁。

第五章　言論環境與詩歌理論：澹歸詩歌理論及時代觀照 | 271

> 法立於寬嚴之間，眼出於作者與選者之外，而後曹溪有詩也。詩非有意爲之，興會所到而爲之，爲之而不自知其興會之起止，乃得真詩。①

就創作層面而言，強調真詩獲得的偶然性。興會所到之處，詩歌從胸臆中自然流出，並非刻意而爲，是靈感迸發的産物，強調創作時情感充沛，詩爲情所驅，絶非爲文造情，這是澹歸認定的真詩創作之重要前提。與金聖嘆"詩者，人之心頭忽然之一聲"，"詩非异物，只是人人心頭舌尖所萬不獲已，必欲説出之一句説話"② 一樣，強調詩是人不可遏制的流露，再次強調真情乃詩之本體。

二爲《周庸夫詩集序》：

> 蓋自具一面目，不假模範於古人，不効顰笑於今人，亦有時而同，亦有時而异，其同於古今者非古今，而异於古今者亦非周先生，此先生之真面目，先生心真詩也。③

從内容上闡釋真詩的内涵，認爲"真"在於作品與人品之間的真切合一，既不盲目模仿因襲古人，又不隨波逐流苟同時俗，以自己内心之真情形諸文字，展現獨特的面目。這種人詩合一、無一點造作、無他者拘牽的詩作才能稱得上"真詩"。這便從兩方面體現出澹歸論詩的觀點：一爲説得自家意思，即強調作品的獨創性；二是對詩歌真實體現詩人性情與面目的要求。從這兩個層面來規定詩之真，與清初詩壇對"真詩"的界定大致一致。如杜濬對真詩的要求也從"語無格套""人即是詩，詩即是人"兩方面來界定④。魏象樞也抨擊那些言行不一、爲文以自我矯飾的虚僞之輩，又批評爲文造情、失其本色的矯情之作。要求詩歌作者、作品和世界各層次間的關係都要保持真實⑤。魏象樞康熙年間官至宰相，以文學著稱，其觀點代表了清初詩壇的共同主張。澹歸作爲清初詩人，以文壇責任擔當自任，力圖爲糾詩歌風氣之弊盡一己之力。

---

① 《徧行堂集》（二），第 27 頁。
② 金聖嘆著，曹方人、周錫山標點：《金聖嘆全集 1》，第 100 頁。
③ 《徧行堂集》（一），第 200 頁。
④ 杜濬：《變雅堂遺集》卷八《與范仲闇》，《清代詩文集彙編 37》，上海古籍出版社，2010 年，第 260b～261a 頁。
⑤ 魏象樞：《庸言》，《寒松堂集》卷十二，山西人民出版社，1992 年，第 870～871 頁。

三爲《鄭素居詩序》：

> 杜子美之詩曰：靜者心多妙。以其不住於靜，故妙；以其不住於妙，故靜也。夫不住於靜，並不住於妙，而天下之真詩出矣。嗚呼！吾與素居，豈僅言詩者哉？①

講到靜對詩人心志修養的重要性，提出"至靜"這一概念，認爲至靜是在動與靜之上的境界。只有達到至靜狀態，全覽性地觀察動與靜，根據詩歌創作需求，在動與靜之間游刃有餘地轉換，不爲詩法牽拘，才能抵達真詩的藝術境界。在這裏，澹歸對真詩的界定在於通過"至靜"能力的獲得，達到一種超脱、萬物爲我所用的藝術境界，也即下文將要論及之澹歸詩歌理想的追求。

整體來看，澹歸對於真詩傳統的追求與清初詩壇的大致走向較爲一致，表現爲要求詩歌真實地表達詩人情感，須是情之所動發而爲詩；同時要求詩中有人，即詩歌是詩人基於性情才華的獨創，而非模仿因襲，詩歌所反映的情志應與詩人之言行保持一致；並進一步從詩歌境界上勾畫"真詩"理想，結合佛家道家修爲的境界，提出體悟最上道心後，作詩不再受任何格套塵俗的拘約，方能臻於真詩境界，而這則是澹歸特殊身份下的獨特建構。

（三）天機與境化的詩歌理想

"化境"被研究者稱爲中國藝術理論和美學中的獨特範疇，標志著作品審美價值的最高層級，有中國哲學中"天人合一""萬物一體"的深厚底蘊。從詩的角度看，指"玲瓏透徹，不可湊泊"的渾然之境；在創作時是一種物我兩忘、身與物化的狀態，不需刻意求取、冥思苦索便能達到的境界。"臻於化境"的藝術家要有深厚的主體修養②。

明清之際，"化境"常在論詩者語境中出現。如賀貽孫"詩家化境，如風雨馳驟，鬼神出没，滿眼空幻，突然而來，倏然而去，不得以字句詮，不可以迹相求"，又説："高岑五言古律，俱臻化境，而高達夫尤妙於

---

① 《徧行堂集》（一），第171頁。
② 張晶、馮琳：《化境：藝術創作中審美價值的極致》，《社會科學戰綫》2014年第5期，第151～156頁。

用虚."① 又如王夫之評大謝的《登池上樓》:"始終五轉折,融成一片,天與造之,神與運之。嗚呼,不可知已!"又評《游南亭》詩云:"天地之妙,合而成化者,亦可分而成用;合不忌分,分不礙合也。"② 王士禎説:"舍筏登岸,禪家以爲悟境,詩家以爲化境,詩禪一致,等無差別。"③ 在這些話語環境中,"化境"作爲一種高妙、偶得、混融、了悟的境界,是論詩者心中共同的藝術至境。

化境同樣也是澹歸對詩歌境界的最高追求,並常將其與構思階段的"天機"聯繫在一起,認爲通過天機的激發,才能達到化境的境界。他在《硯鄰記跋》中説:

> 不恒似,時似耳,此所謂神似也,得其天機而遺其驪黄牝牡也。凡物之天機,不能常露,蓋境有以奪之。然亦不能常不露,境速過則露於境外,境不速過則露於境中。當其忽然而露,已不自覺,人亦不知,惟神賞者有以識之。風行電轉之間,而已不可復得矣。西昌蕭三峨先生之人之文,皆以天機勝,其《春浮園》神似者也。予過孟昉,登帆影樓,讀《硯鄰記》,嘆其神似先生。硯鄰不必似邂圃,邂圃不必似春浮,其時似者,則孟昉之天機所露也。士之下劣者,不克自有其天機。惟聰明才智之人天機強,則其力常透於境外,然錐末耳。予嘗以爲文之妙者,天機浮於筆墨之上,透則有時而不透,浮則無地而不浮,此之謂境化。④

這種經由"天機"而達到的最高藝術境界爲許多論詩者所運用,如謝榛言:"詩有天機,待時而發,觸物而成,雖幽尋苦索不易得也。如戴石屏'春水渡傍渡,夕陽山外山'屬對精確,工非一朝。所謂'盡日覓不得,有時還自來'。"⑤ 謝榛也將天機作爲達到化境的最佳契機,認爲"天機"建立在詩人較高的文學素養上,並通過偶然的感物而得,不能通過幽

---

① 賀貽孫:《詩筏》,載郭紹虞編選《清詩話續編》,上海古籍出版社,1983年,第165、173頁。
② 王夫之:《古詩評選》卷五,《船山全書》第14冊,第733頁。
③ 王士禎著,張宗楠纂集,夏閎校點:《帶經堂詩話30卷卷首1卷》卷三,人民文學出版社,1963年,第83頁。
④ 《徧行堂集》(一),第445頁。
⑤ 謝榛:《四溟詩話》卷二,見丁福保輯《歷代詩話續編》,中華書局,1983年,第1161頁。

尋苦索而得到。謝榛對"天機"所發的偶然性、創作者的素養等要求與澹歸很相像。這種經由天機而達到的化境，即澹歸所言之"形神俱妙""人天合一"的詩歌理想境界，是諸多論詩家共同的理想，更是澹歸最高的論詩理想。

對於化境這一理想境界，澹歸借傳統的立象盡意論詩法，借對"仙人""天人"形象的構建，描述這一詩歌理想境界的特徵：

> 天上神仙無不識字者，或來人間，必爲名流才子，其徵多見於詩。詩之爲道，如水如鏡，鏡不受垢，水不受塵，仙不受凡，詩不受俗，蓋無所受之也。頃見彭子羡門，謂非人間人。讀其詩，如李鄴侯少時能於屛風上行，骨節珊珊作聲；又如紫珍入市，現一龍銜月，清涼透骨，病者皆起；亦如麻姑會王方平所行饌，香氣絕异，皆是諸花而不辨名狀；復如天妙寶衣，長數由旬，重不過數銖。詩既如是，人亦宜然藐姑射之仙，肌膚若冰雪，綽約若處子。其神凝，使物不疵厲而五穀熟。蓋爲羨門言之也。①

又在《輕雲近集小叙》中稱：

> 癸卯邂逅公謀於仙城，時阿字座元謂余曰：此居士能詩，清絕。蓋寓迹於計然、范蠡之間者。余心識之。甲辰復相見於雄州，始得觀其《輕雲近集》，疑於藐姑射之仙也。②

而具體到"天人""仙人"的特徵，澹歸在《護世説爲何鳴玉南衡初度》中描述道：

> 天人之於人，相去遠矣，其清濁相遠，明暗相遠，苦樂相遠，修短相遠。天人之視人，猶吾人之視蟲沙也。渺小不足入其目中，而穢惡復不可近。③

從以上材料可知，澹歸所論之"天人""仙人"既要"清絕""貴""不俗""不受垢""不受塵""神清骨貴"，又要"形神俱妙"、形神合一。由此可知，澹歸的論詩觀念中，化境所蘊含的當有如下兩種風格特徵。

---

① 《徧行堂集》（一），第158頁。
② 《徧行堂集》（一），第189頁。
③ 《徧行堂集》（一），第16頁。

首先，作品要達到神清骨貴的境界，具備清秀高奇的特徵。他在《沈客子詩序》中稱："當湖沈客子之詩，所謂清絶不寒，秀絶不纖，高絶不孤危，奇絶不刻削者也。"①從格調、韻致上對詩歌的藝術審美做了要求，提出"清絶""秀絶""高絶""奇絶"的詩歌境界，與"寒""纖""孤危""刻削"之極端及偏頗對立。唯有如此，方能臻於"身光踰於日月，衣質勝於雲霞，全神即形，全形即神，非塵埃中所得見，而忽入塵埃，自然有香若栴檀，光若瑠璃之异"的仙人之境。

在具體論述中，澹歸將詩歌劃分爲三重境界。最上者即"神清骨貴"，如同天人般飛行自在，不受人間穢濁所污；第二重境界即"充實穩稱"，没有瑕疵，但因未達到最上乘智慧的"清絶"，便不能稱貴；第三種則飄墮塵埃，尖酸詭刻，縱使想要掩飾，也没有才力來改變，流入偏枯。他在《曹季子詩序》中説：

> 王謝子弟秉氣清貴，流風蕭灑，其英華蔚秀，遂擅一時，自然無些子傖父態。予讀曹君季子詩，如竹烏衣巷裏也。詩文之道，奇平、濃澹、深淺、遲速，各從其所近，然神不可不清，骨不可不貴。譬如天人，身出光明，衣食微妙，飛行自在，視七金山五色蓮華香水圍繞，猶在須彌脚下，况於人中穢濁，豈堪著眼？則至貴者必至清也。藉令充實穩稱，無可瑕疵，而相其神骨，僅堪置之旅進旅退間，以其智不浮清，畢竟不貴。亦有邊幅狹劣，似清而酸，詞指詭刻，似貴而傲，流入偏枯，便乖正法，迹所自處，已爲廢材，由其力不載貴，畢竟不清。季子尊公爲峨雪先生，令兄碩庵太史，排金門，上玉堂，乃其閨闈內事。薄游山川，有所抒寫，意思蕭灑，決不飄墮塵埃，謂之家風，亦云自性。蓋生而清貴，不資模倣者耳。②

又在《廖夢麒詩序》中説："廖子夢麒，杰出韶陽之士，其詩蒼秀，骨重而神不寒，復登作者之堂。"③

可見，"神"與"骨"是澹歸非常重視的兩個詩歌審美概念。據其對神"不寒""神清"與"骨重""骨貴"的描述來看，"神"當是指詩歌氣

---

① 《徧行堂集》（四），第63頁。
② 《徧行堂集》（一），第165頁。
③ 《徧行堂集》（四），第53頁。

象的高古、雅正、哀而不傷,"骨"當指詩歌內容的充實、立意的高遠、情志的真切,與澹歸回歸傳統詩教的詩歌目標一致。以形與神喻詩之骨與神,指出骨需重,而神不能寒,神寒而骨重,則不能"包舉而輕升",不能達到仙人境界。

對於達到"神清"與"骨重""骨貴"的途徑,澹歸亦有論述。他在《陸曠庵集序》中説:

> 人之貴賤分於骨,肌膚毛髮,皆裹於骨而見榮者也。骨不論剛柔,柔有貴,剛亦有賤。清則貴,濁則賤;純則貴,雜則賤;高簡則貴,濫則賤;和則貴,雷同則賤;深隱則貴,浮露則賤;渾成則貴,刻鏤而巧合則賤。詩文亦然。凡貴者必矜,非矯厲絶物之謂也。……見其人風流藴藉,謙以自牧,別有凌霄之姿,耳目不得而狎玩。以柳下惠之和,三公不能易其介,敦之者或流爲不恭,此之謂矜貴。蓋予讀曠庵陸子之集,真見所謂矜貴者矣。曠庵之爲詩文,皆生於心之不容自已,其心所不能強者,未嘗強爲。其未作也,不輕與人以入;其既作也,不輕與己以出。一則伐毛,粉澤外盡;再則易髓,臭味内脱;三則鍊神,則清虚之相俱消。無論一章一句,即一字不比於雅,必芟;即列一友生、標一時地名位,近於不雅,不用;其集而次之,不發乎情,不止乎禮義,不苟存。其慎也如是,蓋慎而後可與言矜也。①

澹歸借人之肌膚毛髮與骨之關係展開論説,骨爲人體最重要的部分,決定肌膚毛髮的盛衰。骨無論剛柔,貴者應具備的特質爲"清""純""高簡""和""深隱""渾成";又指出貴者必"矜",但又絶不是"矯厲絶物",而是既"謙""和"又有"風流藴藉""凌霄之姿",是不能狎玩的矜貴。接著從對人之品格的論述轉到詩文中來,認爲詩之高貴亦在於此。通過對陸曠庵詩文達到"矜貴"風格之方法的論述,提出詩文創作過程中所應具備的"慎"之態度。對此,澹歸總結爲如下三點:第一,創作動機上,一定要感之所至,不得不發時方發,不做無病呻吟,在構思成熟前絶不輕易動筆。這既強調創作的真情實感,又強調構思的深思熟慮。第二,

---

① 《徧行堂集》(四),第58頁。

創作後更要悉心修改。澹歸提出"伐毛""易髓""鍊神"三步驟,通過這三個步驟打磨修煉詩文之"形"。第三,鍛造詩文之"旨",按照"雅""發乎情、止乎禮"的標準檢查詩文內章句、人物、地方、情感,有不符合者即刪除。通過這三個步驟,從創作到修改乃至詩文旨趣進行規範後,方能達到澹歸所標榜的"矜貴"標準。

其次,澹歸提出,要達到化境之狀態,還要樸拙自然,不事雕琢。他在《汪子倬集序》中提出:

> 讀其《愛日樓集》,剛非露骨,柔非縱筋,樸以立幹,秀以舒采,盡作者之長,不爲時流轉,亦不爲昔徑迷,乃從而論次之。①

要能在剛柔之間把握好度,使文章"樸""秀"並濟,發揮創作者的長處,不因拘於"時俗"與"昔徑"而迷失自我。這是澹歸一向主張創作主體自我凸顯的表達。

另外,對詩歌不受塵埃的追求表現爲對華麗辭藻、修飾裝點的反對。如在《姚媒長醒泉詩集序》中指出:

> 水真之詩,體尚自然,無一造作,不受一點塵埃,色聲香味無一缺陷,亦不借一分增設,炯爛之極,正爾平澹。平衡而較之,比于他詩亦重。予銘有之:性空真水,性水真空,真水水真,此二皆同。早已爲水真之人之詩,與清醒泉成一合相。作叙已竟,乃復爲此,赤眼歸宗好一味禪,無端傷鹽傷醋,却成五味,水真若是巢父,牽牛過之,但道一句:此污吾水,澹歸愧矣!②

又如在《灼霞亭唱和集序》中云:

> 詩始乎正,卒乎蕩。世之摩娑風月,洗剔江山,咳唾珠玉,吾無取焉!③

反對詩歌過分修飾雕琢,提倡自然而不造作的詩歌風格。事實上,這仍是對唐代"中、晚"之刻意雕琢與修飾的反思與糾正。

在此,澹歸提出了自己的詩歌理想,即要有雅正的風格,追求真詩的

---

① 《徧行堂集》(四),第72頁。
② 《徧行堂集》(一),第159頁。
③ 《徧行堂集》(一),第159頁。

境界，通過"天機"的迸發達到"境化"的理想。這種創作理想對創作者有著極高的天姿與才智要求，描述的詩歌境界更是自然高妙，混融無痕。

澹歸對作家、作品、創作層面的闡釋，在具體論述中既有對詩人天分、作品理想境界的建構，又結合後天鍛造指出詩人的修爲之途、詩作的創作之徑，既有一定高度，又有現實可操作性；既展示了清初詩壇論詩的大致風向，又與其自身思想與創作經驗緊密結合。

第二節　澹歸對僧詩的闡發與地位的維護

佛教東傳後，詩與禪便結下了不解之緣。然在禪宗"不立文字"的影響下，文字禪的合法性一直備受質疑。隨著唐代以來詩僧群體的興起，僧詩飽受關注與批評，或認爲其取徑狹隘，有僧氣、蔬筍氣；或批評其"皆無超然自得之氣，往往反拾掇摹效士大夫所殘棄。又自作一種僧體，格律尤凡俗，世謂之酸餡氣"[①]。因此，長久以來，僧詩一直面臨一些基本問題，如僧詩創作與禪家"不立文字"宗旨之間的衝突如何解決，僧詩可不可以言情、該如何言情，僧詩該如何自成風格、自尋出路等。針對這些問題，澹歸所在的海雲詩團做出了嘗試與突破，提出"似詩"理論，爲詩僧創作開闢了道路。

爲僧後，澹歸開始關注僧詩，對詩僧身份有較強的體認與歸屬感。由於他由儒入釋的身份、争強好勝的性格，其僧詩批評頗具個人特色。

一、闡揚"似詩"理論

"似詩"理論最早由天然函昰提出，他認爲："似詩者，何謂也？道人無詩，偈即是詩，故亦曰詩。然偈不是偈，詩又不是詩，故但曰'似'。"[②] 偈子通常以四句韻辭爲一偈，有的合於詩律，有的不合詩律，此種作品是否應當算作詩，至今尚有争議。在這段話中，天然將合乎詩律且詩味禪趣同臻佳境的偈子稱爲詩，但又巧妙地避開嚴格的詩律規範，將

[①] 葉夢得：《石林詩話》，中華書局，1991年，第19頁。
[②] 天然函昰：《瞎堂詩集》，卷首第12頁。

創作範圍界定在"道人"群體之中,冠以"似詩"之名。天然以諸種獨特性爲僧詩謀得一席之地,奠定了僧人詩歌創作的合法性。同時,天然提出,僧人需要創作這種介於詩與偈之間的作品,一則"悲歡離合與人同情,草木鳥獸與人同境"①,利用詩歌能切近人情,借之表達玄奧的佛理,從而與讀者溝通;二則"餘之不是詩,是以樂與天下,而以尤樂待一人"②。以"似詩"的作品形式來幫天下人證得"自我之樂",並見證自我佛性之樂,進一步解決禪宗不立文字與僧人創作之間的矛盾,爲僧人創作的合法性提供充分的理由。

在天然"似詩"理論的基礎上,澹歸給予了有力的回應,進一步闡揚這一理論,並創作了大量作品。澹歸最早對這一理論的回應見於其《遣興詩小引》:

> 人人有一卷詩,甘蔗生無一卷詩,即今有一卷詩,且道是詩不是詩。噫!人人是詩,甘蔗生不是詩;人人詩是,甘蔗生詩不是。不是詩,詩不是,沙裏易淘金,水中難擇乳。乃爲之贊曰:佛法世法,同生同殺,會得醍醐,不會毒藥,肚裏沒絲毫,口頭儘潑撒,雖然寫個八字,並無一撇一捺。咄!③

將其《遣興》組詩界定於是詩與不是詩之間,接著以沙裏金、水中乳比喻詩與偈之間的關係,描摹二者難以分清的狀態,以此回應天然"似詩"理論,並進一步擴展到佛法世法的修煉中來,提出佛法世法之間皆可爲修煉證道之所。

除積極響應天然"似詩"理論外,澹歸還以禪家理趣進一步闡述"似詩"理論的合法性,對比曹洞宗禪學修煉方式與詩歌創作的相似性,論證詩僧之作"似詩"的必然性:

> 濟家用剛,洞家用柔。用柔之妙,蘊藉於吞吐之半,不盡不犯,出而爲詩,與風人之微旨得水乳合,有不期然而然者。詩非道所貴,然道所散見也。譬之已是鳳鸞,舉體錯見五色六章,求北山鵁不潔之

---

① 天然函昰:《瞎堂詩集》,卷首第 11 頁。
② 天然函昰:《瞎堂詩集》,卷首第 11 頁。
③ 《徧行堂集》(一),第 195 頁。

翼，了不可得。①

辨別臨濟與曹洞二家的修證途徑，稱洞家"五位法門"偏正回互，行功綿密，含蓄蘊藉，正與詩歌創作手法不謀而合，禪法之中自然蘊含詩法。因此，禪法雖意不在詩，而詩自在禪中。這就從内在理路上爲禪宗詩歌創作找到了根由，爲海雲一派大量創作"似詩"之作奠定了理論基礎。②

在創作實踐上，澹歸更是身體力行地爲"似詩"理論的合法性正名，大量創作詩歌文章，刊刻《徧行堂集》，並對法門作品的大量出現滿懷期待，如其在募捐刊行《徧行堂集》時説：

> 因見宗門知識有文集者，惟明教契嵩、覺範慧洪，此外寂寂，師友相許謂此集頗足爲後學資糧，當照藏經板刊布，使叢林中得以流通，如嵩公《鐔津集》、洪公《石門文字禪》。③

一方面是對佛門文學作品匱乏的痛心，另一方面是對自己作品流布影響的期許，最好能如契嵩、惠洪等高德之作品，欲爲佛門文學振興做出貢獻。

二、深析僧詩風格

囿於題材範圍與情感表達，尤其是禪宗"不立文字"的自縛，僧詩創作與流傳一直不夠繁盛。且宋明以來，對僧詩的批評和偏見代不乏人。"菜氣""蔬筍氣""酸餡氣"等批評屢出不窮，詩僧又很難正面予以回應。而在"似詩"理論指引之下，澹歸嘗試應對這一歷史問題，糾正對僧詩批評的評價，並提出自己的僧詩創作觀點。他在《見山詩集序》中説：

> 寓半塘次，法華樹南和尚儼然造焉，抱其深致，知爲雅人，出《見山詩集》相示，詩復雅。譬如扶輿靈秀之氣，結而爲山，其間一泉一石一草一樹，無不助靈獻秀者。詩家之論僧詩，不可有僧氣，惡

---

① 《徧行堂集》（一），第193頁。
② 陳恩維：《"似詩"與"自尋出路"——明末清初海雲詩僧的詩學理論及其對詩禪理論的發展》，中國文學研究2016年第1期，第52~56頁。
③ 《徧行堂集》（二），第225頁。

其蔬笋。不可有僧氣，忽有官人氣，亦自不類；惡其蔬笋而好其酒肉，又不類矣。僧之詩妙在不熟，有時似熟，正得香初花半；妙在不整，有時似整，依然疏影橫枝；妙在不足，有時似足不妙，雲外封，泉内湧，復以不恒見勝耳。古德云：似即是，是即不是，此作詩三昧也。詩人之詩未嘗不是，而常不妙，蓋必有超然於意言之表，無心而獨得者。夫無心而獨得，豈可恒得哉？余與見山之詩適相遇於天機。嗚呼！道人唫詠，直寄興耳，聽俗士之去取，劣得數章，位置於羽流、閨秀之間，亦不雅矣！①

在這篇詩序中，澹歸表達出對僧詩批評的不滿，肯定了僧詩的獨特風格與價值，指出僧詩的妙處，爲僧詩的位置鳴不平。具體來説，有如下三個觀點。

其一，針對傳統詩家的僧詩批評進行辯解。就"詩家之論僧詩，不可有僧氣，惡其蔬笋"之説辯駁稱："不可有僧氣，忽有官人氣，亦自不類；惡其蔬笋而好其酒肉，又不類矣。"認爲僧詩的"僧氣"與"蔬筍氣"自是僧人特徵，與僧人日常修持之心性息息相關，若無此氣而盡染世俗之功名酒肉氣則更不倫不類，肯定僧詩的獨特價值。澹歸在詩歌創作中也追求這種獨特的風格，陸世楷評價其詩作説："師詩非詩家流，然詩中少不得有此一種。"②

其二，闡發了僧詩創作觀，認爲僧詩獨特的妙境在於"不整""不熟""不足"，而偶爾的"整""熟""足"也爲僧詩增色。這種"不整""不熟""不足"的詩歌觀，恰好使詩歌脱離成熟的作詩技巧與詩法，達到論詩者更推崇的不事雕飾、水中著鹽之天真詩境。澹歸將這種無心之作看作僧人獨有的創作優勢，以追求不同凡俗的心境，求得詩境的空靈潔净。對比出世詩人之詩，指出往往病在"必有超然於意言之表"，少了些留白的空間和餘地，讀來似覺詩境不妙。

其三，澹歸將作詩三昧歸結爲"似即是，是即不是"，與禪家修證方式相似。在"似"與"是"之間尋找合適的契點，捨弃外形的束縛與標榜，達到神似的禪境。海雲詩團將佛家機鋒與詩歌理論相結合的作詩理

---

① 《徧行堂集》（四），第78頁。
② 《徧行堂集》（一），序第9頁。

念,是其詩歌理論的重要特色。

在僧詩風格上,澹歸一方面爲僧詩的"僧氣"尋找立足之處,又在創作内容與風格上有所突破,希望僧詩不局限於僧氣,而能擴充題材,廣泛涉獵。這種涉獵的標準與其論詩主張中的"偶然"而得相合,即强調無意爲之。其《書文可師與曹秋岳送别唱酬詩後》稱:

> 僧詩有僧氣即不成詩,詩僧無僧氣亦不成僧。師超然無營,一鉢袋子來粵東,窮山水之勝,得句輒投,不復措意,既不能目爲詩僧,亦不能目爲僧詩。宜其爲秋老勍敵也。①

不以明晰的定義和概念給事物下結論,是中國古代道家哲學名物觀的表現,也是佛家以打機鋒等表達來點撥啓發他人的手段。在僧詩的界定上,澹歸頗喜用這一模糊的説法來論證僧詩的處境,對似是而非之間的解説頗爲中意,製造"祇在此山中,雲深不知處"的朦朧感。然而,也正是這種不點透、不説破的境界,營造出中國詩學韻味悠長、含蓄藴藉的風格。澹歸提倡詩作當如此,在詩歌批評中也秉持此道,是其詩歌批評的特色之一。文中對"不復措意"的贊揚,與其一貫主張的"詩歌之妙,得之偶然"相合,反對刻意營造和苦心搜求,講究天機獨造,境化渾融。

三、爲僧詩争取地位

歷代選詩者將僧詩置於閨秀羽流之間,可見僧詩在詩壇中不被重視。澹歸不滿世人對僧詩的偏見,多次在詩文中予以表達。如《閩中趙菀客以〈梵雅〉一册見貽,先得我心,題此却贈》:

> 同還雲月异谿山,纔見僧詩便合刪。已落貴人才子後,可堪閨秀羽流間(選詩者置僧詩於羽流之後,閨秀之前,蓋别無頓放處)。單行俱到茅庵冷,結伴孤尋布衲閑。危石别開天一角,松風起處水潺潺。②

又《見山詩集序》:

> 嗚呼!道人唫詠,直寄興耳,聽俗士之去取,劣得數章,位置於

---

① 《徧行堂集》(一),第459頁。
② 《徧行堂集》(四),第407頁。

羽流閨秀之間，亦不雅矣。①

澹歸對此種安放順序頗感不平。在"似詩"理論的引導下，其對僧詩的合理性與獨特地位有更深的體認。與此同時，他還對外人不能體悟僧詩之功用與妙處感到憤然。在他看來，將僧詩置於"羽流""閨秀"間，是"俗士"對僧詩的誤解與不公。澹歸個性好強，這種不平既是基於他對僧詩的深度理解，也與他一向高標自持的性格有關。

整體上看，基於對僧詩的理解，澹歸進一步發展了天然和尚的"似詩"理論，體現出調和文人詩與僧詩的傾向。他大力闡發僧詩價值及僧詩應有的風格，力圖爲千年以來僧詩所面臨的尷尬處境尋找解脫門徑，奠定僧人詩歌創作的合法性地位，同時指出僧詩的發展方向，肯定僧詩的獨特價值，爲僧人創作找到進取門徑。另外，他對僧詩在詩選中居於羽流閨秀間的位置安排深感不平。總之，作爲海雲詩團的中堅，澹歸爲海雲禪系詩歌的發展做出了不小的貢獻。

第三節　澹歸詩歌批評的理論特點與價值

澹歸的詩歌批評脫離不了清初批評的話語環境，帶有濃鬱的時代氣息。但澹歸由明入清、由儒入釋的身份，使其詩歌批評在主流詩論環境中帶有深厚的個人特色。

一、主流詩論的承前啓後

澹歸的詩歌批評耽於其所涉詩學語境及遭際經歷，與清初主流詩歌論壇有相當的一致性。就其遺民身份而言，與顧炎武、黃宗羲、王夫之等可稱一域；就其生活環境而言，因出家後長期淹留嶺南，與嶺南論詩的主要話語模式亦可一比；就交游關係言，與清初浙西文壇主將曹溶、沈皥日、宋之振等交往密切，詩歌理論也可比觀；其詩歌理論與同時代的葉燮之《原詩》有諸多相似的觀點，亦可作比較研究。雖然如此，澹歸的詩歌理

---

① 《徧行堂集》（四），第78頁。

論亦具有濃鬱的個人特色。具體如下。

(一) 重教化的功能觀

載道是文學被賦予的功能，向來爲主流士大夫所重視。明末清初，返古汲經成爲此際文學思想最重要的特徵。錢謙益、黃宗羲、顧炎武、王夫之、魏禧等皆呼籲文人學古，尤其是向經學回歸。在這一思想影響下，文學批評亦積極倡導正統的儒家倫理道德和價值觀念，對明末性靈文學、竟陵派等文人的倆背繩墨、放浪情懷、側重於個性意識和世俗傾向發起批評，反對文學流於淺易與幽深孤峭、缺乏對社會責任承擔等弊病，文以載道的思潮再次悄然興起。這在清初遺民文人群體中得到尤爲有力的體現。顧炎武主張"文須有益於天下"，認爲文學的價值在於明道救世，此觀點得到志氣高尚文人的積極響應①。與之相應，道統與文統的統一再次被提起。黃宗羲主張"文之美惡，視道合離"的散文論，稱："文以載道，猶爲二之。聚之以學，經史子集。行之以法，章句呼吸。無情之辭，外強中乾。其神不傳，優孟衣冠。五者不備，不可爲文。"②將道看作文章的靈魂，統攝情與學、法與神，並明確文章的社會責任與功能："古之詩也，以之從政，天下之器也；今之詩也，自鳴不平，一身之事也。離黍降爲國風，一時之變也；天下降爲一身，古今之變也。"③呼籲文學向社會關注轉移，承擔社會教化作用。

嶺南三家之一的屈大均亦主張"夫儒之道在六經。六經之有《詩》，通夫《易》《書》《春秋》《禮》《樂》之精微也"④，不僅主張文以載道，還將道具體到六經上來。陳恭尹也在《屈翁山文抄序》中稱：

> 夫文之爲用，所以寫天地萬物之情而傳於人，述古今萬事之變而垂於後，其寫物也，鬚眉畢見，生氣躍然；其述事也，治亂有源，脉絡井井，使讀者如身入其中。喜者欲舞，怒者欲奮，哀者欲泣，樂者

---

① 顧炎武著，黃汝成集釋，欒保群、呂宗力校點：《日知錄集釋》(全校本) (上)，上海古籍出版社，2013年，第1079頁。
② 黃宗羲：《李呆堂先生墓誌銘》，《黃宗羲全集》第10冊《南雷詩文集》(上)，第410~413頁。
③ 黃宗羲：《董巽子墓誌銘》，《黃宗羲全集》第10冊《南雷詩文集》(上)，第488~489頁。
④ 歐初、王貴忱主編：《翁山文外·王蒲衣詩集序》，《屈大均全集》第3冊，第64頁。

第五章　言論環境與詩歌理論：澹歸詩歌理論及時代觀照 | 285

欲歌，足以示勸懲而起頑懦。①

將文章的功用界定爲在傳人與垂後。摹情狀物只是爲了使讀者如身在其中，從而起到勸懲的效果。

與澹歸同時稍後的葉燮更是主張詩文載道：

> 夫文之爲用，實以載道。要先辨其源流本末，而徐以察其异軌殊途；固不可執一而論，然又不可以二三其旨也。是在正其源，而反求其本已矣……道者何也？六經之道也。爲文必本於六經，人人能言之矣……數者條理各不同，分見於經，雖各有專屬，其適乎道則一也。而理者與道爲體，是與情貫乎其中，惟明其理，乃能出之而成文。②

提倡明確文章載道的功能，與屈大均一樣，將所載之道導向六經，明確爲儒家之道，並將六經按照特點分別歸納爲理、事、情的載體。

在這一環境下，澹歸的詩文批評也重視詩文的載道功能。他認爲詩是載道的工具，擔任宣揚忠孝仁厚、諷喻世人的重任，是聖賢借以影響世人的途徑。如在《樹德堂詩集序》中説：

> 天下之元氣見於風俗，一人之元氣見於詩，以正爲鵠。《詩》三百一言以蔽之，曰思無邪，此詩法也。天下之風俗雖壞，一人自正，則能回元氣於無何有之鄉，其權不分上下。使位天地，育萬物，全歸君相，彼有君相以來，賢者少，不賢者多，然而不至於崩陷滅絶，必有致中和而不見知於世者矣。其義不專屬詩，而謂之見於詩者，詩，性情流露之最真也。
> …………
> 詩者，樂之所以成也，必節於禮。先正其思，思正然後禮得其節，禮節然後樂得其和。一身一家之元氣，操天下風俗之樞機，天地不至崩陷，萬物不至滅絶，匹夫匹婦皆有致中和之責、位育之功，而况士大夫。予於序先生之詩切言之，亦先生自處先覺，以覺斯世斯民之本志也。③

----

① 陳恭尹：《獨漉堂詩文集》文集卷二文序，《清代詩文集彙編 125》，上海古籍出版社，2010 年，第 558b~559a 頁。
② 葉燮：《已畦集·與友人論文書》，《四庫全書存目叢書·集部 244》，第 128~129 頁。
③ 《徧行堂集》（四），第 74 頁。

通過對李如穀其人其詩的推揚來定位詩歌功能，提出如下幾點看法：第一，詩歌是個人元氣的體現，元氣不專屬於詩，但因詩是人"性情流露之至真"，所以最能體現個人元氣；第二，天地間的元氣可通過一人之元氣得以挽回，這與人之權位高下無必然關聯；第三，好的詩歌作品應不激梟以傷氣，不雕琢以損神，不纖麗以喪骨，浩然天真，出於性情之至正，即講究詩歌的雅正、質樸、渾厚、自然；第四，提倡選詩與作詩要秉持一定的方法與宗旨，即以"懷古言志、關風化、感時事、有識度、有經濟、覺迷啓"等爲標準，凸顯詩歌的教化功能；第五，詩歌作爲個人元氣之體現，之所以能擔負正風俗、養萬物之重責，在於個人通過正思、禮節、樂和將養和氣，以和氣應天下之元氣；第六，天下元氣的將養，在於匹夫匹婦切實擔任致中和之責、位育之功，無論在位與否，無論出世入世，都有一份天下之責任在身上。

澹歸無疑將李如穀作爲天地間元氣的將養者，從其對李氏的推崇來看，澹歸所說"元氣"應具有以下幾個特點：首先，元氣需是出於"性情之至正"，"至正"的標準在於度的把握，即不偏激，不乖戾，不怨天尤人，退而自處，謹言慎行，將養和氣與胸中浩然之氣。其次，要有恬然曠達的胸懷來處理與塵世的關係，要具備"卷之退藏於密，舒之則彌六合"的能力，有出則治國平天下，退則修身齊家的儒者情懷。重要的是，無論退隱或者出仕，都要有淡然處之、樂於從之的心態。澹歸極力讚揚李如穀身上具備的儒雅敦厚的"和氣"，並借此強調詩歌的拯世責任，認爲遁世者應遁世而不離於世，反對與世隔絕空談義理。

本著詩以載道的功用，澹歸認爲詩歌應當著力承擔起教化勸世的責任。因此，他不僅在批評中提出這一要求，作爲評價詩歌的標準之一，在創作詩文序跋中也竭力實踐這一標準。《顏修來詩序》中說：

> 夫詩，德之成，政教之合，而樂之文也。……予爲吏部君雪六十七世之祖之屈，不專序詩。吏部君天才英絕，其詩沉鷙深入，出以簡銳，兼有得雄之力。[1]

進一步剖發創作者作詩的志向與意圖，既是對作者秉持詩教傳統的贊

---

[1]《徧行堂集》（四），第86頁。

揚，又是對其他創作者的引導。可知澹歸作詩爲文之真正意圖在於闡述己志、補天下教化。

澹歸又在《庚子集序》中再次強調："予叙詩，而爲節母表元功者，推孝子之志，以明作者之志，不徒以才名相矜重也。"① 叙詩的目的在於爲孝子節母表彰，從而教化天下，並非僅僅發揚作者才情。這在《陸嗣常遺詩序》中表達得更爲明確：

> 予爲表其大節，因遺詩而教忠，因輯遺詩而教孝，則陸氏之澤，益遠且大，不敢掇春華忘秋實也。②

表彰持節遺民心懷故國的節烈性情，指出創作詩序的目的在於"因遺詩而教忠，因輯遺詩而教孝"，雖有掩蓋直接贊揚明遺民招致不測的嫌疑，而在此時語境下更有可能是澹歸的真實目的，是其詩教觀的具體呈現。

他如《鐵潭詩集序》所言："詩與樂相表裏，内可觀其德，外可觀其政。"③《研鄰偶存序》："俗薄時危，賢者所宜匡救，是故有不言。言而無益於人心，有損於聖教，其獲罪在千百世。"④《柱史閣集序》："鳳城余子善將，爲諸生即能清苦鍊行，既舉進士，不改韋布之風。所作詩古文，脱去蹊徑，抒寫靈妙，一以薄嗜欲、飭廉隅、端學術而移風易俗者，指歸心性。蓋儒之知本者也。"⑤《陸芳洲集序》："雖然，文非小器，所以載道，求工於詞，擇而後出，如披砂得金耳。"⑥ 都明確要求文以載道，作文者必將砥礪心志，然後可以爲文。

由此可見，澹歸秉持中國儒家傳統論詩觀念，認爲文學的功能在於弘揚道義，發揮教化功能；希望詩歌的風格回到温柔敦厚的"正音"之中，以將養天地間的和氣。就詩歌功能與詩歌風格的主張來看，澹歸不滿於明代後期公安派"獨抒性靈，不拘格套"以及竟陵派抒發"孤懷孤詣""幽情單緒"而忽視詩歌的社會職責，更強調詩歌的教化功能與"雅正""和氣"。

---

① 《徧行堂集》（一），第136頁。
② 《徧行堂集》（四），第65頁。
③ 《徧行堂集》（一），第182頁。
④ 《徧行堂集》（四），第54頁。
⑤ 《徧行堂集》（四），第52頁。
⑥ 《徧行堂集》（四），第57頁。

相比之下，顧炎武、黃宗羲的文章社會功用觀更側重於文學與時代的聯繫，以文學反映現實、干預現實，肯定詩文"史"的價值。澹歸更傾向於詩文對人心潛移默化的影響，以和氣化導民衆，這點與王夫之相近。與屈、葉二氏的六經之道相比，澹歸雖將詩文作爲載道的工具，但其側重於對當世秩序安頓的教化之道，强調位育倫常。這當與顧、黃、屈、葉等秉持醇儒觀，而澹歸却有著僧人身份相關。同時，與諸多士人相比，澹歸的蒼生關懷顯得更直接，其更勇於爲百姓謀求福祉。

李瑄在《明遺民群體心態與文學思想研究》中說："明遺民把自我的人生價值定位於'存道'，即在現實政治已無可爲時，以個體的道德生存爲載體，承擔保存本民族文化命脉的重任。明遺民們深信'道'獨立於現象世界之外，不會隨一時的社會秩序崩潰而消亡；並且，作爲天地的本原，它還具有創生化育的能力，是社會合理秩序重新建立的基礎。而遺民的人生選擇，就是在天崩地坼的特殊時刻，以道德信念的堅守保存'道'於一綫，也保存著世界恢復到正常秩序的唯一可能。"① 澹歸等强調文以載道功能的論述，也是其作爲明遺民的一員，存道以存明心態的具體呈現。

（二）追求獨創，反對摹擬的創作觀

針對明代復古詩文模仿因襲弊病，清初批評家特別重視詩文形成自家風格特色，凸顯自我性情面目，追求獨創，以作品似前人爲耻。如黃宗羲《詩曆題辭》載："一友以所作示余，余曰：'杜詩也。'友遜謝不敢當。余曰：'有杜詩，不知子之爲詩者安在？'友茫然自失。"② 這與前文所錄納蘭性德所言錢澄之在被人贊詩似杜甫時的勃然大怒一樣③，皆爲對自我特色的重視與强調。黃宗羲在《金介山詩集序》中更詳細地闡述了反對模仿、重視獨創的觀點，說：

> 古人不言詩而有詩，今人多言詩而無詩。其故何也？其所求之者非也。上者求之於景，其次求之於古，又其次求之於好尚。以花鳥爲骨，烟月爲精神，詩思得之壩橋驢背，此求之於景者也。贈別必欲如

---

① 李瑄：《明遺民群體心態與文學思想研究》，巴蜀書社，2009年，第438頁。
② 黃宗羲著，陳乃乾編：《黃梨洲文集》，中華書局，1959年，第387頁。
③ 納蘭性德：《通志堂集》（下）卷十四，上海古籍出版社，1979年，第11a~11b頁。

蘇、李，酬答必欲如元、白，游山必欲如謝，飲酒必欲如陶，憂悲必欲如杜，閑適必欲如李，此求之於古者也。世以開元、大曆之格繩作者，則迎之而爲浮響；世以公安、竟陵爲解脫，則迎之而爲率易、爲渾淪，此求之於一時之好尚者也。夫以己之性情，顧使之耳目口鼻皆非我有，徒爲殉物之具，寧復有詩乎！吾友金介山之詩，清冷竟體，姿韻欲絕，如毛嬙、西施，净洗却面，與天下婦人鬥好，一舉一動，無非詩景詩情，從何處容其模擬？讀之者知其爲介山之人，知其爲介山之時而已。昔人不欲作唐以後一語，吾謂介山直不欲作明以前一語也。①

嚴厲批評"求之於好尚"的前後七子之"詩必盛唐"的教條，以及趨附公安、竟陵的率易、淺薄，連學習古之詩人集大成者的"求之于古"、模山範水的"求之於景"也遭到批評，將目標豪邁地定爲"直不欲作明以前一語"，可見與模仿徹底決裂的態度。顧炎武也說："近代文章之病，全在摹倣。即使逼肖古人，已非極詣。況遺其神理而得其皮毛者乎？……效《楚辭》者，必不如《楚辭》；效《七發》者，必不如《七發》。蓋其意中先有一人在前，既恐失之，而其筆力復不能自遂。此壽陵餘子學步邯鄲之說也。"② 集中批評明代詩文模擬復古之作。王夫之抨擊明代復古主義提倡的門户之見、標榜法式，稱："有皎然《詩式》而後無詩，有《八大家文抄》而後無文。"③

澹歸在前文所引《徧行堂集緣起》中鮮明地闡釋了提倡獨創的主張。反對在作詩方法上一味效仿古人，強調風格上要有創新，重視對自我性情的體現、自我創作風格的展示、自我想法的表達。不管是否與時俗相符，皆是我之情感。澹歸不僅對自己的作品有這樣的要求，在品評他人詩文時亦一以貫之地遵循這一原則。《周庸夫詩集序》稱："詩者吾所自爲耳，亦何與古人事？"④《與陸筠修方伯》說："今釋每謂作文只說得自家意思，

---

① 黃宗羲：《黃宗羲全集》第10册《南雷詩文集》（上），第92頁。
② 顧炎武著，黃汝成集釋，欒保群、吕宗力校點：《日知録集釋》（下），上海古籍出版社，2014年，第432頁。
③ 戴鴻森：《薑齋詩話箋注》，上海古籍出版社，2012年，第213頁。
④ 《徧行堂集》（一），第200頁。

明白痛快便休。"① 在《張雛隱詩序》中強調詩歌是個人情志的表達，反對模仿他人之作，更痛斥連情志都因襲他人的行爲：

> 詩依人而重輕，人依志而大小，古之人以志爲詩，今之人以詩爲志矣。以志爲詩，見志而遂見詩；以詩爲志，見詩而不見志。夫見詩而不見志，君子恥之，況於借詩以爲志，借志於詩以爲詩乎？②

澹歸又在《陸筠修文集序》中論述作詩方法，提倡自性而足、不假外求，其並不完全否定"借事借詞"，但前提是"逐照而流，隨用而往者"，強調自然生發，非刻意模仿搜求③。

與黃宗羲、顧炎武等人相比，澹歸在反對模仿前人的同時並不完全與古人決裂，有一定程度的調和傾向，提出在體現自我性情、面目的基礎上不必刻意避免與古人雷同。澹歸也不排斥在自性而足的前提下向前人"借事借詞"，肯定前作的價值。這無疑是進步之處。這一觀點，葉燮在其《原詩》中就詩歌發展的源與流、因與創有進一步的闡述。

葉燮提出"踵事增華"與"因事遞變"的詩歌發展觀，將詩歌看作不斷發展的過程，認爲變化是必然的：

> 彼虞廷"喜""起"之歌，詩之土簋、擊壤、穴居、儷皮耳。一增華於三百篇；再增華於漢；又增華於魏。自後盡態極妍，爭新競異，千狀萬態，差別井然。苟於情、於事、於景、於理隨在有得，而不戾乎風人"永言"之旨，則就其詩論工拙可耳，何得以一定之程格之，而抗言風雅哉？如人能適千里者，唐虞之詩，如第一步；三代之詩，如第二步；彼漢魏之詩，以漸而及，如第三、第四步耳。作詩者知此數步爲道途發始之必經，而不可謂行路者之必於此數步焉爲歸宿，遂弃前途而弗邁也。④

葉燮肯定詩文發展過程中不同階段具備的價值，以此反駁明代復古派"文必秦漢，詩必盛唐"的模仿弊病，不因後來詩歌的漸趨繁榮而廢除對詩源流的繼承。這種既強調"獨創"，又不廢傳承；既肯定源流之價值，

---

① 《徧行堂集》（四），第253頁。
② 《徧行堂集》（一），第173頁。
③ 《徧行堂集》（四），第55頁。
④ 蔣寅：《原詩箋注》，上海古籍出版社，2014年，第44~45頁。

又不樹立典型和範式而禁錮詩歌發展的觀念是相對通達而完善的。

與黃宗羲、顧炎武相比,澹歸與葉燮在反對模仿因襲的同時並不反對向前人學習,不否定詩歌的歷史價值和意義,這顯然是進步的。然而,二人在論述觀點上又有所不同。葉燮對整個詩歌史正變源流的梳理體現了其因與創、正與變、踵事增華的詩歌發展觀,澹歸則強調創作的自我面目與自我性情,即"自具一面目,不假模範於古人,不効顰笑於今人"①,不僅不刻意模仿,甚至不刻意規避,呈現出自然率意的作詩態度,以求得流露真性情的真詩。這多少與澹歸的出家人身份及對道家作品的熱愛有關。

(三)強調真性情,反對應酬文字

應酬與復古摹擬的門户之争是清初詩論家猛烈抨擊的明代詩學三大惡習,被貼上庸俗卑瑣的標籤,有骨氣的作家都決然不做。在對"真"文學的追求上,其中一點便是對應酬文字的批評。顧炎武嚴厲拒絕作應酬文章,他在《與人書》十八中説:"《宋史》言,劉忠肅每戒子弟曰:'士當以器識爲先,一命爲文人,無足觀矣。'僕自一讀此言,便絕應酬文字,所以養其器識而不墮於文人也。"②從器識和品格的高度堅決抵制隨俗應酬之作,甚至連韓愈所作銘狀文都"未敢許",足以反映他對人格和文格要求之高,對求真之嚴格。

葉燮又從務實的角度對應酬詩提出一個原則,他説:"應酬詩有時亦不得不作。雖是客料生活,然須見是我去應酬他,不是人人可將去應酬他者。如此,便於客中見主,不失自家體段,自然有性有情,非幕下客及捉刀人所得代爲也。每見時人,一部集中,應酬居什九有餘,他作居什一不足。以題張集,以詩張題,而我喪我久失。不知是其人之詩乎?抑他人之詩乎?若懲噎而廢食,盡去應酬詩不作,而卒不可去也。須知題是應酬,詩自我作,思過半矣。"③承認應酬文字有時難免,但在作詩時要有一定原則,即要做到客中見主,有性有情,避免千人一面,流於俗套,亦是自我真性情、真面目的展露。

因對真詩旨趣的追求,澹歸也批判應酬詩。他在《曹溪新舊通志辨

---

① 《徧行堂集》(一),第200頁。
② 顧炎武著,黃汝成集釋,欒保群、吕宗力校點:《日知録集釋》全校本(上),第1089~1090頁。
③ 蔣寅:《原詩箋注》,第403頁。

證》中稱:"龔芝麓《游南華》五言近體八首,同游與追和皆八首,自可別成唱和一帙,借此以了應酬,復與南華何涉?曾旅庵至海幢,屬予次韻,予不應也。文生於情,詩以道志。纔落應酬,便成苦海。即論應酬,亦自有應酬之地、應酬之時,豈可將此副面目呈似大鑒耶!"① 對詩文落入應酬一路表示不滿,但又不完全棄絶,提出應有"應酬之地,應酬之時",此"地""時"便强調了唱和者相互間真實情志的感發。

(四)重才、膽、識、見的主體觀

劉知幾將"才、學、識"稱爲"史家三長",並認爲"識"最難得②。這一説法歷來爲詩論家沿用。范温《潛溪詩眼》云:"學者先以識爲主,禪家所謂正法眼,直須具此眼目方可入道。"③ 嚴羽説:"夫學詩者以識爲主,入門須正,立志須高,以漢魏晋盛唐爲師,不作開元天寶以下人物。"④"膽識"一説爲重視豪俠情結的晚明文人所尚,如李贄稱:"有二十分見識,便能成就得十分才。……是才與膽皆因識見而後充者也。空有其才而無其膽,則有所怯而不敢;空有其膽而無其才,則不過冥行妄作之人耳。蓋才膽實由識而濟,故天下唯識爲難。有其識,則雖四五分才與膽,皆可建立而成事也。然天下又有因才而生膽者,有因膽而發才者,又未可以一概也。然則識也、才也、膽也,非但學道爲然,舉凡出世處,世治國治家,以至於平治天下,總不能舍此矣。故曰智者不惑,仁者不憂,勇者不懼。智即識,仁即才,勇即膽。"⑤ 論述才、膽、識間的關係,指出識的重要性,認爲有膽識者在學道、爲政諸方面皆能卓絶不凡。這種説法亦體現在詩文批評中,袁宗道《士先器識而後文藝》稱:"信乎器識文藝,表裏相須,而器識猥薄者,即文藝併失之矣。雖然,器識先矣,而識尤要焉。蓋識不宏遠者,其器必且浮淺。而包羅一世之襟度,固賴有昭晰六合之識見也。"⑥ 亦將"識"作爲作家最重要的要素。有此學術淵源,清初文壇批評中,更不乏對"才、膽、識"的闡述與重視。

---

① 《徧行堂集》(二),第58頁。
② 劉昫等:《舊唐書》,中華書局,1975年,第3173頁。
③ 胡仔纂集,廖德明校點:《苕溪漁隱叢話》(前集)第五卷"李謫仙"條,中華書局香港分局,1976年,第27頁。
④ 嚴羽:《滄浪詩話》,中華書局,1985年,第4頁。
⑤ 李贄:《焚書》卷四《雜述》"二十分識"條。中華書局,1961年,第155頁。
⑥ 孟祥榮:《袁宗道集箋校》,湖北人民出版社,2003年,第130頁。

葉燮在《原詩》中有較系統詳細的闡釋，以"才、膽、識、力"概括作家創作的所有要素，稱："曰才、曰膽、曰識、曰力，此四言者所以窮盡此心之神明"①，接著論述才與識之間的關係，認爲："才之不能無所憑而獨見也……識以居乎才之先，識爲體而才爲用……人惟中藏無識，則理事情錯陳於前，而渾然茫然，是非可否，妍媸黑白，悉眩惑而不能辨，安望其敷而出之爲才乎！文章之能事，實始乎此。"②將後天形成之識見置於比先天才華更重要的位置，並認爲人若無識，即便"終日勤於學，而亦無益，俗諺謂爲'兩脚書櫥'"，理不清胸中記誦之篇，心中氣餒膽怯，不敢輕易下筆。即便展筆，亦思緒紛亂，難以割捨，瞻前顧後，顧慮重重，爲之桎梏，因襲模仿，不能揮灑自如，更妄論創自我風格。然後總結道："之數者，因無識，故無膽，使筆墨不能自由，是爲操觚家之苦趣，不可不察也。"③最後指出四者關係：

> 大約才、膽、識、力，四者交相爲濟。苟一有所歉，則不可登作者之壇。四者無緩急，而要在先之以識；使無識，則三者俱無所托。無識而有膽，則爲妄，爲鹵莽，爲無知，其言背理、叛道，蔑如也。無識而有才，雖議論縱橫，思致揮霍，而是非淆亂，黑白顛倒，才反爲累矣。無識而有力，則堅僻、妄誕之辭，足以誤人而惑世，爲害甚烈。若在騷壇，均爲風雅之罪人。惟有識，則能知所從、知所奮、知所決，而後才與膽、力，皆確然有以自信；舉世非之，舉世譽之，而不爲其所搖。安有隨人之是非以爲是非者哉！④

無才則心思不出，無膽則筆墨畏縮，無識則不能取捨，無力則不能自成一家。四者交相爲濟，其中以識最重。葉燮從創作主體出發，深入論析四種創作要素，他認爲"識"當是審美判斷力，"才"是審美表現力，"膽"是主體的自信力，"力"是作家的藝術功力和氣魄。這與澹歸上文所言之"才、膽、識"大致相同。而葉燮所論創作客體之"理、事、情"與澹歸所謂"情詞、事理"亦頗爲接近。

---

① 蔣寅：《原詩箋注》，第150頁。
② 蔣寅：《原詩箋注》，第153頁。
③ 蔣寅：《原詩箋注》，第165~166頁。
④ 蔣寅：《原詩箋注》，第189頁。

澹歸論詩頗重膽識，他論膽識與才情、事理、情詞的關係稱："然則爲詩，不論識量而論才，不論才而呴濡於事理，詰曲於情詞，皆逐末也。"① 將學養、才情、事理、情詞與識量對比衡量後，指出識量才是詩文之本，才學、事理、情詞都處於末端。又在《李赤茂集序》中運用比喻等方式，集中論述才、學、膽、識四者關係②。提出才學膽識四者中，識與膽的地位高於才學，而識又居於最高地位；四者相生相成。識能生膽，膽又能成識；識能成才學，才學能成膽，膽能成識。四者缺一不可；同時，四者具體運用到詩文中，發揮不同作用，分飾不同角色。就文章質量而言，有無膽識，即便毫釐之差，亦有霄壤之別；最後回到當時詩壇狀況中，認爲時人正因缺乏膽識，才不辨真假，群疑滿腹，人云亦云。唯具膽識者能片言立見，發其獨見，賤同貴創，自成一格，却又不刻意趨新避同。而能達到運籌帷幄，決勝千里之自然、裕如的創作境界。

可見在澹歸的觀念中，識是詩人在厚學養、廣游歷的基礎上對諸事諸物是非美醜的鑒定辨別能力，也即審美判斷力。膽是在識基礎上擁有的決斷力，即敢於發表思想見解，敢於自由創作，敢於打破束縛的精神，是主體殺伐決斷的魄力和執行力。二者相生相成，互相結合，方能作出避免模古苟俗、具有自我創見、展示情懷與面目的佳作。

（五）人品文品一致的鑒賞觀

中國古代文學批評脱胎於人物品評，對文學作品的評價當然離不開對創作者自身人格的品藻，這是中國文學批評的重要特徵。人品與文品的意義所指當有兩種：一種指人的道德品行與文章立意、文格之間的關係；一種指詩人性格氣質與詩文風格樣貌之間的關係。《中國文學批評史新編》説："明清之際的文學批評突出地要求文品與人品相一致，遺民身份的批評家尤其如此。"③ 具體到明末清初易代之際，出於身份評判與辨別的需要，立身謹嚴的遺民群體自對當時言行不一的污點士人產生不滿情緒，因此，追求詩文的真性情、真面目，追求言行一致、人品與文品統一，便成爲此際嚴苛輿論環境下的現實需求，也是遺民文人自我砥礪和實現價值追

---

① 《徧行堂集》（四），第69頁。
② 《徧行堂集》（四），第60頁。
③ 王運熙、顧易生編：《中國文學批評史新編》（下），上海古籍出版社，2002年，第204頁。

求的方式之一。此時的話語情境中，所指當側重於道德品行與作品立意、格調一説。

顧炎武對言行不一者的批評便極爲嚴厲，且具有較强的針對性：

> 古來以文辭欺人者，莫若謝靈運，次則王維……今有顛沛之餘，投身异姓，至擯斥不容，而後發爲忠憤之論，與夫名污僞籍而自托乃心，比於康樂、右丞之輩，吾見其愈下矣。末世人情彌巧，文而不慚，固有朝賦《采薇》之篇，而夕有捧檄之喜者。苟以其言取之，則車載魯連，鬥量王蠋矣。曰：是不然。世有知言者出焉，則其人之真僞，即以其言辨之，而卒莫能逃也……《易》曰："將叛者其辭慙，中心疑者其辭枝，失其守者其辭屈。"《詩》曰："盜言孔甘，亂是用餤。"夫鏡情僞，屏盜言，君子之道，興王之事，莫先乎此。①

以謝靈運、王維爲靶子，批判明末清初遺民中投身异朝却發忠憤之情於詩文中者，諷刺他們朝賦故國詩，暮服异朝服，指出人之真僞不能僅從言辭，要通過古人行文的經驗關照來辨别。顧炎武認爲看清人情的真僞，摒除假意僞文，才能履行君子之道，振興王者之事。可見在他的心中，人品與文品統一具有重要的社會價值，能促使忠信之道的回歸。

嶺南三大家亦强調人品、詩品的一致。屈大均在詩文創作中踐行言行一致的理念，在《自字泠君説》中批判司馬相如人品、文品不一致，以其僅學屈原辭賦而不學其爲人爲憾，立志"自今以往，其益以修能爲事，以無負兹内美"②，做到言行一致。屈大均在編選《麥薇集》時定其擇取原則："其身既系乎綱常，其言復合於《風》《雅》，吾僅采之，編爲一書，名曰《麥薇集》。"③ 陳恭尹亦然，在《董茂才孺》中評價其人稱："君方直古處，頗傷褊急，與人交，不受幾微之色……爲詩文，堅樸如其人。"④ 梁佩蘭也有同樣的觀點，在《與謝霜崖書》中贊其"燦發時誦先生之文，便想先生之人……其人其文，其文其人，故爲中原所推服……先生之文，大率如先生之人"⑤，與澹歸論詩文同一論調。

---

① 顧炎武：《日知録集釋》卷二十一"文辭欺人"條，第327頁。
② 屈大均：《翁山文外·自字泠君説》，《屈大均全集》第3册，第128頁。
③ 屈大均：《翁山文鈔·麥薇集》，《屈大均全集》第3册，第281頁。
④ 陳恭尹撰，郭培忠校點：《獨漉堂集》，中山大學出版社，1988年，第790~791頁。
⑤ 梁佩蘭撰，吕永光校點補輯：《六瑩堂集》，中山大學出版社，1992年，第432頁。

此外，葉燮亦非常重視人品與文品的對照鑒賞，他在《原詩》中說：

> 詩是心聲，不可違心而出，亦不能違心而出。功名之士，決不能爲泉石淡泊之音；輕浮之子，必不能爲敦厐大雅之響。故陶潛多素心之語，李白有遺世之句，杜甫興"廣廈萬間"之願，蘇軾師"四海弟昆"之言。凡如此類，皆應聲而出。其心如日月，其詩如日月之光。隨其光之所至，即日月見焉。故每詩以人見，人又以詩見。使其人其心不然，勉強造作，而爲欺人欺世之語，能欺一人一時，決不能欺天下後世。究之閲其全帙，其陋必呈。其人既陋，其氣必茶，安能振其辭乎！故不取諸中心而浮慕著作，必無是理也。①

從更宏觀的視野論詩，堅持"文如其人"的觀點，倡導文章必是對真性情的表達。要求詩作求諸本心，符合個人品行。指出欺人欺世之語只能欺一人一時，絕不能欺天下後世。

澹歸向詩教傳統的回歸也決定了他對人品行的重視高於對作品藝術的重視，畢竟在他眼中，詩歌僅爲"小道"。因此，澹歸自稱文學批評的目的"不主序詩"②，而是爲了解與評價創作者的德行情操，進而達到諷世目的。如《滋樹軒詩集序》："心能入僞，口能出僞，筆能傳僞，覿面而不可問，即一切事寧有可問者？然則觀人者或觀其詩，辨詩者亦先辨其人乎？"③他批判詩文"見人而不見己，見衣冠不見面目，見悲喜不見性情"的"心僞、口僞、筆僞"之"習僞"時俗，提倡"面目真而衣冠非竊，性情真而悲喜俱親"的真情真性④。其在《陸曠庵集序》中稱："凡貴者必矜，非矯厲絶物之謂也。見其人風流蘊藉，謙以自牧，別有凌霄之姿，耳目不得而狎玩。以柳下惠之和，三公不能易其介，敦之者或流爲不恭，此之謂矜貴。蓋予讀曠庵陸子之集，真見所謂矜貴者矣。"⑤《周青士詩集序》載："予叙青士集，而叙其人貴於文心與俠骨兼擅，一以道氣爲本，意在於此。"⑥詩文被作爲觀察作者志向、情操、德行的工具。因此，澹

---

① 蔣寅：《原詩箋注》，第 299 頁。
② 《徧行堂集》（四），第 70 頁。
③ 《徧行堂集》（四），第 61 頁。
④ 《徧行堂集》（四），第 61 頁。
⑤ 《徧行堂集》（四），第 58 頁。
⑥ 《徧行堂集》（四），第 67 頁。

歸強調真性情與真面目，注重言、行、文的統一，認爲詩文鑒賞時要先辨其人，再觀照其文之真僞，兩相對照，再做最後評判。

從以上五個方面的比較分析來看，澹歸的詩歌批評從詩歌的社會功能到作家的創作要素，再到對作品獨創、求真的要求，乃至對作家作品的鑒賞，涵攝了詩歌理論的諸多基本問題，已相對完備。且與同時期或稍後之詩歌批評家相比，觀點相似處頗多，説明澹歸的論調始終處在批評的主流之中，是符合當時詩歌理論之發展方向的。同時，澹歸在論詩眼光與方式上又有其獨特的旨歸。

二、觀點剖析的深刻獨到

在詩歌批評面向上，澹歸視域廣泛，既涉及作家、作品與創作，又對歷來詩歌的批評活動有獨到見解。

首先，澹歸對詩史及詩論都有獨到的見解與評價，對不同文體作品的風格差异有清晰的了解。如在《李灌溪侍御碧幢集序》中説：

> 山林之文與廊廟异，通經術者辨理貴微，秉史裁者序事貴核，尚騷雅者托物賦景貴超，各取所長。臺諫之文與館閣异，屬風采者不貴亢激，崇名理者不貴迂疏，樂辨博者不貴曼衍，務去所短。持世有作，先觀其奏議，而大端定矣。灌溪李先生釋褐令，東官以愷悌著，擢御史以清直顯。初入臺，條上八議，皆爲烈皇帝對症發藥，務以惇大誠信、恤民隱、養士氣爲指歸，理直而詞和，忠愛懇惻，溢於行墨之表。[1]

區分不同功用的文章，據此提出創作時側重點的差异。創作山林之文時，作者可據自己的才華與愛好有所側重取捨，發揮長處；廊廟之文又有臺諫與館閣之分，要時時警惕掺雜亢激、迂疏、曼延之氣。這種切合創作者身份的文體規定性也是清初文壇的理論，旨在反對明代一味模仿、爲文造情、失其本色、忘其本色與位次的矯情之作[2]。

其次，澹歸對具體作品的藝術價值有獨到的品評，多能提出自己的觀

---

[1] 《徧行堂集》（四），第73頁。
[2] 蔣寅：《清代詩學史（第一卷）》，中國社會科學院出版社，2012年，第122頁。

感;對不同作家的詩歌特色亦有自己的見解。如在《瓊島行小叙》中説:

> 山川、井邑、人才、物産,驟栝而成賦,《三都》《兩京》,沉博絶麗,其韻數變;《古詩爲焦仲卿妻作》者,其韻數變,委折恣睢,得龍門之化儀,以叙一人之事;子美《北征》,叙一時之事,其韻不變,以識御勢,極情理之勝,皆兼史而止。蓋摭實難工,蹈虚易妙,蒐典散於搏砂,束音寂於獨掌。若夫舉一韻而盡三善,則陳子季長《瓊島行》是也。是詩也,輯瓊州之志,比於賦;而感悱於一人一事、數人數事之變,比於史。史不徒文,賦不徒質,本之以忠愛,而時寓其激楚,復有騷人之遺。恢譎詭怪,事不類而成類,枯澀險仄,韻不安而成安。譬之七丸並弄,而五丸常在空中;五官並用,而一官如居物外。①

澹歸認爲《三都賦》《兩京賦》沉博絶麗,《古詩爲焦仲卿妻作》叙一人之事,得司馬遷史筆之勝,杜甫《北征》以識御勢,極情理之勝,皆兼史而止。而陳季長之《瓊島行》則兼賦、史、詩三者之勝。

在具體作家批評上,澹歸亦有自己的見解。如《絶句》其三:"一曲清谿孟浩然,長江千折李青蓮。杜陵野老憑嗤點,大海何須學百川。"並跋稱:"偶及古人,便恐嶺表時流彎弓相向。"②可見其對名家風格有自己的認知與批評,並敢於提出與時論不同的看法,如"史莫盛於司馬遷,詩莫盛於杜甫"③,"好學深思英分偏少,如揚子雲,能爲沉博絶麗之文,傷於遲重而澀,此特雄耳"④,"唐詩人惟杜子美耳,李太白猶有法不御才之嘆,況其下者乎"⑤。清初,遺民群體從各方面反思總結明亡原因,錢謙益從詩歌與世運的聯繫出發,斥責竟陵詩派,將明亡的罪責歸罪於竟陵詩風。⑥澹歸便能認識到其中荒謬,予以針對性的辯解。如在《沈宏略詩集序》中所言:

---

① 《徧行堂集》(一),第161頁。
② 《徧行堂集》(三),第188頁。
③ 《徧行堂集》(四),第53頁。
④ 《徧行堂集》(四),第63頁。
⑤ 《徧行堂集》(一),第201頁。
⑥ 錢謙益:《列朝詩集小傳》(下)丁集中"鍾提學惺"條,古典文學出版社,1957年,第571頁。

第五章　言論環境與詩歌理論：澹歸詩歌理論及時代觀照 | 299

唐詩四分，初盛中晚，蓋論詩不論世也。唐治盛於貞觀，詩爲初運，詩盛於開元、大曆，世已亂矣。終唐之世無盛治，則詩非工於窮，工於亂也。明之才爲制藝所耗，王、李、鍾、譚之徒，抵掌而開詩運，至於今益盛，錢虞山以致亂之獄歸之。此四子者爲詩致盛，不爲世致亂，而世之亂、詩之盛不期而會，不知其然而然。譬之邵堯夫，天津橋上聞杜鵑聲，杜鵑得氣之先者，豈開氣之先耶？
…………

詩之盛，世之亂，如形影隨，不如形影似，不期而會，不知其然而然。以致亂之獄歸之王、李、鍾、譚，是欲以王安石、呂惠卿、蔡京、童貫之罪罪杜鵑也。杜鵑不知其然而然，王、李、鍾、譚不知其然而然，王、孟、李、杜亦不知其然而然，不能爲世間消此亂，且爲詩家成此盛，則宏略爲詩之致盛之才，予適逢其盛，擊壤鼓腹其旁，而太平野老之樂已具矣。①

他認識到詩歌的藝術成就與世道的治亂並不總是緊密聯繫起來的，比如初唐、盛唐、中唐、晚唐只是對詩歌風格的劃分，與唐朝的實際興衰不一致。在澹歸看來，錢謙益以明末亂象歸罪於竟陵派實屬無理，詩人作品是對世風的現象性描述，如同天津橋上感氣而鳴的杜鵑，並非亂象的製造者。這在清初對竟陵派的聲討語境中，無疑是頗具見地且勇敢的。

最後，澹歸詩論中的另一特點是以非凡的勇氣爲明代遺民志士鳴不平，以獨到的視角剖發貳臣內心幽隱之情。如《單質生詩序》描述遭當權迫害之遺民的遭際，表達了強烈的憤怒與譴責：

余至雲間，過白燕庵，晨露未晞，寒風四襲，徙倚於竹邊亭下，思單子質生之遺韻不可得，爲愴然久之。有詩貽其嗣子孝求，蓋質生之歿已十餘年矣。白燕庵者，我國初袁御史之故隱，袁有《詠白燕》詩，一時傳誦，人稱爲"袁白燕"，早年乞休，歸老於是。質生每誦"故國飄零事已非"之句，爲泣下。葺數椽奉佛，自御一衲，花朝月夕，悲歌慷慨，一寄於詩詞。質生天才本自超逸，遭國大變，感憤既深，沉鬱頓挫之風更與筆濤墨海相激蕩，宜其賦詠之益工也。質生性

---

① 《徧行堂集》（四），第69頁。

冷峭，不能免仰從俗，又好議論時政得失，郡守心銜之。適有狂僧，稱朱氏某王子，頗扇誘群少年。事發，守訊其薙染所在，曰："善知識所。"守遽曰："是單質生耶？"即列其名上變，與凈慈豁堂岩公俱繫金陵獄，卒無左證。會有持公義力解之者，乃得歸。然拘幽三年，郡守已破碎其家矣。昔高皇帝懲元季官邪，所以治貪墨吏者至嚴，吏惴惴救過不終，毋敢以私意魚肉細民，而況遺老？故楊鐵崖諸名宿皆得優游嘯詠，終其天年，蓋不獨懲貪，實以勸義。凡為元臣，如劉青田功在佐命，不得為宰相，宋濂溪眷禮不終，危素至謫守余闕廟。故忠節之標，庶士興起，建文坐享其成。今此道不講，吏得摧殘無忌，舊搢紳有中人之產，率不自保。東南半壁取之近三十年，反者四起，朝而秦，暮而楚，又因以為利，此勸微道失，亂之所繫，作而不止也。故英主有大略，無務以勝國之節士為新朝之頑民，使君臣大義深切著明。夫君臣大義，二主之所共深切著明，無所益於勝國之亡，而能為新朝資觀感，則正人心、厚風俗，其功直與佐命等。余序質生之詩，表其大節，因有慨於官邪，而嘆取舍之極不定也。若質生以節而掇禍，則人臣之分所自甘耳，又何道！①

單質生即幾社詩人單恂，號狷庵，詩詞書法均有較高造詣，頗有聲名，董其昌、陳繼儒等與其交往，與澹歸同為明崇禎庚辰科進士，入清後不仕。澹歸在詩序中詳細記錄了他被禍下獄的緣由，曝光當時假公濟私、侵吞遺民產業的"官邪"現象。清初這種現象並不少見，遺民對故明心懷眷戀，且"中產"以上者多緣此被禍，如清初著名的"明史案"便起於地方官索賄不得。澹歸控訴此種現象，指出這種境況對時政的影響，認為無以安身是東南反者四起的重要原因，並提出建議，望當道"無務以勝國之節士為新朝之頑民，使君臣大義深切著明。夫君臣大義，二主之所共深切著明，無所益於勝國之亡，而能為新朝資觀感，則正人心、厚風俗，其功直與佐命等"，既是對當道的建議，更是對遺民生活境況的憂心，希望通過呐喊使節士境遇有所改善。

詩序中，澹歸直指清初高壓政策對遺民的影響，地方官借此戕害遺民。語詞激烈，憤然不平之意溢於言表。澹歸以明初對官吏的治理有方與

---

① 《徧行堂集》（四），第85頁。

第五章　言論環境與詩歌理論：澹歸詩歌理論及時代觀照 | 301

對遺民的寬容態度對比清初官場的混亂與對遺民的迫害，明確表達對明朝的追思與贊揚，流露出較強的自豪感和以遺民自居的心態，文中甚至出現了"我國初""昔高皇帝"等字眼。此篇詩序是爲遺民的不平遭遇而吶喊，亦是對當道治理過失的諷諫建議，更是對自身故國情感的激憤表達。

同時，善於闡幽抉隱地發覆作者心曲。對於降清貳臣，澹歸亦多有交接，如曹溶、龔鼎孳、施閏章、錢謙益。在與此類人物的交往中，澹歸往往表達慰勉寬解之意，有著基於理解的同情，能從其人之隱曲心志出發，剖幽探隱，發掘其不得已與不爲世人理解之狀。最爲典型的當爲《列朝詩集傳序》中對錢謙益心曲的解讀：

《列朝詩集傳》，虞山未竟之書，然而不欲竟，其不欲竟，蓋有所待也。傳有"胡山人白叔，死於庚寅冬"，則此書之成，兩都閩粵盡矣。北之死義，僅載范吳橋。餘豈無詩？乃至東林北寺之禍，所與同名黨人一一不載，虞山未忍視一綫滇雲爲厓門殘局，以此書留未竟之案，待諸後起者，其志固足悲也。《覆瓿》《犁眉》分爲二集，即以青田分爲二人，其於佐命之勳，名與而實不與，以爲其迹非其心耳。心至而迹不至，則其言長；迹至而心不至，則其言短。觀於言之長短，而見其心之所存，故曰："古之大人志士義心苦調，有非旂常竹帛可以測其淺深者。"斯亦千秋之篤論也。析青田爲二人，一以爲元之遺民，一以爲明之功臣。則凡爲功臣者，皆不害爲遺民。虞山其爲今之後死者寬假歟？爲今之後死者興起歟？吾不得而知，而特知其意不在詩。於是蕭子孟昉取其傳而舍其詩。詩者，訟之聚也。虞山之論，以北地爲兵氣，以竟陵爲鬼趣，詩道變而國運衰，其獄詞甚屬。夫國運隨乎政本，王、李、鍾、譚非當軸者，既不受獄，獄無所歸。虞山平生游好，皆取其雄俊激發，留意用世，思得當而扼於無所試，一傳之中，三致意焉。即如王逢、戴良之於元，陳基、張憲之於淮，王翰之於閩，表章不遺餘力。其終也，惻愴於朝鮮鄭夢周之冤，辨核嚴正，將使屬國陪臣九京吐氣。是皆敗亡之餘，而未嘗移獄於其詩，則虞山之意果不在於詩也。或謂，虞山不能堅黨人之壁壘，而爲詩人建鼓旗，若欲爭勝負於聲律者。人固不易知，書亦豈易讀耶？孟昉有俊才，於古今人著述，一覽即識其大義，其力可以爲虞山竟此書，而不爲竟，亦所以存虞山有待之志，俾後起者得而論之。嗚呼！虞山一身之心迹,可以聽諸天下而無言矣。①

　　分析錢謙益《列朝詩集傳》中的隱曲之志,認爲錢謙益在此書中隱藏了如下幾種意思:其一,《列朝詩集傳》非爲完本,大約是錢謙益希冀明朝恢復之後,後人有所增補。其二,《列朝詩集傳》將劉基分爲兩人,既爲"元之遺民",又爲"明之功臣",以"心""迹"來區分志節。錢氏此種安排其實是爲其仕清開脱,寄望後世不至對其過分非議。澹歸之所以有這麽清楚的了解,大約因其交接權貴而飽受非議的處境和錢謙益相似。其三,認爲雖將書名定爲《列朝詩集傳》,批評明人之詩,但目的不在詩而在傳,在於反思明代滅亡的原因。且不忍將滇南慘局視爲宋代之厓山,依然對復明抱有希望。陳寅恪評價澹歸此序曰:"未見評價錢謙益文有過於此者。"② 如果説《單質生詩集序》是對遺民生活環境的描摹,《列朝詩集傳序》則是對遺老心態的剖析。澹歸之詩序,在踐行傳統教化之外,更有其深意。

三、批評藝術的虛實互襯

　　在詩歌批評藝術上,澹歸沿襲了傳統的批評手法,注重立象以盡意,以譬喻的朦朧性論詩,擴大詩歌美感的涵攝範圍,又增强理論述説的可感性。同時,澹歸以其深厚的哲學造詣,通過辯證的概念品析詩歌藝術境界,虛實結合,體現出清初特殊語境下的批評特色。

(一) 譬喻手法

　　作爲在"道"的哲學背景下建立起來的詩學體系,中國詩學甚少使用明晰的概念和術語,而是重直覺、重感悟,常"以象譬喻"。批評家擅長借"象""境"來喻詩,這是中國傳統"天人合一"思想與類比思維模式的產物,亦是中國文學批評與創作融合的表現。《詩經》《離騷》等作品便廣泛使用譬喻手法,後來創作中常見的譬喻手法便被自然地引入文學批評中,如劉勰《文心雕龍》、司空圖《二十四詩品》等,皆不囿於具體詩歌理論的枯燥論述,往往設"象""境"以論詩。隨著詩學理論的不斷豐富

---

① 《徧行堂集》(一),第 204 頁。
② 陳寅恪:《柳如是別傳》(下),第 1008 頁。

發展，"以象譬喻"中的"象"囊括自然物象、社會現象、生命體等多種形態。除此之外，還設"境"喻詩，將詩歌中難以描摹的情景以可感可知的自然與社會情景表達出來①。

澹歸在沿襲中國傳統詩歌批評方法的同時，還巧妙運用多種比喻對象論述詩境，展現對詩歌境界的深度理解。

首先，借生命體論詩。中國詩歌批評脫胎於漢魏時期的人物品評，因此，在品評詩歌時常結合人物品行，如詩論中"骨""膚""風""神""氣"等皆來自人物情態，這便是中國詩學傳統中的借生命體設"象"論詩。澹歸亦常以人論詩，並根據詩歌境界分別以人（普通）—天人（好詩）予以區別。如上文所引《陸曠庵集序》與《周庸夫詩序》，皆以人之肌膚毛髮、骨神氣理來喻詩；以"天人""仙""藐姑射之仙"等高貴、清妙、渾融自然而無所依傍之風姿比喻心中的理想詩境。

其次，借人間倫理關係喻論文體。在《表貞冊序》中，澹歸便用社會現象、人間倫理關係喻詩與詞：

予嘗於詩餘識沈公際飛，想見其人，未聞其家世。節母之慈，南六之孝，不比於正風正雅，別成一母子之局，其亦詩之餘乎？世或謂詩餘不如詩，蓋未知有子而不孝不如無子之義者也。②

以詩體喻人間事，將詩與詩餘比作人之子與嗣子，打破世人詩餘不如詩、嗣子不如子的執見，以沈際飛詩餘之妙，爲人嗣子而竭力盡孝的行爲來爲詩餘、嗣子正名，別有一番妙趣。

最後，以自然風光喻詩境。這是中國詩論中的常見手法，如司空圖《二十四詩品》純粹借境論詩，澹歸亦常用此種論詩手法。如《沈融谷粵游草序》：

融谷之詩，於春乃在烟柳欲舒，露桃未放，於秋則在碧梧夜月，丹桂晨風。秀不趨艷，清不入寒，丘壑遠映，翠無穠纖，波瀾近漾，澹無激射，此融谷詩品於西湖有神似者也。③

---

① 徐菊：《論中國古代文論中"象"的表現形態》，揚州大學 2005 年碩士學位論文。
② 《徧行堂集》（四），第 96 頁。
③ 《徧行堂集》（一），第 163 頁。

以春景秋情論詩之意境，以西湖情態比喻詩歌之風神韻致，以具體可感的境界將詩文朦朧、清秀、遠近濃淡皆相宜這種不可描繪之境界勾畫出來，使人在個人經驗的基礎上，充分了解沈融谷詩境之美好，亦頗有味道。

又如《金介子詩序》：

> 介子詩如秋月照水，宿鳥無聲，有美一人，獨倚修竹，自是"微雲澹河漢，疏雨滴梧桐"一派也。孟詩如泉，李如江，杜如海，千里一曲，浴日吞天，不無奇偉。然使空山撫琴，焚香孤坐，或與高僧羽客清譚相對，拂拭磁器，啜岕茶，則一泓石乳，故居勝絕，安用大觀為？①

以寧靜恬淡的境界比詩，同時化用孟浩然名句借詩喻詩，又以泉、江、海來比喻孟浩然、李白、杜甫詩境。不僅運用譬喻描述金介子清幽閑適的詩風，同樣借境來描繪這種詩歌適合品讀的氛圍，突出詩歌特點。

又如《書賀天士詩後》：

> 讀賀天士詩，正如石竇始波，乳雲方澂，松風習然，殆欲鄰虛無朕，不復留黃輿重濁之磔，余品之，真不減惠山泉矣。余性不解詩，亦不曉古今作手，盛唐中晚體格何等，間有所為，直寄意耳。不知詩而言詩即不可，然使茶新泉潔，踞石傳甓，雖不察味者，不敢闌入鹽花甘草，何必品盡天下水而後知水，讀盡天下詩而後知詩耶？天士古文詞賦能備眾體，為人深靖澹足，自遠於世外，亦類其詩。②

以自然景象的靜謐高潔喻詩境，以"惠山泉"之甘冽純美喻詩韻，從視覺聽覺到味覺全方位品評詩歌。雖未直言其妙，然妙處已自見於人心。最後又以人之"深靖澹足，自遠於世外"類比詩歌境界，又是對人詩一致的肯定。

又如《吳孟舉詩集序》中：

> 予於此見其識定而量遠，能使其才波瀾曲折，層疊隱現，與山水

---

① 《徧行堂集》（一），第188頁。
② 《徧行堂集》（一），第461頁。

之趣爲一也。①

以山水之妙類比人物才識及詩歌技藝,將微觀不可描摹之抽象境界以具體可觀之自然山水妙趣予以呈現,這種借境喻詩的方式使中國詩歌論說空間得以擴展。

總之,澹歸將中國傳統詩學敘事手法跨媒介、跨空間的特點運用到具體的詩歌批評中去,不就"這件事"論"這件事",而是慣用"這件事"來論"那件事",追求一種既能把"意"很好地抒發出來,又絕不能被"意"所束縛和局限的"譬喻"技巧。這種技巧顯然有別於西方詩學的判斷、分析。這既是對中國傳統論詩方式的繼承,也與澹歸對中國哲學認識論的體悟密切相關,是其對中國儒家"天人合一"思想,道家開放性、延伸性宇宙意識,佛家論禪的曖昧、模糊特徵的體認。因此,從澹歸對詩文的批評論述中,可以見其深厚的文學素養與哲學積澱。

(二) 辯證的詩學觀

中國傳統哲學強調動靜、虛實之辯證關係,澹歸亦從動靜、虛實之辯證角度觀察詩歌。

1. 動與靜

動與靜作爲中國哲學辯證法的重要範疇,最早見於老子"靜爲躁君"之說,后經各代思想家不斷豐富、完善、修正而漸趨成熟。文論中的"動靜"屬於藝術心理學範疇,是主體創作心理形態的表現。"動靜"觀深受哲學影響,烙上了道家"虛靜"、玄學"玄對""玄覽"、佛學"清空"的印記,體現爲"動靜相濟"及對以"靜"爲主的偏重。具體而言,中國古代文論中的"動靜"涵蓋"神思""興會"之動與"虛靜""凝慮"之靜,兩者相互促進,相互滲透,這種交替混融既有文學內涵,又有美學意味。在動與靜之間自由轉換,能動能靜,是作家特有的創作才情和能力的體現。對此,在作家修養論上,文論者提出與悟道之門徑相似,要求作者"以靜養動",將"虛靜"視爲養神致靜、淨心潔净之道。以對精神的陶冶修煉、心境的恬淡寧靜作爲創作之"動"的心理準備②。這種文論主張在

---

① 《徧行堂集》(一),第68頁。
② 李建中:《文心"動靜"論》,見《古代文學理論研究叢刊》,上海古籍出版社,1997年,第167~179頁。

澹歸詩論中得到了一定的體現，同時又有其獨特的超越性引申。如其在《鄭素居詩序》中説：

> 於人間世求一静者蓋不可得，非無静者，亦且無動者。夫空散非動，銷沉非静，二俱非故，故世無能動者，則實無能静者。若吾聞之耿徂徠、趙止安曰：鄭子素居，至性人也。韓公嚴、王賓卿曰：素居，正人也。豈非以静故正，以至性故静耶？吾始識之清涼僧舍，每相過於白松、東禪間，若使一室蒲團，琉璃照夜，萬籟無聲，真可使毗耶方丈、净名文殊一齊坐殺矣。吾目之爲深山道流。已而見其詩，雋而旨，遠而能潔，寒岩百尺，清泉遶之，亦婉孌間好以自媚，信素居之爲深山道流也。蓋孔子常有言矣："詩可以興，可以觀，可以群，可以怨。"夫是極天下之至動者也。然而歸於正，出於至性。故非至動者不可與言詩，非至静者不可與言動。以吾觀之，至静者不與動爲對，亦不與静爲類。與動爲對，則亦動之類，與静爲類，則亦静之對。皆不足以爲主於動静，而動静得而主之。此雖言詩不可，況過於詩者乎？杜子美之詩曰：静者心多妙。以其不住於静，故妙；以其不住於妙，故静也。夫不住於静，並不住於妙，而天下之真詩出矣。嗚呼！吾與素居，豈僅言詩者哉？[①]

在動與静之辯證關係上，澹歸提出二者並非相對的、獨立的、分裂的，而是互相依存轉化的關係。具體到詩歌批評中，他認爲至静者方可言動，至動者方可言詩，創作者應主於"動静"，而非爲"動静"所主，以及超乎"静"與"妙"之上的境界，充分強調創作主體的能動性，凸顯主體的性情與人格。這種超脱是澹歸修證的理想，亦體現在他的詩歌理想當中。

又如《書浪游集後》：

> 與范子文逸相對，未嘗見其多言多笑，及其出爲詩詞，又何婉折綿麗，凄斷而多情也。習動者易變，思浮則不深，故惟静者可與言情。雖然，過深易滯，不變則拙，拙與滯爲文之蔽，而適足以蔽情。

[①]《徧行堂集》（一），第171頁。

情生於至靜，而文流於至動，是爲難耳。①

澹歸亦借文學批評表達自己的動靜觀，提出"情生於至靜，而文流於至動"的觀念，分析性之動與靜對情深情淺的影響，認爲靜可使情深，然過深則易滯於情，過靜則陷於拙，這兩者爲作文之弊病，因此對靜之於情、動之於文都要有度的把握。

從以上兩則材料可以看出，澹歸認可傳統文論對作家修養的強調，認可"寶玄神""養素氣"以保持心境虛靜，從而容納客觀外物的"萬象"，進而實現創作之精妙的觀點，承認作家心靜然後能使胸中湧現"千變之容"，進而"神游萬仞"，展開豐富的想象②。並進一步提出"至靜"的觀點，強調作者對"動靜"的掌控與把握，體現出對主體的強調與凸顯。這種基於作者才華上的自我強調顯然受晚明重視自我之思潮影響。另外，澹歸對創作者提出的修爲境界要求，則又是其出家後修道意識與自我要求的外化。動與靜的辯證詩學論體現出他的詩學理想、時代印記和身份特徵。

2. 虛與實

作爲中國傳統文藝美學的核心，虛實觀也是古典美學範疇中表義最複雜的理論範疇之一。它極富衍生功能，是一個具有極強派生可能性的元範疇，與諸多理論範疇在表義上交叉融合，且在傳統文藝美學理論中具有極強的普遍性闡釋功能③。因此，對於虛實理論範疇的理論內涵，批評家歷來見仁見智。澹歸對這一對立統一辯證性理論範疇的解釋，可參見《過叔寅文集序》：

> 蹈虛易妙，摭實難工，先正衡文之篤論也。雖然，虛非全虛，實非全實，實能生虛，虛即尅實，虛能生實，實即尅虛，虛尅實而虛復生實，實尅虛而實復生虛。虛實生尅，如環無端，則蹈虛之妙，妙全在實，摭實之工，工全在虛，而文之能事畢矣。……故先生之文氣必春容，體必碩大，入理必深遠，出情必委折，叙事必詳整，遣詞必醇雅，蓋具兼長而擅作手，初不藉蹈虛逞妙，而能用摭實見工。惟實中

---

① 《徧行堂集》（一），第441頁。
② 劉勰著，范文瀾注：《文心雕龍·養氣》，人民文學出版社，2011年，第647~648頁。
③ 胡立新、沈嘉達：《虛實範疇在傳統文藝學中的表義系統辨析》，《中南民族大學學報》2003年第5期，第105~110頁。

全虛，自有空明靈動之意，鼓之舞之以盡變也。世論皆謂地實，亦皮相耳。積微塵以爲地，一塵非衆塵，衆塵非一塵，衆塵似連而非連，一塵似斷而非斷。水之波亦似連非連，似斷非斷，火之焰亦似連非連，似斷非斷，天之氣亦似連非連，似斷非斷，而獨以地爲頑質，可耶？地惟妙於虛，故能持載一切，生長一切，含藏一切。金石至堅，疑於無間可入，而有理有脉，自疏自通，則蹈虛全實，撼實全虛，難易之分，無從立界。……先生潛心聖學，直入奧宎，予因論文而極言地體之虛，一切法無不虛，一切法無不實，是爲工於撼實。後之攬者，一進而識其文，再進而識其行，三進而識其學，庶幾無負於予與先生劫餘重見之緣也夫。①

從"氣""理""情""叙事""遣詞""實中全虛""自有空明靈動之意"等的評判來看，澹歸是從文藝作品審美風貌的虛實對立，即內容的質實與風格的空靈著眼，這是中國古代詩文理論中的兩種優良作風。

對於充實與空靈這一二元對立概念，古人已多有論述。劉克莊以"若近而遠，若淡而深"，金聖嘆以"虛中有實"來描述這種藝術境界；批評家葉燮《原詩》中對"能實而不能虛，爲執而不爲化，非板則腐……至虛而實，至渺而近"②虛實關係的描述，也是對充實和空靈兩種風格的闡釋。清代周濟《介存齋論詞雜著》中評論充實與空靈在詞作中的關係："初學詞求空，空則靈氣往來。既成格調，求實，實則精力彌滿。"③將"靈氣往來"之空看作空靈的風格，以"精力彌滿之實"來表達充實的風格。充實與空靈兩種風格並不矛盾，就像充實與虛靜兩種精神人格修養可以統一一樣，二者也是對立統一的二元。對此，宗白華先生曾在《論文藝的空靈與充實》一文中闡釋中國古代文藝中充實與空靈的兩種審美追求和風格特徵："空靈和充實是藝術精神的兩元，文藝境界的廣大，和人生同其廣大；它的深邃和人生同其深邃，這是多麼豐富、充實！然而它又需超凡入聖，獨立於萬象之表，憑它獨創的形相，範鑄一個世界，冰清玉潔，脫盡塵滓，這又是何等的空靈！"④內容構建之境界的"廣大"，哲理的"深邃"

---

① 《徧行堂集》（四），第56頁。
② 蔣寅：《原詩箋注》，第193頁。
③ 周濟著，顧學頡校點：《介存齋論詞雜著》，人民文學出版社，1959年，第4頁。
④ 宗白華：《藝境》，北京大學出版社，1999年，第161頁。

使文本讀起來充實有物；而內容擇取上的"超凡入聖，獨立於萬象之表"使其顯得空靈優美，韻致無窮。而充實與空靈的實現，要求作者既要具備豐富的人生閱歷、深刻的生活體驗，更需要有高超的才情與高潔的志趣。具備這樣的才情與心靈印記，才能在文學創作中呈現出空靈與充實兼備的風格面貌。

文章最後，澹歸評價過叔寅"潛心聖學，直入奧宲"，可知其文章充實體現在對"理"的闡述、對"道"的承載上。這是唐代批評者如殷璠《河岳英靈集》中提倡"興象"所不取的。但在清初向"文以載道"回歸的語境下，"道"在文中被重視也不難理解。與此同時，澹歸在"載道"基礎上不廢藝術靈動風格的追求已爲難能可貴。

(三) 借禪論詩

中國古代詩論批評與佛學結合的傳統源遠流長，從陸游的"作詩三昧"，到皎然、嚴羽大幅援佛論詩，佛教與文學已緊密結合在一起。然若干大家同時表現出這種傾向，並形成某種特色，當以清初爲最。清初金聖嘆、錢謙益等浸淫於佛學的居士，以及對佛學頗有涉獵的王夫之、黃宗羲等人，或移佛學命題與概念於詩文論述，或運用佛學思路於品評鑒賞[1]。作爲遺民僧，澹歸受佛學的浸染較他人更爲深厚，在論詩時對佛禪的化用更爲廣泛。如《李赤茂集序》云：

> 識之能如眼之能。而《楞嚴》稱：眼於一千二百功德三分闕一，鼻與身如之，耳具一千二百功德，舌與意如之。今夫耳居於密室之內，重垣四周，上覆下載，各有所隔，十方擊鼓，十處皆聞。蓋無藉於境，此宜與舌與意同爲勝根。語言文字之勝，則舌與意之能有識無識，有膽無膽，利鈍一分，而勝劣極於霄壤。此余於赤茂三累而上，獨取其識也。[2]

借佛經中眼、耳、舌、意的説法及境界的闡述，論説詩文中識見的重要性。以此境比彼境，文境與佛境互移，使人從另一重境界領悟到膽識之重要。

---

[1] 陳洪：《清初文論中的佛學影響》，《南開學報》1996年第6期，第49頁。
[2] 《徧行堂集》(四)，第59頁。

另如《直林堂詩序》，以曹洞宗綿密完整、偏正回護、含蓄蘊藉的"五位説"來比喻詩歌的興寄比托、温柔敦厚旨趣，指出禪法與詩法之間冥合暗通，具有詩禪互證之可能性，並將詩作爲載道工具和體察詩人佛學修爲境界的手段①。

可見在澹歸詩論中，詩與禪具有内在一致性。這種觀點既是其禪學、詩學均有一定造詣，能够打破詩禪壁壘的明證，又是他究心悟道，隨處所見皆爲禪法的真參實究的體現。

小　結

澹歸雖無專門詩歌批評理論著作存世，但所存序跋、尺牘中的詩歌批評理論是相對完整的。他的詩學觀上承公安派，與同時代之錢謙益、陳子龍等主張具有一致性，反對明代復古派的因襲模仿，强調凸顯詩人主體意志，抒發真實性情。在清初大的文化環境下澹歸主張回歸雅正的詩歌傳統，秉持傳統的文以載道觀，將詩作爲創作者載道、述志、抒情的工具，使文學承擔了詩教的責任。在對創作主體素質的體認上，强調"才、膽、識、力"，與稍後之葉燮《原詩》的諸多觀點相合，符合清初詩歌理論發展的大致脉絡。在詩歌境界中，他提倡"天機"，即渾然天成之妙、不事鑿痕、不見技法、不顯人力的境界。在論詩手法上，他既繼承了中國古典詩歌批評的譬喻傳統，又提出基於哲學造詣的辯證詩學觀。同時，對僧詩的價值與特色提出了基於禪宗與道家哲學影響下的創見。

總之，澹歸既有針對復古派過度模仿的反思與批評，又有對竟陵派過度追求幽情而失之偏頗的糾正。同時，其身份與經歷都影響了他對詩歌藝術審美標準的品判，表現出對"雅正""温柔敦厚"詩教傳統的追求，對"真詩"與獨創的標榜和提倡，對詩歌中辯證文藝理論的思考與辨析，對詩歌理想境界的構造，對天機與化境等超脱不俗、自然混融風格的追求。對澹歸詩歌批評觀念的論析，既可見清初詩文批評的特徵，又可見澹歸在此語境下超群的見識。

---

① 《徧行堂集》（一），第193頁。

第六章　遺民生態與遺民接受：澹歸作品的評價與傳播

澹歸在明末清初是具有代表性的遺民、文人、儒者、僧徒，屢次陷入人品被肆意褒貶的輿論漩渦中，這自然也影響了人們對其詩歌的評價。

第一節　詩人而遺民：人文合一理念下澹歸詩歌之評價

澹歸是明末清初有名的詩人，但與其詩人身份相比，人們更看中其"遺民"身份。澹歸在當時的遺民群體中頗具爭議，廖肇亨將之評爲"集毀譽褒貶爲一身"的複雜性人物。這種有褒有貶的人格評價也影響了人們對其詩歌的評價。

一、從遺民批判到詩歌貶斥

澹歸晚年未能擺脫對名節的介懷，對時人的批評頗爲在意，並在臨終偈中留下"莫把是非來辨我，刀刀只斫無花果"的請求。但是，當時乃至後世對他的批評並未因此而緩和，他們各具標準，往往既否定其人，亦否定其詩。

（一）遺民標準的建構

明末清初，遺民成爲規模空前的社會現象，形成一種不同尋常的文化氛圍。後之研究者在界定遺民身份時，往往僅從研究需要出發來確定其研究對象的取捨標準。大致而言，諸家的共識性標準有三：新舊交替的生活時代、不仕新朝的體制外生存方式、懷持故朝情結的自我體認。① 然而，在這一標準內，依然有包括立身、交接、辭受等條件限制。明代士人一貫嚴於嫉惡，言論苛酷，在遺民社會中形成了嚴苛的監督和輿論環境，有不成文法的約束力。因此，易代之際施加於遺民社會內部的清議、士論對遺民的批評較對失節者更爲苛刻。"遺民所憂懼的譏評，往往正來自同志者。"②

遺民的立身、交接、辭受皆受到監督和批評。如此際大批士人爲保存志節而遁入佛門，却受到以逃禪爲失節的指斥，"不欲爲异姓之臣者，且甘心爲异姓之子"③。未出家之遺民，生計方式亦經過嚴格的道德衡量，躬耕自給的"力田"已算最爲審慎的生計方式，王夫之尚有"銷磨歲月精力於農圃箪豆之中"，"孳孳爲利，專心並氣以趨一，人理亡矣"④的批評。其他如對處館之雇傭關係帶來屈辱感的排斥⑤，行醫而近利的擔心⑥，游幕介乎仕隱間的曖昧，商賈賤業的不屑，皆對當時遺民的生存設置了諸種障礙，常使他們進退失據，前後爲難。

交接、辭受則更要審慎。明末清初遺民常在交接上大做文章，以之爲自我界定、自我證明的方式。自我錮閉成爲當時獲取遺民資格的條件，"土室""牛車"又成爲流行的表達形式⑦。與之相關，辭受、取與更事關重大，標準之嚴苛近乎潔癖。除要對清官員的饋贈嗤之以鼻⑧，連對同一群體中除素交之外者的饋贈亦要拒絕⑨。

受此嚴苛的"立身—交接—辭受"標準限制，遺民群體對其內部乃至遺民僧有了一系列批評與訾議，澹歸更是首當其衝。

(二) 澹歸人格所遭之批評

澹歸所遭之批評大抵可分爲兩個方面：一爲交接流俗，二爲佞佛而喪

---

① 張兵：《遺民與遺民詩之流變》，《西北師大學報》1998年第4期，第7~9頁。
② 趙園：《明清之際士大夫研究：作爲一種現象的遺民》，第85頁。
③ 黃宗羲：《黃宗羲全集》第10冊，第631頁。
④ 王夫之：《船山全書》第12冊，第484頁。
⑤ 張履祥：《答姚林友》，《楊園先生全集》(上) 卷八，第212~213頁。
⑥ 張履祥：《言行見聞錄》，《楊園先生全集》(上) 卷三二，第899頁。
⑦ 趙園：《明清之際士大夫研究：作爲一種現象的遺民》，第80頁。
⑧ 張岱：《和貧士七首》，《張岱詩文集》卷二，上海古籍出版社，2014年，第28頁。
⑨ 歸莊：《傳略》，《歸莊集》附錄二，上海古籍出版社，2010年，第580頁。

失儒者本位。

遺民群體對澹歸的不滿在於他四處化緣、交接權貴，而尤爲不滿者，是他與平南王尚可喜及其幕僚的交接，以及編次整理尚可喜年譜《元功垂範》。王夫之在《搔首問》中批評說：

> 道隱則以崇土木，飯髡徒之故，不擇人而屈下之，與尚氏往還，稱頌之不怍。有金公絢者，無賴幕客之長，持尚氏之權，漁獵嶺海，乃與聯族而兄事之，作海幢於廣州，營丹霞於仁化，所費至數萬金，以此盡忘其本色。①

對未出家前之道隱，王夫之曾極盡崇愛，在《金堡列傳》中不遺餘力地褒揚其氣節。② 而對出家後之澹歸則頗爲失望，爲他因營建佛寺、收養僧人而"不擇人而屈下之""與尚氏往還"等行爲感到痛惜。

還有人據澹歸交接尚可喜而徹底否定其人。如全祖望引黃宗會《肇慶訪故宮》諷刺澹歸，稱他在南明時作爲"五虎"之一，拉幫結派，爲人有疵，出家後爲尚可喜作年譜，更使其人一無可取：

> 辛苦何來笑澹翁，《徧行堂集》玷宗風。丹霞精舍成年譜，又在平南珠履中。（丹霞精舍在南雄，予嘗謂澹歸在五虎中，本非端士，不待爲平南作年譜，而始一敗塗地也。）③

全祖望在《天多老人墓石誌》中記錄楊秉紘言："近聞澹歸晚節稍委蛇，諸公可爲我審之，如其果耶，則其人可絕；如其不然，莫妄言。"④ 以此證明時人對澹歸名節多有不齒。

黃宗羲、黃宗會兄弟都曾在集子中批判澹歸與權貴交接密切，而從澹歸《徧行堂集》中的《答巢端明書》《答陳藹公文學》等信可知，遺民群體中亦多直接來信批評者。

遺民對澹歸所不滿者還在於他由儒入釋。如黃宗羲便在《文淵閣大學士文靖朱公墓誌銘》中批評說：

---

① 王夫之：《船山全書》第 12 册，第 635 頁。
② 王夫之：《船山全書》第 11 册，第 521~527 頁。
③ 全祖望：《鮚埼亭集》卷十，《清代詩文集彙編 302》，上海古籍出版社，2010 年，第 304b 頁。
④ 全祖望：《鮚埼亭集》卷十四，《清代詩文集彙編 302》，第 465b 頁。

> 堡則深契禪宗，銛口鏑遝，一以機鋒出之，壞人家國，視爲墮甑，而又別開生面，搗鼓上堂，世出世間，總屬無情，於此可以知儒釋之分矣。①

黃宗羲站在批判佛教的立場，痛斥澹歸身爲儒者，一朝遁入佛門，便一心皈依佛法，實屬無情。

（三）遺民對澹歸詩歌之批判

遺民群體批判澹歸人格，並往往由此引申到詩歌批判中。如邵廷采《西南紀事》云：

> 堡爲僧後，嘗作聖政詩及平南王年譜，以山人稱頌功德，士林訾之。余初未信，及問之長老，皆云要之。堡之才氣自不可及哉。②

又如黃宗羲《謝莘野詩序》云：

> 余於近日交游之詩……澹歸初如琵琶妓邂逅樂天，及《徧行堂集》出，便似村僧沿門弄鉢矣。③

可以看到，由於二人對澹歸結交流俗、權貴之行爲頗有不滿，因此他們所關注的便是澹歸的此類文字，即"聖政詩""交游之詩"等，這當然不是全面客觀的評價態度。

澹歸逝世後，持邵廷采、黃宗羲之品評態度者仍不乏其人。如乾隆皇帝云："因查澹歸名金堡，明末進士，曾任知縣；復爲桂王朱由榔給事中，當時稱爲五虎之一。後乃托迹緇流，藉以苟活。其人本不足齒，而所著詩文中多悖謬字句，自應銷毀。"④ 又如陳垣《清初僧諍記》云："尤有甚者，結交貴游，出入公庭，澹歸晚節之所爲，則不如即反初服爲愈矣。"⑤ 並說："今所傳《徧行堂續集》二，有某太守，某總戎，某中丞壽序十餘篇，卷十一有上某將軍，某撫軍，某方伯，某臬司尺牘數十篇，睹其標題，已令人嘔噦。"⑥ 譚延闓《題澹歸和尚詩卷》云："空門獨恨世緣侵，

---

① 黃宗羲：《黃宗羲全集》第 10 册，第 631 頁。
② 邵廷采：《西南紀事 2》，第 13b~14a 頁。
③ 黃宗羲：《黃宗羲全集》，第 10 册，第 92 頁。
④ 《清代文字獄檔》（增訂本），第 144 頁。
⑤ 陳垣：《清初僧諍記》，第 90 頁。
⑥ 陳垣：《清初僧諍記》，第 91 頁。

三字冤家感不禁。何事長年記吟詠，低徊難識澹歸心。"① 都批判澹歸詩文之"悖謬""嘔噦"，惋惜其長年"記吟詠"，這都是因貶斥澹歸人格而突出其詩歌酬唱缺點的批評。

二、從遺民想象到詩歌美化

遺民群體對自我存在價值的尋求，除制定嚴苛的遺民標準，還通過各種表達途徑來實現對遺民行爲的審美建構。如鼎革之際的生死選擇便有豐富的表達形式。當時語境下遺民對於"死"有諸種區別與品評。首先，不能以待後來有作爲爲借口不死。如劉宗周所言："今謂可以不死而死、可以有待而死、死爲近名，則隨地出脫，終成一貪生畏死之徒而已矣。"②其次，不能爲求名而妄死。陳確曾對死者進行區分，對比古今死節者，痛斥今日爲求名等念頭而死者爲鄙③。最後，死亦要不失名士風範，要有"達"的寬裕與從容。④ 基於此種審美區分，明末死節者常在赴死前做足文章來證明其犧牲的價值，生者更是煞費苦心地營造其生存狀態，或筑"土室""牛車"以自處，或從此不言，或從衣冠、葬制中尋求表達符號。在這樣的氛圍中，當時遺民的自我表達均表現出高度的藝術化特徵，即將遺民的生死存活作爲一種審美形態來建構，指向對名節的理想化追求，進而達到諷世目的。這種對遺民形象的審美建構，其方式往往表現爲對一些遺民故事進行想象式的附會、編造，以及對失節者尷尬處境的諷刺。

這樣的審美建構在澹歸身上亦曾發生，此時他已是言說者想象中的形象。有兩個故事可作證明。

其一，收瞿式耜、張同敞骸骨。桂林陷落，瞿、張二人不屈就義，暴屍街頭。澹歸以僧人名義上書孔有德，請求收瞿、張二人骸骨。⑤信未至而瞿、張骸骨已被瞿式耜門人楊藝所收。所上書信被瞿式耜後人收入瞿氏《浩氣吟》而得以流傳。後來關於澹歸的傳記中，多將收二人骸骨之事歸

---

① 周秋光主編：《譚延闓集》（二），湖南人民出版社，2013年，第1052頁。
② 黃宗羲著，沈芝盈點校：《明儒學案》，中華書局，2008年，第1511～1512頁。
③ 陳確：《陳確集·死節論》，中華書局，1979年，第152～154頁。
④ 陳貞慧：《陳定生遺書·山陽錄·夏吏部允彝》，見盛宣懷、繆荃孫編《常州先哲遺書5》，南京大學出版社，2010年，第4頁。
⑤ 《徧行堂集》（二），第160頁。

功於澹歸，並結合其所上孔有德書，將此作爲澹歸大節可觀的證據加以渲染。① 對此，澹歸在《楊二癡傳》中澄清："二癡吾不能定爲何許人，吾傳之不昧吾心耳已。以吾一書掩二癡之義，吾爲竊名，瞿氏爲負德。"② 可見澹歸對真相的認真與堅持。

其二，澹歸拒交權貴事。《查繼佐年譜》云：

> 時廣南方獄嚴絜庵欲晤澹歸不可得，密訪於先生，先生唯唯，俟澹歸過我寓，以事款之，公徐徐來，無不可者。翼日澹歸至，先生請弈，方半局而絜庵踵門，澹歸覺，踰垣避去，賦半弈詩索和。作己亥之人日，澹歸原作不得見。先生和別半弈之句……其二云：莫道局殘著不到，請看局外有何人。憐餘湖畔真蓬梗，向汝天涯果比鄰。雪裏梅開去路渺，春添鳥語破人新。兩年倡和誰無敵，五指都無一粒塵。③

據《查繼佐年譜》，此事發生在丙戌年（1646），澹歸尚在隆武朝任鄭遵謙監軍④，此時嚴絜庵（即杭州知縣嚴正矩）爲清廷杭州知府⑤。《查繼佐年譜》將澹歸塑造爲持節甚嚴的明遺形象，爲逃避交接甚至不惜"踰垣避去"。由前文澹歸交游考中可知，澹歸在營建丹霞之初便托鉢惠州，結識嚴絜庵等人，唱和往來不輟。對此，澹歸在《答沈仲方文學》中辯解稱："當年半局未終，本爲嚴絜庵過訪，東山出迎，弟即欣坐。爾後與絜庵往還甚數，豈可謂推奕而起，急避去，終不得見耶？""若任兄虛加褒贊，不自辨白，欺世盜名，義所不敢。"並要求沈仲方將其名字從遺民錄

---

① 查繼佐：《東山國語》（二），《四部叢刊三編　史部》，上海涵芬樓影印海寧張氏鐵如意館傳錄本，第87a頁。載："堡491式耜死，暴屍於市，不避大難，上書北定南，請得以衣冠葬留守相公及同難之張同敞，同敞故相國太岳孫也。定南許之，稿葬畢，遂入雷峰薙髮披緇，更字澹歸，後住丹霞。"溫睿臨：《南疆逸史》："式耜同敞之死也，上書孔有德乞棺殮焉。"［溫睿臨：《晚明史料叢書　南疆逸史》（上），第203頁］金武祥：《粟香隨筆·粟香五筆》卷八："適留守瞿公式耜、總督張公同敞殉節，暴屍衢路，師致書定南請收葬兩公骸骨。定南從之。"［金武祥撰，謝永芳校點：《粟香隨筆》（下），鳳凰出版社，2017年，第1036頁］
② 《徧行堂集》（四），第126頁。
③ 沈起、陳敬璋撰，汪茂和點校：《查繼佐年譜》，第49頁。
④ 沈起、陳敬璋撰，汪茂和點校：《查繼佐年譜》，第49頁。載："初先生有事小壘，道隱以公務來自閩中，弈罷而別，各賦弈罷詩。"查《查繼佐年譜》，即丙戌年（1646）二人恰好同在此處。
⑤ 馬如龍、楊蕭等纂修，李鐸等增修：《（康熙）杭州府志》卷二十守令上"杭州知府"條，康熙三十三年李鐸增刻本，第47a頁。

中剔除，稱自己"絕無高尚行徑"，甚至痛心地稱："所見异詞，所聞异詞，所傳异詞，一部廿一史豈有真耶？"① 深感歷史記錄的荒謬。

澹歸逝世後更有相關傳說，首先爲鴛湖投詩事。全祖望《續耆舊》載：

> 吳梅村於三月十九日，集十郡名士置酒高會於鴛湖。席半，有僧緘詩投入，啓視，一座失色。訪之知爲澹歸所作。澹歸原名堡，金姓，字道隱，庚辰進士，永曆後爲僧。原詩云：十郡名賢請自思，座中若個是男兒。鼎湖難挽龍鱗日，鴛水爭持牛耳時。哭盡冬青徒有淚，歌殊凝碧竟無詩。故陵麥飯誰澆取，贏得空堂酒滿卮。②

對於此事的真實性，廖肇亨在《金堡之節義觀與歷史評價探析》中提出質疑③。從時間上來看，吳偉業重游鴛湖在順治九年（1652），作有《鴛湖感舊》《鴛湖曲》。④ 而此年春，澹歸適從桂林下佛山，入雷峰寺天然門下充碗頭僧，自不可能抵達鴛湖。⑤ 雖澹歸於是年年底出嶺行化，但並未行至鴛湖。且順治十年（1653）三月十九日，吳偉業於江蘇太倉參與私祭崇禎⑥，即便此時與澹歸相遇，亦斷無投詩諷刺之理，是以知爲謬傳。

與全祖望同時之劉埥，在《片刻餘閑集》卷一中有關於此詩的另一版本：

> 錢牧齋既仕本朝，罷職家居，招集十郡知名耆舊爲文酒之會。一夕宴罷，忽見壁上有題七律一首，不署姓名，筆墨淋漓。衆人閱之大爲慚沮。詩云：十郡名賢請自思，就中若個是男兒。燕山難挽龍髯日，邗水爭持牛耳時。淚灑冬青空有恨，歌殘凝碧已無詩。長陵麥飯

---

① 《徧行堂集》（四），第 285 頁。
② 全祖望：《續耆舊》卷六十三思舊館八子之二，《續修四庫全書 集部總集類1682》，上海古籍出版社，1995 年，第 690a 頁。
③ 廖肇亨：《金堡之節義觀與歷史評價探析》，《中國文哲研究通訊》1999 年第 4 期，第 100~102 頁。
④ 馮其庸、葉君遠：《吳梅村年譜》，文化藝術出版社，2007 年，第 197 頁。
⑤ 吳天任：《澹歸禪師年譜》，第 67~68 頁。
⑥ 馮其庸、葉君遠：《吳梅村年譜》，第 213 頁。

何人問,願借哄堂酒一卮。①

與全祖望所錄"鴛湖投詩"詩相比,僅地名等個別字句上有改動,只是澹歸被換爲錢謙益。可見這首詩作者不明,且不止一次被用來諷刺失節者。

其次爲澹歸碗的傳說。據《澹歸禪師年譜》轉載葉恭綽《遐庵談藝錄》中"明今釋逸詩"一條:

> 相傳其出家後,匿迹某寺,司厨事,人無識之者。值新貴游寺,乃其門下也。一見大驚,百方詢所欲,不答。固請,乃曰:"寺中僧多,尚缺飯碗。"其徒乃特至江西景德鎮定燒飯碗一千,舍之寺中。用之多年,至今尚有流傳,認爲珍玩者,名曰澹歸碗。②

相關傳說最早見於《(民國)仁化縣志》卷七"今釋澹歸禪師"條,稱:

> 今釋澹歸禪師,字蔗餘,明兵科給事中金堡也。玄黄之變,從函是天然禪師落髮於海幢寺,繼從至東莞,闖介庵住十餘年,更還海幢寺爲碗頭和尚之職,司香積厨中,浣濯盂鉢之役。禪師年既老,兹事非所素幹,緣是盂鉢破碎不少,方丈時督過之。順治初年,巡撫廣東某者禪師門下士也,知禪師遁於禪,而不知其號,無從訪謁。會朝任江西,不能久留粤,乃遍至羊城諸大蘭若禮佛,召諸僧與語將謁訪禪師之意,或冀一遇。至海幢,諸僧次序晉謁訖,而齋頭和尚不之理也。門侣愁恚,和尚峻拒之謂:"未忘色相,五蕴未空,役役奔謁,伊胡爲者?"門侣以告方丈,方丈奇其爲人,急白中丞,以是人之高潔不可屈致,宜枉己就見也。中丞躬入厨謁之,則果其師也。執弟子禮,而恨其方丈儕其師於下役,怒甚。擬爲另闢茅席,爲師棲息净修之所。且述由粤調贛之意,請其師之所欲。禪師曰:"四大皆空,吾久已空諸所有。惟吾執役齋頭久,毁損盂鉢亦甚多,是用慊然。汝此行至江西,江西乃著名磁器,爲我造盂鉢數百件,還之方丈,心稍安

---

① 劉埥:《片刻餘閑集》卷一,《臺灣文獻彙刊第四輯12》,厦門大學出版社,2004年,第335頁。
② 葉恭綽:《遐庵談藝錄》,轉引自吳天任《澹歸禪師年譜》,第67~68頁。

也。"中丞領命拜辭。既至贛,命陶工製盂鉢,每件均刻"澹歸"二字,以巨船二艘運至廣東。禪師奉以還之方丈,遂至仁化關丹霞山別傳寺,卓錫其中,閲十數年圓寂。今澹歸盂鉢,一具價值數十金,聞以盛豆腐,雖兼宿不變云,此事未見之前人紀載,兹本耆老所聞者紀之。①

文中謬誤處甚多。其一,澹歸充當碗頭僧的時間在順治七年(1652),此年澹歸三十九歲,何以稱"年既老"?其二,查《(康熙)廣東通志》"廣東巡撫傳",董應魁順治十年(1655)巡撫廣東,後遷江西,與傳說最爲相符②,但並未見澹歸集中有與之往來文字。其三,今所傳澹歸碗,實物上書"海幢寺"三字,與所錄之書"澹歸"二字不符③。且澹歸滌碗的經歷,可見記載僅在出家初期,於雷峰寺充當碗頭僧八個月④,之後便出嶺募緣,任天然函昰書記,不應再爲碗頭僧。其四,關於此碗的記錄,《民間藏珍——廣東省中國文物鑒藏家協會會員藏品選集 攝影集》稱,最早見於清人張品禎《清修閣稿》,他在同治七年(1868)游海幢寺時曾見此碗。光緒二十四年(1898),僧人石虁在《綠筠堂集》詩中言澹歸碗已失存。清末民初詩人易順鼎寫游海幢寺詩,云:"澹歸鉢已無尋處,萬物從來總劫灰。"⑤不難發現,記錄與傳說均出現於清末民初這一易代之際,此前未見記載,傳說的真實性和意圖令人猜疑,很可能亦是借此宣揚民族氣節。

這種對澹歸遺民形象的美好評價當然要依托於澹歸的文字,因此,他們對澹歸的詩歌也就發生了類似的想象式批評。如澹歸碗傳說便很可能脫胎於澹歸《廬陵喜晤曾旅庵憲副》一詩:

---

① 何炯璋修,譚鳳儀纂:《(民國)仁化縣志》卷七,《中國地方志集成 廣東府縣志輯9》,第564頁。

② 金光祖纂修:《(康熙)廣東通志》卷之十四"名宦"條,清康熙三十六年刻本,卷十四共65b頁。

③ 趙自强主編:《民間藏珍——廣東省中國文物鑒藏家協會會員藏品選集 攝影集》,廣西美術出版社,1995年,第107頁。

④ 《錢澄之全集五》《田間詩集》,第31頁。《徧行堂集》(三),第188頁《絕句》(其一)詩跋稱:"余初至雷峰,作碗頭半載,今以病,久不隨衆。"以是可知。

⑤ 轉引自趙自强主編:《民間藏珍——廣東省中國文物鑒藏家協會會員藏品選集 攝影集》,第107頁。

不免離愁十七年，雷峰清夢尚依然。三千鑽鉢存檀度，八百春秋屬地仙。官燭幾分調律呂，鶴毛一點散雲烟。石琴堂裏頻相問，鴻爪難尋雪月邊。①

此詩當作於康熙八年（1669）澹歸廬陵化緣時，距其洗碗雷峰剛好十七年。詩中感謝曾宏（旅庵）多次分俸相濟。其中"三千鑽鉢"很可能即爲後來傳說中的"澹歸碗"。據《（光緒）吉水縣志》："曾宏，號旅庵，官廣東副使，有賢能聲。詩文草書爲人所推重，嘗捐貨刊行曲江張文獻，本邑歐陽文忠、文信國各文集，表章先賢不遺餘力。"② 可見此人熱心於文化建設。但當時澹歸在雷峰，碗爲海幢寺而製。考慮澹歸常爲諸寺化緣求米求油，則向曾宏替海幢寺求碗亦不無可能。清末民初這一歷史轉折時期，海幢寺碗被附會上澹歸的志節傳說而身價大增，很可能是一種文化炒作現象。

這四個關於澹歸的故事並不符合事實，但對故事附會者或編造者來說，他們更看重的是樹立起一個值得頌揚的遺民形象，以達到諷刺失節者的目的，澹歸其人的本來面貌倒是次要的。

三、澹歸的突圍與詩歌之再審

澹歸顯然不甘心囿於遺民群體的這種批評模式，故其亦用力於做出突破。如他在《答沈仲方文學》中稱："出家學道本非專爲高尚，弟執役法門近三十年，强半穿州撞府，爲十方充化主，絶無高尚行徑……幸即賜削去，乃爲真愛我，真知我耳。"③ 不以高尚自我標榜，甚至以此拒絶遺民身份，在以"遺"爲榮的時代，需要極大的勇氣以及堅定的內心。這是澹歸對遺民想象性建構的反抗。

又如，除上文提到的對相關傳說的糾謬外，澹歸《徧行堂集》的刊刻亦可說是對遺民世界美好圖景的一種破壞。遺民世界的建構是删削提煉之後的典型性集合，是藝術性創造的產物，更類似於浪漫主義者的願景呈

---

① 《徧行堂集》（三），第100頁。
② 彭際盛修，胡宗元纂：《（光緒）吉水縣志》三十五，《中國地方志集成　江西府縣志輯65》，第423b頁。
③ 《徧行堂集》（四），第285頁。

第六章　遺民生態與遺民接受：澹歸作品的評價與傳播 | 321

現。而澹歸《徧行堂集》則以細節呈示的方式，使當時遺民生活情景較真實地展現在後人的研究視野中，這無疑會引起審美建構者的不滿。黃宗炎在閱讀澹歸《語錄》詩序時批評説：

> 澹歸名今釋，故給諫金道隱也，從亡西南，其大節多可觀。行朝嫉之，以杖戒遣，遂祝髪爲僧，竟忘所自，但成一領衆募緣俗漢而已。閲其《徧行堂集》，尤爲濫惡不堪。使道隱逃禪，而不受源流，不開堂營建，豈非千秋義士。即以若所爲，而無此《語錄》，作彼供狀，傳之後日，或疑是雪庵之徒，朦朧影響，令人可思。今則一誤再誤，使前此之苦節，雲飛烟盡，不足觀也已。天下之因好名而自敗其名者，皆澹歸之《語錄》乎！針神補綴苦辛勤，無縫天衣穩稱身，感慨流連懷故國，趨炎附勢媚時人。詩文攛合爛朝報，凡例差排新縉紳。畢竟西山采薇曲，武成未可一齊陳。①

黃宗炎認爲澹歸出家前"大節可觀"，頗符儒家節義要求；一旦踏入佛門，竟忘儒者身份。澹歸本可以逃禪，但他開堂營建，還爲佛門作這樣一本《語錄》，成爲節義全失的呈堂供錄。這也就無怪乎澹歸悲嘆："所見異詞，所聞異詞，所傳聞異詞，一部廿一史豈有真耶？"②

澹歸對遺民評價標準和想象模式的突破，在當時自然只會招來更多非議。但隨著時間的推移，研究者態度越趨客觀，自然也有從當時的現實情況和澹歸角度出發進行的辨析。如趙園在《明清之際士大夫研究》中便批評遺民們"六經注我"的批評模式，其文曰："'遺民'身份的成立即有賴於假定……'遺民情景'有賴於營造，賴有營造之後的不斷提示、自我暗示，賴有意志與信念——在這一點上，的確近乎宗教經驗。"③又稱："可惜的是遺民故事受制於既有模式，往往爲强調'人心不死'而多所省略，爲教化意圖犧牲了'事實'的複雜性。"④指出遺民對自我群體中形象的記録與保存亦賴於一定目的下的塑造與加工。正因如此，她認爲在經過"本人的刻意晦迹，戚友後人的掩飾、'淵洗'，刊刻者的删削外，更有朝

---

① 陳垣：《清初僧諍記‧續甬上詩》三九，載黃晦木閲澹歸《語錄》詩序，第 90 頁。
② 《徧行堂集》（四），第 285 頁。
③ 趙園：《明清之際士大夫研究：作爲一種現象的遺民》，第 87 頁。
④ 趙園：《明清之際士大夫研究：作爲一種現象的遺民》，第 89 頁。

廷律令的恣意改毀"後，遺民事跡基本是殘缺的。於是她建議讀遺民不妨據"跡象"推測，將士人關於自己的想象與其"實際"區分開來，將其表白、剖白與其"作爲"區分開來①。

只有區分了想象與事實，才能客觀地考察澹歸在當時環境中的行爲之性質。基於此，趙園看到了對抗當時遺民評價模式者的可貴，說："當著'遺'已成時尚，拒絕以'隱''遺'邀譽，高標自持，不苟同時尚的價值觀，拒絕將遺民方式與遺民道德普遍化，絕對化——儒者也以此實踐其所謂'存誠'的吧。"② 她看到了反抗者内心的"誠"。她又說："遺民中的杰出者是無以類歸的……'遺'本是對孤獨的選擇，當其成爲群體行爲時，真正孤孑的，只能是其中的杰出者，其人既拒絕順民身份，又不認同於'遺民社會'的一套概念、觀念，不苟同於這社會的自我界說、詮釋，其難以納入'類'的描述，是不待言說的。"③ 認爲這種"誠"是士之杰出者才真正具備的。這種翻案式的評價用在澹歸身上是恰當的。

趙園所提出的要將遺民之事實與相關文獻區分來看的方法，實際上亦指明了對澹歸作品進行重新審視的必要。這對於今天研究澹歸者而言，是尤其應當注意的。

第二節 詩人而志士：清初文化高壓下澹歸詩歌之遭遇

澹歸的多重身份使他遭到了遺民群體的嚴苛批評與想象式美化。但這一評價群體畢竟不是掌握政治權力的官員，評價形式也基本表現爲文字層面的交流，並沒有對其人其文產生實際的打擊。然而，作爲曾仕明的官員、曾組織抗清活動的志士、心懷前朝且具一定影響力的遺民僧，澹歸不可避免地被清廷關注，並被定性爲打擊對象。於是，澹歸身後遭到了乾隆帝的文字獄構陷，這自然也會影響到社會對其文學、詩歌之評價。

---

① 趙園：《明清之際士大夫研究：作爲一種現象的遺民》，第224～225頁。
② 趙園：《明清之際士大夫研究：作爲一種現象的遺民》，第7頁。
③ 趙園：《明清之際士大夫研究：作爲一種現象的遺民》，第32頁。

爆發於澹歸死後百年的文字獄案，是清朝著名的文字獄案之一。這一案件牽連甚廣，破壞嚴重，但因朝廷有意掩飾，具體經過難辨。近代以來，經學者的不斷考證，前人説法中存在的謬誤逐漸糾正，但囿於資料的匱乏，案件的深層原因及來龍去脈依然如罩霧中。就整個案件來説，乾隆帝將禁毀澹歸集子的原因歸結爲文字"悖謬"，若"悖謬"是指對明朝的故國情結，則同時期存在這一情結的遺民不在少數，澹歸師天然函昰對反清復明獻身烈士的哀悼詩文，從數量和情感上便遠超澹歸，爲何單以澹歸開刀？澹歸集子中作序者甚多，爲何獨對高綱之序大動干戈，高綱序言中有何言辭觸怒乾隆，禍及高氏子孫？既然《徧行堂集》得以存留，爲何集子中不見高綱之序？現在留存的本子是否真爲高綱在乾隆年間重刻本？可謂疑慮重重。無疑，今存沈維材代高綱所作《徧行堂集序》的發現，給這些問題的解决帶來了很大幫助。

一、高綱《徧行堂集序》的發覆

高綱爲《徧行堂集》所作之序，在諸版本及研究者文獻中均未得見，僅謝國楨《增訂晚明史籍考》中整理出《重刻〈徧行堂集〉募資疏序》一文，但並未標出處，也未予以細緻分析①。通過多方檢索，筆者於沈維材《樗莊文集》中發現由沈氏代筆的高綱序文。這一序文的發現，爲重新了解案件提供了重要綫索。通過序文及乾隆帝對案件的處理决定，案件的發生過程、深層原因及影響等都得以進一步推進。序文如下：

> 《徧行堂集》方擬重鐫，余爲征刻小引。判牘之餘，時甫脱稿。其原序皆澹公師友爲之，知之深，故言之盡。後有作者未能或先，即不作可耳。乃餘若有不能已於言，且若有不能不急於言者。余典郡韶陽，咨詢文獻，得張曲江《金鏡録》，知爲贋本，至欲訪其全集，已不可得。蓋蠧老蟲幹，灰飛烟滅，其後之苗裔，既不能保有先集，則文章樹畔，梨棗之更新無日矣。澹公濟世之才無所展布，不得已而經營創造於窮岩邃壑之中；覺世之學無所設施，不得已而提唱闡揚於縛律坐禪之外。山中宰相，其時命不同，使曲江易地處之，古今人同不

---

① 謝國楨：《謝國楨全集》第 2 册，北京出版社，2013 年，第 163~162 頁。

同未可知也。疇昔之封章諫草既已無存，而骨鯁之風易世而後猶爲感嘆，況於親炙之者乎？其所傳者，皆出世之文。而舌底青蓮，辨才無礙。既能空諸所有，更能實諸所無。讀其文者，且驚且愕，且悲且喜；恍然若有所得，忽焉若有所失。《楞嚴經》云："變化密移，我誠不覺。"丹霞如龍，澹公之文不猶之龍耶？先儒稱寂音爲僧中班、馬，而憨山大師直以蓮池爲法門周、孔，公實兼之。初集四十九卷，續集十六卷。法侄古如所重刻者，續集九卷，別刻尺牘五卷，所缺者詩詞二部。而傳盧弘誓，仍擬合刻，以垂久遠。傳燈不熄，則歷劫常存，以視曲江公可謂有後矣。初擬稍加刪選，念公之爲人今人所共知，亦即後人所共仰，其思得全集而讀之者，諒有同心也。且公之文，智者見之謂之智；仁者見之謂之仁。余又何敢以管中之窺貽門外之羞耶？

乾隆四年歲在己未重九後四日知虞韶郡事高密高綱拜

序既成，即書於募疏冊後，俾覽者有所感發興起，亦征刻之初意也。寄語法門龍象，他日剞劂告竣，或並付梓以當弁言，樂觀厥成，不妨另爲題序，存此一重公案，須菩提於意云何。

此序後有沈維材自注：

丹霞山極高，爲仁化勝境。歸名今釋，即仁和金道隱先生。明社既遷，先生以軍漢出家，所著《徧行堂集》傳世已久，雍正年間板毀於火，高薑田典郡韶陽，欲爲重刻，屬余作募疏並題此序。[①]

交代《徧行堂集》重刻緣由乃因康熙版《徧行堂集》板片不存，沈氏受高綱囑托代筆作序及募疏。此序大致表達了如下觀點：第一，同情澹歸遭際。慨嘆澹歸具"經世之才"與"覺世之學"，因遭逢世變而出家爲僧，經營一隅，提闡佛門。甚至將澹歸與張九齡並舉，稱若生於此際，即使張九齡也可能有一樣不遇的命運。對澹歸才略的拔高和生不逢時的悲嘆，無疑蘊含對鼎革的譴責。第二，稱贊澹歸品節。贊揚其出家前諫草中的骨鯁之氣，並以"僧中班馬""法門周孔"類比澹歸，推崇之情非同一般。第三，交代《徧行堂集》初刻及後刻狀況，指出刊刻目的在於保存文獻。本

---

① 沈維材：《樗莊詩文稿》文稿卷一序跋，《清代詩文集彙編285》，上海古籍出版社，2010年，第378b～379a頁。

欲稍加删削，但鑒於澹歸人品人所共知，不必爲其掩飾，因此保留《徧行堂集》初刻原貌。

在同由沈氏代作之《重刻徧行堂集募資疏序》中，又稱揚澹歸人品説：

> 澹歸和尚，即（金）道隱先生，然既爲澹歸矣，不得以道隱目之也。《徧行堂集》自是澹歸所著，而澹歸爲僧之宏略見焉；道隱爲官之苦行，亦略見焉；道隱之甘爲澹歸，不降其志，不辱其身，無不見焉。人之重澹歸，尤以道隱，則其集之可傳，傳之千萬世而不朽，豈非世出世間所共以爲重者耶。共以爲重而聽其集之蠹老蟲幹，化爲烟雲，蕩爲灰劫，當有惕然大不忍者。雖澹歸之可傳不在文字，而人之思慕澹歸者，不得見澹歸，見澹歸之集，如見澹歸也。況其文字之奇而法，正而葩，更有不可思議，不可端倪者，其必思所以永其傳，惟恐其傳之不遠且久無疑也。集有初刻與續刻，皆資助於檀那宰官長者之姓氏，具載於簡端。在昔澹歸深以因緣文字爲譏，然以文字爲因緣，亦因緣中文字也。人自墮地以後，所歷之境，所處之時，所遇之人，莫不有因有緣，且澹歸嘗自題緣起矣，爲因爲緣不可勉強。余自典郡韶陽，時時咨訪，曾屬丹霞法嗣密因爲餘購致。今秋八月，主持繼祖携以相示，前集四十九卷，續集十六卷。繼祖以梨棗重新，費無所出，多方征請，不可無文以倡道之。判牘之餘，翻閲一過，既深驚嘆，爰題數語，遍告同人，文字因緣，此固不爲澹歸，又豈爲繼祖也哉。①

文中所能觸及乾隆帝忌諱者，當是高綱對澹歸的推重褒揚。高綱身爲漢軍旗人，同情對前朝遺臣遭際，感慨亂世對士人才華抱負的遏制，流露鼎革招致世厄的痛心，稱揚澹歸不降志、不辱身的民族氣節。對向來狐疑於漢族士人忠心的乾隆帝來説，同情與稱贊等同於反抗。因此，他怒斥道："高綱身爲漢軍，且系高其佩之子，世受國恩，乃見此等悖逆之書，恬不爲怪，匿不舉首，轉爲制序募刻，其心實不可問，使其人尚在，必當立寘重典。"② 然而，澹歸集子中，留下序文的清朝官員並非僅高綱一人，

---

① 謝國楨：《謝國楨全集》第2册，第163~162頁。
② 《清代文字獄檔》（增訂本），第144頁。

陸世楷、李復修、沈皡日等皆曾予以稱揚，何以獨對高綱下手，便不能不引人思考。對這一問題的解決，則需重新回歸澹歸文字獄案本身去尋找端倪。

二、澹歸文字獄始末

對於澹歸文字獄案爆發的導火索，諸家說法不同。葉廷琯《鷗陂漁話》轉載徐達源雜記中關於澹歸文字獄的記錄，稱李璜父子曾在別傳寺封存之櫥中發現澹歸手書一冊，獻給朝廷，並協助朝廷進行磨碑、焚骸、殺僧等酷烈清理，李氏父子也因此遭到慘痛報應①。據此，研究者多將案件的罪魁禍首定爲乾隆朝南韶連兵備道李璜。如王彬先生《清代禁書總述》②、揮之《焚書　毀骸　殺和尚——明戲曲作家金堡的悲劇命運》③均認爲李璜是該案的始作俑者。對此，廖銘德在《〈徧行堂集〉文字獄案考略》中提出質疑，從李璜任職時間與《徧行堂集》流傳狀況考證，否定了李璜揭發的可能性。④葉廷琯在轉述徐達源相關記錄後評論說，按照李璜入觀時間，獻册之舉當在"毀版之事年餘"，且"所獻之册，亦必更在前毀刻之外者"⑤，並未提及李璜是此案舉報者，僅將獻册之禍作爲案件中又一巨大推力而已。那麼，此時所獻之册爲何？《徧行堂集》的主要發起者又是誰，研究界至今尚未給出答案。

事實上，若仔細考察案件過程，便不難發現，澹歸《徧行堂集》案的發起者與主持者均爲乾隆皇帝。這場文字獄案不過是乾隆帝推行文化專制的棋子。在其發動並反覆敦促下，《徧行堂集》被嚴厲而徹底地查禁，並在查禁過程中橫生枝節，殃及衆多。

首先，就查禁活動流程來看，緊鑼密鼓，嚴厲而徹底。乾隆四十年（1775）二月二十六日，廣東巡撫德保奏查上繳《徧行堂集》等書，稱在前所查繳應禁書籍的基礎上，查出包括《徧行堂集》一部二十五本等應禁

---

① 葉廷琯著，朱鑒點：《鷗陂漁話》，廣益書局，1942 年第 2 版，第 28~29 頁。
② 王彬：《清代禁書總述》，第 52~53 頁。
③ 揮之：《焚書　毀骸　殺和尚——明戲曲作家金堡的悲劇命運》，《藝海》2002 年第 4 期，第 57 頁。
④ 廖銘德：《〈徧行堂集〉文字獄案考略》，《韶關學院學報》2010 年第 7 期，第 33~37 頁。
⑤ 葉廷琯著，朱鑒點：《鷗陂漁話》，第 28 頁。

書籍①，另查出不全《徧行堂集》板片一千四百五十七塊，全部解交軍機處處理。②此爲案件肇端。同年九月十二日，江西巡撫海成奏進應選應毀書籍摺中包含《徧行堂前集》一部，《徧行堂續集》二部③。該年閏十月，乾隆帝在檢閱各地呈繳應禁毀書目時，偶然發現澹歸《徧行堂集》詩文"多悖謬字句"，且有乾隆初韶州知府高綱爲之作序並募捐助刻，遂下旨嚴查高綱及其子孫。④至此，《徧行堂集》案揭開了帷幕。案發後，在乾隆帝的一再督促下，此後三四個月，各地督撫開始緊鑼密鼓地查辦此案。

十一月十三日，薩載上疏彙匯報查辦情形，稱已加大禁書查辦力度，查出澹歸《徧行堂集》正續集各一部，無高綱序文，爲另一版本。並查出《皇明通記集要》《酌中志》《七錄齋稿》《譚西詩集》等書⑤。十一月初七，于敏中奏於高棚、高秾家存書籍中，查出《徧行堂集》四十四本及澹歸草字三軸，又《明詩鈔》一本，內有屈大均詩二首，雖無悖逆語句，亦應銷毀；《韶州府志》內查有澹歸丹霞山事迹及所作詩詞，亦應撤毀⑥。

十一月十六日，兩廣總督李侍堯、廣東巡撫德保上疏稟奏查辦澹歸墨迹、詩集、丹霞碑記並陳建等著述情況，稱已"密委廣州府知府李天培馳赴韶州府，會同南韶道李璜前往丹霞悉心查辦，凡金堡所有墨刻墨迹逐一查出，現存碑石摹揭進呈，一面椎碎拋棄，不使片紙只字復有留存，並將其支派僧衆悉行逐出，令地方官選擇誠實戒僧住持"，結果查出"《丹霞志》一部、《徧行堂隨見錄》一本與金堡墨刻各種，檢閱《丹霞志》內詩文語錄諸多悖逆，且有徐乾學爲伊撰制塔銘，知金堡尚有《嶺海焚餘集》《梧州詩》二種，並查出下院兩處，一名會龍庵，在韶州府東門外，一名龍護院，在南雄府城內，恐有金堡碑記字迹及其支派僧衆，現亦一體查辦。又墨刻內有尚、耿二逆重修省城光孝寺碑記，系金堡文，此碑固應銷燬而逆迹亦不便留貽，凡伊等所豎之碑業已一並椎碎"。且"《丹霞志》載海螺岩有金堡埋骨之塔刊刻銘志，亦應刨毀，現又飛飭委員查辦，不使存

---

① 《纂修四庫全書檔案史料》，上海古籍出版社，1997年，第357頁。
② 《纂修四庫全書檔案史料》，第350頁。
③ 《纂修四庫全書檔案史料》，第431頁。
④ 《清代文字獄檔》（增訂本），第144頁。
⑤ 《清代文字獄檔》（增訂本），第145~146頁。
⑥ 《清代文字獄檔》（增訂本），第158頁。

留"。又將志乘采入澹歸詩文調集磨勘,將記載之處"提板鏟削,以清穢迹"①。

十一月十七日,江西巡撫海成奏江西禁書情況,稱:"江西於上次進繳煅書內繳過《徧行堂集》一部、續集二部,此次又繳《徧行堂集》一十三部、續集二部,其續集亦系澹歸所著。"②後據李侍堯等奏,武英殿內府所頒《獨和尚語錄》系金堡重編,又《八十八祖傳贊》首册有金堡序文,將其叙文及其重編之處一並銷毀,並令各督撫飭查明,一體仿照辦理③。

案件至此進入白熱化程度,澹歸著作及其板片、碑文均成禁毀對象,被徹底清除銷毀。此後,澹歸作品基本上難以尋覓,然與其有關的書籍查毀依然在繼續,澹歸其他作品及《徧行堂集》仍在全國範圍內持續查禁。

據劉娟《澹歸作品遭禁毀考論》統計:乾隆四十年(1775)十二月十三日,奏准禁毀江蘇巡撫薩載奏繳之《徧行堂集》《徧行堂續集》;乾隆四十一年(1776)二月十五日,奏准禁毀兩廣總督李侍堯《丹霞初集》《丹霞二集》《丹霞和詩》《丹霞四集浙客詩》四種;乾隆四十一年十一月,奏准禁毀《嶺海焚餘》;乾隆四十六年(1781)四月二十五日,奏准禁毀江蘇巡撫閔鶚元奏繳《粵中疏草》。另其《梧州詩》《徧行堂雜劇》《臨清去來集》《夢蝶庵詩》《明文百家粹》《今釋四書義》被列入軍機處奏准全毀書目。而《行都奏議》早在乾隆四十年(1775)二月二十日,已奏准禁毀④。乾隆四十一年二月十六日,貴州巡撫裴宗錫奏繳《徧行堂集》二部三十四本⑤,乾隆四十一年四月十六日,湖南巡撫覺羅敦福奏查《徧行堂集》一部。同日,兩江總督高晉奏《徧行堂集》四部,共二十本,内三部不全⑥。同月二十日,薩載又奏繳《徧行堂正集》二部,每部十八本⑦。乾隆四十一年十月初四日,江蘇巡撫楊魁進繳《徧行堂文集》一部十六

---

① 《清代文字獄檔》(增訂本),第165~166頁。
② 《清代文字獄檔》(增訂本),第167頁。
③ 《清代文字獄檔》(增訂本),第169頁。
④ 劉娟:《澹歸作品遭禁毀考論》,《嶺南文史》2006年第4期,第51頁。
⑤ 《纂修四庫全書檔案史料》,第498~499頁。
⑥ 《纂修四庫全書檔案史料》,第509頁。
⑦ 《纂修四庫全書檔案史料》,第513頁。

本①。乾隆四十二年五月二十日，兩江總督高晉奏進《徧行堂集》五部②。乾隆四十二年八月初四日，浙江巡撫三寶奏繳《徧行堂集》刊本二十六部③。至乾隆四十四年（1779）七月初九日，兩江總督薩載在奏繳清單中依然有澹歸《行都奏議》《徧行堂集》二部十六本，《金堡時文》三十部三十本④。可以看到，澹歸的文字獄案不唯歷時頗久，所遭打擊也極爲嚴酷。

同時，在查辦高綱及其子孫過程中枝節橫生，連環案起。乾隆四十年閏十月十五日，福隆安、于敏中在查抄高秉等家時，發現函可《千山和尚詩鈔》一本，錢謙益《初學集》十五本⑤，《御制樂善堂全集》一部二十四本，另有違礙者五種，無違礙亦應查辦者十一種⑥。其中陳建所著《皇明紀實》及江寧清笑生所著《喜逢春傳奇》等書籍引起乾隆帝不滿。

閏十月十八日，乾隆帝下旨令高晉、薩載於江寧、蘇州兩處查明《皇明紀實》《喜逢春傳奇》等相關刷印紙本及板片⑦。又在次日下旨，令李侍堯等於廣東查陳建《皇明紀實》，椎毀澹歸碑石並查繳其墨刻⑧。經查，陳建所著《皇明實紀》與從前廣東督臣奏毀之《皇明通紀》名異實同。江西上次進繳《皇明實紀》三部、《皇明通紀》三十三部，此次又繳《皇明實紀》五部、《皇明通紀》七十八部⑨。

十一月初九，兩江總督高晉奏稱，高綱之子高秤供稱其父曾刻有《雪聲軒詩集》四本又續刊一本，令地方官查看刊板有無違礙文字，就近辦理。另令江寧布政使查明清笑生其人，查繳《喜逢春傳奇》紙本及板片，並傳令江蘇、安徽、江西各輔臣以及上下江、江西藩臬及撫州，實力查繳《徧行堂集》及《皇明實紀》等書⑩。至此，案件搜查範圍進一步擴大。

---

① 《纂修四庫全書檔案史料》，第 544 頁。
② 《纂修四庫全書檔案史料》，第 544 頁。
③ 《纂修四庫全書檔案史料》，第 675 頁。
④ 《纂修四庫全書檔案史料》，第 1075~1082 頁。
⑤ 《清代文字獄檔》（增訂本），第 143 頁。
⑥ 《清代文字獄檔》（增訂本），第 144 頁。
⑦ 《清代文字獄檔》（增訂本），第 144~145 頁。
⑧ 《清代文字獄檔》（增訂本），第 145 頁。
⑨ 《清代文字獄檔》（增訂本），第 167 頁。
⑩ 《清代文字獄檔》（增訂本），第 159~161 頁。

另查出"《明通紀》四部，内原刻一部、翻刻三部，並無板片，另陳建所著《學蔀通辯》十九部每部二本，《治安要議》三十部每部一本，皆有板片"[1]，並牽涉翻刻陳建著作之書商馬晋允暨摘星樓書鋪。

從案件過程可見，此次查禁破壞力度大，牽涉面極廣。乾隆帝對去世百年的澹歸及其作品深究不放，對爲其集子作序並募刻的高綱痛恨不已，並順藤摸瓜地牽連出一些列禁毀書籍。由此可知，《徧行堂集》文字獄案爆發的原因，遠非澹歸文字惹禍，而是有其更深刻的内在原因。

三、澹歸文字獄原因

澹歸文字獄案發生於清朝入主中原一百三十一年，澹歸去世也已九十五年。此際清朝統治逐漸穩固，反清勢力隨遺民群體的凋零也已基本銷聲匿迹。這種情況下，乾隆對百年前的澹歸文字中"悖謬"進行清算治罪，從後世的眼光來看，多少顯得荒唐。澹歸文字中即便存在濃鬱的民族氣節，對朝廷已不具撼動威懾力。但爲何乾隆帝一見便驚心痛斥，勃然欲對其人及文字鏟除干净呢？事實上，澹歸文字獄案的發生有更深刻的原因，暗寓統治者的治理需求。大致而言，可分爲内外兩個原因。

就内在原因來看，即如乾隆帝所言，澹歸集子中確實存在一些故國情感文字。作爲明末清初遺民僧，澹歸作品中的民族情結自然不少。他雖已將作品中"語涉激憤"者刪除，但依然不時流露出難以消除的故明眷戀。《徧行堂集》中爲故朝忠孝節烈所作表旌文字頗多，亦最能體現亡國之痛。冼玉清《廣東釋道著述考》"今釋"條中也稱："今核集中詩文，多禪門往來文字，惟《祭明故死節督師瞿公文》《祭持平劉大中丞文》《敦烈鄭公傳》《嵩道人傳》《汪孺人傳》《米忠烈公傳》《楊總督傳》等，叙述沉痛，凛凛有生氣，故犯清廷之忌。其上定南王書謂'《元功垂範》，遵奉記室稿本，請改正稱謂，勿以明爲僞，兵爲賊'，皆一本忠義。"且"集中丙辰二月之事，有'將軍縱掠韶陽城，忽聞海幢清晝劫，山空夜寒啼杜鵑'句。及孟夏，'只許窮人填性命，前供猛虎後供鴉'。又'兵聲喧喧何日定，定後催科皮骨盡'等，頗述清初之暴政虐民。今釋行在納忠，身遭杖戍，而國亡遁迹，仍復寄其薇蕨之思，豈惟佛門龍象，亦凛於民族大義，其遺作

---

[1] 《清代文字獄檔》（增訂本），第165~166頁。

固足傳矣。"① 他如《黎忠湣公傳跋》公開頌揚爲明死義之黎美周等②，皆爲"悖謬文字"。

另外，澹歸也確常對比明清兩朝政策來表達對清朝的不滿和對故明的眷戀。如其在《單質生詩序》中公開稱："白燕庵者，我國初袁御史之故隱"③，並對清初統治者慫惠官吏懲治遺民之行甚爲不滿，舉明朝開國政策對比說："昔高皇帝懲元季官邪，所以治貪墨吏者至嚴，吏惴惴救過不終，毋敢以私意魚肉細民，而況遺老?"④ 以明遺老自居、傲視清朝政策之意溢於言表。澹歸在文章中公然稱朱元璋爲"我太祖"⑤，這在清統治者看來自然難以容忍。因此，乾隆帝檢閱後大爲光火，斥其悖謬，焚碑磨骸，不容留存片紙只字，欲使其人從歷史中徹底抹去。

實際上，對前朝懷有眷戀之情是朝代更替之際作品中的常見情感。明清之際，更因其民族情感及文化特征的特殊而觸及更多遺民的故國情懷。乾隆早已對此心生不滿，因此，對明末遺民發抒民族情結作品的禁毀，是此際禁毀運動的重要指示之一⑥。乾隆帝批判在文字中懷念故朝者：

> 其詩内懷想聖朝之語，無非借以爲名，不可信以爲實，即以前明政事而議，並無可以動民系戀者，如洪武開基，嚴刑峻罰；永樂篡逆，瓜蔓抄誅，士民無不含怨。又如洪武因蘇松嘉湖各府爲張士誠固守，遷怒及民，浮糧加重，寖至末季征斂日增，累及天下，民多愁苦嗟怨，此皆見於史册者，有何可以系念之處而追念不忘乎！至我本朝列聖相承，愛養百姓，賑災蠲緩，厚澤頻施，而江浙浮糧之額，節經裁減以除民害。朕踐阼至今四十三年，普免天下錢糧三次，普免漕糧二次，其他灾賑之需，動輒數百萬，窮簷疾苦，疊沛恩膏。小民具有天良，豈有不知感戴！轉屬念前朝，全無恩德及民之理，此不過抑鬱無聊之人，自揣毫無進路，遁而爲此，與匹夫匹婦之自經溝壑無異。而讀書矢志之徒，遂托言懷想前朝，以爲萬一敗露，猶可借以立名，

---

① 冼玉清：《廣東釋道著述考》，第261頁。
② 《徧行堂集》(四)，第208頁。
③ 《徧行堂集》(四)，第87頁。
④ 《徧行堂集》(四)，第88頁。
⑤ 《徧行堂集》(四)，第260頁。
⑥ 丁丁原基《清代康雍乾三朝禁書原因之研究》第五章具體論述了乾隆朝禁毀書籍的宗旨，臺北華正書局，1983年，第112~314頁。

其肺腑真可洞鑒，此等鬼蜮伎倆，豈能匿於光天化日之下！若無知音，以此輩爲真有追懷故國之思，轉爲若輩所愚矣。①

從批判明朝弊政說起，歷數明朝統治者的荒唐舉措，對比清初國政，指出明朝無甚值得遺民追懷處。並以此爲據，判定追懷者作品之所以有故國情感，僅因當時無出路，退而借遺民情懷求取高名。以此爲由，乾隆要求查抄追繳這類作品，以揭穿好名虛妄之徒。事實上，若此等作品真爲好名之士的求名之舉，則不足以煽動反清情緒，朝廷自然犯不上因此大動干戈。就外在原因而言，禁毀《徧行堂集》與當時政治環境、統治者性情與治理策略密不可分，具體而言，有如下三點。

（一）猜忌狐疑——乾隆帝性格對文字獄的影響

文字獄的多寡與政治環境和統治者的性情聯繫密切。乾隆初，文字政策相對寬鬆。一方面，乾隆帝欲糾正雍正朝後期文禍蔓延之風，緩和官場緊張關係和漢族知識分子的不滿情緒，以贏得臣民對新政的支持；另一方面，乾隆帝初操國柄，政治形勢相對穩定，各種社會矛盾相對緩和，且執政甫始，決策多謹慎而合於實際。而到後期情況有所改變。乾隆十六年（1751），轟動一時的偽造孫嘉淦奏稿案給乾隆帝帶來了極大的困擾，他懷疑有一股敵對勢力暗潮湧起，國家危機四伏。統治者的多疑自然造成文網政策的緊張。從此，對禁書的查辦力度逐漸加大。從乾隆二十二年（1757）彭家屏家藏明末野史案開始，到乾隆三十七年（1772）正月諭令各地征集遺書，再到次年二月設立四庫全書館，乾隆帝借修《四庫全書》的名義，對全國禁書進行規模浩大的清理，使禁書活動愈演愈烈。在這場清理中，乾隆帝深謀遠慮，步步爲營，威逼利誘，先征後禁，表現出極強的目的性。發生於乾隆四十年（1775）閏十月的澹歸《徧行堂集》文字獄案，正是乾隆帝反覆威逼臣民查抄違礙文書的開始。《徧行堂集》查出時，乾隆帝正欲通過抓幾個典型來樹立禁毀標准，爲維護統治尋找可利用的契機。

（二）敲山震虎：漢軍旗人高綱之序

澹歸文字獄案爆發的第二個原因，在於乾隆帝檢閱到澹歸《徧行堂

---

① 轉引自丁原基：《清代康雍乾三朝禁書原因之研究》，第 221~222 頁。

集》的時間。乾隆三十七年開四庫館並開始征收搜求遺書,至乾隆三十九年,征收工作進入尾聲,但乾隆帝對搜求成果並不滿意,他於八月初五下詔,責備諸查辦官員奏查違礙書籍不力:

> 乃各省進到書籍,不下萬餘種,並不見奏及稍有忌諱之書。豈有裒集如許遺書,竟無一字違礙字迹之理?況明季末造野史者甚多,其間毀譽任意,傳聞异詞,必有抵觸本朝之語,正當及此一番查辦,盡行銷毀,杜遏邪言,以正人心而厚風俗,斷不宜置之不辦。此等筆墨妄議之事,大率江浙兩省居多,其江西、閩粵、虎骨昂,亦或不免,豈可不細加查核?高晋、薩載、三寶、海成、鍾音、德保皆系滿洲大臣,而李侍堯、陳輝祖、裴宗錫等亦俱系世臣,若見有詆毀本朝之書,或系稗官私藏,或系詩文專集,應無不共知切齒,豈有尚聽其潜匿流傳,貽惑後世?①

不僅怪罪辦事官員查抄禁書不力,甚至區別推測滿、漢官員心理。這種以種族來推測心態的行爲,在政治敏感的朝代是頗爲嚴重的,漢族官員很容易便被統治者懷疑其忠心。這也充分體現出清統治者對漢族官員的警惕與懷疑。此後,各督辦官員紛紛表態,稱將盡心查抄禁毀書籍。江西巡撫海成奏稱:"臣滿洲世僕,受恩深重,於此重(要)時間,敢不盡心查辦。"② 兩江總督高晋稱:"臣系滿洲世僕,具有天良,正可乘此采訪遺書,留心查辦。"③ 漢臣裴宗錫亦稱:"如有此等背妄之書,臣世受國恩,具有天良,一見無不切齒痛恨,豈有不奏明銷毀,尚聽其潜匿流傳之理。"④ 然而,他們雖表態明確,但此後的查繳工作仍不能令乾隆帝滿意。一則地方官員重視程度不够,彼此觀望,唯恐如乾隆朝初期所諭,凡告發別人詩文等悖逆譏諷者,若承審官員率行比附成獄,視情節輕重予以懲處。此後幾個月,僅兩廣總督李侍堯查出屈大均悖逆書籍,其他多稱"實在並無違礙語句等語"⑤。乾隆帝非常不滿,於十一月初九下諭,點名批評高晋、薩載、三寶所以奏稱"查無違礙之書",只因辦事不及李侍堯等

---

① 《纂修四庫全書檔案史料》,第240頁。
② 《纂修四庫全書檔案史料》,第257頁。
③ 《纂修四庫全書檔案史料》,第259頁。
④ 《纂修四庫全書檔案史料》,第260~261頁。
⑤ 《纂修四庫全書檔案史料》,第261頁。

用心，並恐嚇説："何可稍存觀望，自貽伊戚乎？若再隱匿不繳，後經發覺，即治以有心藏匿之罪，必不姑寬，並於該督撫等是問。"① 在威逼責令下，各地官員開始重視禁書，禁毀運動逐漸興起。乾隆帝悉心督促，親自檢閱批示，時常煽風，並急於通過幾樁案件來敲打衆人。

於此時被乾隆帝翻檢出的澹歸《徧行堂集》恰好符合其抓典型以震懾諸人的目的，自然成了靶子。首先，這是繼屈大均禁毀案之後的第二起案件。此時禁書運動在乾隆帝看來漸入佳境，急需類似案件來推波助瀾，存有"悖謬"文字的《徧行堂集》符合其立典型的標准。其次，《徧行堂集》中存有"世受國恩"之漢軍旗人高綱之序，這極大地刺激到對漢人官員有所懷疑的乾隆帝。從上文分析可知，單就內容而言，由沈維材代筆之高綱《徧行堂集序》，言辭中對澹歸的推重與同情，並不比前之作序者更甚，但乾隆帝却借此大作文章。由於高綱此時已死，便將罪責推於其子孫身上：

> 高綱爲澹歸作序，朕於無意中閱及，可見天理難容，自然敗露，其子高秉收藏應毀之書，即或前此未經寓目，近年來查辦遺書，屢經降旨宣諭，凡繳出者概不究其已往，今高秉仍然匿不呈繳，自有應得之罪，已交刑部審辦。此專因高綱爲八旗大臣子孫，其家藏有應毀之書，不可不示懲儆。②

比較之下，對同案涉及之《皇明紀實》作者陳建、《喜逢春傳奇》江寧清笑生的後代則相對寬容，諭"陳建在天啓間，即清笑生似亦明末時人，其兩家即有子孫，均可不必深究"③。由此可見，乾隆帝之所以借澹歸《徧行堂集》案大作文章，很大程度上是做給高綱等漢軍旗人看，以示敲打警告，惟恐漢人官員民族氣節尚存，對清朝不盡心效力。因此，澹歸《徧行堂集》案這一大棒既打在高綱及後代身上，也打在漢族官員心上。

此後，乾隆朝文字獄運動愈演愈烈，滿漢官員爭先恐後查繳禁書，唯恐落下异心的口實。在澹歸《徧行堂集》案發生後的幾個月，禁書運動推向高潮。

---

① 《纂修四庫全書檔案史料》，第282~283頁。
② 《清代文字獄檔》（增訂本），第145頁。
③ 《清代文字獄檔》（增訂本），第145頁。

(三) 教忠教孝：穩定後的治理策略

乾隆朝文字獄案繁多且密集，很大程度上源於清軍入主中原一百多年，政治形勢已漸趨穩固，統治者逐漸將精力從鎮壓反清起義轉移到思想控制上來。就乾隆帝而言，借修《四庫全書》廣搜遺書，禁毀反動言論的目的明確，即"杜遏邪言，以正人心而厚風俗"。所以除禁毀違礙言論，還需通過樹立正反典型來教忠教孝，從精神層面控制人心，鞏固統治。

從乾隆帝對澹歸的評價來看，除不滿其語涉違礙外，對其人品亦大爲不齒。在查繳《徧行堂集》等書板時批評説：

> 因查澹歸名金堡，明末進士，曾任知縣，復爲桂王朱由榔給事中，當時稱爲五虎之一，後乃托迹緇流，借以苟活。其人本不足齒，而所著詩文中多悖謬字句，自應銷毀。①

又在諭旨劉宗周等書集只需刪改毋庸銷毀時説：

> 第其中有明季諸人書集，詞意抵觸本朝者，自當在銷毀之列。節經各督撫呈進，並飭館臣詳悉檢閲，朕復於進到時，親加批閲，覺有不可不爲區別甄核者。如錢謙益在明已居大位，又復身事本朝，而金堡、屈大均則又遁迹緇流，均不能死節，靦顔苟活，乃托名勝國，妄肆狂狺，其人實不足齒，其書豈可復存？自應逐細查明，概行毀弃，以勵臣節而正人心。②

可見乾隆帝對澹歸等人品的不屑聚焦在其遁迹緇流、不能死節、靦顔苟活上。在他看來，對澹歸等人作品的禁毀和對其人的毀迹，是站在正義角度爲天下除不義，以此"勵臣節而正人心"。因此，在斥責後接著樹立正面典型與之對比：

> 若劉宗周、黃道周，立朝守正，風節凜然，其奏議慷慨極言，忠藎溢於簡牘，卒之以身殉國，不愧一代完人。又如熊廷弼受任疆場，材優幹濟，所上封事，語多剴切，乃爲朝議所撓，至身陷大辟。嘗閲其疏內，有"灑一腔之血於朝廷，付七尺之軀爲邊塞"二語，親爲批識云："觀至此爲之動心欲泪，而彼之君若不聞，明欲不亡，得乎！"

---

① 《清代文字獄檔》（增訂本），第144頁。
② 《纂修四庫全書檔案史料》，第552頁。

可見朕大公至正之心矣。又如王允成《南臺奏稿》，彈刻（劾）權奸，指陳利弊，亦爲無慚骨鯁。又如葉向高爲當時正人，頗負重望，及再入內閣，值逆閹弄權，調停委曲，雖不能免責賢之備，然觀其《綸扉奏章》，清補閣臣疏至七十七上，幾於痛哭流涕，一概付之不答，則其朝綱叢脞，更可不問而知也。①

上述言論中，乾隆帝將未殉國之澹歸與能風節自勵、死節殉國諸臣區分對比，一貶一褒，樹立教化典型，並乘機攻擊批判明朝弊政。"慷慨極言""彈劾權奸，指陳利弊"等行爲，在澹歸《行都奏議》中亦有強烈體現，乾隆帝却視而不見。如此，其褒揚忠義殉國、樹立反面典型以彰教化的用意便更加清晰明了。

從鞏固統治目的出發，通過忠義教化樹立忠君愛國情感，是統治者一貫奉行的政治手段，這一策略被乾隆運用得得心應手。在塑造典型以彰顯忠義教化這一環節上，乾隆帝還通過在史書中修《貳臣傳》來大作文章。他在詔諭內閣著國史館總裁，於國史內另立《貳臣傳》一門時稱：

昨閱江蘇所進應毀書籍內，有朱東觀選輯《明末諸臣奏疏》一卷，及蔡士順所輯《同時尚論錄》數卷，其中如劉宗周、黃道周等，指言明季秕政，語多可采，因命軍機大臣將疏中有犯本朝字句，酌改數字，存其原書。而當時具疏諸臣內，如王永吉、龔鼎孳、吳偉業、張晉彥、房可壯、葉初春等，在明已登仕版，又復身仕本朝，其人既不足齒，則其言不當復存，自應概從删削。蓋崇獎忠貞，即所以風勵臣節也。

因思我朝開創之初，明末諸臣望風歸附，如洪承疇以經略喪師，俘擒投順，祖大壽以鎮將懼禍，帶城來投……蓋開創大一統之規模，自不得不加之錄用，以靖人心而明順逆。今事後平情而論，若而人者，皆以勝國臣僚，乃遭際時艱，不能爲其主臨危授命，輒復畏死幸生，靦顏降附，豈得復謂之完人……

朕思此等大節有虧之人，不能念其建有勛績，諒於生前，亦不因其尚有後人，原於既死。今爲准情酌理，自應於國史內另立《貳臣

---

① 《纂修四庫全書檔案史料》，第552頁。

傳》一門，將諸臣仕明及仕本朝各事迹，據實直書，使不能纖微隱飾，即所謂雖孝子慈孫百世不能改者，而其子若孫之生長本朝者，原在世臣之列，受恩無替也。此實朕大中至正之心，爲萬世臣子植綱常，即以是示彰癉。昨歲已加諡勝國死事諸臣，其幽光既爲闡發，而斧鉞之誅不宜偏廢。此《貳臣傳》之不可不覈定於此時，以補前世史傳所未及也。著國史館總裁查考姓名事實，逐一類推，編列成傳，陸續進呈，候朕裁定。並通諭中外知之。①

立《貳臣傳》目的甚爲明確，區分對待投降清朝者與忠於前朝者。將"遭際時艱，不能爲其主臨危授命，輒復畏死幸生，靦顔降附"的"勝國臣僚"釘在歷史的耻辱柱上，以昭告此輩的"不足比於人類"。這顯然與建國初期拉攏誘降政策相抵牾。對此，乾隆解釋稱，開國之初，基於大一統的需要，不得不接受前朝諸臣投降。言下之意，此時天下承平，已不需此等"貳臣"，是時候對其進行清算了。同時，乾隆還爲勝國死事諸臣加諡，闡發幽光，旌揚氣節。

事實上，無論是打著爲勝國討伐失節抑或表旌忠義的旗號，乾隆帝的所作所爲皆非爲前朝主持公道，目的僅有一個，即通過崇奬忠貞、貶斥邪奸來風勵臣節，爲萬世臣子植綱常，最終爲本朝臣民樹立道德標杆。而其言辭中的忠貞和奸邪，都不過被作爲樹立典型的工具加以利用。在此，澹歸因遁入佛門而被斥責靦顔苟活，亦是同一路數。

四、文字獄案下的灾難性影響

文字獄對中國文化的發展阻礙巨大，尤其有清一朝，對士人士氣及學術發展均產生了重大影響。在森嚴的文網下，士人甚至對讀書產生了畏懼心理。明史案中遭牽連的陸圻便在入獄前交代子女：終身不必讀書，似我今日！在此文化恐怖氣氛下，清朝讀書人更多地走向訓詁、考據的學術研究，缺少對自我思想與情感的發抒和表達，形成"萬馬齊喑究可哀"的沉悶景象。這種時代悲哀，在澹歸身上同樣有所體現。

（一）吉光片羽：文字獄對澹歸著述之毁滅

文字獄對澹歸作品影響極大，澹歸生前便在當權好友勸説下删除了作

---

① 《纂修四庫全書檔案史料》，第558~559頁。

品中"語涉激憤"的文字①。乾隆朝嚴酷的禁毀運動更使其作品幾被毀壞淨盡。羅振玉在《澹歸上人詩卷跋》中說："明季遺臣，以吾鄉金道隱先生手迹，傳世爲最少。蓋中遭禁令，毀弃殆盡。此卷乃予來海東後，得之東估手者，雖僅得詩四章，亦吉光片羽矣。"② 至清光緒間，始有釋惟心後續鈔本《徧行堂集》出現，缺第一册，今藏於臺灣圖書館古籍部。宣統辛亥年（1911），王文濡在國學扶輪社排印本《徧行堂集跋》中稱："本編十六卷，乃江南圖書館舊抄本……灰爐之餘，得此吉光片羽。"③ 待吴天任等爲澹歸編纂年譜時，亦僅得見其續集。由此可見澹歸著述所受破壞之劇，流傳之艱。這無疑極大地阻礙了澹歸作品的接受研究。

此外，這次破壞也直接導致現存《徧行堂集》版本的錯訛難辨。總體來看，當下《徧行堂集》正集本子流傳狀况複雜。

就刊刻年代來看，康熙本有康熙十三年説④、康熙十五年説⑤、康熙二十年説⑥，另有乾隆五年重刻本、清抄本等；就刊刻卷數來看，有四十六卷本、四十八卷本、四十九卷本。就目前過眼的五種《徧行堂集》版本，包括據浙江圖書館藏清康熙十五年刻本影印的《清代詩文集彙編》本，據上海圖書館藏清乾隆五年刻本影印的《四庫禁毀叢刊》本，據清乾隆五年釋繼祖募刻本影印的《原國立北平圖書館甲庫善本叢刊》本；宣統上海國學扶輪社刊本《徧行堂集》續集，廣東旅遊出版社2008年出版的段曉華點校本《徧行堂集》正集與續集，各本之間卷數和内容大致相同，但在具體細節上又有所不同。這種衆説紛紜、難辨究竟的現狀，無疑是清代文字獄禁毀的後果。

（二）一代文厄：文字獄對澹歸相關人物、著述的影響

澹歸文字獄案除對自身著述造成極大破壞外，也影響了一大批人和文獻的命運。

---

① 《徧行堂集》（二），第179頁。
② 羅振玉撰述，蕭文立編校：《雪堂類稿 丁 書畫跋尾》，遼寧教育出版社，2003年，第61頁。
③ 冼玉清：《廣東釋道著述考》，第259頁。
④ 吴天任：《澹歸禪師年譜》附錄二，第2頁。
⑤ 清代詩文匯編編纂委員會：《清代詩文集彙編》46～47册《徧行堂集》，上海古籍出版社，2010年。
⑥ 《徧行堂集》（一），前言頁第6頁。

第六章　遺民生態與遺民接受：澹歸作品的評價與傳播 | 339

　　首先，因澹歸而遭牽連的直接受害者便是爲其作序並出資刊刻的高綱及其子孫。乾隆帝在見到高綱之序後，怒不可遏，稱若高綱在世，當"立置重典"①，並將怨氣撒在其子孫後人頭上。令大學士福隆安查辦高綱子孫，查繳其子高秉、高稞，孫高効墇、高孝基等在京者書籍房産，並交刑部照例治罪②。將在天津之高棚、高穛家産查封，並詳查有無前項書籍違礙字迹③。又至江南拿獲高樨，解送提督衙門。甚至寓居蘇州的高稞妻子亦被押解歸旗，查封名下行李④。至此，高綱子孫輩悉數被收獄。在乾隆"因高綱爲八旗大臣子孫，其家藏有應燬之書，不可不示懲儆"的指示下，均被治"應得之罪"⑤。在查辦高綱子孫的過程中，還牽涉了其他人員，包括《皇明紀實》作者陳建及其子陳與屏、續編《皇明紀實》之浙江書商馬晉允、爲陳建鑒定書板之沈濬等人⑥。此外，對丹霞山別傳寺而言，有僧人遭"焚碑、磨骸、殺和尚"之禍的傳説，即便不實，僧人被遣散之際遭查辦下獄亦在所難免。

　　其次，因澹歸文字獄案牽連，還有一大批文獻受損。這些被損文獻可分爲兩類。一類爲在案件查抄過程中連帶性檢出的違禁著作，如上文案件始末中所言之陳建《皇明紀實》及江寧清笑生《喜逢春傳奇》，以及在審理過程中供出的高綱《雪聲軒詩集》，在查抄陳建作品過程中搜出其《治安要議》《學蔀通辯》等。書籍本身與澹歸無直接關係，因受其案情牽連而被清廷發現，予以查處。

　　另一類則爲與澹歸有直接關聯之作品，或因收録其作品及觀點，或因對他作了評論，或因著者與他有文字往來，大都被全毀或抽毀。據大致統計，僅記録可見受澹歸文字獄案影響的作品便有如下諸種：第一，因收録澹歸作品或其評論被禁者，如《詩觀》《海雲禪藻集》《文溦初編》《廣東詩粹》《思貽堂集》《沙谿洞志略》《賴古堂尺牘選》《明詩綜》等；第二，因對澹歸有推重語被禁者，如《丹霞語録》《寒支初集》等；第三，因與

---

① 《清代文字獄檔》（增訂本），第144頁。
② 《清代文字獄檔》（增訂本），第144頁。
③ 《清代文字獄檔》（增訂本），第158~159頁。
④ 《清代文字獄檔》（增訂本），第159~161頁。
⑤ 《清代文字獄檔》（增訂本），第144頁。
⑥ 《清代文字獄檔》（增訂本），第165~166頁。

澹歸有文字往來被禁者，如《俍亭語錄》《千山詩集》《光宣臺集》《尺牘》《田間文集》等；第四，澹歸爲之制序被禁者，如《耳鳴集》《天然和尚語錄》《竹苞集》等；第五，收錄澹歸事迹或提及其姓名被禁者，如《丹霞山志》《圓音語錄》《古今小品》《詩苑天聲》《恬齋詩鈔》《三脩休園文詩集》《揚州休園志》《韶州府志》等①。

最後，澹歸還廣泛參與廣東各地方志的建設，如《韶州府志》《曲江縣志》《仁化縣志》《曹溪通志》等。《徧行堂集》文字獄案發後，乾隆諭："錢謙益、屈大均、金堡等所撰詩文，久經飭禁，以裨世教而正人心。今各省郡邑志書，往往於名勝、古迹編入伊等詩文，而人物、藝文門内並載其生平事實及所著書目，自應逐加芟削，以杜謬妄……著傳諭各督撫，將省志及府州、縣志書，悉心查核，其中如有應禁詩文，而志内複采錄，並及其人、事實、書目者，均詳悉查明，概從芟節，不得草率從事，致有疏漏。"② 收錄記載尚不容許，更遑論其參與編修的方志了。這些地方志皆遭破壞。

考現存康熙十二年（1673）馬元修《韶州府志》，已爲殘本，十六卷僅餘十卷。十卷中，卷二《營建制總論》、卷八《人物志總論》③與澹歸集子中所存相同④。另澹歸集子中尚有代馬元所作之《重修韶州府志序》《韶州府志義例》⑤，但因現存版本殘缺，不能考證是否爲澹歸原作。因馬元修《韶州府志》曾"延請丹霞山今釋澹歸和尚修撰府志，體例頗有創新"，且"内查有澹歸和尚丹霞山事迹及所作詩詞，亦應撤毀"⑥，遭到清查及銷毀。

康熙十二年刻《曲江縣志》現僅存一卷⑦，其中《新修曲江縣志序》及《凡例》即澹歸《徧行堂集》中所存，而分土、制用等九論皆澹歸原

---

① 參閱姚覲元《清代禁毀書目（補遺）》，商務印書館，1957年；王彬《清代禁書總述》，中國書店，1999年；雷夢辰《清代各省禁書彙考》，北京圖書館出版社，1997年；《清代文字獄檔》（增訂本），上海書店出版社，2011年。
② 《纂修四庫全書檔案史料》，上海古籍出版社，1997年，第1129頁。
③ 馬元纂：《（康熙）韶州府志》，《北京圖書館珍本叢刊》，書目文獻出版社，1998年，第1745頁，1817頁。
④ 《徧行堂集》（二），第67頁，69頁。
⑤ 分別見《徧行堂集》（四），第90~91頁，第62~66頁。
⑥ 《清代文字獄檔》（增訂本），第158頁。
⑦ 《廣東歷代方志集成　韶州府部四》，嶺南美術文獻出版社，2009年，第7~49頁。

作，然署名周韓瑞①，後亦遭查抄、禁毀，今可見本子四卷僅餘卷一。現所能見到清代完整的《曲江縣志》，僅爲張希京所修光緒《曲江縣志》。而此前版本大多已不完整。

今存《（康熙）仁化縣志》爲康熙二十五年（1686）李夢鸞主持編修，鹿應瑞所續《仁化縣治》已不可見，諸志書記載亦頗少。李夢鸞在《凡例》中稱："司馬煒《舊志》八，紀圖位第一，藝文則附，見出用口。鹿應瑞之《續記》以爲所圖者輿地也，輿地記著列其圖，義已符矣。"② 其中所言"以爲所圖者輿地也"，與澹歸《仁化縣志凡例》中所言"《舊志》分八卷，圖位第一，予以所圖者輿地而已，輿地紀首列其圖，義自相符，不必另爲一卷"③相符，則鹿應瑞所續《仁化縣治》沿用澹歸所作凡例。《徧行堂集》中有代鹿應瑞所作之《新修仁化志序》④。而康熙二十五年李夢鸞所修《仁化縣志》，因取澹歸《仁化縣志凡例》標準，褒獎李充茂等明遺⑤，且志中記有澹歸任丹霞別傳寺住持事迹⑥，並收錄其《仁化縣志志序》⑦等而遭禁毀。今見康熙本《仁化縣志》，已爲故宮博物院藏孤本⑧。

考清馬元、釋真樸所修《曹溪通志》，澹歸在當時對編寫內容及凡例等提出了諸多意見⑨。後因其中有澹歸代尚可喜所作《重修曹溪御經閣碑記》⑩，軍機處奏稱："查《曹溪通志》，馬元、釋真樸同撰，中有錢謙益、金堡之文，且語句亦有違礙，應請銷毀。"⑪將《曹溪通志》列入《軍機處第二次奏進全毀書目》，此後一百六十餘年間，《曹溪通志》諸版本志稿

---

① 《徧行堂集》（四），第91~92頁；《徧行堂集》（二），第71~78頁。
② 《廣東曆代方志集成　韶州府部六》，第63a頁。按：今查鹿應瑞所修續志已不見，《廣東地方志紀事》"仁化縣志編修條"亦未曾言及。
③ 《徧行堂集》（二），第79頁。
④ 《徧行堂集》（四），第92~93頁。
⑤ 李夢鸞：《仁化縣志》，《故宮珍本叢刊169·廣東府縣志6》，海南出版社，2001年，凡例第1頁。
⑥ 李夢鸞：《仁化縣志》，卷上《輿地》第8頁；卷下《方外》第12頁。今可見本子中提及澹歸名字處已被挖空。
⑦ 李夢鸞：《仁化縣志》，卷下《藝文》第28~29頁。
⑧ 李夢鸞：《仁化縣志》，序言第1頁。
⑨ 《徧行堂集》（二），第33~61頁。
⑩ 《徧行堂集》（一），第299頁。
⑪ 姚覲元、孫殿起編：《清代禁毀書目（補遺）清代禁書知見錄》，商務印書館，1957年，第200頁。

"散佚"不傳,直至道光十六年(1836)劉學禮重刊才又重新流通。

另澹歸集子中有代作《廣東通志序》,今本《(康熙)廣東通志》已不見。從澹歸《徧行堂集》可見,澹歸所作序言繁多,而請其作序者作品多已不傳,或與澹歸文字獄案亦有關係。

(三)持續低回:文字獄影響下評詩環境的惡化

客觀、全面、有深度的學術研究依賴於研究對象相關文獻的完整以及研究者所處環境的自由、冷靜。於澹歸而言,在文字獄影響下,不唯著述受到巨大破壞,出家前詩文基本散佚,連學術研究也因文字獄之打擊而受到阻遏。

乾隆帝對澹歸的批評無疑對澹歸其人、其文的研究形成了一種以否定爲主的價值導向。後來評價澹歸者往往受其潛在影響,如劉毓崧在《永曆實錄跋》中所言:"今按堡所彈劾者……特與堡等意見不合,妄加詆毀……五虎終不得竊附於君子之林,則天下後世固有公論也。"又稱:"堡爲僧後,品行益卑。"① 甚至近代所編作品如《清詩紀事初編》《清詩紀事》等亦不見澹歸作品,清水茂亦認爲因難脱乾隆影響②。

通過對乾隆帝痛恨至極的高綱《徧行堂集序》的發現與解讀,可以確定,《徧行堂集》文字獄案只不過是乾隆帝施展的統治策略,這種誇大其實的殺雞儆猴之舉,不僅造成對澹歸著述的破壞、研究環境的逼仄及否定性評論,不利於准確認識澹歸其人、其文、其詩,更對清初遺民文學研究、嶺南地域文化研究造成了阻遏,對清朝士風、學風有深入影響。因此,對《徧行堂集》文字獄案的還原性解讀,無疑對准確、深刻、全面地重新評價澹歸乃至當時的文化政策有不容忽視的價值。

小　結

清代以來,對澹歸詩歌的評價都難免失之偏頗,其觀點集中表現爲兩種傾向:第一,明末清初遺民内部批評嚴苛,強調文品與人品相合,於是

---

① 轉引自謝國楨:《謝國楨全集》(一),北京出版社,2013年,第536頁。
② 清水茂著,蔡毅譯:《清水茂漢學論集》,第133~134頁。

在評價澹歸詩歌時，因不滿其交接行爲便武斷地予以貶低；第二，後世塑造明末清初遺民形象時往往具有想象性，部分文人爲樹立澹歸良好的形象，便對其詩歌作了有意誤解和拔高。此外，文字獄案使澹歸作品幾至毀滅殆盡，而乾隆皇帝對澹歸的貶斥也影響了人們對其詩歌的評價。因此，本章在廣泛收集材料的基礎上，突破前人研究局限，將澹歸的詩歌創作、詩歌理論與其同時及稍後作家的作品進行對比，可以看到，澹歸在文學方面的成就並非像批評者所指責的那樣不堪，在當時確實稱得上一位優秀的詩人。

結　論

　　康熙十九年（1680）年八月九日，六十七歲的澹歸示寂於平湖，飽受爭議的人生畫上了句號。梁啓超説，順治元年（1644）到康熙二十年（1681）約三四十年間，完全是前明遺老支配學界；康熙二十年後，遺老大師凋謝略盡，形勢漸漸變化。① 事實上，隨著清朝統治的漸趨穩固，文化懷柔政策日見成效，遺民中尚存者亦有相當一部分逐漸接受清朝文化政策，無力再撑持此前學風。因此，以澹歸等遺民的凋零爲界，學界風氣漸變，文壇也大致一樣。從這個意義上來説，澹歸的學術人生恰好貫穿清初學界、文壇反思與嘗試性建構的整個階段。

　　其一，政治環境對文學生態有不可忽視的影響。清初，明遺民群體遭鼎革之痛，多積極反思明滅亡原因，建構救世之道，提倡經世之學和修復儒學傳統爲清初思想、學術的主流。文學家也有力地參與清初思想、文化的重建，表現出深刻的理論反省和自覺的理論建構。清初詩學主流清算明代模擬因襲、門户之見、應酬習氣等弊病，提出復興詩教、重整詩統、崇尚真詩、原本學問等挽救方針。具體到文學創作上，作品的内容與題材、情感與審美等，皆是此時社會生態下士人情感、思想的重要呈現。改朝换代、明末仕宦經歷對澹歸的命運與文化性格產生了較大影響。身份的轉换、心態的變化、生存場域的局限決定了其詩歌創作的内容與情感基調；遺民情感、價值、使命等又決定了其詩學觀念與當時主流話語保持著一定程度的一致性。此外，來自統治者的干預對清初文學的傳播流面影響甚巨，澹歸《徧行堂集》文字獄案是一典型例證。康熙至乾隆年間日漸森嚴

---

① 梁啓超：《中國近三百年學術史》，上海古籍出版社，2014年，第16頁。

的文網，不僅對清初遺民作品的流傳帶來毀滅性的打擊，還直接影響了清代文學的走向。因此，清初詩壇的文學生態，再次證明了政治在文學發展中不容忽視的影響作用。

其二，作家的學術背景、知識結構及思想信仰對清初文學樣態有重要的建構作用。晚明是一個士人的知識結構和學術背景頗爲多元的時代，澹歸出生於明末杭州書香世家，與當地文化名士交往，就學時所受教育與鼓勵，在南明政權中所遭遇的打擊重創，以及出家後的佛門參究學習生活，都使其文學風格和發展軌迹具備了濃重的個人特色。好奇的詩歌風尚、廣泛的典故采擇、悲鬱的情感基調、詼諧的名士習氣、獨特的韻律使用、僧詩地位的維護等，都是澹歸的獨特遭際在文學中的具體呈現。而這種基於個體經驗的文學創作，呼應清初詩壇求真的呼聲，是詩人呈示真性情、真面目的宣言，同時保證了清初文學在詩教觀下的多樣性和豐富性。

其三，明末清初文學的地域結構特性。風土對個體思想氣質的影響早已爲中國古代思想家所認識，但地域與文學之間的關係直到宋代才開始凸顯，至明清方發展成熟。清代文壇基本以流派衆多的地域文學集團爲單位構成，形成以地域爲主的詩壇格局。無論詩文創作還是詩歌批評、研究，均呈現出對地域特色的繼承、反思等自覺意識。在這一時空背景下，澹歸長期生活於江浙、嶺南等地，在其作品及批評中，兩地的地域性特徵得以體現。澹歸一生交際廣泛，與雲間派、虞山派、浙派、宋詩派、嶺南三大家等均有交流接觸，其詩文理論與兩地代表性人物有一致處。真正優秀、有創造性的詩人總能在某種程度上逸脱傳統，擁有獨特的創見。澹歸既能融匯兩地不同流派的特點，又能認識到各派缺陷，對兩地文學交流起到了橋梁作用。

其四，輿論環境對清初文學生態的導向性影響。清初，明遺民對群體內部人員的評價常影響後人對該人物的整體印象。基於知人論世的文學評鑒傳統，對人物的臧否往往影響對其作品的評價。澹歸在清代遭遇的毀譽性批評、乾隆朝政治策略下掀起的文字獄案，都是澹歸研究至今存在偏頗的重要原因。這些都影響了清代文學生態的形成與發展，是考察當時的文學樣態不可忽視的環節。

清朝文字獄對文學發展的巨大影響是清初文學中較爲獨特的現象。其他如文人質素與遭際對創作的影響，地域性、身份轉變下文學風貌的改變，則爲歷代所共有。通過對澹歸生平、交游、形迹等資料的縱深梳理，可進一步了解其性格、思想、文學風格等的形成原因；通過對其詩歌、詩論的深入解讀，可了解其文學創作的整體風貌及在清初文壇所處的位置；通過梳理考證澹歸所遭受的毀譽評價和《徧行堂集》文字獄案的相關材料，可重新評估澹歸在後代接受視域中應有的價值。基於新材料的發掘，修正過往研究的紕繆，重新定位澹歸及其作品的價值，由典型人物的深入解析考察清初文學的生態圖景，是本書的著力之處。

澹歸及其文學的考察只能是清初文學生態複雜結構中的表現形態之一。但是，清初文化政策下遺民的遭際，賦予了澹歸有別於他人的獨特研究價值。從這個意義上來說，澹歸可以作爲考察清初文學生態的典型樣本。

附　録

附録一　澹歸散佚詩文輯録與探析

作爲明末清初由儒入釋、寓居嶺南的遺民僧，澹歸著述繁富。但由於乾隆年間遭遇禁毁，再加上時代動蕩，文網森嚴，其作品損毁流失頗爲嚴重。現存作品屈指可數，多爲出家後所作，不利於對其思想進行整體觀照。今筆者通過檢索查閲筆記史料及方志等文獻，輯録澹歸散佚詩歌十二首、殘聯一句、文兩篇，豐富了澹歸研究資料。

一、澹歸作品存遺狀况

澹歸作品繁富，僅《清代禁毁書目》所録被禁作品便有《丹霞初集二集》《臨清去來集》《行都奏議》《粤中疏草》《梧州詩》《金堡時文》《今釋四書義》《徧行堂雜劇》《夢蝶庵詩》《明文百家粹》《徧行堂集續集》十一種。[①] 後通過于今、冼玉清、吴天任、廖肇亨諸位學者的發掘考察，另鈎稽出《徧行堂集》《嶺海焚餘》《元功垂範》《菩薩戒疏隨見録》《丹霞澹歸禪師語録》《丹霞日記》《遣興詩》《甲辰唱和集》《鵝城唱和集》《丹霞四浙客詩》《重游丹霞詩》[②] 等多種集子。除此之外，澹歸還參與編寫嶺南多地的地方志。澹歸見存於世的作品集屈指可數，僅有《徧行堂集》《徧行

[①] 姚覲元：《清代禁毁書目（補遺）》，商務印書館，1957年，第49～91頁。
[②] 冼玉清：《廣東釋道著述考》，廣西師範大學出版社，2016年，第253～267頁。廖肇亨：《論澹歸今釋的文藝觀及詩詞創作析論——兼談集外拾遺兩篇》，見楊權主編：《天然之光：紀念函昰禪師誕辰四百周年學術研討會論文集》，中山大學出版社，2010年，第25～39頁。

堂續集》《嶺海焚餘》《丹霞澹歸禪師語錄》《元功垂範》《丹霞日記》等數種，留存作品多爲澹歸出家後酬唱之作，流於應酬，難以全面反映其出家前後詩風、文風及思想的變化。因此，若能鈎稽出更多散佚作品，對推進澹歸研究自有較大價值。

其實，對澹歸散佚作品進行整理這一工作，早在清初便引起了嶺南文士廖燕的重視。他說：

> 師遺文甚多，雖見有《徧行堂》成集，然皆出世以後之作，非廟堂經世文字。遺稿散在人間，及今收拾，亦未爲後。燕將遍走華夏，凡遇僧寮道院、客邸村莊與夫衙齋驛舍、殘碑斷碣、扁額題聯，片紙隻字，無不搜羅收輯。或得餘暇，次第鐫刻布，使師文章勁節精神，揭日月於中天，後世淺儒小夫不得置喙其間。①

從文中至少可以得到以下三點信息：第一，廖燕認識到收集澹歸散佚詩文的緊迫性與必要性，同時表達了身體力行收集散佚詩文的決心；第二，澹歸散佚作品多爲其出家前所作，《徧行堂集》主要爲其出家後作品；第三，澹歸作品在當時文人儒士中遭到詆毀非議，廖燕認爲這是因爲澹歸出家前文字散佚，使"淺儒小夫"無法見到其"廟堂經世文字"，了解其"勁節精神"。這段話對了解澹歸作品在當時存留及時人接受狀況具有重要的參考價值。但遺憾的是，現存廖燕集子中並未存留澹歸作品。然而這段話卻引出另一個問題，即在廖燕寫作《哭澹歸和尚文》之康熙十九年（1680），清廷尚未禁毀澹歸作品，爲何便已散佚嚴重呢？

二、澹歸作品散佚原因

通過對澹歸生平遭遇及心態變化的分析，澹歸作品在乾隆四十年（1775）禁毀令頒發之前便已大量流失，原因可能有如下幾點。

（一）毀於戰火及刑獄之災

清兵陷杭州，澹歸偕姚志卓起兵反清，兵敗後間關出浙。他回憶這段經歷稱："鼎革之際，道隱執不仕之義。屬有私憾於二家者，稱道隱舉兵，

---

① 廖燕：《哭澹歸和尚文》，見屠友祥校注：《二十七松堂文集》卷八，上海遠東出版社，1999年，第181～183頁。

誣季憲助餉，季憲幾死獄户。事雖白，而家已破。"① 澹歸妻之外祖虞氏親屬，因曾資助澹歸求學仕進，被仇儷誣陷爲助餉，慘遭刑獄之災，人雖未亡，家已破敗。清廷對其親戚尚且如此毒辣，焉能容忍直接參與起兵的澹歸？抄家查辦當是必然之事。此前大部分作品應已焚毁於炮火和查抄之中。由《清代禁毁書目》所録澹歸違禁書目之書名，可以推斷其中創作於國變前的集子有三種：《金堡時文》《明文百家粹》《臨清來去集》。前二種當是爲科舉而編，後者當是任臨清知州前後所作。這三部作品皆因已刊刻流傳而得以存目，至於未刊布的作品流失幾多，已不可知了。

永曆四年（1650），澹歸在南明小朝廷遭政敵迫害下獄，慘遭刑訊拷打，追逼贓物。澹歸身外無物，僅存一小舟也被錦衣衛牽去②，詩稿則更無留存可能。因此盛楓稱澹歸"丹霞集百餘卷皆粤中作，少年所爲及諸章疏不復存"③。

（二）出家後弃置

澹歸被永曆流放清浪衛，途中遇兵流落桂林，寓居茅坪庵，與瞿式耜等詩歌唱答。桂林陷落，澹歸遂落髮爲僧。永曆六年（1652）至廣州入天然函昰門下④。澹歸對這幾年生活的回憶爲："紹隆三歲中，大病三之一，奔走因緣三之一，執事叢席三之一，都不憶疇昔事。"⑤ 大病、行脚以及佛門事務幾乎占據了澹歸三年的所有時間，極少將情緒發諸筆端，對前作更是"以行脚弃諸草稿"⑥，以至於回到嶺南，見到袁彭年所留《諫海餘草》，反應竟是"復見曩作，恍然一笑，如夢中耳，置之"⑦。這種對前緣往事的封存，從側面反映出南明朝廷對澹歸心靈造成的沉重創傷，使其不得不借佛門尋求精神寄托，以從哀痛中暫時解脱。

（三）文網高壓下的删改

出家後，澹歸也曾對一些文字進行删除。他曾在尺牘中回復朋友關於

---

① 澹歸今釋：《負心説贈虞紹遠》，《徧行堂集》（四），第 10~11 頁。
② 錢澄之：《空船行》，《藏山閣集·行朝集》卷十二，黄山書社，2004 年，第 298 頁。
③ 盛楓：《金堡》，《嘉禾徵獻録》卷三七，清抄本，第 9a 頁。
④ 吴天任：《澹歸禪師年譜》，香港佛教志蓮圖書館，1988 年，第 1 頁。
⑤ 澹歸今釋：《四書義自序》，《徧行堂集》（一），第 194 頁。
⑥ 澹歸今釋：《金公贈言》，《瞿忠宣公集·卷八桂林詩》，清道光刻本，第 24a~24b 頁。
⑦ 澹歸今釋：《四書義自序》，《徧行堂集》（一），第 194 頁。

根據葉紹袁年譜，此詩收錄於崇禎十七年（1644）"甲申"條，爲澹歸有感於崇禎甲申國難而作。詩歌簡潔質樸，然內容充實，情感飽滿，將李自成入京、崇禎被禍、清軍打著爲崇禎報仇旗號入關的史實，以及明末諸臣靠投降來保全性命官位的情態濃縮在四句詩中，飽含對國君冤死的悲痛，對异族入主的憤怒，對投降官員的痛斥，字句間充斥著張力。葉紹袁贊之爲"史詩"，誠不爲過。

葉紹袁爲明末著名文學家，天啓五年（1625）進士，任南京武學教授，官至工部主事。因反對魏忠賢閹黨擅權禍國，以母老爲由告歸，隱居汾湖，與妻沈宜修及諸子女歌詠唱酬爲樂，堅不出仕。清順治二年（1645），在國破家亡的打擊下走入杭州徑山出家，後感愴成疾而卒①。據吳天任《澹歸禪師年譜》，當時澹歸裹居杭州②，葉紹袁亦鄉居吳江，兩地相去不遠，雖未見兩人交往證據，但葉紹袁所錄澹歸詩歌應爲當時傳揚之作。二人有相同的家國愴憤，葉紹袁收錄澹歸此詩應是出自情感共鳴。澹歸出家前作品寥寥，針對甲申國變之作更是難得一見，此詩的發現，補充了澹歸此時情感研究的空白。

（二）寄迹辰沅時詩句（殘句）

《（康熙）衡州府志》記載：

> 金堡，字道隱，杭州仁和人。庚辰進士，官禮科給諫。崇禎末避亂，客於衡常。欲率妻子家焉，因作詩寄懷，有"耻爲俘僕竄爲蠻，寄迹沅湘丘壑間"之句。尋走端州，譖於小人，以罪譴，遂披緇入桂林山中。順治八年定藩下西粵，故臣瞿式耜、張同敞抗節死。堡聞之，乃作書上定南王，乞許葬二公骸骨。其書曰……王覽書愴然，卒聽殮葬焉。後堡移栖於仁化之錦崖，改額曰丹霞山，四方僧眾多歸之。著有《徧山遣興詩集》，爲一時傳誦云。③

《（康熙）衡州府志》記載多有舛誤。其一，澹歸避亂於衡常時間當在

---

① 趙宏恩修：《（乾隆）江南通志》第4冊卷一六五，《中國地方志集成 省志輯 江南》（六），鳳凰出版社，2011年，第229頁。
② 吳天任：《澹歸禪師年譜》，第8頁。
③ 張奇勛修，周士儀纂：《（康熙）衡州府志》卷十七，《北京圖書館珍本古籍叢刊》（三十六），書目文獻出版社，1990年，第557頁。

順治三年（1646）至順治四年（1647），而非崇禎後期。① 其二，澹歸《上定南王》一書實未送達，瞿、張二人已被楊藝收殮。② 其三，仁化之錦崖爲李充茂兄弟改名，而非澹歸。③ 澹歸寄迹沅湘時的處境與心態可通過這一殘句稍作了解，"耻爲俘僕竄爲蠻"，表達避難辰沅間的無奈與不甘。此時隆武帝遇害，浙江又爲清兵所控。澹歸既恐被亂軍俘虜，又不願與蠻族混迹一處，因此在給欣賞他的清廷官員戴國士的回信中，自稱"無路之人金堡"④，拒絕與其見面，與殘句所表達之窮途末路的心境頗爲相符。可知澹歸內心深處有深重的報國情懷與濃厚的夷夏意識，這也是他丁憂期滿便即刻奔赴永曆朝廷的原因。《府志》還提到澹歸有《借山遣興詩集》。王夫之《和甘蔗生遣興詩序》云："者是十三年借山在靈谿所作。"⑤ 檢閱王夫之所作之和詩，與《徧行堂集》中的所收錄《遣興》七十六首韻脚相同，故今存《徧行堂集》中的《遣興》當即澹歸避居靈谿時所作之《借山遣興詩集》。若如此，則澹歸《遣興》詩一卷尚存，且爲其出家前爲數不多的存詩，頗值得關注。

《（康熙）衡州府志》爲兩任知縣張奇勳、覃弘憲承修，周士儀、鄒章周編纂，屬官修方志，所錄澹歸殘聯，爲後來之《（乾隆）衡州府志》⑥《（乾隆）衡陽縣志》⑦《（嘉慶）湖南通志》⑧等引用，可見後人相信此句爲澹歸所作。

（三）《贈趙君秋屋舊作》

在清道光刻本《瞿忠宣公集》卷八"桂林詩"中，收錄澹歸爲瞿式耜之孫瞿昌明所作《金公贈言》、爲趙秋屋所作《贈趙君秋屋舊作》兩詩。前者爲順治十一年（1654）年中秋，澹歸行脚至常熟，拜訪瞿式耜東皋天

---

① 《徧行堂集》（一），第109頁。
② 《徧行堂集》（四），第126頁。
③ 陳世英：《丹霞山志》序文，廣東教育出版社，2015年，第5頁。
④ 《船山全書》第11冊，第522頁。
⑤ 康和聲：《王船山先生南嶽詩文事略》，湖南人民出版社，2009年，第123~124頁。
⑥ 饒佺修，曠敏本纂：《（乾隆）衡州府志》卷二六，《中國地方志集成　湖南府縣志輯》第35冊，江蘇古籍出版社，2002年，第50b頁。
⑦ 陶易修，李德纂：《（乾隆）衡陽縣志》卷八，《中國地方志集成　湖南府縣志輯》第36冊，江蘇古籍出版社，2002年，第272b頁。
⑧ 翁元圻修，黃本驥纂：《（嘉慶）湖南通志》卷一七〇，清嘉慶二十五年（1820）刻本，第29頁。

香閣時所作，以補當年梧州行在爲瞿昌明所作詩歌的丟失，已由前述之廖肇亨《今釋澹歸之文藝觀及詩詞創作析論——兼談集外拾遺兩篇》收錄。而在此文之後，澹歸爲瞿昌明摯友趙秋屋所作詩歌却並未見被發掘。此詩作於順治七年（1650）五月，爲澹歸少見之出家前作品，極爲珍貴。詩曰：

> 小人結交千黃金，君子結交方寸心。側聞磊落趙夫子，一身許友以生死。死生得失有公私，差之毫釐失千里。拔劍彈冠趨勢利，一腥一膻皆螻蟻。當時密約通鬼神，千秋片念惟君親。爾如不得有其祖，我則不敢有其身。爾得我存忠與孝，我得爾成義與仁。兩人相成不相謝，鐵人石心不可化。短衣赤脚虎狼途，雪徑危舟風雨夜。公孫承恩初入朝，目輕海水無江濤。爲我兼説劉將軍，不覺古誼秋旻高。引燭欲燒游俠傳，人間意氣空粗豪。相將道德和且平，比之管弦如簫韶。病夫欲舞不能起，一夔之足安能逃。短歌塞責當風謡。
>
> 庚寅五月梧州行在所戍卒金堡具草①

據詩歌落款，此詩創作於庚寅五月之梧州行在，當時澹歸才被從永曆金吾詔獄中救出，右脚殘疾，遭發配遠戍，但因傷尚未動身。所戍之地最初爲金齒，後在錢澄之等努力下改爲清浪衛。②但因不詳戍地，無法判斷更爲詳細的時間。

趙秋屋，名延年，爲瞿式耜孫瞿昌文之摯友。瞿昌文於兵荒馬亂中芒鞋草襪，從常熟往桂林尋找祖父瞿式耜，趙秋屋爲朋友仗義護行，歷千辛萬苦，出生入死，助瞿昌文尋親③。在這首詩中，澹歸褒揚趙秋屋的豪俠忠義品格，對其能爲朋友兩肋插刀，於艱難中竭力輔助友人成就義舉的仁義深感欽佩。此游俠精神與澹歸的耿直性情頗爲契合，是以澹歸樂於爲其作歌表彰，所謂"爾得我存忠與孝，我得爾成義與仁"。然而在詩歌最後，亦流露出對自己右脚殘疾、心灰意冷的哀傷。

同書在澹歸《贈趙秋屋舊作》之後，有瞿式耜《贈趙子秋屋》④，更

---

① 澹歸今釋：《贈趙秋屋舊作》，瞿式耜《瞿忠宣公集》，卷八桂林詩第24b~25a頁。
② 錢澄之：《請寬金給事疏》，《藏山閣集》卷一，黃山書社，2004年，第362~364頁。
③ 瞿昌文：《粵行紀事》卷一，中華書局，1985年，第1~9頁。
④ 瞿式耜：《贈趙子秋屋》，瞿式耜《瞿忠宣公集》，卷八桂林詩第25b~26a頁。

詳細地交代了趙秋屋仗義幫其孫昌文尋親的艱難經歷，極寫感激贊賞之意，與澹歸之詩歌一起，頌揚趙秋屋義舉。

（四）《金堡和雙忠倡和詩》

《金堡和雙忠倡和詩》見於《（光緒）臨桂縣志》，創作於桂林陷落，瞿式耜、張同敞被囚禁時。時金堡已於桂林茅坪庵出家，瞿、張二公被囚禁於城北一家民舍，三人詩簡倡和頻繁。對此《（光緒）臨桂縣志》轉引《栖霞寺志》記載稱："性因，明給事中道隱金堡也。仕永曆，以罪謫戍清浪，行至臨桂，祝髮爲僧，居茅坪庵。當是時，留守瞿公、督師張公在臨桂，皆性因舊友也。二公因日相與賦詩，輒寄性因，輒和之以詩，往復者匝月。"① 張同敞在臨難之際，將絕筆詩托瞿式耜寄給澹歸，稱："被刑一月，兩臂俱折。忽於此日右手微動，左臂不可伸矣。歷三日，書得三詩，右臂複痛不可忍。此其爲絕筆乎？敢煩留守師寄雪公、道公，兩師如別山之左右手也。"② 道公，即金堡之字道隱的簡稱。被張同敞視爲左右手，可見金堡與瞿、張二公爲生死之交，極爲親密。詩共八首③，耿介之氣回蕩其中。輯錄如下：

> 即到沙場亦醉眠，豈能乞活奈長年。三更白月黃埃地，一寸丹衷紫極天。身在簡編看不老，心如牆壁破無緣。何須更説空生死，有劫難灰獨朗然。

> 出師盡瘁許岩疆，取義成仁一再商。刀戟仇讎知我厚，衣裳鱗介債難償。莫教兒女攀新塚，未有英雄戀故鄉。我亦夔憐還起舞，劍鋩無處割愁腸。

> 幾世曾依日月光，二毛終不變星霜。相公氣比秋山靜，司馬生當厲鬼狂。舌斷犬羊羞衛律，身輕蝴蝶吊蒙莊。山僧頂禮何時了，佛火新添忠義香。

> 乘危時自薄君臣，坐躓元公豈一人。各擁金章難請劍，兢吹鐵血

---

① 吳征鰲修，黃泌、曹馴纂：《（光緒）臨桂縣志》卷十五，《中國地方志集成 廣西府縣志輯》第30册，鳳凰出版社，2014年，第38頁。
② 張同敞：《囚中草》，《瞿忠宣公集》，卷九別山遺稿第8a頁。
③ 吳征鰲修，黃泌、曹馴纂：《（光緒）臨桂縣志》卷十五，第38頁。

看移燐。有心許國惟多病，無計強兵只益貧。變起勞他文吏死，可憐兒戲捉官身。

有荼無蔾不堪嘗，獄底生還止自傷。抗疏敢先開賈索，借刀誰復誤封疆。隨緣布帽猶難著，得佐松寮未忍忘。却憶昔賢高義在，變名伏侍故人傍。

偷生豈易學無生，二老何嘗肯待清。歡喜刀頭偏下種，貪癡海底得忘情。燈寒一碧千秋血，鳳吐雙丹萬裏聲。大義從來無短祚，中天日月看長明。

難將火聚起灰心，尺寸山河又陸沉。一部春秋天地正，十朝功德祖宗深。鏡邊短髮梳還喜，枕上高吟韻好尋。欲寄君王多少淚，滿天風雨共蕭森。

忠臣無命亦難求，空塜題碑喚莫愁。臂斷不辭連頸斷，心留何必定身留。雪庵未證東來果，柴市能超北去囚。死死生生俱努力，人天無礙約同游。

　　清兵攻下桂林，桂林留守瞿式耜、張同敞誓與桂林共存亡。被俘後賦詩言志，各抒臨難不懼、視死如歸的報國豪情，發胸中悲壯激昂、迴腸蕩氣之慷慨壯志，吐故國淪陷、地崩天裂之悲憤慟楚。[①] 金堡與之唱和，詩中充滿喪失故國的悲憤及自我遭遇的感傷。綜觀八首詩，主要思想有：第一，對瞿、張二公誓死報國的理解與支持。以"一寸丹衷紫極天""取義成仁""燈寒一碧千秋血，鳳吐雙丹萬裏聲"等表達對二公赤膽忠心的贊美，以"舌斷犬羊羞衛律，身輕蝴蝶吊蒙莊""柴市能超北去囚"對二人殺身成仁、寧死不屈的錚錚氣節予以謳歌。澹歸將瞿、張二人比之文天祥，以其堅貞之氣諷刺投降異朝的"衛律"們，同時以"大義從來無短祚，中天日月看長明"肯定兩人爲國捐軀，認爲這種與日月齊輝的氣節是明朝不亡的希望所在。"得佐松寮未忍忘"則表達將不忘二人高義，要以"變名伏侍故人傍"來報答二公知遇之恩。第二，表達對故明的眷戀和對朝廷憂患的擔憂與無奈。"幾世曾依日月光，二毛終不變星霜"，強調其身

[①] 瞿式耜：《瞿忠宣公集》，卷九浩氣吟第 1a～8b 頁。

爲大明子民的身份及不降清廷的決心；"欲寄君王多少淚，滿天風雨共蕭森"流露了對明代帝王的眷戀，又以"乘危時自薄君臣，坐躓元公豈一人。各擁金章難請劍，競吹鐵血看移燐"對朝廷權奸誤國行爲進行控訴與抨擊，並以"變起勞他文吏死，可憐兒戲捉官身"慨嘆此時永曆帝南逃，文臣皆未能追隨的荒唐局勢。第三，抒發被權奸算計的悲憤、見弃於朝廷的尷尬、報國無門的悲痛。以"抗疏敢先開貫索，借刀誰復誤封疆"回顧南明被陷入獄的經歷；"心如牆壁破無緣""劍鋩無處割愁腸""獄底生還止自傷""忠臣無命亦難求"，生動刻畫與描繪了一片忠心却見弃於朝廷的悲傷心境，同時以"我亦夔憐還起舞""有心許國惟多病"，表達想要報效朝廷，却因刑獄之灾身遭殘疾的無奈，以"佛門新添忠義香"表明其遁迹佛門的打算。八首詩字裏行間流露出重義輕生、俠骨義膽之浩然正氣，却也有無可奈何的深深自傷。這八首《金堡和雙忠倡和詩》無异於對澹歸此時心態各面向之細膩呈現，生動展示了他内心的痛楚、無奈與迷茫。

據李世熊《寒支集》二集卷六《兵部尚書總督學士張公傳略》載："（澹歸）書上未報，而吳江義士楊碩甫踴哭收其屍，具衣冠並殮瘞於北門之園，拾二公囚中與性因唱和詩，授瞿公孫昌文。還囑性因序且跋之，曰《浩氣吟》。"① 查繼佐《瞿式耜傳》亦云："先是，給事中金堡蒼梧之獄，式耜具疏者七，得成清浪，養屙招提，皈命三寶，更名性因。既感式耜義，和《漫賦》之詩八章，而跋式耜與同敵合稿，因上書定南，請得以衣冠棺殮兩公，並懇恤式耜幼子，王許之。"② 可知澹歸唱和瞿、張二公獄中詩作爲實，《（光緒）臨桂縣志》所載《金堡和雙忠倡和詩》當即查繼佐所謂"《漫賦》之詩八章"。上述兩則材料皆言澹歸曾跋瞿、張二人之作，惜今所見版本不傳。《（光緒）臨桂縣志》爲時任知縣吳征鼇主持修纂，"歷十寒暑而告成功"，"考證之精，體例之正，允足補胡、朱二公（舊志）所未逮"③。所録詩文可信度較高。《浩氣吟》傳開後，一時唱和、題跋，

---

① 李世熊：《兵部尚書總督學士張公傳略》，《寒支二集》卷六，《清代詩文集彙編》第18册，上海古籍出版社，2010年，第130頁。
② 查繼佐：《瞿式耜傳》，《罪惟録·列傳》卷九下，浙江古籍出版社，1986年，第1545頁。
③ 吳征鼇修，黃泌、曹馴纂：《（光緒）臨桂縣志》卷首吳征鼇序，第15頁。

借以抒發亡國悲痛者眾多，錢澄之①、錢謙益②、陸世儀③等都提及此現象。《（光緒）臨桂縣志》錄澹歸詩歌，大概因其唱和與瞿、張所作同時同地，且因其有《上定南王》一書，較後來諸作更有現場感。此時期澹歸之詩文俱遺，可資補之。

（五）《易水詩》

楊鐘羲《雪橋詩話》記載澹歸《易水詩》一首：

> 相視不以目，明明易水心。樊生一語痛，田子數言深。劍術留銅柱，羅衣恥斷琴。九原無悔色，成敗未知音。④

借易水這一掌故抒發詩人無限感慨，語氣悲壯沉痛。楊鐘羲評價說："亦見志之作。"⑤此詩具體創作時間雖不可考，但由"易水"這一主題推測，此詩所見之"志"當為抗清復明決心。同時期錢謙益《春日過易水》⑥、程嘉燧《過易水懷古》⑦、屈大均《重過易水》⑧均通過"荊軻刺秦"這一典故隱晦地表達反清復明的願望。何宗美在《明末清初文人結社研究》中稱，屈大均等人所創西園詩社"對荊軻這一歷史人物更感興趣，該社舉行以《燕臺懷古》為社題的詩會，與屈大均、陳恭尹的北行是否有關難作定論，但至少反映了社中諸子的復仇心理和尚俠精神"，並認為"西園詩社之詠'荊軻擊秦'，有異於通常的懷古，不是發古人之幽情，而是屈向邦所說的'多有此想'"⑨。澹歸《徧行堂集》中多與西園詩社成員如王邦畿、陳恭尹、陳子升、張穆等人酬唱之作，可見他對該社情況有一

---

① 錢澄之：《書瞿張唱和詩後》，彭君華校點《田間文集》卷二十，黃山書社，1998年，第394～395頁。
② 錢謙益：《浩氣吟序》，《牧齋有學集》卷十六，上海古籍出版社，1996年，第742頁。
③ 陸世儀：《次韻挽瞿稼軒歸葬》，《桴亭先生詩集》卷五，《清代詩文集彙編》第36冊，上海古籍出版社，2010年，第152b～153a頁。
④ 澹歸今釋：《易水詩》，見錄於楊鐘羲《雪橋詩話三集》卷一，北京古籍出版社，1991年，第45～46頁。
⑤ 楊鐘羲：《雪橋詩話三集》卷一，第46頁。
⑥ 錢謙益：《春日過易水》，《牧齋初學集　還朝詩下》卷二，上海古籍出版社，1985年，第71頁。
⑦ 程嘉燧：《過易水懷古》，錢謙益《列朝詩集》丁集卷十三，中華書局，2007年，第5410頁。
⑧ 屈大均：《重過易水》，《翁山詩外》卷九，《清代詩文集彙編》第118冊，上海古籍出版社，2010年，第570b頁。
⑨ 何宗美：《明末清初文人結社研究》，南開大學出版社，2003年，第348頁。

定的了解。

單就這首詩來說，情感較錢謙益、屈大均二人之詩更爲悲壯，強化了堅定的復仇決心；又化入樊於期、田光二人典故，以"一語痛""數言深"增加了詩歌的曲折複雜性，含有一種欲説還休的情態。其中"劍術留銅柱，羅衣恥斷琴"句或與崇禎皇帝斷琴事有關。據陳子升《崇禎皇帝御琴歌》自序："道人屈大均自山東回，言濟南李攀龍之後，其家藏百琴，中一琴名'翔鳳'，乃烈皇帝所常彈者。甲申三月，七弦無故自斷，遂兆國變。中官私携此琴，流遷於此。"①"斷琴"暗示國變，澹歸可能在此詩中以之隱晦地表達對國變的痛心。此詩推測或爲遭永曆朝廷廷獄之後所作，流露出雖不被朝廷信任重用，却依然難捨故明情結的複雜心態。若是作於澹歸出家後，則其僧服儒心、思想中依然存有強烈的民族國家氣概這一事實又得一有力注脚。

（六）快閣詩一首

《（同治）泰和縣志》收錄位於泰和縣東、澄江上之快閣的相關詩詞，録金堡詩一首，云：

> 前賢遺閣近千秋，春晚憑欄宿雨收。斌岫直橫青玉案，澄江新漲白蘋洲。鶯花寂歷輕雲散，人物荒涼逝水流。懷古幾回風景異，孤城極目轉生愁。②

《（同治）泰和縣志》同處注釋"快閣"："快閣，在慈恩寺普照院南，前臨大江，舊名慈氏閣。"③北宋黄庭堅的《登快閣》使這座亭子具備了濃重的文化氣息，登臨快閣並詠懷述志成爲後代文人士大夫樂此不疲之事。澹歸於此憑閣遠眺，見暮雨消歇，輕烟娜娜縈繞一脉青山；薄雲散去，鶯啼花開，水漲江闊。千年遺閣仍在，往事却已成過眼雲烟。留下的是身處天地間的"寂歷"，物是人非的"荒涼"，"懷古幾回風景異"的斗轉星移，昨日不再的萬般愁腸。整首詩格調低沉，懷古傷今，纏綿哀傷。《徧行堂集》有《快閣次魯直先生韻》：

----

① 錢仲聯：《清詩紀事》（明遺民卷），江蘇古籍出版社，1987年，第532頁。
② 宋瑛等修，彭啓瑞等纂：《（同治）泰和縣志》卷二，《中國地方志集成　江西府縣志輯》第64冊，鳳凰出版社，2013年，第52a頁。
③ 宋瑛等修，彭啓瑞等纂：《（同治）泰和縣志》卷二，第50b頁。

我來快閣尋山谷，恰好風生雨後晴。樹杪浮青縈岫遠，帆邊沉碧映沙明。半肩睥睨天涯闊，一角須彌世界橫。且喜宜州老歸客，至今不負白鷗盟。①

這首次韻詩亦是作於雨後的快閣，舉目所見景物大致相同，但格調明朗爽快，頗見豪健氣概，迥然不同於前詩之低徊感傷。聯繫澹歸出家嶺南期間曾多次往來於廬陵與丹霞之間，當不止一次登臨快閣，兩詩或即在不同心境下所作。

《(同治) 泰和縣志》先後經宋瑛、吳純錫、高廷楨三任縣令之手修纂而成，歷時三年，"一切規模具見凡例，凡舊志滲漏者補之，訛謬者正之……爲時雖經三載之久，而採訪確實，所載所紀要皆信而有徵，舉凡偏徇之私，游移之見，師心之智，皆務絕去"②，可見此志的編修材料選取頗爲謹嚴。結合澹歸行迹所至，所收錄之詩有較大可信度。

(七)《季秀才傳》

《(嘉慶) 常德府志》卷四十二收錄澹歸《季秀才傳》一篇，未見於今存集子中。《府志》據《舊志》先對季秀才進行簡要介紹，稱：

> 季嗣先字創初，號洗庵，武陵人。府學生，有才名。獻賊破常德，爲所獲。賊僞守周聖楷舊與嗣先交善，力救之。嗣先叱曰："節義文章成就在此，無多言。"與弟嗣宗俱延頸受戮。(《舊志》)

> 釋性因 (按：性因即明末給事中金堡隱於僧)《季秀才傳》曰：嗣先幼聰明軼群，事母最孝。友於兩稚弟，撫之成立。無閒言，好讀書。重然諾，輕財樂施，未嘗以詞色加人，人無不愛且敬者。庚午，已飛而復戢，八戰棘闈，卒不克。每曰："士當知身後事耳，豈功名富貴已乎！"游入閩，涉三吳，遇佳山水，放懷詩酒，益落拓不事家事。戒子勿近阿堵，曰："此物能黑人眼，汝曹謹避之！"大學士楊嗣昌出督師，厚幣延之，使三子北面爲弟子。嗣昌聲勢赫奕一時，嗣先介馬而馳，所遇官吏望風一見顏色。每以饋遺介紹進者，悉峻拒不受。入夷陵幕中，語不及私。嗣昌曰："卿故不易衣食者，然經世之

---

① 澹歸今釋：《快閣次魯直先生韻》，《徧行堂集》(三) 卷三十七，第99頁。
② 宋瑛等修，彭啓瑞等纂：《(同治) 泰和縣志》卷首序，第2b~3a頁。

士，憂先宗社，何不勉就一官，與我同心辦賊乎？"嗣先顧笑且謝，三月許即辭歸，語人曰："楊公有才而少度，恐未易成功。若側翅依人，坐觀勝敗，非吾志也。"癸未冬，張賊陷常德。嗣先初畫策城守，城守者已畫策。走，遂被執。僞知府周聖楷將救之，使所親道意。嗣先曰："吾寧潔而死，不能污而生也。"賊索嗣昌塚甚急，或指嗣先是楊氏戚屬，且爲師。賊詰之，不對。脅以刃，怒罵曰："吾秀才，讀聖賢書，知忠孝大義，豈賣友求生者！"遂遇害。弟嗣宗不忍去，同遇害。嗚乎！人屬有患難，當小得喪，不難嫁禍自全。終不以生身易死友，豈非烈丈夫哉！子渾官大行伏闕上書，陳大節。既奉恤旨，遭兩粵大變，竄身蠻峒，抗志不屈。越歲餘，來石幢，備述梗概，因爲傳之。初嗣先在夷陵幕府，嗣昌當斬一愛將，謂曰："是偉男子也，以法故不能不割愛，卿試從壁衣中覘之。"適有獻生功七十二者，因謂楊曰："誠然偉男子也，但吾觀七十二人皆村氓，公無濫殺。"楊遂命審實釋之。以片言活七十二人，而卒死於兵，豈種芝得棘者？然以書生擔荷名教，視死如歸，共不肯自陷爲賊之心，即其不肯陷七十二人爲賊之心，安得與胆但同斷耶？國朝祀忠義。①

據文中"兩粵大變""越歲餘"等信息推斷，這篇傳記當作於永曆二年（1648）前後，此時澹歸亦避居湖南辰溪山中。該文爲表彰死於逆賊之義士而作，寥寥數語間，季秀才大義凛然之形象躍然紙上。文筆酣暢淋漓，慷慨激昂，讀之可使人想見澹歸創作時滿腔激憤感慨狀。季秀才友愛謙恭的秉性，堅守忠孝大義、絕不屈服苟活的氣節，危難時不賣友存身的忠貞，皆是澹歸所欲表彰以風後人之處。

澹歸《徧行堂集》中，爲故朝忠孝節烈者所作表旌文字頗多。在《黎忠潛公傳跋》中公開頌揚爲明死義之黎美周②，又在《祭明故死節桂林伯督師大學士瞿公稼軒文》中沉痛悼念不屈受戮之南明忠貞瞿式耜③。冼玉清《廣東釋道著述考》"今釋"條中也稱："今核集中詩文，多禪門往來文字，惟《祭明故死節督師瞿公文》《祭持平劉大中丞文》《敦烈鄭公傳》

---

① 應先烈修，陳楷禮纂：《（嘉慶）常德府志》卷四二，《中國地方志集成 湖南府縣志輯》第76册，江蘇古籍出版社，2002年，第571~572頁。
② 《徧行堂集》（四），第208頁。
③ 《徧行堂集》（一），第221頁。

《嵩道人傳》《汪孺人傳》《米忠烈公傳》《楊總督傳》等，叙述沉痛，凛凛有生氣，故犯清廷之忌。"① 這些作品與上文《季秀才傳》一樣，是澹歸表達他對故明眷戀情懷的途徑與方式，也是其作品遭遇禁毁的重要原因。

《(嘉慶) 常德府志》爲嘉慶知府應先烈承修，聘請嘉慶舉人陳楷禮編纂。陳楷禮勤於治學，著述甚豐。王葆心在《清代方志學撰著派與纂輯派爭持評論》中認爲今存《(嘉慶) 常德府志》底稿篇目爲清代著名方志學家章學誠擬定。② 由此可知，所録文獻可信度較高。且《季秀才傳》一文生氣凛然的文風、飽滿激昂的情緒、管急弦促的語氣，與澹歸所作其他此類傳記文如出一轍，當確爲澹歸作品。

(八)《路公别傳》

葉廷琯《鷗陂漁話》收録澹歸《路公别傳》一文，並對收録原因及目的交代甚爲詳細。全文如下：

> 《路公别傳》一卷，方外今釋撰，並書。亦吴姓所藏。今釋號澹歸，即明臣金堡。堡在永明王時官給事中，言事頗伉直。後廷杖，編戍清浪，乃爲僧，故卷尾署名尚系清浪字(堡爲僧，初名性因，後改今釋)。前一行題"路文貞公别傳"，"文貞"之諡，爲永明王所予。傳中歷叙公被謗事，可補明史本傳所未及。今所傳澹歸《徧行堂集》，刻本無此傳，因全録其文曰：

> 天下既亂，士之能自立者，必蜚語中之，蓋氣運之流，小人亦應於不得已。而君子常有以獨見，故禍不足避，利不足取，是非之實不足爭也。路文貞公令涇陽時，魏珰生祠徧薄海。公以一縣官忤諸同官、上官意，不肯祠。使珰不速禍，公豈復有完身哉？珰死，公劣得滿考。入爲御史，劾宜興烏程巴縣三閣老、一太宰、二撫軍，皆人所不敢言者。已按閩，撫海寇，殲倭夷入犯，紀功矣。復按吴，卒以海虞獄事，觸當軸之忌，回翔謫籍。數年起督漕運，撫鳳陽，剿劇賊王道善、張方造等，徐泗底寧。未幾，北天隕，公障兩淮，聲大義，焚賊書，磔其使於市，誅海州迎賊官吏潘啓遇等，叛弁趙洪禎等。遣諸

---
① 冼玉清：《廣東釋道著述考》，第261頁。
② 齊紹正：《嘉慶〈常德府志〉評介》，《湖南地方志》1987年第6期，第39頁。

將分道進攻，擒僞僉事呂弼周、僞游擊王富斬之，復徐州。俘僞防禦使武愫於京師，敗賊將董學禮、楊之藩於下相。當是時，馬士英柄政，有憾於公，從中扼公。而撫寧侯朱國弼者，與公共漕事，聞國變，挾餉南竄，公動色爭之。顧，冒溯戴功，晋保國虞公，發其覆，揚言公弃淮，使江右無賴宗子統鎞挺身誣公侵餉倡逃。蓋將有黨錮之釁，公其一也。緹騎未發，而留都不守，公於苫次起兵震澤。（潘麐生鍾瑞曰：「相傳公起兵震澤時，借賽會爲名，嚴勒隊伍。至今東山猛將賽會極盛，旌旗蔽野，鉦鼓喧天，猶有當日軍容也。」）奉□□□□召入閩，以綸扉掌銓，恩禮尤渥。公成就君德，有言必盡。裁鄭芝龍無厭之請，且誡諸浮薄躁進者。於是諸躁進者嘩之，公不顧。丙戌秋八月，□將自劍津幸章貢，公承命督師安關。甫抵大橫，敵兵猝至。芝龍揚言公已迎降。公返天興，勸芝龍無迎降，反覆陳利害甚切，芝龍不聽。公約其弟定鹵侯鴻逵，其子忠孝伯賜姓成功，皆曰如約。公乃泛海至五羊，五羊已陷。公還閩，與成功保海上，頒正朔戊子。聞今□□正位，號端州，再泛海至五羊而病。敕三召，以己醜夏四月，口占遺表，授其季子勛卿太平，且曰：「餘生爲明臣，死爲明鬼。一點忠貞還之天地。」遂卒。澹歸比邱曰：公位至宰輔，值國家多難，爲忠孝完節之臣，不可謂不遇矣。然輒起輒僕，輒爲宵人齮齕，何哉？公既不肯避齮齕而不爲君子，雖一僕不起猶甘之，況口語乎？令涇陽令，以不建祠爲珰所噬，故皭然一曲周皓月，不必定爲御史、爲漕督、爲大學士也。溫體仁之與錢謙益、今死節督師瞿公式耜修門戶之郤也，兩造皆在司寇，雖怨家對簿，無一至者。撫按會覆，而公以疏語强直被謫，此小得失，奚足當一哄耶？至以守淮著戰功者爲弃淮，責國弼侵餉而反得侵餉之謗，勸芝龍勿迎降而先蒙迎降之誣，事雖得白，已大不倫，天下人何可與莊語？劉公念臺爲人倫望，亦用道路之言，入公斬案。士英輩不敗，公遂在一網打盡之中。後有執簡而書者，謂國弼統無足論，其若劉公何？然劉公既悔之於前，而公亦不辨之於後，即李庭芝欲殺文天祥，各成一是，何損兩賢？彼宵人者，喪身敗名，曾不旋踵，而公執蹈海之義，依光日月，竟得考終，蓋天有定命，則人不得而移，人有定性，亦天所不得而移也。是故禍不足避，利不足取，是非之實不足爭也。公居鄉立朝軼事，散見於志狀表傳。余過洞庭,公塚子中書君澤溥出而觀之,因別爲論次,以告於士大夫之能自立者。不獨附於路之家乘,故略而不詳。

歲次甲午,秋八月廿有六日,廬山栖賢寺
比邱清浪今釋稽首撰並書①

對於這篇傳記,顧文彬《過雲樓書畫記》有較爲詳細的評價:

《別傳》亦行書,七十五行行十四五字,末署"歲次甲午秋八月廿有六日,廬山栖賢寺比丘清浪今釋稽首撰並書",爲我大清順治十一年,距公卒六年矣。今釋字澹歸……爲僧後有《徧行堂集》,今世所傳四十六卷本無《別傳》,當是因有違礙語去之。然取校《明史》本傳,多所未及。如本傳云"崇禎十六年秋,總督漕運,巡撫淮揚",而《別傳》有剿劇賊王道善、張方造等事。本傳云"明年四月初,聞北都陷,福王立於南京",而《別傳》有誅海州賊官吏潘啓遇等、叛弁趙洪禎等事。《本傳》云"五月,馬士英欲用所親田仰,乃罷振飛";而《別傳》有撫寧侯朱國弼與公共漕事,聞國變,挾餉南竄。虞公發其覆,揚言公弃淮,使江右無賴宗子統鑭誣公侵餉倡逃事。本傳云"順治三年,大清兵進仙霞關,唐王聿鍵走汀州",而《別傳》有公承命督師安間,甫抵其橫,敵兵猝至,鄭芝龍揚言公已迎降。公返天興,約其弟定鹵侯鴻逵、其子忠孝伯賜姓成功泛海至五羊事。乃知公因謡諑紛來,特作此傳,且以自明心迹也。卷爲路氏子孫世守,向在洞庭山,道光間爲鄉人吳姓所藏。吳縣葉明經調笙既跋其後,復取論與《別傳》載入所纂《鷗陂漁話》。②

顧文彬記錄了《路公別傳》流傳的脉絡,並詳細比較《明史》中路振飛傳記與澹歸《別傳》的差別。與葉廷琯論調一致,顧文彬認爲澹歸爲路振飛所作傳記較正史中本傳更真實,更細緻,有更高的史料價值。此外,澹歸在傳記中表達了強烈的個人情感和風世導向,可能因"有違礙語去

---

① 澹歸今釋:《路公別傳》,見葉廷琯《鷗陂漁話》卷二,廣益書局,1942年,第19~21頁。按:原版句讀如"顧冒翊戴功晋保國虞公發其覆,揚言公弃淮使。江右無賴宗子統鑭挺身,誣公侵餉倡逃""故蹢然一曲,周皓月不必定爲",於意未洽,故引文時略有改動。

② 顧文彬:《路文貞手書張承業傳卷》,見顧榮木點校《過雲樓書畫記》書類卷四,上海古籍出版社,2011年,第73~74頁。

之"，所以不存於《徧行堂集》中。

《路公別傳》就路振飛一生遭遇展開，立足於爲士大夫之能自力者樹立榜樣，認爲"天有定命""人有定性"，肯定天命的不可違，同時又以"人之定性，天不得移"，肯定人在堅守"定性"時所具備的力量，賦予人自覺自信的氣度與信念。最後以"禍不足避，利不足取，是非之實不足爭"作結，既是對天下士人要具備擔當意識和拯世責任的諷喻，又是對士人處逆境需聽天命、安之若素心態的勸導，更是針對自身處境的自我作答與內心剖白。

此文作於清順治甲午年（1654），澹歸已落髮四年，傳記後尚署名"清浪今釋"。將南明朝廷發配戍守地"清浪"冠以釋名之前，可見澹歸對自我的身份認同依然是故國遺民。這一信息爲研究澹歸此時的思想動態提供了綫索，同時也爲斥責澹歸盡忘儒家面目者，以及盲目揄揚澹歸以佛菩薩精神放下夷夏大防，達到"怨親平等"境界者提供了反證。這也提醒我們，在將澹歸作爲明末清初遺民生存樣貌之樣本進行研究時，務必根據其作品進行探幽抉隱的分析，以動態分析法對其心態進行多角度探究，並基於人性普遍特徵與時代語境，對其行爲給予"理解之同情"，才能得到更接近人物真實樣貌的研究成果。

《季秀才傳》《路公別傳》等對故明先烈滿含敬重與贊頌之意的傳記，在澹歸作品中並不少見。對前朝先烈的表彰流露出澹歸對忠義之士的無比敬愛，既是其深厚故國情懷的抒發與寄托，也是他以傳記補明史，爲故明留元氣之心迹的體現。

附錄二　吳天任《澹歸禪師年譜》補正

澹歸生平行狀在同時代成鷲禪師《舵石翁傳》①中略有涉及，後因乾隆朝文字獄而歸於寂如。直至 20 世紀 20 年代才再次受到關注。1926 年陳融《越秀集》②對澹歸生平作了簡單介紹，1929 年容肇祖《徧行堂集殘本跋》後附有澹歸簡略年譜。20 世紀五六十年代，又先後有王漢章 1951 年定稿之《澹歸大師年譜》③，1962 年麥默贈廣東中山圖書館之《澹歸大師事迹》④。1988 年吳天任《澹歸禪師年譜》⑤（以下簡稱吳氏《年譜》）出版，該書在未見澹歸《徧行堂集》正集的情況下，依據《徧行堂續集》《嶺海焚餘》，參校其他筆記史料精心編纂而成。吳氏《年譜》考辨澹歸出家前後行狀，梳理澹歸身後文字獄情況，并著錄澹歸著述，是當前研究澹歸行誼最爲詳備的著作。但由於吳氏《年譜》編纂時掌握資料不夠完備，對澹歸的生平考證難免有不全不確之處。本文在吳氏《年譜》基礎上，參考《徧行堂集》正集、《丹霞澹歸禪師日記》及其他資料，遵照吳氏《年譜》體例，對其中缺失及舛誤進行補正，力求進一步推動對澹歸的研究。

萬曆四十二年甲寅（1614），一歲。

小除（十二月二十九日），澹歸出生。

按：據《小除生辰，和尚有詩垂示，敬賦五言展謝》⑥《滿江紅·小除夕自壽六首》⑦《小除生辰，止闍黎垂示七律，侑以瘦盤黃柑，賦答》⑧《水龍吟·小除初度，時在歸宗，次劉後村自壽韻》⑨等作品，可知其生辰

---

① 成鷲和尚著，曹旅寧、蔣文仙、楊權、仇江點校：《咸陟堂集》（一），廣東旅游出版社，2008 年，第 78~80 頁。
② 陳融：《越秀集》，南華印社，1936 年。
③ 王漢章：《澹歸大師年譜》，天津人民圖書館藏稿本。1945 年編，次年校正成初稿，1949 年寫成定本，1951 年三校畢（據印永清《佛家年譜叙錄——清代部分》，《正法研究》，普陀山佛教文化研究所，第 171~172 頁）
④ 麥默：《澹歸大師事迹》，廣東中山文獻館館藏稿本，1962 年贈廣東中山圖書館存。
⑤ 吳天任：《澹歸禪師年譜》鉛印綫裝，香港 1988 年自印。
⑥ 《徧行堂集》（二），第 323 頁。
⑦ 《徧行堂集》（三），第 295~296 頁。
⑧ 《徧行堂集》（二），第 465 頁。
⑨ 《徧行堂集》（三），第 320 頁。

在小除。

父叔醇公，永曆朝敕贈文林郎禮科右給事中。母吳氏，永曆朝敕贈孺人。

按：據澹歸《嶺海焚餘》之《請覃恩應得誥命疏》稱，曾於"隆武元年、二年兩遇覃恩，以拮据疆場，僅得一請；方候用寶，而延津變起，誥軸遂失。察於往例，亦應補結"①，知澹歸有爲父母請封之事。并且其《告墓文》中有"告於敕贈文林郎禮科右給事中先考叔醇府君、敕贈孺人先妣吳氏之墓"②，從"敕贈"二字可知，澹歸父母之官爲朝廷封誥，并未實任其職。吳氏《年譜》稱："公之先世名字、官職，諸書本傳均無記録，公自述亦未提及。"并稱"父某，官某科給事中"③，當因其未見澹歸《告墓文》所致。

兄長二人，一名宗穎，另一不知名；幼弟，不知名。

按：澹歸《存四欲還武林題三絕句》（其二）云："廣州不异杭州客，未做金三早出家。莫道我今非我昔，眼還近視面還麻。"④ 詩中自稱"金三"，可知在家中應排行第三，有兄二人。《方子春先生傳》中云："十歲，與亡兄宗穎戲爲詩文"，知其兄長一名"宗穎"⑤。據《請覃恩應得誥命疏》"憶臣父易簀之際，以寡嫂幼弟丁寧相囑"⑥，可知澹歸弃家抗清時其兄已去世，但不知"幼弟"幾人。

娶方氏，生二子二女。長子世鎬，次子世鎮，均中夭。女二：一名蓮，適朱孔暉，一不知名，適程氏。

按：此處吳氏《年譜》稱："據公撰《金節母張孺人傳》云：'惟予二子中夭。'又云：'余長子世鎬，客死臨清。'再云：'墓前一池，有砌石，世鍼又賣之，焚世鎬世鎮棺。'可見中夭之二子，當即世鎬、世鎮，而世鍼敢賣墓石焚棺，疑亦其子。"⑦ 然此文後有"弃其同堂兄弟之骨"，可知

---

① 金堡：《嶺海焚餘》，《臺灣文獻史料叢刊》第五輯第99册，人民日報出版社，2009年，第41頁。
② 《徧行堂集》（一），第220頁。
③ 吳天任：《澹歸禪師年譜》，第1頁。
④ 《徧行堂集》（三），第192頁。
⑤ 《徧行堂集》（四），第125頁。
⑥ 《嶺海焚餘》，第40頁。
⑦ 吳天任：《澹歸禪師年譜》，第2頁。

世鉞與世鎬、世鎮當爲堂兄弟，吳氏此處有所疏忽；又澹歸在《焚方孺人靈座文》中交代對子女的安排："兩兒子亦無家可歸，世鎬且令相隨，世鎮有欲乞爲兒者，吾已許之矣。兩女各歸其舅姑與其夫，吾雖不死，已如死人，其所處分如此而已。"① 又證之以《與姚雪庵文學》（其二）："弟兩兒皆亡，至今求一提起與相續，了不可得。"② 可知澹歸僅有二子。

《與丹霞樂説辯和尚》（其八）説到爲"俗家眷屬"所擾之事，稱："朱孔暉夫妻只將三個女兒賣了八家，結下訟事，雄者逃走，雌者乃至劫掠寓中行李而去。"③ 知金蓮丈夫爲朱孔暉。據《澹歸禪師日記》，朱孔暉曾在康熙十二年（1673）十一月到訪。澹歸集子中有《青玉案·朱孔暉自武林來訪》④，當爲此時所作。

崇禎三年庚午（1630），十七歲。

童子試中式。

按：據《燕超堂詩集序》："今釋向以童子試，受知於大參静長鄒公，及十年成進士，而公歿。"⑤ 澹歸中進士在崇禎庚辰年（1640），故知其童子試中式於庚午。

崇禎九年丙子（1636），二十三歲。

於妙行堂訪雪關誾和尚，得和尚贈偈。

按：據《誨任厥迪》詩後跋："予丙子歲謁雪關誾和尚，於妙行堂贈余偈，有'乘時更拔空王幟，選佛塲中及第郎'語，殆先識也。"⑥

崇禎十五年壬午（1642），二十九歲。

臨清任職，僅五月而辭歸。

按：吳天任稱："據《永曆實録》，述公在臨清抗言責劉澤清，則在十五年，可知是年已在任。而公自述任臨清州牧，僅五月去官，大抵春間出任，迄秋當已離去。"⑦ 而據澹歸《書兩吳公傳志後》："辛巳，與雲耕相見於臨清。"辛巳，即崇禎十四年（1641），由此可見澹歸此年已在臨清，

---

① 《徧行堂集》（一），221頁。
② 《徧行堂集》（二），第299頁。
③ 《徧行堂集》（四），第234〜235頁。
④ 《徧行堂集》（三），第286〜287頁。
⑤ 《徧行堂集》（一），第172頁。
⑥ 《徧行堂集》（三），第68頁。
⑦ 吳天任：《澹歸禪師年譜》，第6頁。

因此可推測其任職臨清時間當爲崇禎十四年末到崇禎十五年初的五個月。①

崇禎十六年癸未（1643），三十歲。

癸未，與吳雲耕相見於武林，吳雲耕以尊人墓銘來請②。

崇禎十七年甲申（清順治元年，1644），三十一歲。

小除，遭父喪。

按：吳天任稱："（乙酉）六月，遭父喪，甫襄窀穸，清兵陷杭州。"③此説有誤。據澹歸《思佳客·用韻訓王寅旭壽詞》後跋稱："舊書齋在先孺人墓側，方子春先生題有'淑氣培雙桂，高吟剩蓼莪'之句，先給事忌恰在小除。"④又據《絶句》（其二十）跋中有："漢翀有度歲之惠，時逼小除，先給事諱辰，先孺人難日也。輒回此施以飯僧。"⑤可知澹歸生日與其父卒日爲同一天。具體年份，據温睿臨《南疆逸史》："十六年，吏部尚書鄭三俊薦其才，未及用而都城陷。堡南還丁内艱。"⑥可知先是都城陷落，旋即南還丁艱，因此澹歸父當卒於甲申國變當年小除，即崇禎十七年（1644）。據澹歸《請覃恩應得誥命書》："臣幼而喪母，長服父訓，禄養不逮，抱恨終天。甫襄窀穸，而虜騎蹂杭。"⑦杭州陷落在弘光乙酉年（1645）六月⑧，知其父葬於此時。此外，知澹歸之母早在其幼年時已去世，則《南疆逸史》中"内艱"亦當爲舛誤。

永曆元年丁亥（順治四年，1647），三十四歲。

此年當在湖南辰陽山中，讀《楞嚴》《圓覺》諸大乘經，發出世之念⑨。

夏，與同里三决義公復遇於辰陽，相從入東、西粤⑩。

永曆二年戊子（順治五年，1648），三十五歲。

---

① 《徧行堂集》（一），第437頁。
② 《徧行堂集》（一），第437頁。
③ 吳天任：《澹歸禪師年譜》，第9頁。
④ 《徧行堂集》（四），第443頁。
⑤ 《徧行堂集》（三），第191頁。
⑥ 温睿臨：《南疆逸史》（上），中華書局，1959年，第201頁。
⑦ 《嶺海焚餘》，第40頁。
⑧ 計六奇：《明季南略》，中華書局，1984年，第283頁。
⑨ 《徧行堂集》（一），第109頁。
⑩ 《徧行堂集》（一），第94頁。

九月，經夫夷至桂林，舍於伏波山。與瞿式耜一見如故。十月十六日，與瞿式耜、焦竑、吳德操同游虞帝祠。與邵雷淵同游七星岩。

按：據《祭明故死節桂林伯督師大學士瞿公稼軒文》："我初未識公，自戊子九月謁公桂林，遂相見如故。"① 知澹歸九月至桂林，與瞿式耜相見。據《送鄭野臣之桂林序》："始吾從辰溪歷夫夷而至桂林，舍於伏波山。與故留守瞿公稼軒、焦侯瑞亭、吳直指鑑在游虞帝祠，與邵憲長雷淵游七星岩。"② 又據瞿式耜《戊子十月既望，新興焦侯邀游虞帝祠，金黃門首唱佳韻，依韻和之》③，知游歷在十月十六日。

永曆四年庚寅（順治七年，1650年），三十七歲。

五月，作歌《贈趙君秋屋》④。

九月，下端州，由蒼梧入桂林。入住瞿式耜小東皋，後遷入茅坪庵，著僧服。游龍隱洞。

按：據《送鄭野臣之桂林序》："既下端州，復由蒼梧至桂林，舍於小東皋，遷茅坪庵。張別山、方密之、劉同庵、客生兄弟、丁金河、蒙聖功，酒酣耳熱，歌呼未嘗間日夕。予時右脚攣，僅一游龍隱洞。"⑤

十月十九日夜，夢被執法場。晨起拈"朝聞道，夕死可矣"成一義，瞿式耜聞而索觀并評論。

按：此處吳氏《年譜》中稱據《越秀集》記載："十一月初四日，清兵陷桂林……同月十九夜，禪師在桂林，夢被執至法場。"⑥ 且稱："惟是月四日，桂林已破，瞿、張同被羈於別室，何能於十九日向公索觀，及相與酬飲乎？故不錄。"⑦ 此處當受《越秀集》中"十一月十九夜，道阻桂林，夢被執至法場"⑧的誤導。據澹歸《四書義自叙》："庚寅赴戍清浪，道阻桂林。冬十月十九夜，夢被執至法場……晨起拈'朝聞道，夕死可

---

① 《徧行堂集》（一），第221頁。
② 《徧行堂集》（一），第85頁。
③ 瞿式耜著，江蘇師範學院歷史系蘇州地方史研究室整理：《瞿式耜集》，上海古籍出版社，1981年，第217頁。
④ 瞿式耜：《瞿忠宣公集》，沈乃文主編《明別集叢刊》第五輯第57冊，黃山書社，2015年影印本，第463頁。
⑤ 《徧行堂集》（一），第85頁。
⑥ 吳天任：《澹歸禪師年譜》，第64頁。
⑦ 吳天任：《澹歸禪師年譜》，第65頁。
⑧ 陳融：《越秀集》，"今釋"條第7a頁。

矣'成一義，留守瞿公稼軒聞而索觀爲評之。"① 此時桂林尚未陷落，故瞿式耜能够索觀并點評。

十一月初二日廣州陷落；初四日桂林陷落。初五日瞿式耜、張同敞被捕，二人於俘纍中倡和，作《浩氣吟》等詩明志；澹歸於茅坪庵落髮，有《金堡和雙忠倡和詩》八首以和瞿、張《浩氣吟》。

按：據《送鄭野臣之桂林序》："桂林破，瞿、張被執，於俘纍中倡和，與茅坪磬聲相響答。"② 又瞿共美《東明聞見錄》："有德愈重之，館二公於別所，防禦甚切，而供帳飲食，如待上賓。留守日與總督慷慨賡和。清臬司王三元、蒼梧道彭燿，皆留守里人，有德使説以百端，不應。"③ 知二人被執後生活情狀與囚犯不同，定南王孔有德待之以禮，唱和當有可能。且《瞿忠宣公集》所錄瞿、張二人《浩氣吟》各八首④。澹歸有《金堡和雙忠倡和詩》和之，此詩不見於其現存集子，保存在《（光緒）臨桂縣志》中⑤。

永曆六年壬辰（順治九年，1652），三十九歲。

從桂林至佛山，尋求挂搭地不得。袁特丘划舟相迎，送澹歸入雷峰參天然函昰。

按：《刻袁特丘總憲軼詩序》稱："越壬辰，從桂林東下至佛山，求挂搭地不可得。特丘聞之，自拏舟迎余至疊溶，憒若再生。因同入雷峰，數相過談於碗架邊。"⑥ 天然函昰亦有《袁特丘送澹歸入山》詩⑦。

十二月初八受菩薩戒，天然函昰命其度嶺行乞。十二月十一日出發，行乞於常熟、毗陵一帶。

按：據《刻袁特丘總憲軼詩序》："臘八日，余受菩薩戒，特丘招同人來觀，有詩。甫三日，余出嶺爲深隱匡山計。"⑧

---

① 《徧行堂集》（一），第193頁。
② 《徧行堂集》（一），第85頁。
③ 瞿共美：《東明聞見錄》，見《中國古籍珍本叢刊·廣東省立中山圖書館卷18》，國家圖書館出版社，2015年影印本，第432頁。
④ 瞿式耜：《瞿忠宣公集》，《明別集叢刊》第五輯，第466~470頁。
⑤ 吴征鼇修，黄泌、曹馴纂：《（光緒）臨桂縣志2》，《中國地方志集成·廣西府縣志輯30》，鳳凰出版社，2014年影印本，第38頁。
⑥ 《徧行堂集》（一），第152頁。
⑦ 天然函昰著，李福標、仇江點校：《瞎堂詩集》，中山大學出版社，2006年，第109頁。
⑧ 《徧行堂集》（一），第152頁。

錢謙益作詩相寄。

按：澹歸有《訓錢牧齋宗伯壬辰見寄原韻》①，與錢謙益《寄嶺外四君詩·金道隱使君》韻腳相同，當爲此年所寄。②

永曆七年癸巳（順治十年，1653），**四十歲**。

七月初六，作《生辰却宴會説》③。

永曆八年甲午（順治十一年，1654），**四十一歲**。

八月十日，於常熟瞿式耜東皋之天香閣，再爲瞿共美作《金公贈言》。

按：瞿式耜《瞿忠宣公集》卷八"桂林詩"中，《金公贈言》後落款稱："甲午中秋前五日，借山今釋書於東皋之天香閣。"④ 此文不見於《徧行堂集》。

八月二十六日，過洞庭，撰《路公別傳》。

按：葉廷琯《鷗陂漁話》錄澹歸《路公別傳》中有："余過洞庭，公冢子中書君澤溥出而觀之。因別爲論次，以告於士大夫之能自立者，不獨附於路之家乘，故略而不詳。歲次甲午秋八月廿有六日，廬山栖賢寺比邱清浪今釋稽首撰并書。"⑤ 此文不見於《徧行堂集》。

永曆九年乙未（順治十二年，1655），**四十二歲**。

年末，還佛山。

按：據澹歸《乙未歲暮還佛山》小序："壬辰冬，別梁孝廉同庵、英秀才卓今於此，今兩公皆爲古人矣，愴然有作。"⑥

永曆十年丙申（順治十三年，1656），**四十三歲**。

至惠州西湖行化。

按：《(雍正)歸善縣志》："今釋，字澹歸，浙江人。原金姓，名堡，字道隱。明庚辰進士，才名冠絶一時，仕爲名給諫。際□鼎革，披緇入山，從雷峰天然和尚游。順治戊戌，與華首空隱禪師住錫西湖準提閣，托鉢行乞，時吟詩寄意。後開山丹霞，再至西湖六橋勝迹，題詠殆遍，與惠

---

① 《徧行堂集》（二），第454頁。
② 錢謙益著，錢曾箋注，錢仲聯標校：《牧齋有學集》（上），上海古籍出版社，1996年，第165頁。
③ 《徧行堂集》（一），第73頁。
④ 瞿式耜：《瞿忠宣公集》，第463頁。
⑤ 葉廷琯著，朱鑒點：《鷗陂漁話》第2版，廣益書局，1942年，第21頁。
⑥ 《徧行堂集》（二），第389頁。

士大夫多所唱和。"① 稱澹歸曾於戊戌年（1658）托鉢於惠州西湖。而據澹歸《邵武府推官黎公傳》："予丙申至西湖，踰十年復至，則西湖隄潰，一切皆荒落，無有敢誦言爲經理者。"② 則澹歸至西湖時間當在丙申年（1656）。且據其《與惠陽諸公》云："丙午湖頭人文山水之樂，日有思夜有夢。"③ 又其《惠州訪葉許山》："十年華首事，珍重念如初。"④ 知澹歸於康熙丙午年（1666）再至惠州西湖瑞開閣，則十年前亦當爲1656年，此處以澹歸所説爲準。

冬，與汪起蛟（字漢翀）相見⑤。

永曆十一年丁酉（順治十四年，1657）四十四歲。

與吴雲耕相見於李授平居所，時吴雲耕辭開平令，僑居仙城⑥。

永曆十二年戊戌（順治十五年，1658），四十五歲。

至東莞筥溪，居芥庵，建戴庵。作《戴庵》12首。

按：吴氏《年譜》稱："今見葉遐庵丈之《遐庵談藝録》，澹歸佚詩一條，知原詩有十首。"⑦ 此説有誤。據澹歸《戴庵》⑧，實爲十二首，今皆存。

作《宗門不須開戒説》。

按：據澹歸《宗門不必開戒説二》："戊戌仲冬，偶舉宗門不必開戒及講經念佛之説。"⑨

永曆十四年庚子（1660），四十七歲。

二月廿三日，作《書上元嘆後》⑩。

永曆十五年辛丑（順治十八年，1661），四十八歲。

---

① 孫龍寬等修，葉適等纂，陳裔虞纂修：《（雍正）歸善縣志》，《中國地方志集成·廣東府縣志輯16》，上海書店出版社，2003年影印本，第284頁。
② 《徧行堂集》（一），第344頁。
③ 《徧行堂集》（二），第307頁。
④ 《徧行堂集》（二），第416頁。
⑤ 《徧行堂集》（四），第104頁，《祭汪漢翀水部文》中言及。
⑥ 《徧行堂集》（一），第437頁。
⑦ 吴天任：《澹歸禪師年譜》，第73頁。
⑧ 《徧行堂集》（二），第390頁。
⑨ 《徧行堂集》（一），第57頁。
⑩ 《徧行堂集》（一），第454頁。

與邱象升（字曙戒）相交①。

永曆十六年壬寅（康熙元年，1662），四十九歲。

二月過篔溪，與徐彭齡（字仲遠）話別。

按：《持戒瑣言序》："壬寅春二月，余將之丹霞。過篔谿別仲遠徐子，宿於南池，坐話。"②

著手營建別傳寺，五月行化南雄，識陸世楷於穗城，陸世楷成爲丹霞營建最得力的護法。

按：陸世楷，字孝山。吳氏《年譜》稱："孝山爲禪師中表，任南雄縣知縣。"③澹歸《從天而下説爲陸孝山太守初度》中云："余以壬寅識之於穗城，一語知其爲盛德人也。時方開山丹霞，以護法囑累，孝山諾之。"④可知澹歸與陸世楷之前并不相識。吳天任此處之誤當是從汪宗衍《澹歸和尚丹霞日記跋》中得來⑤，究其源頭，當爲對朱彝尊《嶺外歸舟雜詩十六首》其十四跋中"丹崖精舍，表兄陸侯世楷守南雄日爲澹歸禪師建"⑥的誤讀，陸世楷實爲朱彝尊之表兄。

康熙二年癸卯（1663），五十歲。

春，過乳源，溫泉沐浴，作《溫泉夜浴》四首⑦。

按：據《青玉案·寄乳源馬岾峰明府》後跋："癸卯春過乳源，浴於溫泉，有詩，今九年矣。"⑧

夏至，於海幢寺精舍作《書千山和尚詩後》⑨。

冬駐錫海幢⑩；十月十三日，玉窗居士過海幢寺，爲其題《書鵝群帖後》⑪。

---

① 《徧行堂集》（一），第37頁。《大雅説爲丘曙戒別駕贈別》："余以歲辛丑，交於丘子曙戒。"
② 《徧行堂集》（一），第140頁。
③ 《澹歸禪師年譜》，第77頁。
④ 《徧行堂集》（一），第1頁。
⑤ 汪宗衍：《澹歸和尚丹霞日記跋》，澳門普濟禪院藏。稱"陸世楷，當湖人，官南雄知縣，與澹歸爲中表"。
⑥ 朱彝尊：《曝書亭集》，國學整理社，世界書局，1937年，第207頁。
⑦ 《徧行堂集》（三），第17頁。
⑧ 《徧行堂集》（三）第286頁。
⑨ 《徧行堂集》（一），第447頁。
⑩ 《徧行堂集》（一），第2頁。
⑪ 《徧行堂集》（一），第440頁。

十二月初八，將從海幢寺還丹霞①。

此年於仙城邂逅公謀②。

康熙三年甲辰（1664），五十一歲。

按：此年吴天任《澹歸禪師年譜》未著録。

二月，相江舟上遇吴雲耕③，二月二十五日至海幢寺④。

於凌江結交傅際飛⑤；春，於凌江别邱象升⑥。

四月四日，行化於英州⑦。

七月，復至凌江⑧。

此年與陸世楷、沈皞日唱和，有《甲辰唱和集》⑨。

康熙四年乙巳（1665），五十二歲。

正月，發現舵石岩⑩。

二月十五日，至海幢寺⑪。

春，《丹霞初集》成，作《丹霞初集序》⑫。

在篁村，同阿字今無禪師茶集於徐彭齡南池⑬。

仲冬，至凌江梵行居，樊元貞過訪⑭。

泊相江門，應吴雲耕之請，作《書兩吴公傳志後》。

按：據《書兩吴公傳志後》："辛巳，與雲耕相見於臨清，雲耕以詩來，爲初相識已二十四年"⑮，可推知作於此年。

康熙五年丙午（1666），五十三歲。

---

① 《徧行堂集》（一），第456頁。
② 《徧行堂集》（一），第189頁。公謀，姓名不詳，澹歸爲之作《輕雲近集小叙》。
③ 《徧行堂集》（一），第424頁。
④ 《徧行堂集》（二），第94頁。
⑤ 《徧行堂集》（一），第129頁。
⑥ 《徧行堂集》（二），第243頁。
⑦ 《徧行堂集》（一），第5頁。
⑧ 《徧行堂集》（一），第129頁。
⑨ 《徧行堂集》（一），第196頁。
⑩ 《徧行堂集》（一），第295頁。
⑪ 《徧行堂集》（二），第94頁。
⑫ 《徧行堂集》（一），第195頁。
⑬ 《徧行堂集》（二），第327頁。
⑭ 《徧行堂集》（一），第317頁。
⑮ 《徧行堂集》（一），第437頁。

三月十六日至穗城，入雷峰謁天然函昰①。

五月十三日，茶集如如室；五月廿三日，赴黎紹芳（字傳人）茶集。

按：據《瑞開閣上月邑皎然，念坡公從合江樓入栖禪寺，登逍遙堂，閑情野韻，了不可得。因憶十三日茶集如如室罷，鍾鶴與葉功遠、潔吾、劉净庵、翟憲申、苗載陽步送至第一橋，談笑久之，諸子凝立，予與雪老過景賢祠下始歸。此亦一種風致。好天良夜，恨不與放腳曳杖，消此曠懷耳》《五月廿三日赴黎傳人茶集，傳人與憲申鍾鶴步出西湖門，坐第一橋抵暮乃別，此與前十三日風味亦同亦異。作二絕句談次，及朝雲降乩，欲蓋六如亭事，并以一絕紀之》。②

丙午八月，爲汪渢（字魏美）作傳。

按：據《汪孝廉傳》："歲在乙巳秋七月三十日，故明孝廉汪君卒。丙午八月，其孤薘來嶺表，與舵石翁相遇於珠江，請爲立傳。"③

九月七日，與劉炳（字煥之）、阿字今無共談甚歡，自己刻至漏下二鼓④。

臘月初四，迎天然函昰入丹霞主法。

按：據汪宗衍《明末天然和尚年譜》"康熙五年丙午"條："臘月，受今釋請入丹霞山別傳寺主法席。釋請作《丹霞詩》，因隨足力所及游山中諸勝，成十二律。"⑤ 另澹歸《與江若海内巡》："丹霞道場已奉迎本師天然和尚闡揚最上法門，庶足爲吾兄增上福田。去臘初四入院，法語呈覽，知弟不負檀越、不負山靈一段樸誠耳。"⑥ 可知具體入住日期爲臘月初四。

康熙六年丁未（1667），五十四歲。

新正，赴張虎別之齋⑦。

春，作《贈李翊皇》⑧。

---

① 《徧行堂集》（二），第 242 頁。
② 《徧行堂集》（三），第 219 頁。
③ 《徧行堂集》（一），第 334 頁。
④ 《徧行堂集》（一），第 402 頁。
⑤ 汪宗衍：《明末天然和尚年譜》，《新編中國名人年譜集成》第 20 輯，臺灣商務印書館，1986 年，第 64 頁。
⑥ 《徧行堂集》（二），第 199 頁。
⑦ 《徧行堂集》（三），第 223 頁。
⑧ 《徧行堂集》（二），第 417 頁。

十二月，從仙城回丹霞①。

康熙七年戊申（1668），五十五歲。

春晤陸世楷於韶陽②。

二月三日，陸世楷、沈曍日冒雨重游丹霞，有詩③。

三月至南雄，赴陸世楷之約，行化雄州三月餘④。

中秋，與蕭伯升等聚於遯圃，夜歸亦庵寺，寺中請茶⑤。

九月自螺川歸，所建別傳寺下院龍護園即將落成；冬，龍護園落成。

按：據澹歸《龍護園碑記》："秋九月，予自螺川歸，則已鱗鱗翼翼，將慶落成……及冬而竣，蓋其閱歲，自順治甲午至康熙戊申，凡十五年。"⑥

又據汪宗衍《明末天然和尚年譜》"康熙七年戊申"條："冬，南雄太守陸世楷同闔郡諸宰官招入華林，時龍護園落成，爲丹霞別傳寺下院，和尚賦詩有'太守新修別院深，遥分衹樹落城陰'句。"⑦知龍護園落成在此年冬。

康熙八年己酉（1669），五十六歲。

按：此年吳氏《年譜》未著録，然活動衆多，交往頻繁。

正月初二過泖山⑧。

上元節作《題陳全人畫佛》⑨。

三月初，沈曍日回浙江參加秋試，送之至天峰而別⑩。

五月，托鉢於贛、吉二府，爲天然函昰慶生籌備。

按：據《與姚雪庵文學》（其二）："近知有意外之費，恐涉艱難，亦不敢遣人走訊，前約但俟吾兄方便而已。今年往廬陵，匆匆還山，亦衹了

---

① 《徧行堂集》（一），第290頁。
② 《徧行堂集》（一），第290頁。
③ 《徧行堂集》（二），第330頁，有《戊申春二月三日，孝山融谷冒雨重遊丹霞，即事七首》。
④ 《徧行堂集》（一），第290頁。
⑤ 《徧行堂集》（二），第377頁。《戊申中秋，孟昉招同周煥庵、施偉長、程大匡、王一肩、戴聖則、羅萬年、楊彦升諸公，筇崖、中千、平遠諸師小集遯圃》
⑥ 《徧行堂集》（一），第319頁。
⑦ 汪宗衍：《明末天然和尚年譜》，第69頁。
⑧ 《徧行堂集》（一），第71頁。
⑨ 《徧行堂集》（一），第408頁。
⑩ 《徧行堂集》（一），第94頁。

得老人慶生事。"① 知姚氏有事與澹歸托鉢廬陵爲同一年；又《丹霞雜施田合記》云："惠陽姚雪庵子蕚，請爲丹霞置飯僧田，租千石，雪庵非素封也，期以十年了之，未三年，值其家多故，不克繼。"② 則姚氏有事在施捨田租近三年。另據《五施説爲姚雪庵文學初度》云："予方建丹霞道場，之惠陽托鉢，雪庵爲發願飯僧，期以十年，置田租千石。"③ 澹歸爲營建丹霞托鉢惠州在丙午年（1666），至此年剛好近三年。

此外，澹歸《章貢遇趙止安東歸有贈》稱："雨散十五載，不意此相見。"④ 趙止安，常州人。⑤ 澹歸有《留別趙止安，時止安方挈世鎬讀書，躬自教之》⑥，澹歸別常州，往栖賢充天然函昰書記在1654年，至此年恰好十五年。

又《廬陵喜晤曾旅庵憲副》："不免離愁十七年，雷峰清夢尚依然。三千鑕鉢存檀度，八百春秋屬地仙。"⑦ 當是指澹歸在雷峰洗碗（1652）時，曾旅庵爲之捐贈碗鉢之事，或與"澹歸碗"⑧ 傳説有關。十七年後相見於廬陵，恰好爲1669年，即康熙八年。

又據《與黎博庵學憲》其四："今釋近奉天老人，未敢爲丹霞弛擔。五月度嶺，托鉢於贛、吉二府，蓋是無聊之極。非不欲走謁函丈，然於二十日内圖了吉安一鉢，便溯流上十八灘，結贛州之緣，九月初還山，爲天老人料理六袠慶生事"⑨，知其托鉢是爲天然函昰壽辰籌備。

赴青原山訪方以智。

按：姜伯勤《澳門普濟禪院藏金堡日記研究》稱："澹歸先是於康熙八年（1669）外出'請藏'，並在江西吉安青原山會見方以智。又於康熙十七年（1678），出嶺赴嘉興請藏。"⑩ 對於姜伯勤提到之"康熙八年出嶺

---

① 《徧行堂集》（二），第299頁。
② 《徧行堂集》（一），第326頁。
③ 《徧行堂集》（一），第12頁。
④ 《徧行堂集》（二），第334頁。
⑤ 于琨修，陳玉璂纂：《（康熙）常州府志》，《中國地方志集成・江蘇府縣志輯36》，鳳凰出版社，2008年影印本，第555頁。
⑥ 《徧行堂集》（二），第452頁。
⑦ 《徧行堂集》（三），第100頁。
⑧ 吳天任：《澹歸禪師年譜》，第68頁，轉述葉遐庵《談藝錄》"明今釋逸詩"一條中提及"澹歸碗"傳説。
⑨ 《徧行堂集》（二），第173頁。
⑩ 姜伯勤：《石濂大汕與澳門禪史》，上海學林出版社，1999年，第506頁。

請藏",澹歸其實並未前往,"兩次出嶺請藏,皆以事阻"①,僅有此打算而已。因此他在給方以智等友人的信中,雖多次提到請藏途中訪問的願望,但終未實行。

然而,澹歸訪問青原山當在此年。澹歸爲方以智作有《寄題浮山報親庵》②,報親庵於康熙七年戊申冬動工重建,建成於康熙八年春③,則澹歸至早在此年春後訪問青原山。另其《青原山贈藥地禪師》首句有:"未了青原付與誰。"④ 其中"未了"一詞,當與吉安士人康熙八年(1669)五月十五日爲方以智募修之"未了庵"有關⑤。據上文推斷澹歸"托鉢贛、吉二府"的時間爲康熙八年,則此年赴青原山訪方以智最爲可能。康熙九年,方以智六十壽辰,四方文人多爲文稱賀,澹歸有《千秋歲引·壽青原藥地長老》⑥。康熙十年粵難作,澹歸曾寫信給尚可喜幕僚金光,打聽案情原由,並請其爲方以智説情⑦。方以智死難,澹歸作《風流子·挽藥地和尚》⑧相悼。

秋,晤大司馬周有德於端州⑨。

九月初,還丹霞山料理寺中之事⑩。

按:澹歸此年夏秋間托鉢江西,與于藻、胡樞、許煥、張貞生等交往,並邂逅舊友曾宏、施閏章等;一路游壽量寺、古光孝寺、水月山寺、葉聲閣、帆影樓、快閣、取亭、金牛泉、宜樓、白鷺書院、龍慶寺、大覺庵、西峰寺、鐵佛橋、能仁寺等地,皆有詩作相留⑪。

此年《丹霞二集》成,記録1665至1669年之間的景情⑫。

此年結識沈存西。

按:據《贈別沈存西》:"昨年與君見,半夜如天明。……君年六十

---

① 《徧行堂集》(二),第210頁。
② 《徧行堂集》(三),第98頁。
③ 任道斌:《方以智年譜》,安徽教育出版社,1983年,第255,258頁。
④ 《徧行堂集》(三),第98頁。
⑤ 任道斌:《方以智年譜》,第258頁。
⑥ 《徧行堂集》(三),第292頁。
⑦ 《徧行堂集》(二),第196頁。
⑧ 《徧行堂集》(三),第325頁。
⑨ 《徧行堂集》(一),第290頁。
⑩ 《徧行堂集》(二),第173頁。
⑪ 《徧行堂集》(三),第96~105頁。
⑫ 《徧行堂集》(一),第195頁。

三，我年五十七。"① 昨年相見，可知二人相見於澹歸五十六歲，即康熙八年。

康熙九年庚戌（1670），五十七歲。

十月十四日，天然函昰六十二辰，作《解連環》相壽。

按：吳天任將《解連環》放於"戊申年"條下，稱按《天然和尚年譜》："十月十四日，天然函昰和尚六十一示生，作《六十一詩》十四首。禪師作《解連環》爲壽，有注云：'甘露降於叢竹，時老人疏《楞嚴經》適竟，兼值生辰。'"② 而據澹歸《甘露頌並序》："庚戌十月，丹霞甘露降於叢竹，時和尚疏《楞嚴》方竟，適屆下生之期，慶一雨之普。"③ 可知《解連環》是爲庚戌年作。

康熙十年辛亥（1671），五十八歲。

元旦，自松樹灣出發，與王煜瞻同舟而行④；辛亥正月還山⑤。

是年，有出嶺請藏打算，然腹生疽，夏末秋初方調理如常。

按：據《上本師天然函昰和尚》其二十七："遠行良非得已，亦不因和尚之行而始謀此行。今疽發於腹，待其調理如常已是秋初夏末，未嘗有一定之局。然以此煩和尚動念，負愆深矣。今釋十載丹霞，元是化主，其所心切切、口諄諄者，不過後此之局，而作何圓滿；前此之債，負作何賠償；今此之錢糧，作何措置。此外固不敢知也。角子所與棲賢密札，以方丈一席委曲鄭重，正是緩著……"⑥ 其中"遠行"當即"請藏"之舉。

又據《明末天然和尚年譜》"康熙十年辛亥"條："秋，南康太守廖昆湖文英暨歸宗闔寺大衆，啓請和尚主席。"⑦

八月廿三日，赴英德舟中，作《片鱗岩記》⑧。

---

① 《徧行堂集》（二），第346頁。
② 吳天任：《澹歸禪師年譜》，第87頁。
③ 《徧行堂集》（一），第399頁。
④ 《徧行堂集》（三），第308頁。
⑤ 《徧行堂集》（三），第308頁。
⑥ 《徧行堂集》（二），第102頁。
⑦ 汪宗衍：《明末天然和尚年譜》，第74頁。
⑧ 《徧行堂集》（一），第299頁。

九月至淩江①，同月與劉秉權相別②；於霞起堂作《夏冰集序》③。

十二月，天然函昰抵達廬山④，澹歸爲丹霞僧衆所留，出嶺請藏計劃以是擱淺。

按：據澹歸《與姚媒長主政》："弟去秋有出嶺請藏之行，適老人赴歸宗，復爲山中兄弟所留。去則決去，尚俟他年，偶來海幢寺，值便奉慰，未暇多及。"⑤

十二月十九日還山，復下韶州，歲盡方歸⑥。

是年前後，爲馬元、釋真樸撰修之《曹溪通志》作檢查修改工作。

按：《（同治）韶州府志》稱："《曹溪通志》八卷，國朝馬元、釋真樸修，劉學禮重刊，存。康熙辛亥修，道光丙申重刊。"⑦澹歸有《曹溪通志新舊凡例折衷》⑧《曹溪新舊通志辨證》⑨及《記雪樝改余襄公法堂碑事》⑩，批駁《曹溪通志》中不當之處。

康熙十一年壬子（1672），五十九歲。

三月，作《留世界說爲陸馭之民部初度》⑪。

四月下山，五月至雄州，休夏於龍護園。初秋爲平南王尚可喜延請，爲其年譜《元功垂範》編次，十月還山。

按：據《上本師天然函昰和尚》（二十）："五月至雄州，欲往他方托鉢爲償債計。自病，從者病，諸所牽掣，勢如連雞，不得俱飛。頃爲平南相延，有筆墨之役。"⑫

據《自韶陽以上不得荔支，壬子休夏龍護，承孝山分惠，呈此》⑬。

---

① 《徧行堂集》（一），第191頁。
② 《徧行堂集》（三），第347頁。
③ 《徧行堂集》（一），第149頁。
④ 汪宗衍：《明末天然和尚年譜》，第74頁。
⑤ 《徧行堂集》（二），第191頁。
⑥ 《徧行堂集》（二），第106頁。
⑦ 額哲克等修，單興詩纂：《（同治）韶州府志》，《中國地方志集成·廣東府縣志輯8》，上海書店出版社，2013年影印本，第836頁。
⑧ 《徧行堂集》（二），第33頁。
⑨ 《徧行堂集》（二），第48頁。
⑩ 《徧行堂集》（一），第405頁。
⑪ 《徧行堂集》（一），第31頁。
⑫ 《徧行堂集》（二），第104頁。
⑬ 《徧行堂集》（三），第138頁。

又據《與栖賢石鑑覬和尚》（十五）："四月下山，圖出嶺，病於龍護。初秋赴平南之招，吃官飯，做官書，十月還山。"①

秋，客於仙城之古龍藏精舍②。

康熙十二年癸丑（1673），六十歲。

癸丑元旦丹霞示衆③。

長至後三日過西昌，作《詩話偶鈔序》④。

夏大病幾死，季秋方愈⑤。休夏丹霞⑥。

六月廿九日至九月十五日，在丹霞別傳寺整頓寺風，會見來客，作八方因緣文字，爲寺僧調理病症，處理丹霞各項事宜。

八月初六，得歸宗寺兩扎催請，稱天然函昰病重，請其與海幢寺主持阿字今無速去歸宗寺料理。

九月十六日早，從丹霞發舟往會龍下院，與深源等人在仁化江口分路，晚宿於見峰灘。

九月二十日午刻至龍護園，院主他出。張寶潭、楊肯堂等檀越來見，寫信令船户寄回丹霞山中。

九月廿一日，晤陸世楷、朱廉齋、朱子蓉等故友，受檀越齋飯，爲赴歸宗寺及請藏募緣。

十一月初四，令深值、開宗往南安雇船，前往歸宗寺。初五日未刻，深值自南安回，已得船。

十一月廿四日早，募化於衆檀越，陸世楷來，以二十金相贈，並問請藏事，稱將出五十金相助，並令譚方蘧募於嘉興。澹歸大爲高興。

十一月廿五日到栖賢寺，廿七日，請栖賢寺主持石鑑今覬齋飯。

十一月三十日，別栖賢還歸宗寺，謁天然函昰。觀歸宗寺，認爲如此大道場，非有十萬金因緣，二十年工夫，五百衆驅使，不能成

---

① 《徧行堂集》（二），第118頁。
② 《徧行堂集》（一），第43頁。
③ 《徧行堂集》（三），第373頁。
④ 《徧行堂集》（一），第203頁。
⑤ 《徧行堂集》（二），第254頁。
⑥ 《徧行堂集》（一），第198頁。

此。晚方丈請茶。

按：上文自六月廿九日以來所補充，據藏於澳門普濟禪院《澹歸和尚丹霞日記》之影印資料①，資料未易見到，得之偶然。日記始於六月廿九日，終至十一月三十日，記錄澹歸是年夏秋冬間住丹霞、龍護園以及出嶺省視天然函昰的經歷。從中可窺見其當家丹霞的日常：往來應酬，諸事纏身，奔波行走，書字募緣，病痛困擾等瑣事，可謂澹歸主持丹霞生涯的一段剪影。

大寒，抵章門②。

十二月，奉戴怡濤之托訪溧水王東白。

按：據《堅素堂詩集序》："癸丑冬，余將之匡山，止龍護園，入夜有剝啄聲，則戴子怡濤與池子儀伯，以朝正北上，步屧來過。剪燭共談，凌晨便發。怡濤語余，至章門，一詢王東白氏。及十二月訪之，出怡濤手書並詩，坐閑話溧水山居之勝，兩家相望過從之樂，余爲神往。"③

此處與《澹歸和尚丹霞日記》中的記錄相抵牾，據《澹歸和尚丹霞日記》最後一日，即十一月三十日所載，澹歸於此日到達歸宗寺，對歸宗寺的建設情況有所觀察描述，拜見方丈並赴方丈茶請。此處"方丈"便應是時住歸宗寺之天然函昰。然據其《答戴怡濤別駕》（其二）云："屆大寒始抵章門，蓋江路梗阻，自南安至此，凡三易舟，郞當極矣。"④ 並上文所引《堅素堂詩集序》，知其十二月尚在江西南康、贛州一帶，尚未到達廬山歸宗寺。且據日記所錄，十一月二十五日尚在南雄會晤陸世楷等人，此月三十日到達的可能性極小。或日記有誤？此處存疑。

小除，六十壽辰，天然函昰作《丹霞澹長老六十初度》爲壽⑤。

康熙十三甲寅（1674），六十一歲。

春抵章門，復病，尤劇，三十日左右始能起立行走，入丹霞調護半年餘⑥。

---

① 《澹歸和尚丹霞日記》，澳門普濟禪院藏稿本。
② 《徧行堂集》（二），第239頁，見《答戴怡濤別駕》（其二）。
③ 《徧行堂集》（四），第48頁。
④ 《徧行堂集》（二），第239頁，見《答戴怡濤別駕》（其二）。
⑤ 天然函昰：《瞎堂詩集》卷十四，第152頁。
⑥ 《徧行堂集》（二），第255頁。

三月一日主院；三月十九日大衆請上堂①。

四月初一陸世楷父歿，爲之作禮懺疏，陸世楷借丁憂辭雄州太守任②。

休夏於龍護園，作《止息庵記》。

按：據《止息庵記》："予休夏龍護……蓋始辛卯，迄今甲寅，二十四年矣。"③ 可知甲寅年休夏龍護園時作《止息庵記》。

十月，送陸世楷、沈皞日還當湖，別於梅關④。

冬，暫至淩江，與滕梅甕初識⑤。

康熙十六丁巳（1677），六十四歲。

正月初九，住丹霞⑥。

秋中退院⑦。

南韶李復修等人相留，度歲南韶⑧。

康熙十七戊午（1678），六十五歲。

春，於南韶撿白骨，作《南韶雜詩》⑨ 及《官葬暴骨碑銘（代）》⑩。

康熙十八己未（1679），六十六歲。

秋，客居半塘聖壽寺，有《題石鑑和尚遺墨後》。

按：據《題石鑑和尚遺墨後》："己未秋，予客半塘，證十禪友自浙中來，其舊書記也，出遺墨索題。"⑪

康熙十九庚申（1680），六十七歲。

正月二十一日，作《陳階六七袠壽序》。

按：據《陳階六七袠壽序》："今庚申孟春廿有一日，公登七袠，禮宜稱壽。"⑫

---

① 《徧行堂集》（三），第 337 頁。
② 《徧行堂集》（一），第 253 頁。
③ 《徧行堂集》（一），第 321 頁。
④ 《徧行堂集》（一），第 433 頁。
⑤ 《徧行堂集》（一），第 53 頁。
⑥ 《徧行堂集》（四），第 100 頁。
⑦ 《徧行堂集》（四），第 101 頁。
⑧ 《徧行堂集》（四），第 230 頁。
⑨ 《徧行堂集》（四），第 300～309 頁。
⑩ 《徧行堂集》（四），第 178 頁。
⑪ 《徧行堂集》（四），第 202 頁。
⑫ 《徧行堂集》（四），第 37 頁。

附録三　澹歸著述及現存作品版本情况

澹歸生平坎坷，閱歷豐富，發而爲文，卷帙浩繁。《禁書總目》著録有《丹霞初集》《丹霞二集》《臨清來去集》《行都奏議》《粵中疏草》《梧州詩》《夢蝶庵詩》《徧行堂雜劇》《今釋四書義》《金堡時文》《明文百家粹》十種，除《今釋四書義》《梧州詩》的序文收録在《徧行堂集》外，其他已不可見。冼玉清《廣東釋道著述考》輯録《徧行堂集》《徧行堂續集》《菩薩戒疏隨見録》《丹霞澹歸禪師語録》等十八種，但因屢遭禁毀滅裂，多已不可復見。據現存史料，其尚存世可見的作品有《徧行堂集》《嶺海焚餘》《丹霞日記》三種，版本情况如下。

一、《徧行堂集》

《徧行堂集》有正集和續集兩種。現存《徧行堂集》有康熙本，包括前集四十九卷（另目録兩卷），續集十六卷；有乾隆五年（1740）高綱助刻本。《徧行堂集》正集四十九卷中，卷一至二十九爲文，卷三十至四十一爲詩，卷四十二至卷四十四爲詞，卷四十五至卷四十六爲語録，卷四十七至卷四十八爲頌古，卷四十九爲《菩薩戒疏隨見録》。續集十六卷，卷一至卷十二爲文，卷十三至卷十六爲詩，附詩餘[①]。目前筆者見過的《徧行堂集》版本有以下五種，卷數内容大致相同，具體細節上略有不同。

（一）《清代詩文集彙編》影印本（46—47册）[②]

1.《徧行堂集》四十九卷，目録兩卷。據清康熙十五年（1676）刻本影印。標注稱："原書版高二二七毫米，寬三二四毫米。"每卷首嵌"浙江圖書館藏"印章。

卷首有李復修《徧行堂集序》、天然函昰《曹洞三十四世住廬山歸宗天然昰和尚序》、阿字今無《徧行堂文集序》、趙佃《舵石翁詩集序》附

[①] 吴天任《澹歸禪師年譜》附録（二）："《徧行堂集》四十八卷，此本據冼玉清所見之康熙十三年丹霞原刻本、極不易得，廣東省立圖書館有藏本（番禺陳氏憶江南館舊藏）。"

[②] 釋澹歸：《徧行堂集》，《清代詩文集彙編》46—47册，上海古籍出版社，2010年。

《觀澹師草書同陸太守游丹霞詩卷師時之吉安餘將歸桌賦寄留別》、樂説今辯《丹霞禪師語録序》、澹歸《頌古自題》、澹歸《徧行堂集緣起》、陸世楷《徵刻徧行堂詩文引》八篇序文。後附助刻《徧行堂集》檀越名單。

2.《徧行堂集續集》十六卷，康熙二十三年（1684）刻本，標注："原書版高二二四毫米，寬三二四毫米"，卷首載李復修序（無題目），今辯《刊徧行堂及續集序》。

（二）《四庫禁毀叢刊》影印本（127—128冊）①

1.《徧行堂正集》四十九卷，據上海圖書館藏清乾隆五年刻本影印。目錄分上下兩卷，共四十九卷，有"丹霞藏板"字樣。序文八篇，與《清代詩文集彙編》本同，僅澹歸《頌古自題》與陸世楷《徵刻徧行堂詩文引》位置前後互換。序後附助刻《徧行堂集》檀越名單。

2.《徧行堂續集》十六卷，有目錄。據天津圖書館藏乾隆五年刻本影印。卷首有李復修《徧行堂續集叙》，沈皡日《徧行堂續集叙》，今辯《刊徧行堂續集序》三篇。在沈皡日《徧行堂續集叙》左側留白處題有天津圖書館跋："今釋字澹歸，別號冰還道人，杭州人，俗姓金名堡字道隱，崇禎庚辰進士。歷官給諫，有清直聲。甲申亂後，走粵中，擁戴永曆，諫阻西幸抵梧，爲此忤廷杖，編成清浪，遂落髮爲僧。晚年□安於平湖。節録於《檇李詩繫》卷三十三。宣統二年仲冬既望，天津圖書館編有此識。"

（三）《原國立北平圖書館甲庫善本叢刊》影印本（906—908冊）②

1.《徧行堂集》四十九卷，目録兩卷。據清乾隆五年釋繼祖募刻本影印，卷首有"丹霞藏板"字樣。卷首八篇序文，與《四庫禁毀叢刊》本同，然無助刻檀越姓名。且卷四十九末頁至《説法不如法》止，與前兩種本子比缺《非法制限》、《破法》、《經流通分》（存目）、《流通》、《因果佛性常住藏》等篇。此外，該本正集中目録與正文不符處如下：

（1）第十二卷末，目録中此卷最後兩篇爲《丹霞舍利塔碑記》《丹霞雜施田合記》，正文中前篇殘缺，至"始於樂説辯首座訖"止，無《丹霞雜施田合記》文。書欄外有"原書缺頁"小字。《清代詩文集彙編》本、

---

① 金堡：《徧行堂集》，《四庫禁毀叢刊·集部》127—128冊，北京出版社，2005年。
② 釋今釋：《徧行堂集》，《原國立北平圖書館甲庫善本叢刊》第906—908冊，國家圖書館出版社，2013年。

《四庫禁毀書叢刊》本則有此兩文。

(2) 第三十八卷目錄中有《孝山茶集》《騰梅羹樞部過訪》《張次亭協鎮過訪》《朱肇修攝令仁化》《駕張門寰開鎮》，正文皆缺。《清代詩文彙編》《四庫禁毀書叢刊》本中有（此目錄處缺整個半頁，或影印時漏印）。

2. 《徧行堂續集》十六卷，未標版本。卷首有今辯《刊遍行堂續集序》，與前兩書編排方式相同，但無李復修、沈皞日序，續集中目錄與正文不符且與他本出入處如下：

(1) 第十二卷，目錄中有《與陳伯恭帝咨昆仲》，正文缺（《清代詩文集彙編》中同此；《四庫禁毀書叢刊》有目有文；宣統本有正文，但正文標題爲《與陳　昆仲》，名字處挖空）。

(2) 第十六卷，目錄中有《一萼紅》（二首）、《疏影》、《沁園春》（四首）、《大聖樂》、《邁陂塘》、《金明池》，正文缺；且《永遇樂》僅至"梁花月更"後便闌入《徧行堂集》正集卷二十九《與黃克泰兄弟》正文。《清代詩文集彙編》本、《四庫禁毀書叢刊》本及國學扶輪社本中以上各篇皆有目有文。

相較而言，三個本子中，《四庫禁毀書叢刊》本子最完善，《清代詩文集彙編》本次之，《原國立北平圖書館甲庫善本叢書》本最次，缺漏最多。

（四）宣統上海國學扶輪社刊本（續集）[①]

《徧行堂集》十六卷，八冊，扉頁題："宣統辛亥春《徧行堂集》，上海國學扶輪社印行。"首頁嵌有"華西協合大學中國文化研究所圖書"，四川大學圖書館古籍室藏。卷首載《徧行堂集序》，署名沈皞日。但至次頁"錄爲布施爲因果爲天花墜空"前，皆爲今辯《徧行堂集叙》前半部分；今辯《徧行堂集叙》"澹歸和尚乘悲願以救時弊"前之部分爲沈皞日序前半部分，兩序交叉闌入。汪宗衍所見刻本與此同[②]。

有目錄十六卷，與《清代詩文集彙編》本、《四庫禁毀書叢刊》本、《原國立北平圖書館甲庫善本叢書》本所用續集目錄相同。

（五）段曉華點校本

《徧行堂集》正集與續集共四冊，爲《清初嶺南佛門史料叢刊》系列

---

① 今釋造，古止、傳湧編：《徧行堂集》十六卷，上海國學扶輪社鉛字排印本，清宣統三年（1911）。

② 冼玉清：《廣東釋道著述考》（一），第260頁。

叢書中之一種。段曉華點校，書名爲陳永正題於丙戌（2006）年，由廣東旅游出版社 2008 年出版，稱段校本。正集用《四庫禁毀書叢刊》本（據上海圖書館藏清乾隆五年刻本影印，四十九卷、目錄兩卷）爲底本，續集用香港佛教志蓮圖書館 1989 年刊本（據宣統三年上海國學扶輪社排印本影印，十六卷）爲底本。又以廣東中山圖書館藏黄蔭普憶江南館藏本《徧行堂集》二部進行參校。

另有文獻著錄但筆者未見之《徧行堂集》本，轉錄如下。

1. 康熙二十年（1681）本《徧行堂集》。據段校本稱，前集四十九卷（其中目錄一册爲手鈔），續集十四卷。前集卷前八篇序引皆相同，目錄僅四十六卷，以"法語"終。卷四十七、四十八，版心題爲"頌古"；最後附《徧行堂集菩薩戒疏隨見錄》，實爲卷四十九。與乾隆本對照，此本版式與其完全一致，版心亦同款識同頁碼，甚至連頁面折痕，缺字黑方都一致，可見是同一版本，唯刊印時間不同。另外，乾隆本尺牘部分（卷二十一至二十九）有單獨目錄，而康熙本無尺牘目錄。至於續集，康熙本目錄共十六卷，與宣統本同，而正文只十四卷，缺卷十五、卷十六。可貴者，扉頁有"丹霞藏板"之印，卷首爲李復修《徧行堂續集叙》，此叙乃康熙本之標證，他本所無，今據以補入。正文據以參校①。

2. 清鈔本《徧行堂集》。臺灣圖書館藏清光緒間釋惟心鈔本，正集四十六卷，續集十六卷。謝國楨《增訂晚明史籍考》著錄海鹽朱氏傳抄舊刻本，亦爲四十六卷②。中山大學歷史系藏《徧行堂集》複寫紙抄本也爲四十六卷，與他本相比，缺《頌古》二卷，《菩薩戒疏隨見錄》一卷③。段校本載黃蔭普憶江南館藏抄本十六卷，爲《徧行堂集》續集，十二冊，未署鈔者，内有缺失。卷二尾有冼玉清先生跋，稱："此鈔本是從康熙本鈔出，缺第一冊，62，12，27。"④

總體來看，當下《徧行堂集》正集本子流傳狀況複雜。就年代而言，

---

① 《徧行堂集》（一），前言頁第7頁。此段爲段校本叙述，有不够清楚之處和歧義。其一，文稱"又以廣東中山圖書館《徧行堂集》進行參校，共二部，皆黃蔭普憶江南館藏本"。接下來兩條分别介紹《徧行堂集》康熙本情況、鈔本《徧行堂集》續集情況。根據文意，則此兩種本子即所指之"黃蔭普憶江南館藏本""二部"。今檢索廣東省立中山圖書館目錄，顯示藏有《徧行堂集》刻本三種，其中乾隆五年募刻本二十四冊，前集四十九卷，目錄二卷，續集十六卷，爲黃蔭普憶江南館本，《徧行堂續集》抄本十六卷十二冊，爲黃蔭普憶江南館藏本。另有康熙二十年刻本二十四冊，前集四十九卷，續集十四卷，未標爲黃蔭普憶江南館本。則作者文中描述黃蔭普憶江南館藏本爲何本，有不清晰之處，且檢索結果並非所藏僅"二部"皆爲"黃蔭普憶江南館藏本"。其二，段校本稱續集："可貴者，扉頁有'丹霞藏板'之印，卷首爲李復修《徧行堂續集叙》，此叙乃康熙本之標證，他本所無，今據以補入。"［見《徧行堂集》（一），前言第7～8頁］然《原國立北平圖書館甲庫善本叢刊》本據清乾隆五年釋繼祖募刻本影印，卷首亦有"丹霞藏板"字樣；《四庫禁毁叢刊》本中，續集稱用天津圖書館藏乾隆五年刻本影印，卷首亦有李復修《徧行堂續集叙》，二者相抵牾。其三，段校本稱："乾隆本尺牘部分（卷二十一至二十九）有單獨目錄，而康熙本無尺牘目錄。"［見《徧行堂集》（一），前言第7頁］《清代詩文集彙編》影印本爲浙江圖書館藏康熙十五年刻本，亦有尺牘目錄。或段氏所見康熙本與《清代詩文集彙編》影印本正集非同一版本？觀沈維材代高綱作序稱："初集四十九卷，續集十六卷。法姪古如所重刻者，續集九卷，別刻尺牘五卷，所缺者詩詞二部。"（沈維材：《樗莊詩文稿》文稿卷一序跋，《清代詩文集彙編285》，第378b～379a頁）可見康熙年間全刻本僅有一次，但各家對刊刻時間判定不一致。其四，段校本稱："對照乾隆本，康熙版本版式完全一致，版心亦同款識同頁碼，甚至連頁面摺痕，缺字黑方都一致，可見是同一版本，唯刊印時間不同耳。"如此看來，有兩種可能，或乾隆本完全依照康熙本刊刻，但此種可能性不大，因爲很難做到連摺痕缺字黑方都一致；另外，則可能段氏所見之康熙本、乾隆本爲同一版本，年代爲後人標注錯誤。

② 謝國楨：《增訂晚明史籍考》（下），第971頁。

③ 姚良：《澹歸及其〈徧行堂詞〉研究》，西南大學2006年碩士學位論文，第20頁。

④ 《徧行堂集》（一），前言第7～8頁。據陳融《越秀集》轉《顗園詩話》稱："余所見者，爲黃君詠雩得於舊海幢寺僧之抄本，前後兩集卷帙俱完全無缺……四十六卷，與《漁話》之說相符。"（陳融：《越秀集》，"今釋"條第4頁）可知黃氏憶江南藏本有抄本《徧行堂集》正、續二集，正集四十六卷，續集十六卷。

康熙本有康熙十三年説①、康熙十五年説②、康熙二十年説③，另有乾隆五年重刻本、清抄本等。就刊刻卷數來看，有四十六卷本、四十八卷本、四十九卷本。這種衆説紛紜、難辨究竟的現狀，無疑是清代文字獄禁毁的後果。因此，對澹歸《徧行堂集》正集版本問題的整理，需要盡量向文字獄之前的材料靠攏。據沈維材代筆之《徧行堂全集序》，康熙間《徧行堂集》全集刊刻當僅有一次，初集四十九卷，續集十六卷。雍正年間原版遇火焚毁，在長期流傳過程中散佚不全④。另有澹歸法姪釋古如重刻本，包括續集九卷、尺牘五卷。因此丹霞寺主持釋繼祖再次募刻，高綱相助並作募疏，並稱乾隆本未作删減，全集刊刻，體例當與初刻本同⑤。

關於刊刻年代問題，各家參照不同，説法不一。實際上，據澹歸文章，從刊刻到成書經歷了漫長的過程⑥，且文中序言所作時間亦不同，是以説法不一。對此，廖銘德據《徧行堂集》前後集序言，勘定前集刻成於康熙十七年夏，後集刻成於康熙二十四年。⑦乾隆本與康熙本相比，内容當並無改動，且高綱序言均未見收録，據此，或有可能乾隆本已在文字獄過程中散佚，可見版本中乾隆本的記録或爲康熙本的誤傳。

---

① 吴天任：《澹歸禪師年譜》附録二，第2頁。
② 《徧行堂集》，《清代詩文集彙編》46-47册，上海古籍出版社，2010年。
③ 《徧行堂集》（一），前言頁第6頁。
④ 謝國楨：《增訂晚明史籍考》（下），第970頁。
⑤ 沈維材：《樗莊詩文稿》文稿卷一序跋，《清代詩文集彙編285》，第378b~379a頁。
⑥ 《徧行堂集》（二），第225頁。《與南雄陸太守孝山》（其四十一）文中所指"四六小品"，當即陸世楷之《徵刻徧行堂詩文引》。據此信稱"料理丹霞八年"，當作於康熙九年（1670）年。此時甚至更早已有籌備刊刻出書計劃，如稱"庸老去歲曾有從臾之語"。信中言及刊刻募捐方式、樣式、字體、刊刻計劃。同文有"料理丹霞八載，欠債已五百金"之説，可知刊刻打算早已有之。但爲陸世楷所勸阻，望其"遲遲"。《徧行堂集》（一），序言第8頁《徧行堂集緣起》中稱迄於康熙十三年。《徧行堂集》（四），第275頁《與劉焕之總戎》（其三）中稱已刻完二十六部，尚有二十部未完。《徧行堂集》（四），第262頁《與公絢兄》（其二）中稱已刻完二十六部，尚有二十部未完。《徧行堂集》（四），第257頁《與戴怡濤憲副》（其三）："拙集刻成，弟即度嶺矣。丹霞道場已交付敝師和樂説和尚，即囑料理一部寄呈。此番出嶺，補本師老和尚七十大壽，兼了藏經之債。"出嶺在康熙十七年（1678），可知此時才刻完，歷時頗久。《徧行堂集》（四），第268頁《答涂英伯郡丞》："急欲出嶺，承海幢見留，助印拙集百餘部，爲請藏之用。坐此濡遲，然亦省嶺外許多仰面之力，爲愛不淺。今行矣，一詩寄意。"《徧行堂集》（四），第234頁《與丹霞樂説辯和尚》（其七）："聞印書已得百四十部，便將百部於月初發來，得伴即行，遲速如意，若有伴而更俟書，便失算矣。"可知康熙十七年刻成後尚未印出，出嶺所需，先印百餘部，其他或後來又印。
⑦ 廖銘德：《澹歸今釋與韶州知府李復修關係考——以〈徧行堂集·李復修序〉爲視點》，《佛山科技學院學報》2013年第5期，第46~47頁。

二、《嶺海焚餘》

《嶺海焚餘》三卷，卷上爲澹歸出仕南明隆武朝部分奏疏，自隆武乙酉年（1645）十月至丙戌年（1646）八月，共十八篇；卷中、卷下爲仕永曆朝部分奏疏，始於戊子（1648）十一月，止於庚寅（1650）正月，共三十一篇①。澹歸於隆武、永曆朝重要奏疏多具於此。世無刻本，南潯張氏得舊鈔本，始刻入《適園叢書》中②。現已收入《四庫禁毀書叢刊補編》，1981年由江蘇廣陵古籍刻印社出版。今所見各本收錄多用此本③。

三、《澹歸和尚丹霞日記》

《澹歸和尚丹霞日記》一册，無撰者姓名，文末嵌"今釋""澹歸"兩印，當爲澹歸所作。爲康熙十六年（1673）秋冬間日記，起自六月二十九日，迄於十一月三十日，共二十八葉，今藏澳門普濟禪院。資料因難得一見而尤爲珍貴，其中對日常交接、往來行程的詳細記錄，如同被細化放大的生活片段，使人得以從細節處了解澹歸的言行志節。

---

① 《徧行堂集》（一），前言第5頁中，段校本稱"系仕宦南明永曆朝的奏疏"，當有誤。
② 朱希祖：《明季史料題跋》，第94頁。
③ 《叢書集成續編》第46册史部，上海書店出版社，1994年，第775~818頁；中國野史集成・續編編委會，四川大學圖書館：《先秦－清末民初　中國野史集成續編25》，巴蜀書社，2000年，第281~324頁；周憲文：《臺灣文獻史料叢刊第5輯99偏安排日事迹、思文大紀、嶺海焚餘　合訂本》，大通書局，1987年，皆用適園叢書本。

參考文獻

一、古籍

曹秉仁等：《（雍正）寧波府志》，清乾隆六年補刻本。

曹溶：《靜惕堂詩集》，《清代詩文集彙編》本。

查繼佐：《東山國語》，《四部叢刊》影印本。

查繼佐：《魯春秋》，《臺灣文獻史料叢刊》，臺北大通書局，1987年。

查繼佐：《罪惟錄》，北京圖書館出版社，2006年。

陳伯陶：《勝朝粵東遺民錄　宋東莞遺民錄》，東印印刷有限公司，2003年。

陳恭尹：《獨漉堂集》，中山大學出版社，1988年。

陳恭尹：《嶺南文庫　陳恭尹詩箋校》，廣東人民出版社，2016年。

陳鴻等：《（同治）仁化縣志》，清光緒九年刻本。

陳璉：《琴軒集》，政協東莞市文史資料委員會，2000年。

陳確：《陳確集》，中華書局，1979年。

陳世英：《丹霞山志》，廣東教育出版社，2015年。

陳田：《明詩紀事》，上海古籍出版社，1993年。

陳惟清等：《（同治）建昌縣志》，《中國地方志集成》本。

成鷲和尚：《咸陟堂集》，廣東旅遊出版社，2008年。

戴肇辰等：《（光緒）廣州府志》，《中國地方志集成》本。

澹歸和尚：《徧行堂集》，廣東旅遊出版社，2008年。

澹歸今釋：《丹霞日記》，澳門普濟禪院藏手稿本。

杜甫撰，仇兆鰲注：《杜詩詳注》，中華書局，1979年。

杜濬：《變雅堂遺集》，《清代詩文集彙編》本。

段玉裁：《説文解字注》，上海古籍出版社，1988 年。

額哲克等：《（同治）韶州府志》，《中國地方志集成》本。

鄂爾泰等：《八旗通志初集》，《四庫提要著録叢書》影印本，北京出版社，2010 年。

方文：《嵞山集》，《清代詩文集匯編》本。

方以智：《浮山文集》，華夏出版社，2017 年。

方以智：《藥地炮莊》，華夏出版社，2011 年。

馮鼎高等：《（乾隆）華亭縣志》，《中國地方志集成》本。

馮桂芬等：《（同治）蘇州府志》，《中國地方志集成》本。

高國楹等：《（乾隆）平湖縣志》，《中國地方志集成》本。

葛韻芬等：《（民國）重修婺源縣志》，《中國地方志集成》本。

顧大韶：《炳燭齋稿》，《明別集叢刊》本。

顧文彬：《過雲樓書畫記 過雲樓續書畫記》，江蘇古籍出版社，1990 年。

顧炎武：《日知録集釋》（全校本），上海古籍出版社，2013 年。

歸莊：《歸莊集》，上海古籍出版社，1984 年。

郭璞：《山海經》，上海古籍出版社，2015 年。

郭慶藩：《莊子集釋》，中華書局，1961 年。

憨山德清：《憨山老人夢遊集》，北京圖書館出版社，2005 年。

何炯璋等：《（民國）仁化縣志》，《中國地方志集成》本。

何紹基等：《（光緒）重修安徽通志》，臺北華文書局，1967 年。

何應松等：《（道光）休寧縣志》，《中國地方志集成》本。

賀貽孫：《詩筏》，郭紹虞編選《清詩話續編》，上海古籍出版社，1983 年。

胡仔：《苕溪漁隱叢話》，中華書局香港分局，1976 年。

黄之雋等：《（乾隆）江南通志》，廣陵書社，2010 年。

黄宗羲：《黄宗羲全集》，浙江古籍出版社，2012 年。

嵇曾筠等：《（雍正）浙江通志》，《中國地方志集成》本。

季新益等：《（民國）平湖縣續志》，《復旦大學圖書館藏稀見方志叢刊》，國家圖書館出版社，2010 年。

計六奇：《明季南略》，中華書局，1984 年。

今釋：《徧行堂集》，上海國學扶輪社鉛字排印本，1911 年。

今無和尚：《今無和尚集》，廣東旅遊出版社，2017年。

金堡：《徧行堂集》，《四庫禁毀叢刊》本，北京出版社，2005年。

金堡：《嶺海焚餘》，《臺灣文獻史料叢刊》，臺北大通書局，1987年。

金聖嘆：《金聖嘆全集》，江蘇古籍出版社，1985年。

金武祥：《粟香隨筆》，鳳凰出版社，2017年。

具淦等：《光緒武進陽湖縣志》，江蘇古籍出版社，1991年。

瞿共美：《東明聞見錄》，《中國古籍珍本叢刊‧廣東省立中山圖書館卷》，國家圖書館出版社，2015年。

瞿果行：《瞿式耜年譜》，齊魯書社，1987年。

瞿式耜：《瞿式耜集》，上海古籍出版社，1981年。

瞿式耜：《瞿忠宣公集》，《明別集叢刊》本

孔尚任等：《（康熙）平陽府志》，山西古籍出版社，1998年。

孔穎達等：《尚書注疏》，《四部備要》本，中華書局，1989年。

黎元寬：《進賢堂稿》，《四庫禁毀書叢刊》本，北京出版社，1997年。

李慈銘：《越縵堂讀書記》，中華書局，1963年。

李介：《天香閣隨筆》，中華書局，1985年。

李夢鸞等：《仁化縣志》，《故宮珍本叢刊》，海南出版社，2001年。

李培祜等：《（光緒）保定府志》，《中國地方志集成》本。

李世熊：《寒支二集》，《清代詩文集彙編》本。

李贄：《焚書》，中華書局，1961年。

蓮池：《竹窗隨筆》，北京圖書館出版社，2005年。

梁佩蘭：《六瑩堂集》，中山大學出版社，1992年。

廖燕：《廖燕全集》，上海古籍出版社，2005年。

劉溎年等：《（光緒）惠州府志》，《中國地方志集成》本。

劉埥：《片刻餘閑集》，《臺灣文獻彙刊》第四輯，廈門大學出版社，2004年。

劉權之等：《（乾隆）池州府志》，《中國地方志集成》本。

劉湘客：《行在陽秋》，上海古籍出版社，1996年。

劉昫等：《舊唐書》，中華書局，1975年。

陸世儀：《陸桴亭思辨錄輯要》，中華書局，1985年。

羅天尺：《瘦暈山房詩刪》，《清代詩文集彙編》本。

羅正鈞：《船山師友記》，岳麓書社，1982年。

馬如龍等：《（康熙）杭州府志》，康熙三十三年李鐸增刻本。

馬元等：《（康熙）韶州府志》，《北京圖書館珍本叢刊》，書目文獻出版社，1998年。

繆荃孫：《藝風堂文續集》，《清代詩文集彙編》本。

木陳道忞：《布水臺集》，《禪門逸書》本，臺北明文書局，1981年。

納蘭性德：《通志堂集》，上海古籍出版社，1979年。

蕅益智旭：《靈峰宗論》，北京圖書館出版社，2005年。

潘耒：《救狂砭語》，上海古籍出版社，1983年。

潘衍桐：《兩浙輶軒續錄》，浙江古籍出版社，2014年。

彭際盛等：《（光緒）吉水縣志》，《中國地方志集成》本。

七十一等：《（乾隆）扶溝縣志》，清乾隆二十七年刻。

錢澄之：《錢澄之全集》，黃山書社輯校本。

錢謙益：《列朝詩集小傳》，古典文學出版社，1957年。

錢謙益：《錢牧齋全集》，上海古籍出版社，2003年。

屈大均：《屈大均全集》，人民文學出版社，1996年。

全祖望：《全祖望集匯校集注》，上海古籍出版社，2000年。

阮元等：《（道光）廣東通志》，清道光二年刻本。

邵廷采：《思復堂文集》，浙江古籍出版社，1987年。

邵廷采：《西南紀事》，香港新華書局，1990年。

沈南疑：《檇李詩繫》，《歷代地方詩文總集匯編》，國家圖書館出版社，2016年。

沈起：《查繼佐年譜》，中華書局，1992年。

沈維材：《樗莊詩文稿》，《清代詩文集彙編》本。

盛楓：《嘉禾徵獻錄》，《五編清代稿鈔本》影印本，廣東人民出版社，2013年。

盛宣懷、繆荃孫編：《常州先哲遺書》，南京大學出版社，2010年。

時希職：《燕子龕隨筆》，廣益書局，1930年。

釋超永：《五燈全書》，《續藏經141》，臺北新文丰出版公司，1988年。

釋澹歸：《徧行堂集》，《清代詩文集彙編》本。

釋道元：《景德傳燈錄》，藍吉富《禪宗全書86雜集部3》，臺北文殊文化有限公司，1990 年。

釋今釋：《徧行堂集》，《原國立北平圖書館甲庫善本叢刊》本。

司馬遷：《史記》，中華書局，1959 年。

司能任等：《（嘉慶）嘉興縣志》，《中國地方志集成》本。

宋廣業：《羅浮山志會編》，清康熙五十五年刻本。

宋瑛等：《（同治）泰和縣志》，《中國地方志集成》本。

蘇軾：《蘇東坡全集》，黃山書社，1997 年。

孫静庵：《明遺民錄》，浙江古籍出版社，1985 年。

孫能寬等：《（雍正）歸善縣志》，《中國地方志集成》本。

孫思邈：《備急千金要方》，人民衛生出版社，1955 年。

孫希旦：《禮記集解》，中華書局，1989 年。

湯顯祖：《湯顯祖集》，中華書局，1962 年。

陶越：《過庭紀餘》，《四庫全書存目叢書》本，齊魯書社，1995 年。

天然和尚：《瞎堂詩集》，中山大學出版社，2006 年。

萬斯同：《明史》，上海古籍出版社，2008 年。

王夫之：《船山全書》，岳麓書社，1996 年。

王夫之：《船山遺書》，北京出版社，1999 年。

王夫之：《薑齋文集校注》，湘潭大學出版社，2013 年。

王符著，汪繼培箋：《潛夫論箋》，中華書局，1979 年。

王紳：《繼志齋集》，《影印文淵閣四庫全書》本，臺灣商務印書館，1986 年。

王士禎：《池北偶談》，中華書局，1982 年。

王士禎：《帶經堂詩話》，人民文學出版社，1963 年。

王廷曾等：《（康熙）義烏縣志》，《復旦大學圖書館藏稀見方志叢刊》本，國家圖書館出版社，2010 年。

王之春：《王夫之年譜》，中華書局，1989 年。

魏象樞：《寒松堂集》，山西人民出版社，1992 年。

温睿臨：《南疆逸史》，中華書局，1959 年。

翁元圻等：《（嘉慶）湖南通志》，清嘉慶二十五年刻本。

吳征鰲等：《（光緒）臨桂縣志》，《中國地方志集成》本。

夏燮：《明通鑒》，中華書局，1959 年。

謝枋得：《疊山集》，《四部叢刊續編》，上海書店出版社，1934年。
謝榛：《四溟詩話》，中華書局，1983年。
徐學聚：《國朝典匯》，臺灣學生書局，1965年。
徐鼒：《小腆紀傳》，中華書局，1958年。
薛所蘊：《澹友軒文集》，《四庫全書存目叢書》本，齊魯書社，1997年。
薛所蘊：《桴庵詩》，《清代詩文集彙編》本。
嚴羽：《滄浪詩話》，中華書局，1985年。
楊鐘羲：《雪橋詩話三集》，北京古籍出版社，1991年。
叶燮：《已畦詩集》，《四庫全書存目叢書》本，齊魯書社，1997年。
葉廷琯：《鷗陂漁話》，廣益書局，1942年。
葉向高：《蒼霞續草》，《明別集叢刊》本。
葉燮著，蔣寅箋注：《原詩箋注》，上海古籍出版社，2014年。
于琨等：《（康熙）常州府志》，《中國地方志集成》本。
余靖：《武溪集》，《欽定四庫全書薈要》本，吉林人民出版社，2005年。
袁宏道：《袁宏道集箋校》，上海古籍出版社，1981年。
雲棲袾宏：《蓮池大師全集》，上海古籍出版社，2011年。
曾國藩等：《（光緒）江西通志》，《續修四庫全書·史部·地理類659冊》，上海古籍出版社，2012年。
章壽彭等：《（乾隆）歸善縣志》，清乾隆四十八年刊本。
張岱：《張岱詩文集》，上海古籍出版社，2014年。
張履祥：《楊園先生全集》，中華書局，2002年。
張奇勛等：《（康熙）衡州府志》，《北京圖書館珍本古籍叢刊》，書目文獻出版社，1990年。
張廷玉：《明史》，中華書局，1974年。
張自烈，廖文英：《正字通》，中國工人出版社，1996年。
真鑒：《大佛頂首楞嚴經正脉疏》，《萬有文庫第二集七百種》，商務印書館，1936年。
鄭玄等：《禮記正義》，上海古籍出版社，2008年。
鄭玄等：《毛詩正義》，上海古籍出版社，1990年。
鄭澐修等：《（乾隆）杭州府志》，清乾隆刻本。
周濟：《介存齋論詞雜著》，人民文學出版社，1959年。

周亮工：《讀畫錄》，西泠印社，2008 年。

周汝登：《王門宗旨》，《陽明文獻彙刊》，四川大學出版社，2015 年。

朱棣：《爲善陰騭》，《原國立北平圖書館甲庫善本叢書》影印本，國家圖書館出版社，2013 年。

朱棣：《孝順事實》，《原國立北平圖書館甲庫善本叢書》影印本，國家圖書館出版社，2013 年。

朱彝尊：《曝書亭集》，《清代詩文集彙編》本。

朱彝尊：《静志居詩話》，人民文學出版社，2006 年。

朱元璋：《明太祖集》，黃山書社，1991 年。

莊昶：《定山集》，《影印文淵閣四庫全書本》本，臺灣商務印書館，1986 年。

卓爾堪：《明遺民詩》，中華書局，1961 年。

紫柏真可：《紫柏大師全集》，上海古籍出版社，2013 年。

鄒祗謨：《倚聲初集》，清順治十七年刻本。

二、今人著作

《清史稿》，中國文史出版社，2003 年。

《纂修四庫全書檔案史料》，上海古籍出版社，1997 年。

蔡鴻生：《清初嶺南佛門事略》，廣東高等教育出版社，1997 年。

陳鼓應：《明清實學思潮史》，齊魯書社，1989 年。

陳融：《越秀集》，南華社刊，1937 年。

陳寅恪：《柳如是別傳》，生活·讀書·新知三聯書店，2015 年。

陳垣：《清初僧諍記》，中華書局，1962 年。

丁原基：《清代康雍乾三朝禁書原因之研究》，臺北華正書局，1983 年。

范文瀾：《文心雕龍注》，人民文學出版社，1958 年。

馮其庸、葉君遠：《吳梅村年譜》，文化藝術出版社，2007 年。

傅璇琮、周建國：《李德裕文集校箋》，中華書局，2018 年。

葛寅亮：《金陵梵刹志》，南京出版社，2011 年。

顧誠：《南明史》，中國青年出版社，1997 年。

何方耀：《淡歸出家前後的夷夏觀比較——兼論儒佛夷夏觀之異同》，《第二屆珠澳文化論壇論文集》，社會科學文獻出版社，2011 年。

洪思等：《黃道周年譜 附傳記》，福建人民出版社，1999 年。

侯外廬等：《宋明理學》，人民出版社，1984年。

黃海濤：《明清佛教發展新趨勢》，雲南大學出版社，2008年。

黃雨：《歷代名人入粵詩選》，廣東人民出版社，1983年。

姜伯勤：《石濂大汕與澳門禪史 清初嶺南禪學史研究初編》，學林出版社，1999年。

蔣寅：《清代詩學史（第一卷）》，中國社會科學院出版社，2012年。

康和聲：《王船山先生南嶽詩文事略》，湖南人民出版社，2009年。

雷夢辰：《清代各省禁書匯考》，北京圖書館出版社，1997年。

李建中：《文心"動靜"論》，《古代文學理論研究叢刊》，上海古籍出版社，1997年。

李世英、陳水雲：《清代詩學》，湖南人民出版社，2000年。

李舜臣：《嶺外別傳——清初嶺南詩僧群研究》，南方日報出版社，2017年。

李瑄：《明遺民群體心態與文學思想研究》，巴蜀書社，2009年。

劉世南：《清詩流派史》，人民文學出版社，2004年。

龍勳初：《近三百年名家詞選》，上海古籍出版社，2014年。

龍榆生：《龍榆生詞學論文集》，上海古籍出版社，1997年。

羅香林：《唐代文化史》，臺灣商務印書館，1963年。

羅振玉：《雪堂類稿》，遼寧教育出版社，2003年。

羅宗強：《明代後期士人心態研究》，南開大學出版社，2006年。

麥默：《澹歸大師事迹》，廣東中山文獻館館藏稿本，1962年。

甯忌浮：《洪武正韻研究》，上海辭書出版社，2003年。

潘承玉：《南明文學研究》，中華書局，2012年。

潘承玉：《清初明遺民詩人栖遲韶關丹霞山史事綜考》，《華學》第7輯，中山大學出版社，2004年。

清水茂：《清水茂漢學論集》，中華書局，2003年。

任道斌：《方以智年譜》，安徽教育出版社，1983年。

上海書店出版社編：《清代文字獄檔》（增訂本），上海書店出版社，2011年。

孫國柱：《道是無情更有情——從明清之際澹歸〈熱心說〉談起》，《樓宇烈先生八秩頌壽文集》，九州出版社，2013年。

覃召文：《嶺南禪文化》，廣東人民出版社，1996 年。

汪宗衍：《明末天然和尚年譜》，臺灣商務印書館，1986 年。

王彬：《清代禁書總述》，中國書店出版社，1999 年。

王漢章：《澹歸大師年譜》，天津人民圖書館館藏稿本，1945 年。

王運熙、顧易生：《中國文學批評史新編》，上海古籍出版社，2002 年。

鄔慶時：《屈大均年譜》，廣東人民出版社，2006 年。

夏承燾：《瞿髯論詞絕句》，中華書局，1979 年。

冼玉清：《廣東釋道著述考》，廣西師範大學出版社，2016 年。

冼玉清：《談澹歸和尚》，《藝林叢錄》（第九編），商務印書館香港分館，1973 年。

謝國楨：《明清之際黨社運動考》，中華書局，1982 年。

謝國楨：《南明史略》，上海人民出版社，1957 年。

謝國楨：《增訂晚明史籍考》，北京出版社，2014 年。

謝正光、范金民：《明遺民錄彙輯》，南京大學出版社，1995 年。

徐自強：《中國歷代禪師傳記資料彙編》，全國圖書館文獻縮微複刊中心，1994 年。

嚴迪昌：《清詞史》，江蘇古籍出版社，1990 年。

嚴迪昌：《清詩史》，人民文學出版社，2011 年。

楊健：《清王朝佛教事務管理》，社會科學文獻出版社，2008 年。

姚覲元、孫殿起：《清代禁毀書目（補遺）清代禁書知見錄》，商務印書館，1957 年。

于今：《澹歸著作補談》，《藝林叢錄》（第九編），商務印書館香港分館，1973 年。

余英時：《士與中國文化》，上海人民出版社，1987 年。

袁行雲：《清人詩集叙錄》，文化藝術出版社，1994 年。

張健：《中國詩學研究》，北京大學出版社，1999 年。

趙園：《明末清初士大夫研究》，北京大學出版社，2014 年。

趙自強：《民間藏珍——廣東省中國文物鑒藏家協會會員藏品選集 攝影集》，廣西美術出版社，1995 年。

趙尊岳：《明詞彙刊》，上海古籍出版社，2012 年。

鍾東：《澹歸今釋》，嶺南美術出版社，2012 年。

周秋光：《譚延闓集》，湖南人民出版社，2013年。

周叔迦：《清代佛教史料輯稿》，臺北新文豐出版公司，2000年。

朱保炯、謝沛霖：《明清進士題名錄索引》，臺灣文海出版社，1981年。

朱希祖：《明季史料題跋》，遼寧教育出版社，1998年。

朱希祖：《明季史料題跋》，中華書局，1961年。

宗白華：《藝境》，北京大學出版社，1999年。

三、期刊論文

暴鴻昌：《明季清初遺民逃禪現象論析》，《江漢論壇》1992年第3期。

陳洪：《清初文論中的佛學影響》，《南開學報》1996年第6期。

陳維恩：《"似詩"與"自尋出路"——明末清初海雲詩僧的詩學理論及其對詩禪理論的發展》，《中國文學研究》2016年第1期。

陳永正：《澹歸詞略論》，《嶺南文史》2005年第1期。

何子文：《澹歸今釋"菩薩徧行"的禪觀思想及其實踐》，《韶關學院學報》2016年第11期。

胡立新、沈嘉達：《虛實範疇在傳統文藝學中的表義系統辨析》，《中南民族大學學報（人文社會科學版）》2003年第5期。

揮之：《焚書 毀骸 殺和尚——明戲曲作家金堡的悲劇命運》，《藝海》2002年第4期。

蔣寅：《在傳統的闡釋與重構中展開——清初詩學基本觀念的確立》，《中國社會科學》2006年第6期。

李福標：《從〈徧行堂集〉看僧澹歸的詩文批評》，《中國韻文學刊》2005年第3期。

李福標：《澹歸禪師丹霞山建寺因緣考》，《韶關學院學報》2016年第3期。

李明山：《澹歸在丹霞山別傳寺營建發展中的重大貢獻——以〈徧行堂集〉為視角》，《韶關學院學報》2013年第3期。

李舜臣：《法緣與俗緣的反復糾葛——金堡澹歸逃禪考論》，《宗教學研究》2006年第4期。

李舜臣：《紀念丹霞山別傳寺開山340周年學術研討會綜述》，《五臺山研究》2002年第4期。

李舜臣：《釋澹歸與〈徧行堂〉詞》，《中國韻文學刊》2002年第2期。

李舜臣、歐陽江琳：《王夫之與金堡澹歸關係考論》，《船山學刊》2005年第 1 期。

李瑄：《豪杰：明遺民群體的人格理想》，《浙江學刊》2007 年第 5 期。

李瑄：《建功利生：清初遺民僧會通佛儒的一種途徑——以晦山戒顯爲代表》，《中山大學學報》2016 年第 3 期。

李瑄：《清初"僧而遺民"的基本類型》，《文藝評論》2013 年第 4 期。

廖銘德：《〈徧行堂集〉文字獄案考略》，《韶關學院學報》2010 年第 7 期。

廖銘德：《澹歸今釋與韶州知府李復修關係考——以〈徧行堂集·李復修序〉爲視點》，《佛山科技學院學報》2013 年第 5 期。

廖銘德：《澹歸今釋與韶州知府李復修關係考》，《佛山科學技術學院學報》2013 年第 9 期。

廖銘德、張曉虎：《澹歸與韶州知府趙霖吉、馬元交往考》，《韶關學院學報》2014 年第 11 期。

廖肇亨：《今釋澹歸之文藝觀與詩詞創作析論》，《武漢大學學報》2010 年第 6 期。

廖肇亨：《金堡之節義觀與歷史評價探析》，《中國文哲研究通訊》1999 年第 4 期。

劉娟：《澹歸作品遭禁毀考論》，《嶺南文史》2006 年第 4 期。

劉麗英：《清代"金堡"獄案對韶關文化的影響》，《嶺南文史》2012 年第 4 期。

墨白：《中國古代文論中的"靈感"說》，《北方論叢》2000 年第 3 期。

潘承玉、吳承學：《和光同塵中的骯髒氣骨——澹歸〈徧行堂集〉的民族思想評議》，《南京師大學報（社會科學版）》2005 年第 3 期。

皮朝綱：《澹歸今釋書畫美學思想的現代詮釋》，《西南民族大學學報》2013 年第 5 期。

齊紹正：《嘉慶〈常德府志〉評介》，《湖南地方志》1987 年第 6 期。

容肇祖：《徧行堂集殘本跋》，《中山大學語言歷史研究所周刊》第 6 冊第 72 期，1929 年。

宋會群：《出世者的入世——讀〈徧行堂集〉有感三則》，《韶關學院學報》2013 年第 3 期。

王秋雁：《金堡其人及〈嶺海焚餘〉》，《泰安師專學報》2001 年第 4 期。

王若楓、肖紅：《論澹歸的書法藝術》，《韶關學院學報》2011 年第 9 期。

吳承學、李光摩：《晚明心態與晚明習氣》，《文學遺產》1997 年第 6 期。

吳增禮、皮璐璐：《金堡與逃禪："以佛菩薩之心爲心"》，《湖南大學學報》2012 年第 2 期。

夏金華：《明末封建士大夫逃禪原因初探》，《學術月刊》1998 年第 2 期。

謝謙：《復古與創新：尋找失落的"真詩"——論明詩的道路及其歷史啓示》，《西南師範大學學報（人文社會科學版）》2002 年第 6 期。

楊權：《论屈大均与佛门的关系》，《深圳大學學報（人文社會科學版）》2009 年第 4 期。

楊權、劉娟：《紀念別傳寺開山 350 周年學術研討會綜述》，《韶關學院學報》2013 年第 1 期。

余志勇：《論澹歸與丹霞山佛教禪宗文化旅遊深度開發》，《韶關學院學報》2013 年第 7 期。

張兵：《遺民與遺民詩之流變》，《西北師大學報（社會科學版）》1998 年第 4 期。

張晶、馮琳：《化境：藝術創作中審美價值的極致》，《社會科學戰綫》2014 年第 5 期。

張星：《〈徧行堂集〉醫學史料及醫學思想探究》，《南京中醫藥大學學報》2015 年第 6 期。

張蘊爽：《論宋人的"書齋意趣"和宋詩的書齋意象》，《文學遺產》2011 年第 5 期。

四、學位論文

樊沁永：《晚明高僧〈四書〉詮釋研究》，首都師範大學博士學位論文，2014 年。

胡冰洋：《釋澹歸交遊考》，遼寧大學碩士學位論文，2013 年。

榮思思：《從今釋題跋看其書學思想》，南京藝術學院碩士學位論文，2015 年。

王楚文：《明季僧人釋澹歸及其詞研究》，臺灣華梵大學碩士學位論文，1992 年。

徐菊：《論中國古代文論中"象"的表現形態》，揚州大學碩士學位論文，2005 年。

楊愛東：《東傳科學與明末清初實學思潮》，山東大學博士學位論文，

2014 年。

姚良：《金堡及其〈徧行堂〉詞研究》，西南大學碩士學位論文，2006 年。

葉紫玉：《陳恭尹詩歌用韻研究》，西南大學碩士學位論文，2016 年。

鄭丹：《金堡著述考論》，安徽大學碩士學位論文，2011 年。

後　記

再次提筆，爲這本孕於川大、誕於川大、成於川大的拙著寫作後記，恰逢離開川大一年。去年爲畢業論文做後記的情景仍清晰在目，那是己亥年陰雨連綿的下午。我懷揣著複雜的情感，在東園八舍的宿舍落筆。落筆，便意味著川大一程行將到站。終於到站，却怕到站。對這樣一個站臺，似乎盼望已久，而又倍感驚懼。説盼望，是對此段跋涉終有結果的期許；説驚懼，則關涉衆多，情緒複雜。既有對川大生活，包括相識師友、學習環境的留戀不捨；又有對年歲既往，自己尚未達到初時目標的愧疚。對比之下，反是後者更多地縈繞心頭。

川大一程，最不捨者是師友。

謝謙先生作爲我的授業導師，在爲人處世、修業治學等方面給我莫大影響。謝師爲人淡泊寧静，低調自然，有獨特的處世智慧與趣味，善於從生活點滴出發，感受生活之美、生命之貴。這種裕如通達的人生態度，是人文學科給人的最大滋養。濡染此德，能使人放慢脚步，緩解焦躁，平和地體會人生况味。在學習和工作上，謝師鼓勵我們既要盡力做到最好，又要給自己準確定位。努力工作、快樂生活是他贈給每位同學的格言，平凡而真誠。論文寫作上，謝師一直予以鼓勵，時常提點把關，使我在學術道路上不斷自我砥礪，奮足前行。謝師教誨，將相伴一生。

丁淑梅老師是我感佩的另一位老師。丁老師治學嚴謹，教我頗多。在她的課上，我接受了嚴格的學術訓練，習得治學方法，並最終確定畢業選題。論文寫作，從開題到答辯，丁老師都提供了諸多寶貴的指導建議。她的建議往往具有很强的針對性和可操作性，常如醍醐灌頂，令我受益匪淺。

李瑄老師的研究方向與我相近，因此時常向其請教論文相關問題。每每相求,李老師皆熱情相助,並慷慨分享研究資料,帶我接近同領域學者。在接觸了解過程中,李老師學術研究上的踏實認真、眼光獨到,授業時的公心與師者風範,令我心生敬佩,是我今後的榜樣。

其他如周裕鍇、項楚等老師,使我領略學者風姿,習得豐沛的專業知識;孫尚勇老師辛苦周折地爲我審閱論文,提出中肯的修改意見,在此一并謝過。

碩導駱曉倩、楊理論二位老師在我讀博期間,依然時常勉勵關懷,鞭策鼓舞,予以家人般的溫暖與關懷,令我感愧動容。

在此結識的同學友人是川大生活的另一筆寶貴財富。經過幾年相處,我與同窗黃楚蓉、王宏芹、謝天鵬等結下深厚情誼。他們熱情有趣,勤學多思,既是我生活中的同伴,又是學習上的益友。跟他們在一起的歲月純真溫暖,坦率真切。無論是交流學術、暢談人生、激蕩理想、互糾偏謬,還是相伴出游、高臺賞月、閑話家常,都是美好的體驗,令人留戀。另有美麗聰慧、體貼堅毅的室友張藝英;可愛真誠的師妹王莉、武曉靜;踏實認真、頗有擔當的學長韓永君;以及日本學者高橋幸吉老師,美國學者康書雅女士,同路幾載,多領關照。

此外,令我不捨的還有這裏的學習生活。如果用一個詞來形容這段生活,應該是清簡。工作兩年後再回校園,雖然物質條件簡陋許多,但精神上獲得一種浩瀚的自由和喜悅。博一上課,走在宿舍到研究生院的路上,芭蕉闊大的葉面鏡子般倒映著午後的陽光,綠得柔和溫婉;路旁的老榕樹根鬚滄桑,讓人忍不住想調皮地捋一把。池魚歸淵,羈鳥還林,大概就是這種寫照。但隨著學習任務的繁重,畢業選題、論文發表等事項壓來,越發認識到不足的自己在焦躁和痛苦的掙扎中幾番嗆水。煎熬使人清醒,唯有努力。

接下來千百個日夜裏,圖書館和自習室成了我的駐扎地。寒來暑往,騎著破舊的二手自行車,穿過法國梧桐的高大樹廊、榮了又枯的臘梅林、醒了又睡的睡蓮池,來到明亮安靜的圖書館,坐到閱覽室人大複印資料書架後第二個位子上學習。夕陽西沉時,太陽會來探我,粉紅夕照鋪滿米黃的大桌面。坐累了,站在窗臺邊書架旁讀書,窗外是一棵繁茂的銀杏樹,黃了又綠。春天再來的時候,梅林後藍花楹優雅的淡紫和銀樺高貴的明黃襯托著校史館的紅瓦白牆,檐牙翹角,在一碧如洗的藍天下令人心醉。寫

論文的兩年，晚飯也在圖書館解決。帶上燜燒罐裏午睡時煮的紅豆湯，坐在圖書館三樓靠桂苑的廊臺邊，對一支細小噴泉，幾株金桂，一棵枝椏遒勁的無花果，還有遠處一排搖曳的白楊樹晚餐。晚上十點，在圖書館悠揚的閉館音樂中收拾離開，夜色濃鬱，騎車回巢，鍛煉身體。

親人朋友們聽我描述此間生活，都感慨清苦，而我倒不覺得。我清楚地知道，在我的人生中像這樣相對心無旁騖、不被干擾地專注於一件事的時光，可能只有這一段。這種從外界收回觸角，專注於內心構建的過程本身便是難得的修行。在與自己、與古人對話的過程中，內心逐漸豐盈，個性漸趨沉穩，胸懷日益開闊。這種成長所帶來的欣喜，是很難被外在的東西替代的。清淡飲食和規律鍛煉的生活方式，讓我遇見未曾見過的自己，並相信人是可以自我塑造的，無論是靈魂還是肉體。

然而，在將要到站的時刻，更多的還是不安。因爲深刻認識到自己的淺薄和不足，在來讀博時放棄工作，毅然就學，深懷期望。然而今日看來，所成頗少。當初設想中所要讀的書、所要做的事，至今完成者寥寥，不禁汗下。在這一過程中，又發現更多需要補充完善的知識體系、亟待提高的研究方法、需要探索的境界。前路漫浩，僅將此段債務記下，時時自我警勉。

最後，致敬我親愛的家人，多年來一直支持我的追求，即使他們不能理解，依然會尊重我的選擇，默默予我關愛呵護。正是他們不辭艱辛、隱忍寬容地幫我撐起這片安穩的寧靜、踏實的溫馨；時時陪伴牽挂、鼓勵安慰著我，我才得以在嚮往的路上日漸前行。雖然我没有成爲他們期待的樣子，日後可能也不會，他們却依然愛我如初。思緒至此，五味雜陳，腹内酸辛，擱筆長嘆。

本書即將付梓，在書稿的修改過程中，參與我博士學位論文答辯的四川師範大學熊良智、李大明、房銳教授給出了中肯的指導意見，並予我親切温暖的鼓勵，使我獲得學術的信心和勇氣。四川大學中國俗文化研究所曾玉潔老師聯繫本書的出版，多次通知，耐心答疑，在此一併致謝。

謹以此書，表達對師友親人的感恩，作爲自己學術生涯的起點。

薛 涓

庚子夏至，東馬棚街一號院